U0510851

马来西亚族际政治整合研究

许红艳 著

中国社会科学出版社

图书在版编目（CIP）数据

马来西亚族际政治整合研究／许红艳著.—北京：中国社会科学出版社，
2021.10

ISBN 978 - 7 - 5203 - 9014 - 9

Ⅰ.①马…　Ⅱ.①许…　Ⅲ.①民族问题—研究—马来西亚
Ⅳ.①D733.862

中国版本图书馆 CIP 数据核字（2021）第 179439 号

出 版 人	赵剑英	
责任编辑	高　歌	
责任校对	王　龙	
责任印制	戴　宽	

出　　版	中国社会科学出版社	
社　　址	北京鼓楼西大街甲 158 号	
邮　　编	100720	
网　　址	http://www.csspw.cn	
发 行 部	010 - 84083685	
门 市 部	010 - 84029450	
经　　销	新华书店及其他书店	

印刷装订	三河弘翰印务有限公司
版　　次	2021 年 10 月第 1 版
印　　次	2021 年 10 月第 1 次印刷

开　　本	710×1000　1/16
印　　张	24
插　　页	2
字　　数	355 千字
定　　价	128.00 元

凡购买中国社会科学出版社图书，如有质量问题请与本社营销中心联系调换
电话：010 - 84083683
版权所有　侵权必究

前　言

　　族群与国家之间的结构性张力是多民族国家所普遍面临的问题，影响这些国家的族际关系和社会稳定。几乎所有的多民族国家都必须应对这一挑战并已经付出了沉重代价。对多民族国家来说，境内存在两个或是两个以上不同的文化或血缘群体是不争的事实，而值得讨论的是这些不同群体在不同文化或价值体系认同的差异下，是否有和平相处的可能？国家在其中应扮演何种角色，或采取何种政策才能处理和解决好族群矛盾和族群问题？这是当今世界多民族国家所普遍关怀的课题，也是本书所讨论的重点所在。

　　族际政治整合可以说正是基于解决上述问题而进行的有益探索。对多民族国家而言，族际政治整合不仅是理论问题，也是亟待解决的现实问题，尤其是在族际政治和族群问题凸显的今天，进行族际政治整合显得尤为必要和紧迫。通过族际政治整合，多民族国家可以消解族群与国家之间的二元张力，塑造国内族群对国家的认同，实现并维持多民族国家的稳定和统一。也就是说，族际政治整合是多民族国家重要的机制，是实现国家稳定、避免分裂的有效途径。

　　后发多民族国家在族际政治整合方面先天不足，面临着比先发多民族国家更大的挑战。对于后发多民族国家来说，因其国内宗教、族群、文化等的多样性导致的族际关系的复杂性，社会高度的异质性、原生性认同的牢固性、国家建构的脆弱性、民族政策的失误性等诸多因素使得其族际政治整合不仅必要，而且异常复杂。

　　马来西亚这个后发多民族国家，进行了积极的族际政治整合实践并取得了一定的成效。独立后，族群身份多样、族际关系复杂的马来西亚，却极少爆发族群暴力冲突并以政治稳定和经济持续增长而著称，这些成就的取得与马来亚的族际政治整合息息相关。可以说，马来西亚的族际政治整合是当今世界多民族国家的族际整合实践的典型样本，本书选取马来西亚的族际政治整合作为个案，研究马来西亚在复杂的族际结构及族际关系之下是如何进行族际政治整合的。希望对以下几个问题做出回答：马来西亚多个族群共存的局面是怎样形成的？马来西亚族际整合的目标是什么？马来西亚用何种方式，采取了那些手段来进行族际政治整合的？在不同族群的互动和博弈过程中，马来西亚族际政治整合效果如何？马来西亚族际政治整合取得这样效果的原因、经验和不足又有哪些？那么，马来西亚族际政治整合将来发展又面临着哪些困境，未来之路又在哪里呢？

马来西亚的族际政治整合是当今世界多民族国家的族际整合实践的典型样本，通过对马来西亚的族际政治整合实践的深入探讨，总结出其族际政治整合的的有益经验，可以为其他多民族国家提供借鉴。对马来西亚族际政治整合进行研究，对于认识和把握后发多民族国家族际政治的特殊规律，借鉴其经验教训，具有重要的借鉴意义。

本研究由绪论、正文和结语三部分组成。绪论：主要介绍选题依据、国内外研究现状、研究内容、研究方法等。正文分五章，分别是：

第一章：族际政治整合的理论视角。本章是对族际政治整合从理论视角进行的思考。立足于族群与国家之间的二元关系，探讨这种关系在前民族国家时期与民族国家时代的发展变化。民族国家时代的多民族国家必须要进行族际政治整合的逻辑前提是族群与国家之间的二元张力不可避免。族际政治整合是对国内多个族群进行政治一体化塑造的过程，是对化解族群与国家之间二元张力的一种理论尝试，是在实践中通过战略和策略的路径设计来解决族群间以及族群和国家之间的矛盾、问题、冲突，以促进族群间的团结，实现国家稳定、避免国家分裂动荡的重要途径。

第二章：马来西亚族际政治整合的历史基础。民族国家族际政治整合的发动和展开离不开一定的历史前提。各族群历史上的互动和交流，共同的经历以及形成的族际关系构成了马来西亚族际政治整合的历史背景。本章分别探讨了英国殖民统治前、英国殖民统治时期、日本占领时期、战后初期马来亚族际关系的发展与演变。

第三章：马来西亚族际政治整合的实践。本章对马来西亚族际政治整合的实践进行了探讨，从历史纵向角度把马来西亚的族际政治整合实践分为三个阶段：即马来西亚独立到 1969 年、新经济政策时期和 20 世纪 90 年代以后，分别总结探讨了三个阶段不同的族际政治整合环境、手段、措施、效果等。

第四章：马来西亚的政党与族际政治整合。马来西亚执政党诉诸于族群模式和发展取向，较好地维护了社会政治稳定。马来西亚政党制度具有典型性，适应了马来西亚多元族群的社会现实，能够在有控制的冲突中达成基本共识，族际政治整合能力较强，从而使社会积聚的张力得到理性地释放，避免了很多发展中国家出现的族际政治整合失败的现象。本章从政党与政治制度的角度对马来西亚的族际政治整合进行了研究。

第五章：马来西亚族际政治整合的总结与思考。本章共有三节，第一节在对前几章研究进行总结的基础上，概括了马来西亚族际政治整合的模式，对马来西亚族际政治整合的主体、价值取向、方式、国族建设等问题进行了探讨。第二节总结了马来西亚族际政治整合的取得的成效及存在的问题与挑战。最后一节在前面研究的基础上对马来西亚族际政治整合的前景做出了展望，并总结了马来西亚族际政治整合的借鉴经验。

目　　录

绪　　论

一　研究缘起与研究意义

（一）研究缘起

毋庸置疑，当今世界仍然处于民族国家时期。通过观察我们很容易发现当今大多数民族国家国内存在多个族群。这些族群不仅有不同的历史和文化，在统一的多民族国家共同体内也有不同的利益。它们既是不同的历史文化共同体，也是不同的利益群体。正如尼采所说"自来有一千种族群，因此有一千种目标"①，有着不同文化、语言和宗教的族群在相互交往的过程中，便会形成对立与冲突、同化和融合等关系。

目前来看，族群之间以及族群与国家之间的张力是一种普遍存在的现象，短时间内看不到其消亡的迹象。历史发展到 21 世纪，有人认为随着现代化和工业化的发展，族群和民族主义等原生现象的影响将会降低甚至走向消亡。② 但是事实表明，它们对当今世界的影响不仅没有减少，反而更加显著。冷战结束以后，世界并没有实现永久的和平与稳定，原来被冷战遮蔽和压抑的族群矛盾与冲突日渐凸显。

纵观当今世界，由族群与国家之间二元张力所导致的冲突、仇杀、分裂和战争呈现出频繁和扩大的趋势。根据相关统计，1989—

---

① ［德］尼采：《查拉图斯特拉如是说》，楚图南译，湖南人民出版社 1987 年版，第68 页。

② Thomas Hylland Eriksen, *Ethnicity and Nationalism: Anthropological Perspectives*, London: Pluto Press, 2010, p. 2.

1995年全球因族群问题而产生的冲突与战争增长速度很快。[1] 进入21世纪以来，族群因素更加活跃，有了新的发展与新的特点。北爱尔兰问题、魁北克问题、巴斯克问题等不仅没有解决，反而有了新的发展变化。而号称"种族熔炉"的美国在更加多元的新移民社群的稀释下，国家认同和凝聚力也有了明显下降。[2] 不仅如此，族群与宗教、政治、资源环境等因素结合起来，由此而引发的战争、冲突和内乱不仅威胁着多民族国家的统一和稳定，也威胁着人类社会的和平与安全。可以说，"国内族群冲突在当前要比以往任何时代都更为突出，尤其是最近的几十年中，其范围和程度早已超过了国家间的冲突和战争"[3]。

对多民族国家来说，族群之间以及族群与国家之间的张力是不可避免的常态性存在。族群与族群、族群与国家之间的关系是民族国家内部政治关系的重要内容。这些关系处理得好坏关乎民族国家的政治稳定与政治整合。无数历史事实告诉我们，族群问题是影响多民族国家发展的重要因素，能对多民族国家造成根本性的影响，有的甚至使多民族国家走向解体。不同族群同处一个多民族国家共同体内，它们之间在语言、文化、宗教、生活习俗等方面存在差异，有不同的利益追求，在交往的过程中不可避免地会产生矛盾和冲突。如果不能有效解决这些矛盾和冲突，就可能会使国家陷入动荡和分裂。历史上不乏这样的例子，比如苏联解体和东欧剧变。苏联的解体，族际关系的矛盾和冲突是非常重要的因素。西方一些已经实现现代化的多民族国家也无法避免族群问题，如加拿大、英国等，这些国家因少数族群的权利要求高涨，族群关系出现裂痕，引发了一系列的新问题，美国也存在族际关系不和谐的现象。对诸多后发多民族国家来讲，因族际关系

① Ted Robert Gurr, Barbara Harff, *Ethnic Conflict in World Politics*, Colorado: Westview Press, 2004, p. 2.

② Robert D. Putnam, *Blowing Alone: The Collapse and Revival of American Community*, New York: Simon & Schuster, 6 2000, pp. 15 – 28.

③ Yash Ghai, "Ethnicity and Autonomy: A Framework for Analysis", in Yash Chai ed., *Autonomy and Ethnicity: Negotiating Competing Claims in Multi – Ethnic States*, Cambridge: Cambridge Press, 2000, pp. 1 – 26.

不和谐而引起的政治动荡现象更是比比皆是。

可以说，族群与国家之间的结构性张力是多民族国家普遍面临的问题，影响这些国家的族际关系和社会稳定。几乎所有的多民族国家都必须应对这一挑战甚至付出沉重代价。对多民族国家来说，境内存在两个或两个以上不同的文化或血缘群体是不争的事实，而值得讨论的是这些不同群体在不同文化或价值体系认同的差异下，是否有和平相处的可能？国家在其中应扮演何种角色，应采取何种政策才能处理和解决好族群矛盾和族群问题？这是当今世界多民族国家普遍关注的课题，也是本课题所讨论的重点所在。

族际政治整合可以说正是为解决上述问题而进行的有益探索。对多民族国家而言，族际政治整合不仅是理论问题，也是亟待解决的现实问题，尤其是在族际政治和族群问题凸显的今天，进行族际政治整合显得尤为必要和紧迫。通过族际政治整合，多民族国家可以消解族群与国家之间的二元张力，塑造国内族群对国家的认同，实现并维持多民族国家的稳定和统一。也就是说，族际政治整合是多民族国家重要的机制，是实现国家稳定、避免分裂的有效途径。

族际政治整合的重要性不言而喻。对多民族国家来说，族际政治整合在某种程度上可以说是一个关系全局的问题。如何在国家建构的过程中将不同的族群整合起来，实现族群之间的和谐与和解，维持国家的统一和稳定，这不仅是多民族国家必须面对的问题，也是一个非常棘手的难题。尽管多民族国家进行了不同的族际政治整合实践探索，许多学者也对此问题进行了研究，但目前这一问题并没有得到很好的解决。不少多民族国家还饱受族群问题和族群政治的折磨，对它们而言，族际政治整合是一项长期而艰巨的任务。现代世界林立的多民族国家为族际政治整合研究提供了丰富的样本。通过对这些族际政治整合实践的研究和分析，可以探索族际政治整合的有效途径和有益经验。

东南亚地区族群众多，据粗略统计，该地区约有 400 个族群。东南亚地区族群差异性也很明显，"出自不同系统的形形色色的族群相互并立，几乎每一个国家都是不同的民族国家，语言、风俗习惯、宗教各不相同"①。正因为如此，族群政治研究者普遍认为东南亚地区是世界上族群异质性最高的区域之一。也恰恰是这一鲜明特点，使东南亚各国成为族群政治研究者们的"最爱"，处于该区域中心的马来西亚自然也不例外。

马来西亚是在殖民地基础上建立起来的新兴国家，以多元族群、多元文化和多元宗教著称。英国的殖民统治对马来西亚影响深远。殖民统治期间，英国引入大量华人和印度人，推动了马来西亚多元社会的形成。目前，马来西亚共有 30 多个族群，以马来人、华人和印度人三大族群为主。不仅族群构成多样，马来西亚的族际关系也异常复杂。英国殖民统治期间，对三大族群采取分而治之的政策，造成三大族群之间缺乏沟通和融合。对独立后的马来西亚来说，进行超越族群观念、增强国家凝聚力的族际政治整合是必不可少的，因为"这样一个社会的组成，能使得人民与政府之间建立起认同感，使之更近似一个民族国家"②。为此，马来西亚进行了积极的族际政治整合实践并取得了一定的成效。独立后族裔身份多样、族际关系复杂的马来西亚，却极少爆发族群暴力冲突并以政治稳定和经济持续增长而著称，这些成就的取得与马来西亚的族际政治整合息息相关。马来西亚族群构成的多样性以及族群关系的复杂性可以说是世界族群构成与族群矛盾的一个缩影，并且族群之间的结构性差异非常明显。马来西亚的族际政治整合是当今世界多民族国家的族际整合实践的典型样本，因此笔者选取马来西亚的族际政治整合作为研究范本。另外，笔者希冀通过对马来西亚的族际政治整合实践的深入探讨，总结出马来西亚族际政治整合的有益经验，为其他多民族国家提供借鉴。

（二）研究意义

马来西亚族际政治整合，是前人未曾明确提炼并系统研究的命

---

① ［日］梅棹忠夫：《文明的生态史观——梅棹忠夫文集》，王子今译，上海三联书店1988 年版，第 160 页。

② ［马］何启良：《政治动员与官僚参与——大马华人政治论述》，吉隆坡：马来西亚华社研究中心 1995 年版，第 25—26 页。

题，其学术价值首先体现在：该命题的提出是对当前族际政治整合研究领域的一个拓展。目前学术界对于族际政治整合的实践层面研究相对较少。在实践层面的研究中，又以中国族际政治实践研究居多，而对国外民族个案研究少。因此，本书的研究可以弥补当前族际政治整合研究的不足。

其次，对马来西亚族际政治整合进行研究，是深化马来西亚族群问题研究的一个另辟蹊径的探索。虽然对马来西亚族群问题的研究成果比较多，但对族群与族群之间的互动问题、国家政权对族群问题的控制与整合问题关注不够。本书研究的视角是国家整合，立足于国家—族群层面。因此，从这个意义上说，本书的研究可以为马来西亚族群问题研究提供补充。

最后，对马来西亚族际政治整合进行研究，还有一定的现实意义。马来西亚政府通过族际政治整合，实现了族群关系的相对和谐和社会稳定发展。通过对马来西亚族际政治整合模式的个案研究，寻求改善族际政治整合的有效途径，可以为我国及其他多民族国家尤其是后发多民族国家处理族群关系问题提供有益的借鉴。

二　国内外研究现状述评

(一) 族际政治整合研究

族际政治整合是在我国特定语境下产生的一个研究领域。国内学界对族际政治整合的研究起步比较晚。2005 年，周平教授的《中国族际政治整合模式研究》一文算得上是族际政治整合的开山之作。此后，许多学者分别从不同角度和层面对该理论进行了研究。总体来看，国内学者对族际政治整合的研究主要有以下几个方面。

1. 族际政治整合的概念

周平教授的定义是："族际政治整合是多民族国家将国内各民族维持在统一的国家政治共同体中和巩固、强化各个民族的政治结合的过程，也是多民族国家通过协调族际政治关系而维持国家统一和稳定的过程。"① 常士闾认为,族际政治整合是"一定国家中的不同族群通过一定的文化价值体系、权威结构、关系纽带、规范制度等结合成一个整体的过程和状态"②。赵淼提出,族际政治整合是"基于各民族成员的广泛认同,通过政治权力、社会权力协调多民族国家内部的各族群于统一的政治体系之内,形成和谐稳定的政治秩序"③。张会龙则认为,"从本质上讲,族际政治整合是多民族国家开展的旨在解决民族与国家之间二元张力、民族与民族之间矛盾和冲突的治理行为,其基本的目标指向或族际政治整合底线就是维护国家政治共同体的统一和稳定,其高层次目标在于提升国族的整体性和自足性,其保障性目标是实现多民族国家族际关系的和谐化"。④

2. 族际政治整合的价值取向

价值取向是族际政治整合的导向,它指引着多民族国家的族际政治整合的走向。学术界关于价值取向的争论异常激烈,关于价值取向的主流观点有以下几种。第一种观点是周平、贺琳凯⑤、朱碧波等学者的"求同论"。在"求同论"观点之下又细分为"弱异求同""扶异求同"等观点。周平等学者在分析了中西方民族国家的族际政治整合实践之后,认为多民族国家的族际政治整合最终都是为了实现同质性和异质性的统一。第二种观点是马戎先生倡导的"文化化"。他认为多民族国家应该将作为政治实体的"民族"(族群)向文化全体引导⑥。第三种观点是张文彦、魏建国的"多元文化论"。这些学者认为多民族国家必须尊重和维护文化差异,文化的多样性对于国家、社会、个人都具有重要意义。⑦ 第四种观点是关凯先生的"公民化"。

---

① 周平、贺琳凯:《论多民族国家的族际政治整合》,《思想战线》2010 年第 4 期。
② 常士闾:《和谐理念与族际政治整合》,《政治学研究》2009 年第 4 期。
③ 赵淼:《试论中国族际政治整合模式的转型》,《贵州民族研究》2009 年第 2 期。
④ 张会龙:《当代中国族际政治整合》,北京大学出版社 2013 年版,第 11 页。
⑤ 周平、贺琳凯:《论多民族国家的族际政治整合》,《思想战线》2010 年第 4 期。
⑥ 马戎:《理解民族关系的新思路——少数族群问题的"去政治化"》,《北京大学学报》(哲学社会科学版)2004 年第 6 期。
⑦ 张文彦、魏建国:《国家意识形态认同探析》,《理论学刊》2010 年第 12 期。

他认为，多民族国家应该在加强公民认同的同时淡化民族意识。①
"和谐论"者认为，和谐的理念使人们在处理内外各种复杂关系时不
极端。它在多元共存中，既承认了差异，也确立了"和"的地位；
既承认了多元，也承认了统一的合理性；既有整体，也有局部。因
此，"和谐理念是一个更具全局性，更有助于族际政治整合的理
念"。②

3. 族际政治整合的机制

建立机制是多民族国家族际政治整合的重要保障和手段。国内学
术界对族际政治整合的机制问题进行的研究主要有周平等学者。周平
认为，"制度机制、政策机制、政党机制、意识形态机制、民族工作
机制、国民教育机制、国族机制、政党机制、国民教育机制是多民族
国家族际政治整合最为普遍和常用的几种机制"。③ 常士㸚提出了政
治权威机制，他认为，"政治权威是族际政治整合的核心力量，族际
政治整合离不开权威，特别是国家权威的存在和运用"④。陈纪认为，
"族际政治整合静态机制很重要，动态机制的构建和作用更重要，因
此要加强政府、社会组织、族员三者之间的多维互动"⑤。

4. 关于典型的多民族国家族际政治整合模式的研究

周平最早对族际政治整合的模式进行了研究，他总结分析了族际
政治整合模式的概念、特点及典型的族际政治整合模式。⑥ 朱碧波对
苏族的族际政治整合模式进行了较为深入和系统的研究。⑦ 赵海英的
《威权政治建构中的族际政治整合——以东南亚国家为例》以马来西
亚、新加坡等东南亚国家为例，分析这些国家在现代国家建构中如何

---

① 关凯：《族群政治》，中央民族大学出版社 2007 年版，第 84 页。
② 常士㸚：《和谐理念与族际政治整合》，《政治学研究》2009 年第 4 期。
③ 周平：《多民族国家的族际政治整合》，中央编译出版社 2012 年版，第 101—113 页。
④ 常士㸚：《族际政治整合的多维构成分析》，《马克思主义与现实》（双月刊）2010
年第 2 期。
⑤ 陈纪：《多维互动：族际政治整合机制研究》，《广西民族研究》2007 年第 3 期。
⑥ 周平：《多民族国家的族际政治整合》，中央编译出版社 2012 年版，第 114—125 页。
⑦ 朱碧波：《族际政治整合研究缘起、论域和展望》，《淮南师范学院学报》2012 年
第 1 期。

实现族际政治整合。作者认为，东南亚国家多数都为后发的民族国家，同时又都有被殖民的历史。这些国家不仅族裔状况复杂，而且族群之间结构性差异巨大。在这种多变的族际环境下，这些东南亚族际政治整合难以自发形成，因此必须要依靠一个威权政府来推进族际政治整合。赵海英从国家意识、经济一体化、公共权威三个方面论述了东南亚国家如何推进其族际政治整合。①

总体上看，目前学术界对族际政治整合的研究已取得不少成果，这些成果主要集中于两个领域：一个是族际政治整合的理论构建，研究兴趣体现为研究族际政治整合的逻辑起点、价值取向、机制建构等；另一个是中国族际政治整合的问题研究。研究的不足之处在于对族际政治整合的理论层面研究较多，而实践层面研究相对较少。在实践层面的研究中，又以中国族际政治实践研究居多，而国外多民族国家族际政治整合的研究较少。

（二）马来西亚族群关系的研究

东南亚国家族群构成复杂，多是多元族群国家，尤其是马来西亚这个多民族国家，因其国内马、华两大族群问题而备受关注。关于马来西亚的族群关系，国内外学术界的研究成果可谓汗牛充栋，主要包括华人研究、马来人与华人族群关系研究、马来西亚印度人的研究、对马来西亚族群关系的总体研究等方面。

1. 马来西亚华人研究

华人是马来西亚的第二大族群，因此学者们对马来西亚华人的研究比较多，主要包括以下几个方面。（1）关于华人历史的研究。林水檺等的《马来西亚华人史新编》②是研究马来西亚华人历史必读的经典著作，全书分为三卷，详细论述了马来西亚华人发展的历程。林

---

① 赵海英：《威权政治建构中的族际政治整合——以东南亚国家为例》，《河北学刊》2012 年第 4 期。

② ［马］林水檺、何启良、何国忠、赖观福编：《马来西亚华人史新编》，吉隆坡：马来西亚中华大会堂总会 1998 年版。

远辉、张应龙的《新加坡马来西亚华侨史》① 对独立前马来西亚华侨的移民、政治、经济、教育、文学以及华侨与中国的关系、华侨参与抗日战争、华侨参与马来亚独立运动等做了详尽的阐述与分析。维多巴素的《近代马来亚华人》② 主要记述了"二战"前马来西亚的华侨历史。（2）关于马来西亚华人认同的研究。王赓武在《马来西亚华人的政治》一书中将马来西亚华人分为三个集团，将马来西亚华人社会的发展分为三个阶段，不同时期华人认同有不同的变化。新加坡学者崔贵强在《新马华人国家认同的转向（1945—1959）》③ 一书中，详尽分析了马来西亚建国前夕马、华两族围绕公民权问题、语文问题、马来人特权问题等发生的争论，以及在这一过程中华人认同的转变。（3）马来西亚华人政策的研究。梁忠的《马来西亚政府华人政策研究——从东姑拉赫曼到马哈蒂尔》④ 详细分析了马来西亚建国后不同政府时期的不同华人政策，并分析了马来西亚历届政府华人政策转变的原因。何西湖在《马来西亚华人政策的演变和发展》⑤ 一文中认为，马来西亚的华人政策可以分为三个不同阶段，他认为1991—2001 年是马来西亚华人政策的第三阶段，华人政策转向强调发挥华人在国家发展中的作用。（4）对马来西亚华人经济、文化教育、社团等的研究。韩方明的《华人与马来西亚现代化进程》⑥ 一书，是有关华人与马来西亚政府互动的重要成果之一，作者认为华人经济是马来西亚当地经济的重要组成部分，在国家经济生活中扮演了非常重要的角色。郑良树的《马来西亚华文教育发展史》⑦，借助翔实的调查资料，全面展示了马来西亚华文教育的发展历史、现状以及面临的问

---

① 林远辉、张应龙：《新加坡马来西亚华侨史》，广东高等教育出版社 1991 年版。

② ［英］维多巴素：《近代马来亚华人》，张奕善译，台北：台湾商务印书馆 1972 年版。

③ ［新］崔贵强：《新马华人国家认同的转向（1945—1959）》，厦门大学出版社 1989 年版。

④ 梁忠：《马来西亚政府华人政策研究——从东姑拉赫曼到马哈蒂尔》，博士学位论文，复旦大学，2006 年。

⑤ 何西湖：《马来西亚华人政策的演变和发展》，《广西民族学院学报》2004 年第 4 期。

⑥ 韩方明：《华人与马来西亚现代化进程》，商务印书馆 2002 年版。

⑦ ［马］郑良树：《马来西亚华文教育发展史》，吉隆坡：马来西亚华校教师会总会 1996 年版。

题，是研究马来西亚华文教育必读的参考资料。

2. 马来西亚马来人与华人两大族群关系的研究

马来人和华人是马来西亚的两大主要族群，两大族群的关系在马来西亚族群关系中占据重要地位，因此学界关于马华两族关系的研究成果非常多，包括各种专题论著、综合性论著、论文等。杨建成的《马来西亚华人的困境：西马来西亚华巫政治关系之探讨（1957—1978年）》[1] 一书是研究 1957—1978 年马来西亚马华两族族群关系的代表作，作者详细分析了建国后马来西亚马华族群关系的变化，尤其是对导致"五一三"事件的各种因素如政治、经济、文化、国际局势等进行了详细具体的分析。陈衍德等的《马来西亚华人与马来人族际关系演变新探》[2] 按时间顺序对马华关系进行了划分，作者认为马华两族关系的特点是政治上既合作又竞争，经济上既互补又此消彼长，文化上既对立又互相渗透。李一平在《试论马来西亚华人与马来人的民族关系》[3] 一文中比较系统地研究了独立以来马华关系的发展变化，并探讨了马华关系在未来会对马来西亚的政治、经济发展产生影响。廖小健的《战后马来西亚族群关系——华人与马来人关系研究》[4] 一书是研究马来西亚马华两族族群关系的力作，在对马华两族族群关系发展变化进行叙述的基础上，作者分析了两族关系的问题与症结，最后总结了两族关系的影响并展望了其发展前景。林勇的《马来西亚华人与马来人经济地位变化比较研究（1957—2005）》[5]，从经济角度入手，将马来西亚 1957—2005 年的历史分为四个时期，分别比较分析了华人和马来人在这不同阶段经济地位的变化。孙振玉的

① 杨建成：《马来西亚华人的困境：西马来西亚华巫政治关系之探讨（1957—1978年）》，台北：文史哲出版社 1982 年版。

② 陈衍德、任娜：《马来西亚华人与马来人族际关系演变新探》，《暨南学报》2002 年第 1 期。

③ 李一平：《试论马来西亚华人与马来人的民族关系》，《世界历史》2003 年第 5 期。

④ 廖小健：《战后马来西亚族群关系——华人与马来人关系研究》，暨南大学出版社 2012 年版。

⑤ 林勇：《马来西亚华人与马来人经济地位变化比较研究（1957—2005）》，厦门大学出版社 2008 年版。

《马来西亚的马来人与华人及其关系研究》[①] 一书在对马来西亚马来人和华人进行介绍的基础上，按照时间顺序描述分析了马来西亚马来人和华人的族群关系在不同历史时期的发展演变情况，在此基础上对构建马来西亚族群和谐社会进行了思考和探索。

3. 马来西亚印度人的研究

学者们对马来西亚印度人进行的研究也不少。罗圣荣、汪爱平在《英国殖民统治前的马来亚印度人》[②] 一文中叙述了英国殖民统治前马来半岛的印度人的历史，分析了其对马来亚产生的影响。肖宏飞的《英属马来亚种植园的印度劳工（19 世纪至二战前）》[③] 一文介绍了印度劳工迁入马来亚的历史原因，总结了印度劳工的政治、经济、教育和生活环境等情况。石沧金的《马来西亚印度人的政治参与简析》[④] 一文主要概括了马来西亚印度人参与政治的历史及其发挥的影响和作用。罗圣荣的《马来西亚的印度人及其历史变迁》[⑤] 一书从历史的角度比较全面及系统地对马来西亚印度人的发展演变情况进行了研究。国外对马来西亚印度人的研究也不少，主要有：Kernial Singh Sandhu 的《马来亚印度人的移民和定居（1786—1957）》（*Indians in Malaya – Some Aspects of Their Immigration and Settlement，1786 – 1957*）[⑥]；R. N. Jackon 的《劳工移民和马来亚的发展（1786—1920）》（*Immigration Labor and Development of Malaya，1786 – 1920*）[⑦]；S. Subramaniam 的《马来亚印度人的政治（1945—1955）》（*Politics of Indians in Malaya，1945 –*

① 孙振玉：《马来西亚的马来人与华人及其关系研究》，甘肃民族出版社 2008 年版。

② 罗圣荣、汪爱平：《英国殖民统治前的马来亚印度人》，《东南亚纵横》2009 年第 3 期。

③ 肖宏飞：《英属马来亚种植园的印度劳工（19 世纪至二战前）》，《东南亚纵横》2006 年第 3 期。

④ 石沧金：《马来西亚印度人的政治参与简析》，《世界民族》2009 年第 2 期。

⑤ 罗圣荣：《马来西亚的印度人及其历史变迁》，中国社会科学出版社 2015 年版。

⑥ Kernial Singh Sandhu，*Indians in Malaya – Some Aspects of Their Immigration and Settlement（1786 – 1957）*，London：Cambridge University Press，1969.

⑦ R. N. Jackon，*Immigration Labor and Development of Malaya，1786 – 1920*，Kuala Lumpur：Government Press，1961.

1955)①；Muzafar Desmond Tate 的《马来西亚的印度人：历史、问题与未来》(*The Malaysia Indians*: *History*, *Problems and Future*)② 等。

4. 对马来西亚族群关系的总体研究

学者们从族群政治、政党政治等角度对马来西亚的族群关系进行了研究。R. K. Vasil 撰写的 *Ethnic Politics in Malaysia*③（《马来西亚族群政治》）是研究马来西亚族群政治的重要著作，作者从马来西亚族群政党政治的角度，探讨战后马来西亚的族群关系与政治发展。Raymond Lee 在其主编的 *Ethnicity and Ethnic Relations in Malaysia*④（《马来西亚的族群与族群关系》）中概括了 20 世纪 80 年代马来西亚族群关系的特点。马来西亚学者陈祖排的《大马种族关系概况》认为，战前各族之间没有严重的利害冲突，大体上种族关系和谐。战后因不同族群政治经济地位的不平衡，再加上各族在宗教、语文等课题上的分歧，加深了族群间的矛盾，族群关系变得紧张和更加恶化。⑤ 这方面的文章还有很多，比如 K. J. Ratnam 的《马来亚社群主义与政治发展》(*Communalism and the Political Process in Malaya*)⑥；Edmund Terence Gomez 主编的《马来西亚：族性、平等与改革》（*The State of Malaysia*: *Ethnicity*, *Equity and Reform*)⑦；Cynthia H. Enloe 的《马来西亚的族群问题和融合》(*Issues and Integration in Malaysia*)⑧ 等。

---

① S. Subramaniam, *Politics of Indians in Malaya*, *1945 - 1955*, Department of Indian Studies, University of Malaysia, Kuala Lumpur, 1974.

② Muzafar Desmond Tate, *The Malaysia Indians*: *History*, *Problems and Future*, Strategic Information and Research Development Center, 2008.

③ R. K. Vasil, *Ethnic Politics in Malaysia*, New Delhi: Radiant Publishers, 1980.

④ Raymond Lee ed. , *Ethnicity and Ethnic Relations in Malaysia*, Center for Southeast Asian Studies, Northern Illinois University, 1986.

⑤ ［马］陈祖排：《大马种族关系概况》，载骆静山编《马来西亚华人问题论丛》，玻璃市：玻璃市州广东公会奖助学金委员会 1983 年版。

⑥ K. J. Ratnam, *Communalism and the Political Process in Malaya*, Singapore, 1965.

⑦ Edmund Terence Gomez, *The State of Malaysia*: *Ethnicity*, *Equity and Reform*, Routledge-Curzon, 2004.

⑧ Cynthia H. Enloe, "Issues and Integration in Malaysia", *Pacific Affairs*, Vol. 41, No. 3 (Autumn, 1968), pp. 372 - 385.

　　5. 从族际政治的角度进行的研究

　　目前国内学界从族际政治角度对马来西亚族群关系进行的研究并不多见。陈今波的硕士学位论文《独立以来马来西亚政治发展路径研究——以族际政治为视角》① 从族际政治的视角，对马来西亚独立后的政治发展路径进行了研究，探讨了马来西亚的政治发展道路。童宁在《族际关系与政治发展：以马来西亚为个案的民族政治学考察》② 中，选取马来西亚为案例，探索多民族国家族际关系演变的政治逻辑及其对国家的政治发展与政治变迁所产生的影响等。在本书撰写的过程中，笔者欣喜发现 2015 年有两位硕士生同时对马来西亚族际政治整合进行了研究，分别是中央民族大学陈明龙的硕士学位论文《马来西亚族际政治整合问题研究》③ 和河北师范大学吴倩的《马来西亚族际政治整合研究》④，虽然两位硕士生的论文还略显单薄，不够完整，但说明了马来西亚族际政治整合的典型性。国内还有从民族建构、国族建构的角度进行的研究，如齐顺利的博士学位论文《马来西亚民族建构的困境研究》⑤ 从民族建构的理论视角，分别从政治、经济、文化、宗教等方面分析了马来西亚进行民族国家建构所面临的困境。王子昌的《政治领导与马来西亚国族"打造"》⑥ 一文，从政治领导的角度研究马来西亚国族的"打造"，强调了政府的政策和政府领导人在多族群国家国族形成过程中的作用，认为各族相互交往、自然融合并不是多族群国家国族形成的唯一模式。李悦肇的《马哈迪时期马来西亚国家整合（1981—2003）》⑦ 一

　　① 陈今波：《独立以来马来西亚政治发展路径研究——以族际政治为视角》，硕士学位论文，上海交通大学，2011 年。
　　② 童宁：《族际关系与政治发展：以马来西亚为个案的民族政治学考察》，《经济与社会发展》2007 年第 3 期。
　　③ 陈明龙：《马来西亚族际政治整合问题研究》，硕士学位论文，中央民族大学，2015 年。
　　④ 吴倩：《马来西亚族际政治整合研究》，硕士学位论文，河北师范大学，2015 年。
　　⑤ 齐顺利：《马来西亚民族建构的困境研究》，博士学位论文，北京大学，2009 年。
　　⑥ 王子昌：《政治领导与马来西亚国族"打造"》，《世界民族》2004 年第 1 期。
　　⑦ 李悦肇：《马哈迪时期马来西亚国家整合（1981—2003）》，博士学位论文，中国文化大学，2004 年。

文，较为详细地讨论了马哈蒂尔执政时期，政府如何以马来族群为支持基础，达成马来文化霸权的目标，并同时进行多元族群社会的国家整合工作。

国外学者从民族建构、国族建构等角度对马来西亚族际关系进行研究的成果也有不少。Cheah Boon Kheng 撰写的 *Malaysia：The Making of a Nation*[①]（《马来西亚民族国家的形成》），对 1945—2002 年马来西亚民族建构过程进行了论述，并强调了国家领导人在民族建构过程的重要作用。James P. Ongkili 撰写的 *Nation - building in Malaysia (1946 - 1974)*[②]（《马来西亚民族建构（1946—1974）》）探讨了 1946—1974 年马来西亚民族建构的过程，详细论述并分析了马来西亚建国前后各族群之间的妥协和斗争。Mohamed Mustafa Ishak 撰写的 *The Politics of Bangsa Malaysia—Nation - Building in a Multiethnic Society*[③]（《马来西亚民族的政治——多元族群社会的民族建构》）一书对 20 世纪 70 年代以来马来西亚民族建构进行了研究，探讨了马来西亚民族的概念，分析了影响马哈蒂尔执政时期马来西亚民族构建过程的政策因素。林开忠在《建构中的"华人文化"：族群属性、国家与华教运动》一书中探讨了马来西亚的华文教育运动，并分析了华文教育运动在马来西亚国族建构中所扮演的角色。[④] Elsa Lafaye 的 *The Role of Educational Policy in Overcoming Ethnic Divisions and Building Malaysia's Nation*（《消除族群差别及马来西亚国家建构中的教育政策角色》）指出，由政府主导的教育政策在消除族群冲突、保持社会稳定、进行国家建构中发挥了巨大作用，作者认为，马来西亚的教育政策是被高度

---

① Cheah Boon Kheng, *Malaysia：The Making of a Nation*, Singapore：Institute of Southeast Asian Studies, 2002.

② James P. Ongkili, *Nation - building in Malaysia (1946 - 1974)*, Oxford University Press, 1985.

③ Mohamed Mustafa Ishak, *The Politics of Bangsa Malaysia—Nation - Building in a Multiethnic Society*, Universiti Utara Malaysia Press, 2014.

④ ［马］林开忠：《建构中的"华人文化"：族群属性、国家与华教运动》，吉隆坡：马来西亚华社研究中心 1999 年版。

政治化的，这意味着教育在国家建构中发挥着积极作用。①

　　这些都为本研究提供了很好的基础，但研究也存在一些不足。一是研究不够全面和均衡，对华人的研究比较多，而对马来人、印度人等族群研究少；对马华关系的研究比较多，而对马印关系、印华关注的相对要少。二是缺乏宏观、互动的研究，现有的研究更多的是对单个族群群体或单一族群关系的静态研究，缺乏对族群之间、族群与社会发展之间的互动研究。三是理论研究不足，从族际政治的角度对马来西亚民族关系进行的研究，多少可以弥补这些不足之处，丰富马来西亚族群关系研究，但目前这方面的研究还不多，尤其是从族际政治整合的视角来关注马来西亚的族群关系，目前学术界还鲜有研究。

三　研究思路与研究框架

（一）基本思路

　　多民族国家的族际政治整合不仅是现实问题，也是一个非常重要的学术理论问题。对这样一个理论问题的研究，不能仅停留在对中国的研究，也需要对国外其他多民族国家族际政治整合实践进行深入系统的研究。因此，本研究准备选取马来西亚进行个案研究。采用族际政治整合理论的理论分析框架：整合的逻辑起点→整合的目标体系→整合的价值取向→整合的路径选择→整合的技术路线→整合的特征提炼。在这种理论分析框架的指导下，运用政治学、历史学的分析方法对马来西亚的族际政治整合的发展与演变进行研究。希望对以下几个问题做出回答：马来西亚多个族群共存的局面是怎样形成的？马来西亚族际整合的目标是什么？马来西亚是用何种方式，采取了哪些手段来进行族际政治整合的？在不同族群的互动和博弈过程中，马来西亚族际政治整合效果如何？马来西亚族际政治整合取得这样效果的原因是什么、经验和不足又有哪些？马来西亚族际政治整合将来发展又面

---

　　① Elsa Lafaye, *The Role of Educational Policy in Overcoming Ethnic Divisions and Building Malaysia's Nation*, Oxford International Conference on Education, "Education and Geopolitical Change", 11 – 15 September 1997, Oxford, Grande – Bretagne.

临着哪些困境，未来之路又在哪里？

（二）研究方法

1. 采用多学科的理论和方法。本课题的研究要采用多学科的研究方法。比如，本研究用到政治学的许多研究方法与范式，如利益分析法、精英分析法、系统分析法等，并运用政治权力研究范式来研究马来西亚族际整合的主体、政治制度、政治文化等；运用政治角色研究范式来考察族际政治精英博弈；用政治决策研究范式考察族际政治决策行为等。除了主要运用政治学的分析方法外，本研究还运用了民族学、历史学、人类学等研究方法。

2. 文献分析法。文献分析法是本研究最基本的一种研究方法，因为任何科学研究都是在前人研究基础上展开的。在文献分析法中，最重要的是资料的收集。本课题进行研究的资料主要以中文为主，英文资料为辅。为了最大限度地保证论据资料的可靠性，本论题还参考马来西亚当地资料进行研究。

（三）研究框架

本研究由绪论、正文和结语三部分组成。绪论主要介绍选题依据、国内外研究现状、研究内容、研究方法等。正文分五章，内容如下。

第一章：族际政治整合的理论视角。本章是对族际政治整合从理论视角进行的思考，立足于族群与国家之间的二元关系，探讨这种关系在前民族国家时期与民族国家时代的发展变化。民族国家时代的多民族国家必须要进行族际政治整合的逻辑前提是族群与国家之间的二元张力不可避免。族际政治整合是对国内多个族群进行政治一体化塑造的过程，是对化解族群与国家之间二元张力的一种理论尝试，是在实践中通过战略和策略的路径设计来解决族群间以及族群和国家之间的矛盾、问题、冲突，以促进族群间的团结，实现国家稳定、避免国家分裂动荡的重要途径。

第二章：马来西亚族际政治整合的历史基础。民族国家族际政治整合的发动和展开离不开一定的历史前提。各族群历史上的互动和交流、共同的经历以及形成的族际关系构成了马来西亚族际政治整合的历史背景。本章分别探讨了英国殖民统治前、英国殖民统治时期、日本占领时期、战后初期马来亚族际关系的发展与演变。

第三章：马来西亚族际政治整合的实践。本章对马来西亚族际政治整合的实践进行了探讨，从历史纵向角度将马来西亚的族际政治整合实践分为三个阶段，即马来西亚独立到 1969 年、新经济政策时期和 20 世纪 90 年代以后，分别探讨总结了三个阶段不同的族际政治整合环境、手段、措施、效果等。

第四章：马来西亚的政党与族际政治整合。马来西亚执政党立足于族群模式和发展取向，较好地维护了社会政治稳定。马来西亚政党制度具有典型性，适应了马来西亚多元族群的社会现实，能够在有控制的冲突中达成基本共识，族际政治整合能力较强，从而使社会积聚的张力得到理性的释放，避免了很多发展中国家出现的族际政治整合失败的现象。本章从政党与政治制度的角度对马来西亚的族际政治整合进行了研究。

第五章：马来西亚族际政治整合的总结与思考。本章共有三节，第一节在对前几章研究进行总结的基础上，概括了马来西亚族际政治整合的模式，对马来西亚族际政治整合的主体、价值取向、方式、国族建设等问题进行了探讨。第二节总结了马来西亚族际政治整合取得的成效及存在的问题与挑战。第三节在前面研究的基础上对马来西亚族际政治整合的前景做出了展望，并总结了马来西亚族际政治整合的可借鉴经验。

（四）有关概念与说明

1. 马来亚与马来西亚

马来西亚全称马来西亚联邦，由马来半岛的马来亚和婆罗洲的沙巴、沙捞越所组成。马来半岛称西马，婆罗洲的沙巴、沙捞越称东马。历史上，马来亚和新加坡同为英国殖民地，1948 年新加坡分离出去，马来亚组建马来亚联合邦，并于 1955 年获得自治，1957 年正式独立。1963 年，马来亚与新加坡及沙巴、沙捞越组建马来西亚联邦，1965 年新加坡退出，遂形成现在的国家格局。本书的内容在涉及到 1963 年前的历史时，一般称马来亚，如涉及整个马来西亚情况时，则称马来西亚。

2. 华侨与华人

根据我国国籍法和华侨华人研究领域达成的共识，海外中国移民及其后裔，加入当地国籍的称为华人，未加入当地国籍的称为华侨。第二次世界大战前马来亚没有统一的公民权和国籍，当地的中国移民基本是华侨。第二次世界大战后，马来亚政府推出统一的公民权，部分取得马来亚公民权的为华人，其余的仍然是华侨。1957 年马来亚独立后，由于条件比较宽松，绝大部分华侨成为马来亚公民，马来亚华侨社会也转化为华人社会。马来西亚本地华人学者，大多数将带有中国血统的华裔，无论是独立前还是独立后，都称之为华人或华裔，国外以及马来西亚当地的相关文献资料也是如此。为了保持引文原貌，本书引用资料时按原文引用。

3. 印度人

跟华人的情况大体相同，海外的印度人移民及其后裔，加入当地国籍被称为印度人，一般在其前加上所在国别与印度国内的人民加以区别，未加入当地国籍的称为印侨。1957 年马来亚独立后，在印度人和华人的努力争取下，以承认马来人的特权为交换条件，非马来人入籍条件放宽，相当一部分印侨归化为马来亚公民，马来亚印侨社会也转化为马来亚印度人社会。但本文为了行文方便，无论是独立前还是独立后，都将所有来自南亚次大陆的人统称为"印度人"或者"印度族群"而不论其历史分期上的不同表述。

第一章　族际政治整合的理论视角

当今世界的民族国家中，只有少数国家具有族裔上的同质性，大多数国家国内存在两个或两个以上的族群。这些不同的族群群体有自己的利益追求，所谓"自来有一千种民族，因此有一千种目标"①。在追求自身利益的过程中，各族群群体之间乃至族群与国家之间难免会产生矛盾和冲突，并对民族国家产生重要影响，甚至会导致民族国家走向解体。民族国家内的族群与族群、族群与国家的关系不仅是构成这些国家内部政治关系的重要内容，也是构成这些国家保持或实现政治稳定的关键。因此，在民族国家的背景下，不同族群群体在不同文化或价值体系认同的差异下是否有和平相处的可能？国家在其中应扮演何种角色，或采取何种政策才能化解族群间的矛盾和冲突，实现国家的稳定？这是民族国家所普遍关注的课题，也是本课题所讨论的重点。几乎所有的民族国家都程度不同地被国家与族群之间的二元张力所困扰。族际政治整合是对国内多个族群进行政治一体化塑造的过程，是对化解族群与国家之间二元张力的一种理论尝试，是在实践中通过战略和策略的路径设计来解决族群间以及族群和国家之间的矛盾、问题、冲突，促进族群间的团结，实现国家稳定、避免国家分裂动荡的重要途径。

---

① ［德］尼采：《查拉图斯特拉如是说》，楚图南译，湖南人民出版社1987年版，第68页。

19

第一节　前民族国家时期的族群与国家

一　相关概念的界定

众所周知，"民族"这一概念是民族研究领域最为基本也是使用最为广泛的概念。20 世纪 90 年代初以来，随着国内学者特别是民族学者对外学术交流的不断加强，"族群"这个概念也被国内学者所借鉴并广泛使用。那么这两个概念到底是什么关系？它们之间有何异同？学者们在"民族"与"族群"的概念讨论方面有大量的研究成果。本课题的重点不是这些概念之争，而是在研究对象所需的基础上进行简单的探讨和界定。正如马戎先生所言："每个研究者在进行理论探讨和具体研究时，都必须事先对自己的研究对象作一个界定，这是与前人文献和其他人的研究成果进行学术对话的前提条件。"[1]

（一）民族

今天被广泛使用的民族概念，在近代才开始流行。"一直要到 18 世纪，这个词的现代意义才告浮现"[2] "民族原本就是人类历史上相当晚近的新现象，而且还是源于特定地域及时空环境下的历史产物"[3]。随着这一概念的普遍使用，民族这种人类群体形式也逐渐显现，并逐渐受到人们的重视。

在当今世界，民族这种人类群体形式的重要性不言而喻，所有社会问题的讨论和解决，都无法回避民族现象。民族现象的凸显引起了诸多学者的关注与研究。民族现象的演变和民族研究本身离不开对民族概念的界定。那么到底什么是民族呢？

---

[1] 马戎：《关于"民族"定义》，《云南民族学院学报》（哲学社会科学版）2000 年第 1 期，第 5 页。

[2] ［英］埃里克·霍布斯鲍姆：《民族与民族主义》，李金梅译，上海人民出版社 2000 年版，第 3 页。

[3] ［英］埃里克·霍布斯鲍姆：《民族与民族主义》，李金梅译，上海人民出版社 2000 年版，第 3 页。

对民族进行界定是困难且有风险的，比如马克斯·韦伯认为："民族（nation）是一个充满感情色彩、在进行社会学定义时最令人苦恼的概念。"① 盖尔纳的观点："给民族下定义，要比给国家下定义困难得多。"② 凯杜里说："民族这种似乎简单明了的东西其实是晦涩的、深奥的。"③ 德拉诺瓦认为："民族是存在的……但并不确切地知道它是什么。"④ 尽管如此，学者们并未知难而退，而是分别从民族学、政治学、历史学、社会学以及国际关系等领域和角度对这一概念进行了界定。

安德森认为，民族是"一种想象的共同体——并且，它是被想象为本质上有限的，同时也享有主权的共同体"。⑤

周平认为："民族划分为两种基本类型：一类是历史悠久的、由共同的历史和文化凝聚和维系的人群共同体；一类是近代以来取得国家形态的人群共同体。前者可称为文化民族或传统民族，后者可以称为政治民族、国家民族或近代民族。"⑥

莫迪默等认为，民族是"指其每一个成员共享一个历史疆域、共同的传说、集体、公共文化、独立的经济体和共同的责任和权利的人群"，它表明"民族这一概念是指一种特殊的社会和文化的共同体，一个共享历史和文化的地域共同体"⑦。

格罗斯指出："'nation'这个词有两种含义，一种是国家 state 的意思，指一种政治联合；另一种含义，现在称作民族性 ethnicity，与

---

① ［德］马克斯·韦伯：《经济、诸社会领域及权力》，李强译，生活·读书·新知三联书店 1998 年版，第 120 页。

② ［英］厄内斯特·盖尔纳：《民族与民族主义》，韩红译，中央编译出版社 2002 年版，第 7 页。

③ ［英］埃里·凯杜里：《民族主义》，张明明译，中央编译出版社 2002 年版，第 2 页。

④ ［法］德拉诺瓦：《民族与民族主义》，郑文彬、洪晖译，生活·读书·新知三联书店 2005 年版，第 20 页。

⑤ ［美］本尼迪克特·安德森：《想象的共同体——民族主义的起源与散布》，吴叡人译，上海人民出版社 2003 年版，第 5 页。

⑥ 周平：《多民族国家的族际政治整合》，中央编译出版社 2012 年版，第 8 页。

⑦ ［英］爱德华·莫迪默、罗伯特·法恩：《人民·民族·国家》，刘泓、黄海慧译，中央民族大学出版社 2009 年版，第 58 页。

文化相一致。我们曾将它们称作国家民族 nation‑state 和文化民族 nation‑culture。"①

　　弗里德里希·梅尼克也认为，民族有"文化民族，国家民族"之分，"前者主要基于某种共同的文化经历而凝聚起来；后者首先建立在一种普遍的政治历史与法则的统一力量之上"。②"文化民族（Culture nation）指通过语言、宗教、历史神话或其他文化纽带凝结在一起的共同体"，而"政治民族（political nation），指除了文化纽带外还拥有一个合法的国家机构的共同体"。③

　　英国政治学家恩斯特·巴克尔（Ernst Barker）认为："民族是一个为着不同目的自愿结成的社会共同体的基本形式，而国家是建立在这个社会共同体之上的政治上层建筑，是一种把民族社会从政治上统一起来、形成民族国家这种联合体的特殊结构。为在一定地域上居住民族，提供了地域空间和人类物质生活的条件，而国家在这个地域空间和人类生活之上，打上了自己的戳记。"④

　　学术界有太多关于民族的定义，无法一一列举。诸多的民族定义中，既有从国外引入的，又有国内学者自己的创见；既有描述性的，也有分析性的，还有思辨性的，学者们众说纷纭，见仁见智，莫衷一是。层出不穷的定义、理论和视角使得民族成为"本领域最成问题和争议最大的术语"。⑤

　　民族到底是指什么呢？我们首先从西语的使用情况来看，从词源上来看，民族（Nation）来源于拉丁文 natio。它的原意为"种族"

　　① ［美］菲利克斯·格罗斯：《公民与国家——民族、部族和族属身份》，王建娥、魏强译，新华出版社 2003 年版，第 83—84 页。
　　② ［德］弗里德里希·梅尼克：《世界主义与民族国家》，孟钟捷译，上海三联书店 2007 年版，第 4 页。
　　③ ［英］休·希顿‑沃森：《民族与国家——对民族起源与民族主义政治的探讨》，吴洪英、黄群译，中央民族大学出版社 2009 年版，第 5 页。
　　④ Ernst Barker, *Principles of Social and Political Theory*, London, Oxford University Press, 1967, pp. 54 – 55.
　　⑤ ［英］安东尼·史密斯：《民族主义——理论、意识形态、历史》，叶江译，上海世纪出版集团 2006 年版，第 20 页。

(race)，"种"（breed），出身，或血缘纽带。[1] Williams Raymond 考据："在 13 世纪晚期的英语中，nation 一词的使用已很普遍，但当时它的所指乃是种族群体，或血缘纽带，而不是政治群体。"[2] Liah Greenfeld 考据："16 世纪早期，nation 一词的用法在英国发生了具有历史意义的转变。在这个时期 nation 开始被用来指称这个国家的'人民'（people），变成了人民的同义词。"[3] 随着民族主义的兴起，到了 18 世纪，随着资产阶级革命和欧洲民族国家的建立，nation 就具有了"民族"和"国家"的双重政治含义。

可以看出，在近现代之前，民族的原生意义一直与建立在某种真实或虚构的血缘地区基础上的共同体有着紧密的联系，并不包含政治意义，与国家也不存在必然的联系。此后，随着人类交往的日益频繁，经济的发展以及迁徙、移民、战争、贸易等因素拓展了人类的活动空间和区域，"民族"概念不断地发展演变，"民族"被赋予了越来越多的政治含义，用于政治目的。[4] 再往后，政治含义成为这个词的主要含义。尤其到了法国大革命时期，"民族"一词的政治色彩日益浓厚。"民族"概念被纳入革命建国的浪潮之中，"民族"即是国民的总称，国家乃是由全体国民集合而成，而公民权、大众的普遍参与或选择，都成了民族不可或缺的要素。[5] 这样，民族一词也就由从最原初意义——氏族、部落发展而来的一定地域内基于血缘关系的社会共同体，转变为强调共同语言、历史、文化传统的联系，甚至发展为一国之内，不管其血缘、种族如何，统统纳入该国人民的范畴。

---

[1]　Walker Conner, "A Nation is a Nation, is a State, is an Ethnic Group, is a…", *Ethnic and Racial Studies*, Vol. 4, October 1978, pp. 379 – 388. 转引自王联《世界民族主义论》，北京大学出版社 2002 年版，第 3 页。

[2]　Willians Raymond, *Key Words: A Vocabulary of Culture and Society*, London: Fontana Press, 1983, pp. 213 – 221.

[3]　Liah Greenfeld, *Nationalism: Five Roads to Modernity*, Cambridge, Massachusetts: Harvard University Press, 1992, pp. 6 – 7.

[4]　［英］约翰·基恩：《民族、民族主义和公民在欧洲》，于向东译，《国外社会科学杂志》1995 年第 5 期。

[5]　汪波：《民族国家与现代民族的"政治性""国民性"》，《贵州民族研究》2003 年第 4 期。

可见近代的民族（nation）概念，指的是与民族国家结合在一起的人群共同体。在民族国家这种政治架构中，民族取得了国家的形式，国家具有了民族的内涵，二者不可分割地联系在一起。民族（nation），是人类共同体依托于民族国家（nation – state）而形成的现代形式。通俗地理解，一个民族就是一个民族国家的全体居民或全部享有该国家国籍的人的总称。①

"民族"这一概念在引入我国之后，对其的定义和使用上的界定就一直不甚明确，在汉语中的"民族"一词往往具有多种含义，有时候表达具有政治、领土、民族—国家含义的"民族"（nation），有时候反映的则是仅具有文化意义上的群体，具体情况往往需要根据上下文确定。英文中表达民族一类含义的词汇较多，如 ethnos、ethnic group、nation、nationality、people 等，但这些词汇的含义有所不同，而汉语中却只有民族一词与之对应，这样就不可避免地会引起对外交流的歧义，为此学界还曾多次就民族一词的翻译问题展开过讨论。关于民族一词一直没有确定的英文译法。

（二）族群

族群（ethnic group）一词出现的时间并不长，有研究认为社会科学研究中第一个使用这个词的是大卫·雷思曼，时间是 1953 年。② 也有学者认为第一次在现代意义上使用这个词的是美国社会学家和人类学家威廉·劳埃德·华纳（William Lloyd Warner），时间是"二战"时期。③ "在 1970 年以前的人类学文献和著作里，并没有关于这个术语的详细解释。"④ 20 世纪 70 年代中期以后，这个概念才受到重视，形成了诸多的学术成果，如今这个词已成为社会科学研究中的常用概

---

① 郝时远：《斯大林民族定义及其理论来源》，载王建娥、陈建樾《族际政治与现代民族国家》，社会科学文献出版社 2004 年版，第 77 页。

② Thomas H. Eriksen, *Ethnicity and Nationalism: Anthropological Perspectives*, London: Pluto, 2010, p. 4.

③ Werner, Sollors, ed., *Theories of Ethnicity: A Classical Reader*, New York: New York University Press, 1996, Preface, p. vii.

④ Despres, L. A., "Toward a Theory of Ethnic Phenomena", in L. Despres (ed.) *Ethnicity and Resource Competition in Plural Societies*, The Hague: Mouton, 1975.

念。如同民族概念一样，目前学术界对族群这一概念也没有取得一致的、得到共识的界定。

西方学术界对族群这一概念有多种不同的界定。马克斯·韦伯认为："族群是这样一些群体，要么由于体貌特征或习俗相近，或者由于两者兼有，要么由于殖民和移民的记忆，从而对共同血统抱有主观信仰；这种信仰对于群体构建肯定具有重要意义，至于是否存在客观的血缘关系则无关宏旨。"①

M. G. 史密斯认为："一个民族群体（ethnic group）所包含的是自认为是同族的人。他们由感情的联系结合在一起，并且关心保持他们自己的生活方式。除了极少数的例外，他们操同一种语言，至少他们所说的话彼此能懂，而且他们还有共同的文化传统。由于组成这种单位的人一般都实行内婚制，所以往往看起来相貌相像。"②

安东尼·史密斯认为："族群是一个具有共同祖先和传说、共有的记忆和文化因素的人群，是与历史上的领土或者家园密切相关的联系，是饱含团结的意涵。"③ 美国比较政治学家霍洛维茨认为："族群基于共同祖先的迷思，且带有被认为是内生的一些特征。这些特征不管如何稀淡，但由此产生的亲和力是与族性分不开的。"④

费伦和拉丁等认为："一个族群就是一个比家庭大的群体，其成员资格主要由于血统、概念化的自主，并且在传统意义上被当作是一个具有自然历史的群体。"⑤ 费伦又认为："典型的族群是具有以下特征的群体：（1）其成员资格主要由血统加以确定；（2）成员对其群体资格具有意识；（3）成员共享独特的文化特征；（4）绝大多数成

① Max Weber, *Economy and Society*, Berkeley: University of California Press, 1979. p. 389.

② ［美］M. G. 史密斯：《美国的民族集团和民族性——哈佛的观点》，何宁译，《民族译丛》1983 年第 6 期。

③ Anthony D. Smith, *The Ethnic Sources of Nationalism*, *Ethnic Conflict and International Security*, Princeton: Princeton University Press, 1993, p. 28.

④ Donald Horowitz, *Ethnic Groups in Conflict*, Berkeley: University of California Press, 1985, p. 52.

⑤ Fearon J., Laitin, D., *Ordinary Language and External Validity: Specifying Concepts in the Study of Ethnicity*, Presented at Meet. Lab. Comp. Ethn. Polit., Oct. 20 – 22, Univ. Penn., Philadelphia, p. 20.

员对这些文化特征很珍视；（5）这个群体具有实在的或者记忆中的母地；（6）这个群体具有作为群体共享的并非完全构建的而是有一定现实基础历史。"①

族群是"一个并非刻意组成的群体，其成员拥有同一的文化或者籍贯，并被他人认为或者自我界定为同属于一个群体"②。还有人认为，族群是"一种带有某种共同文化传统和身份感的群体，这种群体作为大社会中的亚群体而存在"③。

巴斯把族群概括为具有四个特征的人群："具有生物学意义的世代相袭；在基本的文化形态和价值观念上具有明显的同一性；构成一个具有社会联系和相互影响的社会领域；具有自我认同和为他人认可的、有别于其他社会集团的群体成员。"④

从以上总结可以看出，由于各国族群现象的复杂性和多样性，西方学者对族群这一概念存在不同的界定。尽管具体观点不同，族群主要被学者们用来指文化、社会意义上的人群共同体，用于表示多族群国家内部具有不同发展历史、不同文化传统甚至不同种族体质特征但保持内部认同的群体，这些族群在一定程度上也可被归类为这些社会中的"亚文化群体"。

族群这个词本身无疑是一个新词，对于其概念的界定学界也依然存在分歧，没有取得共识。但不可辩驳的是，随着族群现象、族群问题的突出，它已成为今天社会科学研究中一个非常常见的概念。笔者觉得，我们在认识"族群"现象时，不必拘泥于一个整全、完美的概念界定。毕竟很大程度上这只是一个学术话语的问题，或者说对大致相同的社会现象做了一个新的标签而已。

族群所指的社会文化共同体早已存在，并不是一个新的社会现

---

① Fearon J. , *Ethnic Structure and Cultural Diversity by Country*, Growth 8（2）：195 – 222.

② Wsevolod W. Isajiw, "Definitions of Ethnicity", *Occasional Papers in Ethnic and Immigration Studies*, Vol. 79, Issue 6, Toronto: The Multicultural History Society of Ontario, 1979, p. 25.

③ ［美］N. 格莱泽、D. P. 莫尼汉：《民族与民族研究》，转引自马戎《西方民族社会学的理论与方法》，天津人民出版社 1997 年版，第 4—5 页。

④ Fredrik Barth, *Ethnic Groups and Boundaries*, *Little Brown and Company*, Boston, 1969, pp. 10 – 11.

象。不仅早已存在，以后随着世界对文明多样性的尊重，族群作为一个共同体的符号也不会消失，"不同的人类群体正在对本群体的历史、文化、宗教、族类和领土培育着更加深刻的感情，或者说人们在重新肯定自己的特殊认同，呼唤保留自己的历史记忆"。[①]

（三）民族与族群的区别与联系

民族与族群之间存在一定的区别与联系，不少学者对二者的关系进行了解释。

英国社会学家安东尼·史密斯在对现代民族作出大众化、法律化、公共化和地域化解释的同时，还对前现代的、松散的历史文化共同体——族裔集团或族群与民族进行了区别，并且对族群进行了定义："族裔是一个拥有自己名称的、具有共同的祖先神话、共同历史的记忆、拥有一种或一种以上共同文化成分、与故土保持一定联系并且至少在精英阶层中有一种凝聚措施的人类集团。"[②] 他认为，族裔集团与民族都具有一些共同的要素，诸如共同的名称、神话、记忆等，但是彼此凝聚力的核心却非常不同。族裔集团在很大程度上是依据祖先神话和历史记忆确定其范围的，而民族则是由他们居住的历史性疆域、由其人民大众的公共文化以及共同的法律决定其范围的。民族必须拥有其祖国，而族裔集团却大可不必。民族的概念包含了族裔和公民两方面的因素，既包含共同的神话和记忆，又包含共同的法律、独特的经济，以及历史疆域和人民大众的公共文化。因此，民族具备了在单一族裔集团之外发展，与其他族裔集团合并、同化以及分离的潜能，或者把不同的新的族裔合并、吸纳到一个多族裔多文化的民族中来的潜能，[③] 而族裔集团显然不具备这种潜能。

---

① ［西］胡安·诺格：《民族主义与领土》，徐鹤林、朱伦译，中央民族大学出版社2009年版，第27—28页。

② Anthony D. Smith, *The Nation in History – historiographical Debates about Ethnicity and Nationalism*, Polity Press, 2000, p. 65.

③ Anthony D. Smith, *The Nation in History – historiographical Debates about Ethnicity and Nationalism*, Polity Press, 2000, p. 65.

　　康纳"将那些主观上认为他们有共同血缘的人类群体称为族群（ethnic group）"，同时认定族群与民族之间有一种连续性关系，而"民族（nation）就是具有自我区别（self - differentiating）意识的族群"①。

　　史密斯也强烈主张："现代民族主义有一个很清楚的前现代的前身。民族的出现建立在先已存在的族群的基础之上。民族是以族群为核心而形成、从前现代的族群发展而来的。族群的成员具有共同的名称，共享同一祖先的神话，拥有一个或多个共同文化的区别性要素，共同的历史记忆把自己与特定的家园（homeland）联系在一起，有一种为了这部分重要人口的团结意识。"②

　　哈斯廷斯将民族的形成过程概括为三个阶段：第一阶段形成一些相对流动、不稳定和地方性的族群；第二阶段流动性和复杂性减少，少数得到确认的文学语言和较大的族群形成过程开始了；第三阶段由法国大革命所开启，在那里，政府的性质（nature）、国家建立法制的需要要求一种高于其他认同的把全体人民团结在一起的民族身份意识，当这种意识形成，当一个族群的语言发展成一种得到广泛传播的书面语的时候，民族就形成了。③ 西方民族理论界也倾向于用不同的术语将其不同的发展阶段标示出来，将族类共同体（ethnic community, ethnie）或族群（ethnic group）作为民族（nation）的前身，而把民族看作前者发展的结果或更高的一种形态。

　　关凯认为："族群（ethnic group）更多地指称现代社会中有着共同的背景与认同（出身、文化或故乡等）的人口集团。这个概念与民族的最大区别就是它不再紧密地强调地域性因素和政治统治的因素，于是可以用来描述那些跨地域、跨社会阶层和政治态度而保持群

①　Walker Connor, "Ethno - Nationalism: The Quest for Understanding", *Noetic Sciences Review*, 1995, p. 42.

②　*Spencer P.*, Wollman H., "Nationalism: A Critical Introduction", *Clinical Science*, 2002, p. 28.

③　*Stanley B.*, *The Construction of Nationhood: Ethnicity, Religion and Nationalism*, Cambridge University Press, 1997, p. 31.

体认同的人口集团。这个概念关注特定人群在族裔背景和文化特征上的一致性。"①

不难看出族群与民族的区别主要有：

1. 产生的方式不同。从产生的方式来看，二者存在明显的不同。族群大多是历史上自发形成的，人类在长期的社会生活和交往过程中，因为自然、地理、生产方式、生活习惯等方面因素的接近而自然形成。而民族是人类在进入近代社会之后，资产阶级为了凝聚社会成员，为了实现特定政治、社会目标而有目的地建构起来的。

2. 存在的目的不同。民族的存在有明显的目的性，民族的存在以建立和维护国家为目的。民族是民族主义运动的载体，早期民族主义运动的主要目的就是以民族为单位建立国家。即便是今天我们也能很清楚地指出民族的目标，比如我们知道美利坚民族的目标是建立、巩固美国现代国家；中华民族的目标是维系现代中国的存在，并使之复兴。而族群的存在，更多是个人追求精神归属和内心信仰，个人对居住地域的依恋、对祖先的怀念而导致的结果。也即是说，与民族是追求着特定目标的共同体不同，族群本身即是目标，是一群人由于各方面的相似而导致的结果。

3. 边界不同。族群没有明确的边界，常处于变动状态，而民族一般都有清晰的边界。以民族为载体的主权民族国家都是有边界的，包括领土的边界和人民的边界，因此民族也往往都有自己的边界。而族群却很难确定明显的边界，毕竟确定一个族群依据的往往不只是传统、历史、体貌特征、语言、宗教、习俗等，还需要成员的主观认同。"中华民族的边界，自古代到现代，虽然经过多次变动，但在特定阶段却也保持了清晰和稳定，但是任何试图划定汉族边界的努力，则注定会失败。"②

4. 主要维系纽带不同。民族的维系纽带有许多，但主要是政治因素，其他的因素都是服务和服从于政治因素的，而族群的主要维系

---

① 关凯：《族群政治》，中央民族大学出版社 2007 年版，第 13 页。

② 卢小平：《共同体的维度——现代国家建构中的族群问题研究》，博士学位论文，中央民族大学，2010 年，第 58 页。

纽带是文化与认同。比如，汉族人不论居住在哪里，只要他说着汉语，自认为是炎黄子孙，非常热衷于过春节、中秋、端午等节日，或崇拜龙的图腾，我们都可以认为他是汉族人。但是，我们不能称那些加入了外国国籍，却有着上述特征的人为中华民族的一员。

族群与民族之间存在重要的差别，但两者之间也存在联系，在一定的条件下，族群可以演变为独立国家的民族，民族也可以转变成族群。根据马戎的观点，二者相互演变的模式有：（1）多族群国家的一个"族群"或族群的一部分（如外蒙古、东巴基斯坦），在一定的条件下有可能演变成独立的政治实体（如蒙古国、孟加拉国）；（2）以某个族群为基础形成的多个相互独立的政治实体（例如北美印第安人的各个部落），在一定的条件下演变成了另一个新出现的政治实体（如美国、加拿大）内部的一个族群；（3）来自不同大陆、不同国度的移民族群，在一个排除了原住民的"新大陆"上，共同组成一个新的政治实体（如美国、澳大利亚、新西兰等）；（4）原来处于一个多族群政治实体中的某些族群，在一定条件下分裂出去而成为本族独立的政治实体（如南斯拉夫联邦的各共和国和自治省）。①

总之，民族与族群这两个词在西方国家语境里是不同的，代表不同的含义，所指称的共同体的特征与目标也截然不同，"nation"是与国家、主权、政治联系在一起的概念，是作为一个国家建构基础的公民社会的总称；"ethnic group"则仅仅是一种普遍的社会现象，是与个人的精神归依、内心信仰、生活方式、思维习惯联系在一起的社会内部人类群体的分类方式。

（四）本书的定义

西方学术界通常用 ethnic group、nationality、people 等术语表述这些族裔共同体或人口集团。中国学术界一般将这些族裔的和历史文化的共同体称为"民族"，同时将上述西方概念中的 nation 也称为民族。这就出现了用同一词语表达不同对象的语义问题。汉语"民族"一

---

① 马戎：《族群、民族与国家建构——当代中国民族问题》，社会科学文献出版社2012年版，第5页。

词的一词多义性，往往容易使人将西方概念中的具有明确政治含义的民族 nation 和这些族裔的、历史文化的共同体 people、ethnic group 相混淆，因而导致对不同的"民族"现象的理解错位。

国内学界就"民族"与"族群"的概念表达了许多不同的观点，尽管各家之言未达成共识，但本课题认为，"nation"和"ethnic group"在国外文献中是截然不同的两个概念。从这两个英文词汇各自出现的时间和具有的内涵来看，它们代表着完全不同的人类群体，体现了不同的历史场景中人类社会所具有的不同的认同形式。民族（nation）与 17 世纪出现于西欧的"民族主义"和"民族自决"政治运动相联系。族群（ethnic group）这一词汇出现于 20 世纪初，用于表示多族群国家内部具有不同发展历史、不同文化传统甚至不同种族体质特征但保持内部认同的群体，这些族群在一定程度上也可被归类于这些社会中的"亚文化群体"。因行文需要，本书所述及的族群皆与英文的 ethnic group 相对应，民族则与 nation 相对应。

结合马来西亚的实际情况，本书使用"族群"概念来指称马来西亚的不同族群，因此尽管在本章仍然使用"多民族国家的民族政策"等表述，但在马来西亚的特定情景中，将使用"族群"概念。以往国内很多关于马来西亚族群问题的文献使用"民族"概念，显然是受国内"民族"这个概念惯用方法的影响，为了更加突出学术性，本书在以后各章节的讨论中使用"族群"来代替"民族"的概念，相应地，本书虽使用"族群关系""族群政策""族群融合""族群认同"等概念，但仍保留"多民族国家""单一民族国家"这些完整的概念，而不改为"多族群国家"或"单一族群国家"。此外，在直接引述文献的时候，按照原文的措辞进行复述，而不把原文中的"民族"改称"族群"。

二　族群的产生与发展

（一）族群的产生

族群是人类在漫长的发展历程中形成的。族群的形成与发展经历了一个过程。从历史的宏观角度观察，族群有两种类型。一种是原生性族群，即在长期的社会生活和交往过程中，因为自然、地理、生产方式、生活习惯等方面的因素而自然形成。另一种是次生性族群，即原生性族群在长期的历史发展过程中因为各种因素不断解体和重组而形成的新的族群。

　　民之为族，是人的类生活本质的必然产物和表现。"一个人必须有一个族裔，就像他必须长着一个鼻子、两个耳朵一样。"① 人是一种社会动物，其产生之日起就是一种群体存在。当然，族群的产生，除了这种人所具有的天然群聚性之外，也离不开其他的条件和因素。比如族群的产生是离不开一定的生理条件的，族群要素中语言和传统习俗等特征的形成都要以人类相应的身体构造为基础，而这个基础则是通过逐步演化形成的。也就是说，族群的形成是人类进化到一定阶段的产物。

　　最早的族群到底是什么时候形成的呢？对此问题历史上有过几次讨论，学者们观点不一。20世纪60年代，牙含章（笔名：章鲁）提出观点："民族形成于古代，由部落经部落联盟发展而来。马克思主义的民族形成理论适用于古代社会的所有民族以及今天还存在的民族，既包括从部落发展的民族，也包括阶级社会形成的新的民族。"② 20世纪80年代，学者们的主要观点同样将族群形成的时间认定为资本主义时代之前，有的将其划入氏族部落出现时期，有的认为族群和国家大体同时出现，而有的则认为族群形成于阶级和国家产生之后。③ 20世纪90年代，学者们新的观点有贺国安："民族的形成史可以概括为三大阶段：前民族，即原始时代尚不具有民族性的人们共同体；潜在的民族，即完全包含在某个原始社会组织范围内的民族；真正的民族，即独立于社会组织之外，作为人们共同体之独特类型的民族。"④ 王希恩："民族起源有四个必备要素，即生理要素、环境要

---

① ［英］厄内斯特·盖尔纳：《民族与民族主义》，韩红译，中央编译出版社2002年版，第1页。

② 章鲁：《民族的起源和形成问题》，《人民日报》1962年9月14日。

③ 王希恩主编：《民族过程与中国民族变迁研究》，民族出版社2011年版，第6页。

④ 贺国安：《民族形成八谈》，《中央民族学院学报》1991年第1期。

素、选择要素和维系稳定要素。根据这些要素可能出现的条件和时代，民族当起源于旧石器时代中期的早期智人时期。"①

按照马克思主义的观点，最早的族群是以原生族群的形态出现的，一定程度上"是在远古人类的血缘家族和小型部落的基础上扩展而成的，具有原始的血源性，并且在遥远的过去就与语言、习俗、宗教、地域等密切相关"。②

原始人类在进化发展的过程中，在长期的社会生活和交往过程中，因为自然、地理、生产方式、生活习惯等方面因素的接近而自然形成，这类族群可以被认为是原生性族群。许多古老族群都是原生性族群，他们早在人类进入文明社会之前，就已经初具规模，他们的源流一般可以追溯到远古的氏族、部落。氏族、部落都是有血缘关系的共同体，由于居住地域的接近，共同的血缘，共同的经济生产模式和生活方式的影响，其在思维方式、信仰方面也具有高度的一致性。部落扩大到部落联盟，再随着部落联盟的进一步扩大，特定区域内人类共同体的血缘关系越来越淡，但在经济、生产、思维、信仰等方面的类似性，使这些人还能够被认定为一个共同体，这即是原生性民族。从部落联盟发展到族群大概经历了这样一个过程：

1. 部落联盟的形成。原始社会中后期，在氏族部落发展的基础上一种联合组织产生了，这就是部落联盟。部落联盟是部落向族群和国家发展的一个中间阶段。族群的一些基本特征在部落联盟形成的过程中产生了。在这个过程中，地域联系关系逐渐取代血缘关系，人们形成了共同的语言、共同的文化等。

2. 随着原始社会经济的发展，商品经济开始出现。随着商品经济的发展，阶级分化开始出现。氏族、部落制随着商品经济和阶级分化而瓦解，部落联盟逐步趋于稳定。

3. 国家的形成。国家在部落联盟进一步发展的基础上形成了。国家形成后，国家职能开始取代氏族、部落的职能。当国家职能完全

---

① 王希恩：《关于民族起源的两个问题》，《黑龙江民族丛刊》1999 年第 2 期。
② 叶江：《当代西方的两种民族理论》，《中国社会科学》2002 年第 1 期。

取代部落的职能后，族群形成过程就告一段落。

4. 在族群共同体的形成过程中，共同的自我认同意识开始逐步形成，并促进了族群共同体的进一步稳定和发展。

人类最原初或最底层的分群标识是血缘和地缘，而族群的出现意味着人类分群标识从血缘或地缘层面上升到文化的面向，族群"首先是一个共同体，是由人们组成的确定的共同体"[1]。

原生性民族，以及那些还未被认定为民族的部落或氏族，在长期的历史发展过程中随着文明的力量——国家、宗教、城市、商业等而不断解体和重组，进而形成了新的族群。当今世界众多族群当中绝大多数都是次生态族群，纯粹的原生态族群已经不多了。在历史发展演进过程中，原生态族群绝大多数都程度不同地融入了其他族群成分。族群的维系力量与其产生之初大不相同，成员也更加复杂。

除原生族群之外，新的族群形成不外三种途径。（1）从族群分化而来。如氏族、部落的分化，部分族群成员的迁徙等都能够造成新族体的形成。（2）由族群聚合而来。两个或两个以上的族体或族体的部分成员聚合一体，形成新的族群。（3）由其他人们共同体转化而来。如最早的民族即由原始族群转化而来，而历史上和当代的宗教共同体、政治共同体等转化为族群的也不乏其例。

（二）族群的发展

族群产生后，经历了一个不断发展、变动的过程。每个族群共同体都有一个产生、发展、吸收、扩散、聚合、分化、消亡的过程，即具有时间上的变化。族群体系历时性的变化被苏联学者称为过程。根据苏联学者的看法："民族过程分为两种基本形态：分化过程和联合过程。分化过程，即原来是一个统一民族的人们逐渐分化为几个单独的民族；或者由某个民族分化出几部分，各自成为独立的民族。造成民族分化的原因，有可能是由于一个民族的一部分的迁徙，以及一个民族共同体的几个部分为国界所分割。联合过程，即把原属不同民族的人们联合成为一个统一的民族。其中民族联合过程又可分为三种类

---

[1] 《斯大林选集》上卷，人民出版社 1979 年版，第 61 页。

型：聚合过程、同化过程和一体化过程。"① 可以这样说，民族过程的方向大体分为：分化、分离、多元化；民族间的同化、融合、一体化；二者的交替。

三　族群与国家的传统关系
（一）族群与国家的产生

族群与国家是两个不同的概念，但二者又有着密不可分的联系。尤其是当今社会，随着族群问题凸显，族群问题与国家问题更加密不可分，因此探讨族群与国家的关系问题十分有必要。

国家的起源已经是一个老话题了，如果从柏拉图算起，已经有两千多年的历史。千百年来，不同的学者从不同的视野、不同的角度对这个问题进行了研究。他们提出了"征服论""战争论""进化论""冲突论""融合论"等各种学说。有学者从族群发展过程来解释国家的产生，揭示了族群与国家的产生之间的关系。

王希恩认为国家是族群聚合过程的产物，他认为："趋利避害，向往最好的生存环境，驱使不同民族向不多的几个经济发达地区聚集，于是发生民族流动；因聚集而发生的利益冲突和文化冲突不得解决，于是导致了连绵不绝的战争。战争是古代民族交往的最普遍形式，也是打开民族壁垒，实现民族聚合的主要途径。战争以表面冲突的形式反映着民族聚合的内容，而国家也正是在这种聚合进程产生的剧烈社会震荡中形成的。"②

王希恩认为在国家产生之前，族群之间的交往主要有三种形式：交换、战争与联合。正是这三种不同的交往方式从不同方面促进了国家的产生，他认为："族群之间的交换、联合和战争造就了以阶级对立为主要内容的社会分层和军事化的政治体制，为国家的产生创造了社会条件和组织基础。国家起源于族群聚合，在于这种聚合带来的社会冲突和为解决冲突引发的政治变革。族群聚合过程带来了由族群交

---

① 王希恩：《民族过程与国家》，甘肃人民出版社1998年版，第68页。
② 王希恩：《民族过程与国家》，甘肃人民出版社1998年版，第69页。

往激发起来的社会震荡，也创造了平息这种振荡的工具——国家。"①

（二）族群与国家的发展

国家产生后，在早期发展阶段国家一般规模比较小，因而人口比较少，"希腊最大的一些城邦比美国的许多州还小；有些城邦的面积只有几平方英里。希腊最大的城市之一雅典，在它全盛的时期，也不过拥有大约三十万的人口，其他的希腊城市人口很少有超过五万的……"②

早期国家规模小、人口少，具体到族群构成上来看，也比较简单，一般都是血缘和文化相近的族体。如希腊国家形成时期，尽管各个城邦内部的氏族部落名目繁多，但它们主要都由希腊系的爱奥尼亚（Lonic）族、伊奥里斯（Aeolian）族、多立安（Doric）族构成。③

随着历史的发展，国家规模扩大，其中伴随对外的军事扩张和征服。国家不仅统治的地域变得更加广大，人口增多，族群结构也发生了变化，由原来简单、单一的族群结构变成了多族群结构。历史发展到今天，绝大部分国家都已是多族群国家。今天，只有在埃及、索马里、马达加斯加等国，民族构成比较单纯，其余国家的民族构成都很复杂。约有半数国家，在其境内没有任何一个民族超过全国人口的50%；有些属于人口最多的民族，在全国人口中也只占20%—50%。④

（三）族群与国家的传统关系

在历史上大多数时期，族群现象并没有受到充分的关注，所产生的作用也并不显著，如为人们提供心理上的归属，凝聚特定社会群体以进行某方面诉求等。在个别时期，特别是在人口和文化上居于劣势的族群征服比自身庞大的族群之后，以族群身份为标准分配某些社会资源的做法也曾出现，但持续时间一般很短。古代社会较少出现将族群与国家直接联系起来，甚至以族群为单位建立国家的现象，不论是

---

① 王希恩：《民族过程与国家》，甘肃人民出版社1998年版，第76页。
② ［英］赫·乔·韦尔斯：《世界史纲》，吴文藻等译，人民出版社1982年版，第310页。
③ ［英］赫·乔·韦尔斯：《文明的脚步》，刘大基、阎琬译，黑龙江人民出版社1987年版，第82—83页。
④ 李毅夫、赵锦元主编：《世界民族概论》，中央民族学院出版社1993年版，第264页。

地中海地区的城邦国家、共和国，还是东方的大帝国，在巩固统治、建构政权、开展治理的过程中，都很少刻意突出族群因素，而这些国家内部的纷争，也更多缘于统治集团内部矛盾，族群因素影响并不明显。

在古代社会，由于技术的限制，人们不能频繁地迁徙流动，这使得许多国家规模较小，其统治区域往往与一些族群分布区域有一定的重合。但在历史上，大多数时候二者的关系并不特别紧密。

整体而言，族群作为一种共同体，它为社会成员提供的更多的是属于私生活领域的利益，而且主要是精神、情感方面的需求。这些利益包括：将自己归属于特定群体以获得安全感，参与到特定的信仰体系中以获得精神的慰藉，为自己的情感找到归属。从这个意义上说，族群共同体与宗教共同体更加相似，只不过宗教是通过对神的崇拜来满足人们的精神需求，而族群则通过对共同祖先的想象、共同历史的记忆、共同节日的仪式等方式来满足人类的精神需求。

在族群建构的过程中，虽然国家也或多或少地参与其中，但在近代民族主义运动发生以前，人们很难断定有哪个国家在有意识地建构族群。国家对族群的建构，往往是在国家追求自身目标的过程中自发实现的。历史文献中很难发现古代国家在有意识地建构族群的记录，而更多的是关于国家如何巩固统治的讨论，其中许多巩固国家政权的思想被用于指导实践后，却同时变成了构建族群的策略。

在古代也很难断定哪一个国家内部的政治活动有非常明显的族群共同体的影响痕迹，族群与国家政治生活的距离非常远。族群作为共同体，在大多数时候甚至并没有被清晰地感知到，族群作为政治整合的力量也没有被清楚地认识到，而利用族群认同进行政治动员、谋取政治目的的事例更是非常罕见。"直到 19 世纪，民族作为重要的政治事件和令人着迷的记忆，都只是已存众多政治形式中的微不足道的一种。帝国、封建制度、城邦或部落形式更为常见。"[1] 古代尽管有发

---

[1]　［法］吉尔·德拉诺瓦：《民族与民族主义》，郑文彬、洪晖译，生活·读书·新知三联书店 2005 年版，第 108 页。

生于族群之间的各类冲突，但这些冲突与族群意识、族群共同体的认同的关系并不大。例如在近代以前屡屡发生的北方蛮族对南方文明国家的侵扰——包括古代中国中原地区面临的匈奴、鲜卑、突厥、蒙古等族的侵扰，古代罗马面临的日耳曼人、匈奴人的持续入侵，更多地是为了劫掠资源，而不是基于族群共同体的政治行动。相反，蛮族在侵入文明社会之后，往往都会发生分裂，一部分人留在文明社会影响范围之内，迅速被文明社会同化，融入这些文明社会中，失去原先的族性；另一部分人劫掠之后很快退回文明社会影响力之外，则得以继续保留其族性。这种情况说明，在古代社会里，国家对族群建构的影响极大，而族群对国家政治生活的影响则非常微弱。

总之，在近现代之前，族群的原生意义一直与建立在某种真实或虚构的血缘或地区基础上的共同体有着紧密联系，并无多少政治意义，与国家也不存在必然联系。

第二节　民族国家时代的族群与国家

一　民族与民族国家的产生

人类在历史上结成的共同体被当作"民族"来看待是近代以来的事。菲利克斯·格罗斯指出："民族（nation）是个历史性概念，它出现的时间刚好是 18 世纪，特别是 19 世纪王朝衰落之前。"① 民族的产生是建立在民族主义与民族国家产生与发展的基础上的。正如霍布斯鲍姆所说："并不是民族创造了国家和民族主义，而是国家和民族主义创造了民族。"②

民族国家（Nation State）是起源于西欧的国家组织形态。18 世纪，民族国家迅速成为欧洲各国国家发展的普遍形态。安东尼·史密斯认为："从法国和美国革命开始，民族国家成为了主导的，也几乎

---

① ［美］菲利克斯·格罗斯：《公民与国家——民族、部族和族属身份》，王建娥等译，新华出版社 2003 年版，第 192 页。

② ［英］埃里克·霍布斯鲍姆：《民族与民族主义》，李金梅译，上海人民出版社 2000 年版，第 10 页。

成了唯一具有合法性的政治组织，成了集体认同的主要载体。"①

那么民族与民族国家是如何产生的呢？首先我们来看一下这个阶段族群与国家关系的变化。

从人类历史发展的角度来看，族群是人类生存和发展的一种组织形式，并且与人类自身的发展水平相联系，是人类发展到一定阶段的产物。人类从动物界中挣脱出来以后，就以群的方式生存并各居一隅，形成了共同的命运，进而创造了共同的文化，这种共同的历史和文化又成为强有力的纽带而把这个人群的成员结合在一起，逐渐地形成了族群。

在王朝国家乃至以前的人类社会历史中，文化始终是族群最重要的标识。在前民族国家时期，尽管国家之间因相互发动战争而导致国家疆域的变动以及族群的迁徙等，造成族群分布区域及范围的不停变动，但这一时期族群与国家之间的关系始终没有发生变化。也就是说，在前民族国家时期，族群的主要属性是其文化性，这也是族群稳定、可持续的标识；而这一时期国家的主要特征是其阶级性，并非族群性。族群体现得更多是文化属性，而非国家属性。

族群与国家的关系在人类社会进入工业化阶段之后，发生了一些改变。

工业化、城市化使过去为人们提供强有力安全保障的家族、宗族和村社等与人们日常生活密切相关的亲缘、地缘共同体解体，大部分人不得不孤独地生活在陌生的城市里，整天与陌生人打交道。这使得人们迫切渴望寻找到一个新的共同体，证明自己，给自己提供安全感和归属感。在这种情况下，族群共同体这种在传统社会里相对弱势的共同体，开始显露出价值。如安东尼·史密斯所描绘的，由于"他们与地方的联系中断，巨大的经济变迁与人口流动带来的结果使许多人感到十分脆弱，处境危险"，因此他们"要在传统语言、族裔联系以

---

① Anthony, Smith, *Nationalism and Modernism: A Critical Survey of Recent Theories of Nations and Nationalism*, London and New York: Routledge, 1998, p. 70.

及宗教中寻找慰藉"，"在他们熟悉的种族联系与文化传统中寻求庇护"。①

这一时期，许多文学家、艺术家、思想家和政治家纷纷通过各种方式，来颂扬族群情感，塑造族群英雄，建构族群历史传说和神话，从而将生活于特定区域中，但对彼此共同性缺乏明确认知的普通人，在心理上聚合成了具有较高凝聚力的新的族群。这些被重新塑造的族群，固然有原先族群的存在作为基础，但实际上与传统社会中彼此感情非常淡漠的族群共同体已经有了很大的差别。

在中世纪前期，人们没有国家和民族的概念，只知道效忠于领主。后期随着资本主义的萌芽和发展，君主的权力得到增强。君主权力增大后，领导市民打败封建势力，建立起王朝国家。也就是说，"王权依靠市民打垮了封建贵族的权力，建立了巨大的、实质上是以民族为基础的君主国"②。从族群到民族共同体的形成与转变，王朝国家发挥了重要的整合作用。

民族是在王朝国家的基础上形成的，但是，新形成的民族共同体并没有形成对王朝国家的认同。而这一时期，资产阶级思想家们虽然从思想上、理论上完成了现代国家的建构，但是在社会现实中，君主专制、教会统治、封建贵族制度并没有被打破。要打破这些旧制度，将现代国家从理论变成现实，需要强大的社会力量来发动革命运动，需要有大众的支持。但是，如何发动群众，开展推翻旧制度的革命，却是现代国家理论没有解决的问题。而且，现代国家理论中还存在另一个没有解答的问题，即所谓的主权、所谓的契约，有没有具体疆域界线和群体界限？如果没有，那么意味着新建立的国家将是世界性的，这在当时显然不可能；如果有，那么这个界限该如何确定？因现代化发展而变得清晰的族群认同，为资产阶级革命家们提供了灵感：如果将族群认同中的一些因素提炼出来，将特定区域内的人们，用情感、文化、利益、政治权力等纽带联系在一起，并且将之引导到传统

---

① ［英］安东尼·史密斯：《全球化时代的民族与民族主义》，龚维斌、良警宇译，中央编译出版社 2002 年版，第 98 页。
② ［德］恩格斯：《自然辩证法》（节选），见《马克思恩格斯选集》第 4 卷，第 261 页。

国家、传统社会的对立面，那不但能成为新兴资产阶级发动推翻传统国家和传统社会制度的群众基础，而且也能够为现代国家的建构提供疆域和群体界线，从而使现代国家建构的思想、理论可以与现实存在的领土、人口、资源等结合起来。这一灵感，在早期现代国家建构前后，指导了新兴资产阶级精英的实践，轰轰烈烈的民族主义运动正是在这一时期兴起。法国革命、美国独立战争、德国和意大利的统一战争，都是在民族主义旗帜下凝聚起了强大的社会力量。而这些国家的成功，成为后来其他地方现代国家建构普遍效仿的模式。

新兴资产阶级在建立民族国家的过程中，为了摆脱封建主义旧制度的束缚和限制，提出了民族概念，并利用这个概念调动民众的力量，推动了民族主义运动。在民族主义运动的推动下，资产阶级以原来国家疆域范围为界限，以语言和宗教作为认同基础，进行了资本主义"民族—国家"建设。即建立了在地理和人口范围方面以"民族"为单元的体现共和精神的新政治实体，即民族国家。

民族国家成立后，国家与民族二者变得密不可分。正如英国政治学家恩斯特·巴克尔（Ernst Barker）所说："民族是一个为着不同目的自愿结成的社会共同体的基本形式，而国家是建立在这个社会共同体之上的政治上层建筑，是一种把民族社会从政治上统一起来，形成为民族国家这种联合体的特殊结构。在一定地域上居住的民族，提供了地域空间和人类物质生活的条件，而国家在这个地域空间和人类生活之上，打上了自己的戳记。"[1] 这也就是说，国家疆域内居住的所有人口，通过与国家的政治法律联系而形成现代的政治民族，这个政治民族是国家的行为主体，而国家则是民族这个行为主体的自我实现。这个意义上的民族与国家有着不可分割的联系，二者的结合，形成了现代世界的民族国家。

民族国家产生后，因其优势所产生的示范作用促使这种政权组织形式在欧洲进行扩展。随着工业革命的兴起，资本主义开始了其对外

---

[1]　Ernst Barker, *Principles of Social and Political Theory*, London：Oxford University Press, 1967, pp. 54 – 55.

扩张的步伐。最早在欧洲成立的民族国家纷纷走上了对外进行侵略扩张的道路。随着欧洲国家的对外殖民活动的开展，资本主义民族国家的影响，不仅影响着欧洲的其他国家，而且快速地扩展到全球。到20世纪中叶，民族国家已经扩展到全世界。

二 民族国家时期的族群与国家

民族国家建立后，族群与国家之间的关系不可避免地发生了变化。绝大多数民族都由多个族群构成，这些族群都有自己的生活方式、文化传统、族群认同和自身利益，它们共处于统一的民族国家共同体内。多民族国家国内多个族群并存与现代国家要求国民均质性的理念之间的差距，使现代世界的族群关系和族群认同变得格外复杂，现代世界的各种族群问题便是在这个张力中产生的。

（一）族群与早期民族国家的关系

民族国家产生后，族群与国家的关系发生了变化。民族的形成，或者说由族群共同体到民族共同体的转变是早期民族国家建立的基础和条件。早期民族国家在成立的过程中，将传统国家或政治区域中的族群建构成一个民族，也就是说，将族群纳入民族共同体之中，以公民—国家的政治、法律纽带将族群建构成一个民族。安东尼·史密斯认为，民族的形成有两种途径：一是赋予国家公民共同体以文化、情感、价值、神话、符号等族群共同体的特征，使之除了有政治、法律等维系纽带之外，也有其他更加牢固的维系纽带，这是公民民族主义建构的民族；二是为既存族裔共同体添加政治、领土、制度、价值、意识形态等附加维系纽带，使之转变成民族，这是族裔民族主义建构的民族。

这也就是说，西方早期民族国家的建构，借用了族群共同体的形式，以认同等纽带进行民族建构。这个过程大致是这样的：首先是确立国家的边界，边界的确定具有基础性意义，"若一个民族国家不能控制领土这一至关重要的问题，就注定是短寿的"[①]；边界确定以后，

---

① ［法］吉尔·德拉诺瓦：《民族与民族主义》，郑文彬、洪晖译，生活·读书·新知三联书店 2005 年版，第 65—66 页。

通过各种方式，对该边界范围内的族群活动进行引导和控制，使边界范围内的居民逐步凝聚成一个牢固的共同体——民族。

在由族群到民族共同体的建构过程中，民族主义发挥了重要的作用。近代出现的民族主义的核心观念是建立"民族—国家"，而其手段则是"民族自决"。"民族主义认为人类自然地分成不同的民族，这些不同的民族是而且必须是政治组织的严格单位……除非每个民族都有自己的国家，享有独立存在的地位，否则人类不会获得任何美好的处境。"[①]"民族主义首先是一条政治原则，它认为政治的和民族的单元应当是一致的。"[②] 要求建立民族—国家的民族主义思潮和政治运动最早出现于西欧，并随之出现了第一批民族—国家。

在早期的民族主义运动中，民族主义社会活动家往往并不严格区分民族与族群的差异，甚至故意混淆两者的界限，以尽可能广泛地动员社会力量实现其特殊目标。民族主义运动推动下的民族国家建构过程，实际上是民族共同体与国家共同体同步建构的过程。早期民族国家建立后，实际上形成了民族、国家和公民的一体化。民族国家通过各种纽带，将边界范围内的居民整合成一体，这些被整合在一起的居民，从情感、认同方面来看，是一个民族；从主权的享有和行使以及治理过程来看，是一个国家；从个体所享有的权利义务视角观察，他们则是享有国家赋予的各种权利义务的公民。所以这一时期的民族主义运动是公民民族主义取向的。

早期建立的民族国家往往迅速地展开了基于现代性的价值、制度建构和社会事业建设，缓解了社会既存的宗教、族群、利益冲突，成功地将情绪化的民族共同体转变为理性化的公民共同体，淡化了族群认同的影响力，强化了公民对国家制度、政策、法律和价值观念的认同，从而保持了国家的稳定和统一。

世界进入 20 世纪之后，又先后出现了三次民族主义运动的浪潮。

---

① ［英］埃里·凯杜里：《民族主义》，张明明译，中央编译出版社 2002 年版，第 7—8 页。

② ［英］厄内斯特·盖尔纳：《民族与民族主义》，韩红译，中央编译出版社 2002 年版，第 1—2 页。

这三次浪潮分别发生在第一次世界大战后、第二次世界大战后和20世纪90年代。在这三次民族主义浪潮中，产生了大批的民族国家。民族主义在发展与扩展的过程中，因具体社会环境的变化、民族国家国情的不同等因素，其公民民族主义的取向发生了变化。民族国家尤其是后发民族国家在建构和发展的过程中，族群的影响越来越大，族裔民族主义兴起。

（二）民族国家的族群构成

族群与国家的关系在不同的时间、不同的空间有不同的组合形式。从族群的视角来看，有的是单一原生族群经过发展形成单一的族群国家；有的是多个族群经过历史整合，共同形成一个多族群国家。也就是说，单一族群构成和多族群构成与国家的类型没有多大关系，历史上的早期国家可以是多族群国家结构，现代国家也可以是多族群结构。

历史上，并没有严格意义上的纯粹的单一族群国家，因为正如人们已经指出的，即使像日本、朝鲜、孟加拉国等这样一些所谓典型的单一民族国家，也都或多或少地含有其他族群成分。为此，人们有时用"一个国家内人数最多的族群在全国总人口中所占的比重"来评定族群的数量结构，把主体族群占全国人口比重95%以上的国家称为单一民族国家。而这类国家仅占当今世界国家总数量的1/4。①

历史上国家多族群结构形成的主要原因不外乎以下几种：

第一，新族群的建构。历史上国家疆域内会因族群的分化和联合产生新的族群。例如，我国西北的东乡族是"14世纪后半叶，即元末到明初居住于东乡地区的回回人、蒙古人、汉人以及藏族人共同融合而成的"。而保安族则是"一些因某种原因聚集在一起的信仰伊斯兰教的蒙古人、回回人等，经过长期的共同生活，形成共同语言，具有了共同心理素质，最终形成为一个新的民族共同体"。②

第二，国家之间的战争。历史上国家的扩张往往以族群征服和领

---

① 李毅夫、赵锦元主编：《世界民族概论》，中央民族学院出版社1993年版，第263页。
② 杨建新：《中国西北少数民族史》，宁夏人民出版社1988年版，第551页。

土占领为主要目的，因此扩张的结果必然是使大批被征服族群成为新的国家成员。其中落后族群对先进族群国家的入侵结果往往以落后族群脱离原来的居住地而纳入自己的入侵国而告终。

第三，族群的迁徙。族群的迁徙也会引起迁入国族群结构的改变。历史上引起族群迁徙的原因有很多，比如政治上因政局变动、政治迫害等因素导致的人口外迁；经济上因自然灾害、外出经商等因素导致的人口外迁；宗教上因传教、宗教迫害等而引起的外迁。

第四，殖民统治的结果。西方国家在亚非拉的殖民统治使这些国家国界被人为划定，造成了这些国家多族群的结构。这种情况在非洲最为典型，在非洲，国家国界的划分根本没有考虑族群的居住地域情况："许多原来统一的族群被分割到不同的政治疆域之内，而在同一疆域内又包含有众多被分割的族群成分。今天，只有在埃及、索马里、马达加斯加等国，族群构成比较单纯，其余国家的族群构成都很复杂。约有半数国家，在其境内没有任何一个族群超过全国人口的50%；有些属于人口最多的族群，在全国人口中也只占20%—50%。"①

民族国家成立后，依据民族成分划分，民族国家有单一民族国家和多民族国家两种类型。"严格地说，只有当一个族裔与文化单一的群体居住在一个国家的疆域内，而且那个国家的疆域与那个族裔与文化单一的群体所居的疆域相互重合时，我们才可以把这个国家称为'民族国家'……在这个意义上，世界上没有几个民族国家。葡萄牙、冰岛、日本、丹麦是这种民族国家。像波兰等几个国家大体接近这一模式。但是，联合国成员国中是这种民族国家的不到10%。"②

在单一民族国家中，民族与国家是二位一体的，民族目标与国家目标是基本一致的，民族忠诚和国家忠诚是大体吻合的，民族问题和国家问题是等同的。由于移民的存在，人口混杂的趋势将会不断增强。20世纪中叶以来，不列颠拥有为数众多的少数民族，接近总人

---

① 李毅夫、赵锦元主编：《世界民族概论》，中央民族学院出版社1993年版，第264页。
② ［英］安东尼·D. 斯密斯：《全球化时代的民族与民族主义》，龚维斌、良警宇译，中央编译出版社2002年版，第103页。

口的 2%；法国有接近 4.5% 的移民人口，此外还有 200 万阿拉伯裔少数民族以及许多东欧和南欧人；德国有 5% 以上的移民，此外还有人数众多的土耳其少数民族。欧盟各成员国中的非本土民族的人口占了欧盟总人口的 4%。① 这种情况会越来越普遍，因此，单一民族国家和多民族国家的区分是相对的，随着时间的推移，传统意义上的单一民族国家将不复存在。

当代世界占多数的是多民族国家，大多数国家具有族群多元性的特征，而且许多国家有着界限分明的族群划分。在多民族国家，民族和国家是多元一体的，不同的族群具有不同的历史文化传统、不同的族群自我意识和归属、不同的生产生活方式、不同的族群情结记忆、不同的宗教信仰和精神寄托、不同的风俗习惯和制度规范、不同的族群情绪和诉求等。

（三）族群与国家关系的复杂化

"一个民族，一个国家"的民族国家理念，在政治地理上诉诸民族地域与国家疆域的精准对位，在政治架构上体现为把国家治理化为民族内部的利益分享，在行政效能上更强调边际效用的最大化和行政效率的最优化。这种试图将国家和民族建构同一化的想法，无疑是具有一定的正当性与合理性。"民族是感情团体，它只有在本民族所有的国家中才能适当表达，所以民族力争创造国家，这是正常的。"② 只是这些关于民族国家的想法大都忘记了这样的基本事实：民族与国家拥有的文化和领土疆界并不都是共同的或统一的。"所谓的'民族国家'之说，很少能够与现实相呼应，因为很少国家的族群的组合称得上是同质的。"③

国家把不同的历史族群共同体囊括到它的疆域之中，在它特定的地域范围内创造出一种统一的法律和政治制度，形成一个相对独立不受外部权力干预的政治空间。构成国家的各个历史族群，居住在由现

---

① ［美］菲利克斯·格罗斯：《公民与国家——民族、部族和族属身份》，王建娥、魏强译，新华出版社 2003 年版，第 179 页。

② ［德］马克斯·韦伯：《社会学与社会政策论文集》，人民出版社 2010 年版，第 484 页。

③ ［英］汤林森：《文化帝国主义》，冯建三译，上海人民出版社 1999 年版，第 142 页。

代国家边界确定的疆域之中，在这块共同的地域上形成新的社会生活，族群是国家范围内各种利益的能动载体和实际感受者，也是各种交往行为的具体发动者，在国家这个新的共同体中形成一种结构化的族群关系。

国家构成了族群生活的核心。在国家这个政治空间内，不同的历史族群之间发生的各种形式的族群交往，围绕着国家这个政治共同体的权力结构生成的利益认同、分歧和矛盾，构成了另一个层次的族群关系，即民族国家内部不同族群文化集团之间的关系，也就是我们通常说的民族关系。它是在现有国家的空间范围内、在国家的政治框架下发生的，其重心主要指向民族国家内部的政治结构，指向国家内部经济利益、文化权利和社会资源分配体系，指向各族群在这个政治共同体中的权利和地位。

国家代表国内各族群和历史文化集团的利益行使职责。如果国家没有履行其职责，或者在履行其职责时出现偏差，没有很好地代表各族群的利益，那么国内族群关系就会出现问题。各族群因为在国家政治、经济、文化等方面享有的权利和地位不同，以及经济利益和各种资源分配的不公而产生矛盾。如果矛盾没有解决，而是被激化，那么就有可能演变成族群冲突，影响国家的政治稳定和社会团结。在极端情况下，那些弱势族群，觉得自己受到压迫，没有享受到平等权利，它们可能会怀疑国家存在的合法性，从而运用民族自决和分离的权利，要求建立独立的民族国家，掀起民族分离独立运动。

第二次世界大战结束后，随着殖民统治体系的崩溃，一大批新兴民族国家摆脱殖民统治而取得独立。这些新兴民族国家在独立的过程中往往沿袭了旧殖民主义遗留下来的政治边界。这些政治边界在形成之前，往往处于殖民者利益的争夺和势力的较量中，殖民者丝毫没有考虑到由这个政治边界圈起来的这个地区的人口构成和历史文化传统。在独立之前，各族群和历史文化集团之间没有直接的政治联系，分别独立地与殖民者发生政治联系。因此，虽然各族群相互之间存在差异，但它们相互之间的矛盾并不明显。殖民统治体系崩溃后，新兴民族国家纷纷取得独立。新兴民族国家的政治纽带把原本没有直接政治关系的各族群绑在了一起。这些不同族群既然共存于同一政治共同体,就不可避免地要相互交往,在相互交往和交流中形成了政治权利、资源分配、经济得失、文化地位等一系列关系。在这些族群、文化和宗教多样性的新兴民族国家,族群之间的关系并不是平等的,而是处于一种等级分层状态。不同的族群受到不同的待遇,获得不等量的社会资源。一些族群处于政治上的主体地位,其成员受到社会制度和机构的青睐,而另一些则处于政治上的从属地位,其成员在社会上受到歧视或处于弱势地位。各个族群在国家中的地位和权利分配关系越来越成为人们关注的主要对象,围绕着国家权力结构和资源分配而发生的分歧便越来越成为政治议题的焦点。

三 民族国家建构中的族际政治整合

(一) 民族国家的建构性

民族国家把不同的族群集团和历史文化共同体囊括到它的疆域之中,使族群与国家有了紧密联系。民族国家在建立后,面临着国家发展与建设的任务。有人认为民族国家向现代化发展与转变的过程"包含两个面向不同而又联系紧密的命题,即民族建设与国家建设"[1]。王建娥认为:"民族国家的形成与发展包含了两个方面的建构过程:一个是国家领土和边界的形成和确立,国家法律制度和政治组织的建构;另一个是在国家疆域之内具有不同族裔文化背景差异的人口中间创造民族性和民族认同。前者属于国家建构过程;后者属于民族建构过程。"[2]

目前,"民族建构"与"国家建构"这两个概念也是富有争议的,学界对这两个概念的理解多种多样。对于二者的关系,有学者认为二者是一回事,"民族建构"等同于"国家建构"[3]。而有的学者认

---

① 陈明明:《从族裔到国族》,《社会科学研究》2010 年第 2 期,第 1 页。

② 王建娥:《族际政治:20 世纪的理论与实践》,社会科学文献出版社 2011 年版,第 81 页。

③ 黄民兴:《伊拉克民族构建问题的根源及其影响》,《西亚非洲》2003 年第 6 期。

为二者是两个完全不同的概念，比如王建娥①、杨昌儒②、于春洋③
等。本书认为，不管是民族建构也好，还是国家建构也好，二者都没
有超越民族国家的框架，是在民族国家疆域之内进行的，民族国家是
二者的基本单位和边界，二者共融于民族国家建设的过程，同时表明
了民族国家具有建设性。

　　民族国家建立后，大部分国家由于国家疆域和族群及历史文化集
团在活动区域上的不一致，国家疆域内的居民在族群和文化方面也很
少称得上是同质的。在绝大多数情况下，国家领土上居住了许多不同
文化的人口集团。这些具有不同语言文化和政治记忆的人口集团，在
不同的历史时期通过不同的方式进入现代国家的政治疆域之中，使现
代国家在人口和文化上都呈现出一种多元社会的性质。民族国家疆域
内族群的非均质性，使民族建构成为必要。民族建构的过程，就是对
不同族群进行整合，在具有不同历史文化的族群中建构出统一性和凝
聚力。

　　如何进行民族建构呢？安东尼·史密斯认为："主要包括共同体
的记忆、神话以及象征性符号的生长、培育和传递；共同体的历史传
统和仪式的生长、选择以及传递；民族共享文化（语言、习俗、宗教
等）可信性要素的确定、培育和传递；通过标准化的方式和制度在特
定人群中灌输可信性价值、知识和态度；对具有历史意义的领土，或
者祖国的象征符号及其神话的界定、培育和传递；在被界定的领土上
对技术、资源的选择和使用；特定共同体全体成员的共同权利和义务
的规定等。"④

　　民族国家建立后，大都注重民族建构。它们也都采取了许多方法
和手段来建构统一的民族。正如阿尔蒙德等所说："新兴民族国家的

---

　　① 王建娥：《族际政治：20 世纪的理论与实践》，社会科学文献出版社 2011 年版，第
59—61 页。

　　② 杨昌儒：《试论民族主义与国家建设》，《贵州民族学院学报》（哲学社会科学版）
2005 年第 3 期。

　　③ 于春洋：《民族政治发展导论》，社会科学文献出版社 2013 年版，第 300—305 页。

　　④ ［英］安东尼·史密斯：《全球化时代的民族与民族主义》，龚维斌、良警宇译，中
央编译出版社 2002 年版，第 107 页。

政府有意识地努力向治下的民众灌输共同体意识和共同的民族认同。它们的这种做法非常严格，甚至采用大量的强制手段，促进共同语言、共同教育体系，通常还有共同的宗教信仰。"① 金里卡也认为："不管官方的说法是什么，大多数西方国家在历史上都试图通过各种民族建构政策来强行推行多数群体的民族认同。其中包括采取某些公民资格政策，这种政策优先对待主流族群群体的成员，并使得掌握多数群体的语言成为融入社会的条件；集中政治权力以避免少数群体能够地方自治，通过语言法，要求所有公职人员（和所有公务员）在工作时使用多数群体的语言；创立传播多数群体的语言和文化的民族媒体、标志、假期和博物馆；采取以多数群体的语言和文化为基础的民族教育政策；以多数群体的语言去服义务兵役制等等。"②

当今世界上绝大多数国家在民族构建过程中面对的都是多族群的事实。有日本学者认为："世界上除了如日本一样的单一民族国家之外，几乎不存在国家和民族重叠的现象，因而民族国家在欧洲也不过是一种虚构而已。"③ 可见民族建构的过程需要一个很长的历史过程，毕竟把历史文化各异的不同族群整合在一起，在它们当中培育统一性和凝聚力，培育共同文化和共同心理，并最终让全体公民产生对国家高度的政治认同，都不是短时期内可以完成的。

民族建构的过程同时也是一个曲折的和困难的过程。正如政治学家莱斯利·里普森所言："尽管国家在努力地建构民族，民族也在努力地整合国家，但国家与民族之间存在完美和谐的只有少数。"④ 美国人类学家罗格·基辛也指出："文化的多元与政治统一和内部秩序并存，对于这项矛盾，任何现代国家都付出巨大的代价与遭遇最严重

---

① ［美］布里埃尔·阿尔蒙德等：《当代比较政治学：世界视野》，杨红伟等译，上海人民出版社 2010 年版，第 15 页。

② ［加］威尔·金里卡、刘曙辉：《多民族国家中的认同政治》，《马克思主义与现实》2010 年第 2 期。

③ ［日］绫部恒雄、郑信哲：《民族、国家和民族性之概念》，《民族译丛》1985 年第 3 期。

④ ［美］莱斯利·里普森：《政治学的重大问题》，刘晓等译，华夏出版社 2001 年版，第 290 页。

的难题，也未见得能加以解决和掌控。"① 民族国家在建构的过程中，虽然会以政治权力为后盾，采取强制手段甚至采取极端手段，但并不是完全自主的。各族群在民族国家建构的过程中并不总是被动的和消极的，也会对民族建构产生影响和压力。双方应该说是一种互动的关系，在双方互动的过程中，总是存在"合"与"分"的张力。

（二）民族国家建构中的族际政治整合

如上文所述，民族国家的建构并不是一个简单容易的过程，在民族国家建构的过程中，族群的异质性，以及族群间的利益竞争、政治博弈和文化角力等成为一种常态，如何消除族群与族群、族群与国家之间的张力一直是学术界关注和探寻的话题。学者们从不同的领域、不同的视角来进行研究，族际政治整合就是其中之一。族际政治整合研究是相对比较晚近才出现的一个研究领域。"族际政治整合"的概念是 2005 年由周平教授首次提出的。此后，国内学界对族际政治整合研究开始了持续的关注与研究，截至目前已涌现出不少的学术成果。

到底什么是族际政治整合？周平教授认为："族际政治整合是多民族国家运用国家权力，将国内各民族结合成一个统一的政治共同体，以及维护这个共同体的过程。"②

常士闇认为："所谓的族际政治整合是政治整合的一个重要方面，它是多民族国家按照一定的理念与制度规范，将不同的民族组织起来从而形成多元一体格局的过程与样态。"③ "一定国家中的不同族群通过一定的文化价值体系、权威结构、关联纽带、规范制度等结合成一个整体的过程和体系状态。在这种状态中，构成整体中的各个部分依然保留了它的民族个性和特色，同时又形成了一个共同的权威机构、

---

① ［美］基辛：《人类学与当代世界》，张恭启、于嘉云译，台北：巨流图书公司 1981 年版，第 153 页。

② 周平：《论构建我国完善的族际政治整合模式》，载黄卫平、汪永成《当代中国政治研究报告 IV》，社会科学文献出版社 2005 年版，第 210 页。

③ 常士闇：《多民族后发国家现代化进程中的族际政治整合与政治文明建设》，《云南行政学院学报》2010 年第 3 期。

规范体系和文化价值体系。"①

赵海英认为："族际整合是政治整合的一个方面，是多民族国家及其政府的一项职能，这种职能需要通过制度建设、利益分配、意识形态引导来实现。其目标是通过国家公共权力的作用实现民族与国家、民族与民族的协调过程，从文化层面、社会层面和制度层面实现（国家）一体与（民族）多元的统一。"②

张会龙认为："多民族国家的族际政治整合的完整内涵可以阐释为：多民族国家的主要政治主体以国家机器为后盾、运用国家公共权力，通过机制构建、制度创新、政策创设、措施开展等方式，巩固和强化多民族国家内部的各民族的政治结合，保持多民族国家政治共同体的统一和稳定。"③

尽管学者们对于族际政治整合概念的界定不同，但学者们无疑都是从族际关系的角度入手，用政治学的研究范式来研究民族问题。民族国家在建构的过程中，族际关系是最为根本和最为重要的关系。国内的各个族群，为了争取、实现和维护族群的利益，会使用或借助于政治权力来实现自己的目标。"民族间基于民族利益并诉诸政治权力的族际互动，就构建了族际政治。族际政治也是族群共同体在族际关系中运用政治手段争取、实现和维护族群利益的过程。"④

在族际政治中，矛盾和冲突是不可避免的，甚至可以说充斥着矛盾和冲突。而如果族际政治中的矛盾和冲突不能得到有效治理，这些矛盾和冲突就会恶性发展，就有可能破坏多民族国家的稳定和统一，甚至导致多民族国家的解体。因此，多民族国家必须从族际关系和族际政治的实际出发，构建多民族国家的维持机制，以维护多民族国家的稳定和统一。多民族国家通过族际政治整合能有效治理族际政治冲

---

① 常士闇：《和谐理念与族际政治整合》，《政治学研究》2009 年第 4 期。
② 赵海英：《现代化进程中东南亚国家建构研究——基于族际整合视角》，中国政法大学出版社 2016 年版，第 52 页。
③ 张会龙：《多民族国家族际政治整合的价值分析》，《政治学研究》2013 年第 4 期。
④ 周平：《论族际政治及族际政治研究》，《民族研究》2010 年第 2 期。

突，维持多民族国家的稳定。从这个意义上讲，族际政治整合是多民族国家一项基本和重要的维持机制。多民族国家在多大程度上能保持国家的统一和稳定与族际政治整合机制有密不可分的联系。

族际政治整合与民族国家建构二者有明显的区别，也有着密切的联系。民族国家的族际政治整合离不开民族国家建构。民族国家建构的成效是族际政治整合的宏观环境，族际政治整合发生在民族国家建构的过程中。族际政治整合的方式被民族国家建构的方式所制约和影响。民族国家建构是否符合一国的实际发展决定了该国族际政治整合是否有效。正如周平所言："族际政治整合是在现存的多民族国家范围内进行的。它以现存的多民族国家为历史起点和逻辑起点，并在现行的族际关系的基础上进行，同时又受现行的多民族国家族际条件的制约。"① 反过来讲，族际政治整合对多民族国家意义重大，族际政治整合的好坏影响多民族国家的统一和稳定。族际政治整合是衡量民族国家建构的重要标准。因此，可以说族际政治整合是民族国家建构的组成部分。如果民族国家建构是由国家内部多层面整合所构成，那么族际政治整合就是其中的一个层面。从这个角度我们可以把族际政治整合理解为多民族国家按照民族国家建构需要，对国内多个族群进行政治一体化塑造的过程，实质是以族际关系为表现形式的族际利益整合。

对民族国家来说，族际政治整合意义重大，"族际政治整合能否充分发挥作用及族际政治整合的成效，直接关系到多民族国家的统一和稳定，影响着多民族国家的前途和命运"②。"如何实现和维持族际政治整合是当今世界民族国家在处理国内族群关系时需要面对的共同任务。"③ 具体来说，族际政治整合的意义有："一是巩固和提升多民族国家的合法性；二是构建和维持良性的族际政治互动；三是抑制和消除政治分离"④。族际政治整合"关系到多民族国家政治共同体的

---

① 周平：《多民族国家的族际政治整合》，中央编译出版社2012年版，第37页。
② 周平：《多民族国家的族际政治整合》，中央编译出版社2012年版，第3页。
③ 于春洋：《民族政治发展导论》，社会科学文献出版社2013年版，第251页。
④ 周平：《多民族国家的族际政治整合》，中央编译出版社2012年版，第63—71页。

统一和稳定；影响着国族的凝聚力与整体性的提升；制约着多民族国家良性族际关系的建构与变动"①。

对民族国家来说，通过族际政治整合，协调国家和族群之间、族群和族群之间的关系，使经济社会保持协调发展和提高社会的协调程度，"防止或避免国家的分裂和解体，维持和巩固业已存在的多民族国家政治共同体"②，应该是最基础性的目标追求。当然，民族国家的族际政治整合追求的不仅仅是避免国家分裂，还是在维持国家统一和领土完整的基础上，对族群群体进行国族的塑造和建构。"构建完整的国族文化和国族精神，提升国族的整体性和自足性，促进国族建设，是族际政治整合的高层次目标。"③ 当然，族际政治整合的基础目标也好，高层次目标也好，都由一个个具体的目标体系所构成，这些具体的目标内容会随着社会历史条件的变化而不断调整。

四 民族国家族际政治整合的主要模式

在如今的民族国家时代，同在一个国家中的不同族群是否可以和睦相处？怎样处理族际关系才能避免族群认同差异和族际冲突演变成悲剧，怎样实现不同族群之间的和平共处？现代国家创造了怎样的制度、设计了怎样的机制、采取了怎样的手段和政策来应对疆域内部的族群多样性、协调利益诉求和文化认同差异？隐藏在这些制度、机制、手段和政策背后的观念动力是什么？由这些思想观念主导的行为产生了什么样的实践后果？现代国家应该如何通过自己的行为避免制度法律和机制政策的消极后果，创造多元社会的和睦安宁、和谐稳定，在存在族群文化多样性的各个差异集团中创造出包容并超越这些差异和多样性的政治认同？不同的国家为此探索了不同的思路和解决方案，然而由于历史与现实因素的影响，各国处理相关问题的成效也大不相同，形成了不同的族际政治整合模式。

---

① 张会龙：《多民族国家族际政治整合的价值分析》，《政治学研究》2013 年第 4 期，第 22 页。
② 周平：《多民族国家的族际政治整合》，中央编译出版社 2012 年版，第 88 页。
③ 周平：《多民族国家的族际政治整合》，中央编译出版社 2012 年版，第 90 页。

（一）法国的族际政治整合

法国在民族国家建立后，基于公民导向的价值取向，从各个方面强化法兰西民族共同体的凝聚力，甚至还以国家强制力为后盾，用法兰西民族文化、价值观念淡化甚至消除境内多元族群的既有文化、历史记忆，推动国家的同质性建设，确保了国内族群的团结、融合，使整个社会没有发生重大的分裂危机。可以说，法国的族际政治整合是比较成功的，法国比较成功地建构了一个具有高度凝聚力的民族——法兰西民族。因此，法国的族际政治整合，对于我们思考民族国家的族际政治整合问题，具有非常典型的参考意义。法国进行族际政治整合的手段主要有以下几个。

1. 民族主义情绪的动员与利用

在法兰西民族的形成与发展过程中，民族主义扮演了非常重要的角色。法国在发生大革命之前，经历了一系列重大的对外战争，为了获取战争的胜利，当时统治法国的国王和贵族有意识地利用地缘、族裔认同工具开展了社会动员，从而使法兰西民族在一系列对外战争中开始建构。频繁的战争使得法国始终处于危机之中，因此境内多元族群一直处于共同的外敌威胁之下，得以长期保持团结。而当这些外敌威胁消除之后，法国在现代国家主导下建构单一民族的努力已经取得巨大成效，族群民族化的基础基本上被移除。因此，可以说战争或者那些试图扼杀法国革命成果、分化瓦解法兰西民族的外部势力，恰恰成为巩固法兰西民族的客观因素。

在这一过程中，法国社会精英很好地对民族主义进行了广泛动员和利用。1792 年 7 月普奥联军越过国境，向法国内地开进，立法议会宣布："大批军队正向我们的边境迫近，所有仇视自由的人都武装起来反对我们的宪法。公民们，祖国在危急中！"[①] "祖国在严重的危难中，全体公民应当被召唤来保卫它。"[②] 每在一处作战的法国军队，都高唱着充满民族激情的歌曲，呼号着保卫祖国、保卫法兰西民族自

---

① 王养冲、王令愉：《法国大革命史（1789—1974）》，东方出版中心 2007 年版，第 211 页。

② 王养冲、陈崇武：《罗伯斯比尔选集》，华东师范大学出版社 1989 年版，第 87 页。

由，这种因战争而被激发的民族情绪，对每个法国人都产生了巨大的影响。民族主义运动激发起来的社会热情，正是使法国战胜一批又一批敌人的力量源泉所在，在这一过程中，法兰西民族得以保持了团结与稳定。

2. 公民共同体观念的形成

法国大革命取得阶段性胜利之后，法国就开始了宪政国家的制度建设，制定代表"公意"的宪法，并在全社会掀起了讨论、学习宪法内容的高潮。在这个过程中，逐步确立了以个人的权利作为宪法和国家基础的思想，明确了每一个人都有参与国家治理的权利，形成了人民选举国家代议机关代表，组织行政、司法体系的制度。宪政国家建设的过程，就是公民观念得到普及的过程，也即是民族建构的政治纽带不断强化的过程。宪政制度的不断完善，大大激发了国民参与政治事务的热情，国家的政治活动本身成为促成社会团结的重要因素。而由于宪政体制中，族群因素基本上没有任何影响痕迹，因此法国族群关系在宪政体制中朝着更加团结而不是相反的方向发展。法国虽然是通过民族主义运动建立的国家，但法国的国家制度设计却完全按照现代性的要求进行，民族主义运动所带来的情绪，以及族群因素在其中的影响甚微。

3. 强化共同体利益纽带

早在法国民族国家建立之前，统治者就采取了一系列促进科技、经济和贸易发展的措施。"封建专制国家政权致力于铲除贵族反叛势力，取缔或削减贵族私设的路卡、关税，加强领土和政治的统一，这在客观上有利于新兴资本主义经济的发展。封建国家还推行重商主义政策，保护和扶植法国的工商业，鼓励殖民贸易活动。"[1] 这些措施将本来分散、割据的法国用共同利益纽带捆绑了起来，结合成比较紧密的利益共同体。法国民族国家建立后，继续实行经济自由政策。经济自由政策、市场体制作用、人员和物资在国家范围内的自由流通，

---

① 沈练之：《法国通史简编》，人民出版社 1990 年版，第 263 页。

使得法国在全国范围内形成了一个稳定的利益共同体。①

4. 推动文教事业的发展

民族国家建立后，法国致力于推动教育事业的发展。1792 年，国民公会决定向讲方言的外省的每一个市镇派遣一名法语教师，负责普及法兰西民族语言。1793 年《人权和公民权利宣言》规定：教育是一种人权和公民权，教育是一切人的需要。社会应当以其全部力量推动公共理性的进步，并使所有公民都接受教育。其目的在于发扬共和主义精神，保证国家统一。在雅各宾派专政时期，甚至一度实行了教育恐怖政策，强制要求非法语区的适龄儿童和青少年接受法语教育。法国的小学教师甚至一度被称为建造者——建造法兰西民族的人。教育的民族建构功能可见一斑。

在教育发展的同时，法国大革命前后也出现了一系列文学、艺术运动。文学家们用法语创作了大量脍炙人口的作品，在吸引大批读者的同时对普及法语起了重要作用。艺术家们则用建筑、绘画、音乐、戏剧等方式，传播法国现代国家的精神与价值。

大革命之后的教育、文化事业发展，使得法国在短短几十年时间里，不但巩固了法兰西民族，甚至大体上消灭了族群差异。到拿破仑时期，法国的族群成分就已经高度单一，各族群的传统语言、风俗习惯、生活方式基本消失或融入新的法兰西民族中，布列塔尼人、巴斯克人、科西嘉人、日耳曼人、斯拉夫人等过去差异极其明显的族群，到这时已经很难被区分。

（二）美国的族际政治整合

美国是一个族群成分极其复杂的移民国家。美国并非不存在族群问题，但相对其他同等规模和同样族群众多的国家而言，至少从美国建国以来到现在，族群问题并不算特别严重。美国之所以能够保持族群的团结和国家的统一，与其不断调整国家制度，在国家主导下进行的族际政治整合有密切的关系。美国的族际政治整合经历了一个不断

---

① 王养冲、王令愉：《法国大革命史（1789—1974）》，东方出版中心 2007 年版，第 267 页。

调整变化的发展过程。

美国族际政治整合的第一个阶段为"盎格鲁化"时期。这一时期对美国族际政治整合影响最大的理论为"盎格鲁遵从"理论。该理论认为,美国的主体族群盎格鲁－撒克逊族群是最优秀的族群。盎格鲁－撒克逊族群的文化是社会的主流文化,而新移民及其母国文化为劣等族群和亚文化。其他族群要加入美国,必须学习英语和遵从"盎格鲁文化"。在实践中,"盎格鲁遵从"主要是针对来自东欧和南欧的移民。当时,美国不少社会精英都认为,这些南欧和东欧人非常不同于先于他们而来的西欧、北欧人。主流社会精英把这些人当作美利坚人种的一部分加以同化和合并,这种同化与合并主要是通过教育形式实现的。美国独立后,对新移民的教育最核心的内容是要让他们学会"正确思维",而所谓"正确思维"就是如何做一个坚信美利坚民族社会价值观的美国人,接受"美国至上""盎格鲁－撒克逊民族至上"的意识。19世纪末至20世纪初,美国还推行了"辅助教育",为美国边远地区编制教育节目,每周巡回播放一次。这些节目编排和播送的内容,都着力强调美国的社会价值观是世界上最完美的价值观,以及盎格鲁－撒克逊文化的先进性。

从本质上而言,"盎格鲁遵从"理论的核心是社会达尔文主义的"种族优越论"和强权文化。美国建国初期,利用"盎格鲁遵从"理论对西欧、北欧的移民进行凝聚、整合,在成功整合的基础上形成了一个以盎格鲁族群为核心的白人精英社会体系,逐渐形成了"美国信念",它所体现的自由、平等、民主、个人主义、人权、法治和私有财产制等原则是美国区别于其他国家的特征,也是评判其公民的准则。

第二阶段为"熔炉政策"时期。这一政策从20世纪初到五六十年代止。19世纪末,随着美国工业化的开展,大量文化异质性明显的人口移民美国,新移入的移民对于接受漫长教育才能融入美国社会的状况越来越难以容忍。在这种情况下,"熔炉"理论应运而生。该理论认为,"美国是上帝的坩埚,在这个伟大的熔炉里,所有来自欧洲的民族正在融合、形成……这是来自上帝的火焰……所有德国人、法国人、爱尔兰人、英国人、犹太人、俄国人，连同你一起进入这个坩埚，上帝正在铸造美国人。"① 但是，这种"融合""冶炼"是在盎格鲁文化的主导下进行的，是在"美国信念"基础上合成的。因而，从本质上而言，它仍然是一种"美国化"政策。

在"熔炉"理论的指导下，美国对所有外来移民实行"美国化"政策，确定 1915 年 7 月 4 日为"美国化运动日"，提出了"英语第一""美国第一""美式生活标准化"的要求。在此基础上，1919 年路易斯·布兰代斯宣布移民要转变为美国公民就"必须采用这里普遍流行的服装、举止和习俗……用英语代替其母语"，要确保"利益和情感均扎根于此地"，还要"与我们的理想达到完全和谐，并与我们合作促其实现"。移民做到了这些，才会有"美国人的国民意识"。② 在"熔炉"理论的指引下，一些企业和非官方组织以及县、州和国家政府采取了各种措施"美国化"外来移民。比如"美国化"的运动得到了政府的支持，地方政府陆续制定了相关法律，推动移民"美国化"。

第三阶段，有限"多元文化主义"阶段。20 世纪 60 年代后，美国政府对原来"熔炉"同化政策作出调整。美国联邦和各州通过立法、行政手段在就业、政治参与、文化教育等领域推行了一系列改革，以提高长期遭受歧视性对待的少数民族与妇女等弱势群体的社会地位。在经济领域，1964 年《民权法》规定禁止用人单位实行种族歧视，保护女性的平等就业权，将肤色、种族、性别列为禁止的歧视理由。1965 年，美国总统约翰逊发起的"肯定性行动计划"（Affirmative Action，又译"平权措施"），要求美国公司招收员工和大学招生时，不得歧视黑人，按照各民族人数在当地人口所占比例录取。在政治领域，1965 年《选举权法》取消针对黑人的文化教育程度检验，保障黑人平等地参与政治生活。在文化领域，1964 年《经济机会法》

① 转引自钱皓《美国民族理论考析》，《世界民族》2003 年第 2 期。
② S. Leiken Robert, "The Melting Border: Mexico ad Mexican Communities in the United States" (Washington D. C. : Center for Equal Opportunity, 2000), p. 10, from *New York Times*, 30 May 2001, p. A12.

规定政府每年投入 3 亿美元教育经费，为少数民族贫困学生提供同等的受教育机会。美国政府还对教学方法和教学内容进行调整，1969年在全国范围内开始实行双语教学。除美国联邦政府外，各州还制定了相关的立法、规则、方针或政策推行多元文化教育。

有限多元文化主义民族政策实施后，在美国国内得到来自不同利益集团、族裔团体的支持，少数民族、妇女和贫困人口等弱势群体的权利和利益得到了充分的保障，暂时缓解了历史上遗留下来的歧视问题。

美国的族际政治整合无疑是成功的，毕竟美国的族群构成太复杂，所以美国的族际政治整合是一个非常大的挑战。列宁是这样描述美国的族际政治整合进程的："大家都知道，在美国，资本主义的发展具有特别有利的条件并且特别迅速，因此在这里巨大的民族差别的泯灭，统一的'美利坚'民族的形成，比世界上任何一个国家都更加迅速更加彻底。"[1] 但另一方面，美国的族际政治整合在实践中掺杂了种族歧视因素，刻意将一些族群排除在国家价值、制度体系之外。这些被国家制度排除、被社会主流人群歧视的族群，由于国家与社会的特殊对待，出现了明显的族群化倾向，族群民族主义兴起，一度使美国社会陷入严重的对立与冲突之中，其中尤其以黑人的民族运动对美国的威胁最为严重。在经济全球化和文化多元主义的冲击下，美国白人至上主义将种族民族主义推向高潮，2017 年美国夏洛茨维尔发生的种族主义骚乱就是美国始终未解的种族冲突的延续。

（三）加拿大的族际政治整合

加拿大的多元文化主义是世界上最为独特的族际政治整合模式之一。它是在加拿大特殊的移民社会现实上，经过长期探索而产生的，其实质是政府为不同族群和族群文化平等共存提供理想的环境，在族群多元和国家统一之间寻求平衡发展。

同美国一样，加拿大是一个由移民组成的多族群国家，其原住民为印第安人和因纽特人。16 世纪以后，加拿大先后沦为英国和法国

---

① 《列宁全集》第 28 卷，人民出版社 2017 年版，第 368 页。

的殖民地，在此过程中，英国移民和法国移民来到加拿大。第二次世界大战后，加拿大政府开始接纳大批来自世界各地的移民，形成了以英、法裔加拿大人为主，两者数量占全国人口的绝大多数，除此之外还包括印第安人、因纽特人、华人、犹太人、日耳曼人等非主体族群。

历史上加拿大政府在英国殖民统治时期采取同化政策。1763 年 10 月，英国殖民当局颁布了《皇室公告》，在新殖民地实行英国本土的代议制，以英国法律取代法国法律，鼓励英国本土和其他英国北美殖民地向加拿大移民；在保留法国天主教的同时，大力推广英国的国教。1791 年又通过了《宪法法案》，按照文化和法治的差异，将英属北美殖民地分为上加拿大和下加拿大；同时规定英语为官方语言，但法语可以在议会和法庭上使用。此后，1840 年的《联合法案》，又合并上、下加拿大，对官方语言做出规定，把英语指定为唯一官方语言。英国的"同化"政策激起了法裔移民的坚决抵制，他们坚决地维护着自身的文化属性和族群特点。第二次世界大战后，加拿大效仿美国实行"熔炉"政策。但"熔炉"政策也没有很好地把英裔加拿大人和法裔加拿大人融合在一起。随着少数族群意识的不断觉醒，加拿大内部的族际关系也越发紧张，尤其是魁北克人问题严重威胁着加拿大的统一。"法裔居民占到了加拿大总人口的四分之一，他们相当集中地居住在魁北克，一直保持着法语和法兰西的风俗和生活方式；他们倾向于保护自己的身份，希望维护本族裔的传统和特征，满怀着强烈的民族独立情绪，而不是追求民族的融合"，[①] 在这种情况下，加拿大政府对族际政治整合进行了调整，出台了多元文化主义政策。

"多元文化主义"是为谋求少数群体对公共领域的参与而设计的处理族群、文化多样性问题的一系列方针、原则和措施，也是国家处理主体族群与少数族群之间关系的政策。在"多元文化主义"取向的指导下，加拿大政府制定了一系列政策和措施推动加拿大的族际政治整合。1963 年加拿大政府成立了皇家汉语和二元文化委员会，

---

① 蓝仁哲：《加拿大文化论》，重庆出版社 2008 年版，第 113 页。

1969 年通过了《加拿大官方语言法》，以法律形式宣布英、法裔同为建国族群，英语和法语同为加拿大的官方语言。[①] 1988 年通过《官方语言法》，重申英语和法语都是国家的官方语言，二者地位平等，同时承认其他语言也很重要，要保留和加强使用。在此基础上，1988年，加拿大正式通过《加拿大多元文化法》，"加拿大宪法承认保护和提高加拿大人的多元文化传统的重要性；加拿大人的多样性把种族、族群和种族来源、肤色等视为加拿大社会的基本特征"，"以法律的形式肯定了多元文化是加拿大公民权主要特征，每个公民都是加拿大社会的平等参与者，他们都有保护和享有其文化传统的权利"。[②]联邦政府也采取了许多措施推动多元文化政策的实施，如资助文化交流、出版族群史丛、对各族群发展问题进行调查和研究等。

从整体上看，加拿大多元文化政策反映了加拿大的族群格局和现实，有助于缓和族群矛盾，尤其是缓和主体族群与其他少数族群的矛盾，推动了国内的政治、经济和文化的发展。然而，多元文化主义并不能够解决其国内的一切民族问题，英裔和法裔加拿大人的关系却始终难以改善，魁北克独立的阴影始终悬在加拿大联邦政府的头上。

由于每个国家和每个民族都有其独特的历史与文化，在建构民族国家的时候，也有独特的问题需要面对，因而各个国家也需要根据各自的国情探索适合自己的建构模式。在具体的实践过程中，现代民族国家已经表现出了多样性，它们根据各国具体的国情，创造了多样性的族际政治整合模式。虽然欧美等先发民族国家的族际政治整合取得了一定的成效，但是并没有从根本上解决国家与族群之间的二元张力，未能彻底解决公民性认同与族群性认同之间可能的冲突。尤其是随着全球化的发展，原生性的族群民族主义凸显，不断消解和破坏国家认同和公民身份认同。

① 胡敬萍：《加拿大民族政策的演进及其启示》，《民族理论研究》2003 年第 1 期。
② 蓝仁哲：《加拿大文化论》，重庆出版社 2008 年版，第 111 页。

第三节 后发民族国家的族际政治整合

民族国家最早产生于欧洲，后来随着殖民扩张而扩散到全球。西方殖民统治体系崩溃后，一大批殖民地、半殖民地国家脱离殖民统治而独立，建立了新兴民族国家。据统计，全球190多个国家中，有接近2/3的国家是"二战"之后摆脱殖民统治而取得独立的。这些新兴民族国家从其族群构成来看，大多数属于多民族国家。从现代化发生的时间先后时序上来看，这些国家的现代化进程的发生无疑相对较晚，属于后发型国家，从其族群构成来说又是多族群的，因此我们将其统称为后发多民族国家。

后发多民族国家在族际政治整合方面先天不足，面临着比先发民族国家更大的挑战。对这些国家而言，大都面临着重大的建国任务，它们通常需要削弱地方意识和族群意识，增强全体国民的国家认同，使自己的国家看起来更像是一个民族国家。对于那些在殖民地基础上建立起来的国家来说更是如此。这些国家的国民拥有共同的被征服的经历和被殖民政府统一管理的体验，但这些共通性并不足以让人们在国家内部形成休戚与共的一体感。因此，这些"多族群国家渴望民族统一并且寻求通过调适和整合将不同的族群变为统一的民族（但不是同质化）"。① 在曾经的英国殖民地上建立起来的马来西亚无疑也面临着这一艰巨任务。对马来西亚族际政治整合进行研究，对于认识和把握后发多民族国家族际政治的特殊规律，借鉴其经验教训，具有重要的意义。

一 后发民族国家的族际政治整合

（一）后发多民族国家的兴起

近代欧洲资产阶级革命不仅开启了欧洲各国新的政治局面，而且

---

① ［英］安东尼·史密斯：《民族主义——理论、意识形态、历史》，叶江译，上海人民出版社2006年版，第17页。

在国际关系体系中引入了新的行为主体——民族国家。基于民族国家
而形成的欧洲近代国际关系体系随着西方对亚非拉的殖民征服而逐渐
扩展到全世界。面对近代国际关系体系中新型民族国家，历史上的帝
国和君主国等类型的国家很快土崩瓦解了。这些帝国和君主国要么分
崩离析，要么改头换面，民族国家成为它们能够加入现代国际关系体
系的合法身份。

广袤的亚洲和非洲，不仅以其古老的文明著称于世，而且生活着
若干个古老的族群。但是，在西欧各国纷纷建立民族国家的时候，这
里仍然按照自己由经济和社会条件决定的路线缓慢地进行着自己的民
族过程和国家过程。不幸的是，形成民族国家后凭借着在资本主义发
展基础上形成了强大经济实力和军事实力的西欧各国，把自己统治的
触角伸向了亚洲和非洲。从 15 世纪起，西欧各国就开始了对亚洲和
非洲的殖民掠夺和殖民统治。亚洲和非洲逐渐成为西方列强的殖民地
和半殖民地。西方宗主国的殖民统治破坏了亚非拉国家原本的民族过
程和国家过程。亚非原来存在的那些处于分散状态的土邦、王国、苏
丹国，被殖民帝国瓜分为殖民地后连在了一起。

在亚洲和非洲，西欧国家的民族压迫和现代民族的形成是相伴相生
的过程。西方殖民者的残酷殖民统治和经济掠夺，对亚非拉殖民地产生
了深远影响。殖民统治后期，亚洲和非洲等殖民地各族群民族意识开始
觉醒。在民族意识觉醒的基础上，亚洲和非洲的各族人民，为实现民族
的独立和解放进行了长期的英勇斗争。在此过程中，民族主义成为占统
治地位的意识形态，并在建立民族国家的过程中发挥了重要的作用。

这些新兴的民族国家中绝大部分是多民族国家。因为，这些国家
大多数是在原来帝国主义殖民地的基础上形成的，而这些殖民地的绝
大部分都是欧洲列强依其势力范围任意划定的，往往将原来不同的族
群人为地结合在一起，将原本分散的小的政治单位强制性地组合在一
起，人为地造成了族群关系的复杂化。这些获得独立的国家中，往往
包括并非自愿结合在一起的许多族群和不同的政治单位，有的族群又
被人为分割在不同的国家内，造成了亚非国家的族群构成和族群关系
十分突出的复杂性。

（二）后发多民族国家进行族际政治整合的必要性

后发民族国家，尤其是"二战"后新兴的多民族国家，因其在现代化进程中起步较晚，发展程度较低，大多被称为发展中国家。这些国家在摆脱殖民统治取得独立后，面临着发展建设的问题。在这个过程中，现代化理论成为探讨这些新兴国家发展的主流理论。该理论认为，现代化发展，交通及通信的进步，工业化及都市化的扩散等将促使人们扩大交流，并逐渐将传统部落或族群等的忠诚转移到对国家的忠诚上。对国家来说，国家应该采取"族国建构"的政策，亦即是等同于"同化"（assimilation）的手段，通过教育、社会化等方式来达成境内人口的同质化。现代化理论认为可以通过两种方式相辅相成地达成整合的目的。其一，现代化—工业化、都市化、通信的扩展、大众教育、政治动员等过程，促使疆域内的人们彼此整合为一体；其二，经由政府有计划地灌输国家意识形态，进行"建国"（nation - building）的工作，以增进国民的国家认同。

在现代化理论影响下的后发多民族国家对民族国家寄予很高的希望，以为独立之后国家的发展将把它们带到同西方发达国家一样的富裕水平和社会福利程度。因而寄希望于国家，寄希望于发展，寄希望于未来，以为族群差异将消失在现代化进程之中，因而对族群问题缺乏足够的重视；而少数族群对暂时遇到的困难和不公正待遇，也有一定的容忍力，以为是发展和建立现代公民社会的必要代价。

然而，一些新兴发展中国家在实现了民族自决、建立独立国家的目标之后，并没有能够顺利实现国家发展和社会富裕的目标。冷战时期，由于政治意识形态领域长期流行的阶级斗争话语霸权，族群意识、族群认同和族群争取集体权益的话语几乎无法到达公众的视听。冷战结束后，随着世界范围内意识形态对立的色彩的褪去，以及随着现代化理论和发展模式的失败，笼罩在国家头上的光环消退了，人们对依靠国家的力量实现现代化、改变自己的国际地位和经济状况的希望和幻想也破灭了，特别是对国家及其政治制度的合理性产生了怀疑，对带有国家强制意义的认同外延的有效性产生了怀疑，对国家对待自己的公正性产生了怀疑。在国家的神话褪色之后，族群认同取代了以往的阶级认同和意识形态认同，填补了冷战之后的意识形态空白，成为社会动员的一个重要资源。

人们信任国家、让渡权利是因为相信国家会把他们带到他们所憧憬的、政府精英所许诺的公平、公正、富裕、美满的社会。但是，一些国家独立之后经过几十年的发展，不仅没有使人们的生活达到精英曾经许诺的富裕程度，反而更加恶化，社会生活中更是到处充满了不公平和不公正。这就让人们对精英许诺的发展模式感到失望，建立在对美好未来的希冀基础上的自律和牺牲精神也随之破灭，对国家的信任度降低、对国家改变现状的能力产生怀疑、对国家权威也失去了必要的尊重。在一些情况下，这些社会还能在强权的统治下维持表面的安定，一旦遇到经济衰退和政治变动，在国家失控、社会失序情况下，复杂散乱、缺乏凝聚力的多族群结构和在强制同化政策下产生的族群之间的敌意，便成为社会动乱的渊薮。

庄伟礼曾以印度尼西亚族群冲突为例，分析了冷战后东南亚一些国家族群冲突凸显并登峰造极的结构性原因。他认为发展中国家内部发生的族群分离运动，一般都是在这样的条件下发生的：（1）这个国家并非自然形成，在相当程度上是人为建构的；（2）力图分离的族群相对主体族群保持着鲜明的异质性；（3）长期的不公平遭遇为分离主义运动积蓄了巨大的动力；（4）社会转型时期的国家秩序溃散为分离主义提供了巨大的发展空间。[①]

对于大多数多族群国家来说，族际政治整合都是其不得不面对的任务。对于那些在殖民地上建立起来的国家来说，族际政治整合对于它们更是有着特殊的意义。族际政治整合可以帮助它们解决国家凝聚力不强的问题，走出社会分裂的困境。

（三）后发多民族国家族际政治整合的复杂性

对于后发多民族国家来说，由其国内宗教、族群、文化等的多样性导致的族际关系的复杂性、社会高度的异质性、原生性认同的牢固

---

① 庄伟礼：《地球屋檐下：关于人类政治的观察笔记》，中山大学出版社 2005 年版，第 320—351 页。

性、国家建构的脆弱性、民族政策的失误性等诸多因素使得其族际政治整合不仅必要，而且异常复杂。

后发民族国家族际关系复杂。后发民族国家大多数是在原来帝国主义殖民地的基础上形成的，而这些殖民地中绝大部分都是欧洲列强依其势力任意划定的，往往将原来不同的族群人为地结合在一起，将原本分散的小的政治单位强制性地组合在一起，人为地造成了族群关系的复杂化。"欧洲之外的绝大多数国家构建民族国家，都不是自己历史上形成的国家形态演进的必然结果，大多数是在民族国家的示范和民族国家世界体系的压力下选择民族国家制度框架的。"① 许多有过殖民地半殖民地经历的后发展国家，殖民主义者随意划定疆界，合并部族以及实施族群分化政策，进一步巩固甚至增强了这种异质性。这些获得独立的国家中，往往包括并非自愿结合在一起的许多族群和不同的政治单位，有的族群又被人为分割在不同的国家内，造成了亚非地区国家的族群构成和族群关系十分突出的复杂性。

后发多民族国家社会异质性高。在后发多民族国家的前现代时期，各个族群在各自封闭的环境中，长期形成了基于血缘、宗教和语言等历史记忆的文化认同，传统基础十分雄厚。民族国家建立后，由于生产技术和生产水平落后，国内没有形成统一的公共的公民文化，传统的"原生情感"仍然存在，并且根深蒂固，对族际政治整合和国家民族建构产生重大影响。也就是说，在这些国家中，各个族群继续着传统上遗留下来的生产方式和生活方式，在社会生活中占支配地位的仍然是血缘关系和地缘关系。瑞典经济学家冈纳·缪尔达尔在《亚洲的戏剧》中指出，"南亚、东南亚一带的人们，过着形形色色的不同生活，有着不同乃至相互矛盾的价值观。西方国家虽然也存在这种差别，但通过长期的国家巩固过程和感情一体化过程，这些差别已经缩小"②。这说明后发民族国家的社会异质化程度远高于先发展国家。

---

① 周平：《多民族国家的族际政治整合》，中央编译出版社 2012 年版，第 234 页。
② ［瑞典］冈纳·缪尔达尔：《亚洲的戏剧》，方福前译，北京经济学院出版社 1992 年版，第 23 页。

后发多民族国家原生性认同牢固。在后发民族国家中，在族群这个自然共同体向国家这个政治共同体的发展过程中，人民没有真正地把其对家庭、族群或宗教的认同扩展到对超越这些特殊团体的统一民族国家的认同，民族国家在很大程度上还缺乏权威。"在政治认同感上，人们的效忠对象仍然是与他们生活最密切的村庄、家族、部落或宗教群体，国家的观念即使不是没有也是非常淡薄的。"[1] "现代国家形成于民众动员之后，民族意识更多地是由原始神话形成的。由于居民的杂居，族群界限与国家界限不一致。此外，由于在国家还很弱时原始性的族群集团就已经被赋予了政治上的意义，所以常常再无法形成一种新的民族国家意识来取代原始性的忠诚感。"[2]

后发多民族国家的国家建构落后。同先发民族国家相比，在西方先发民族国家殖民地基础上成立的后发多民族国家的国家建构是先天不足的。后发民族国家在现代化的发展进程中，往往同时面临着国家制度建设、现代民族国家和现代民主国家建设等多重建构任务，而这些任务在先发展国家是分阶段完成的。塞缪尔·亨廷顿指出："后起的进行现代化的国家有一个特殊的问题，那就是它们将同时面临较早进行现代化的国家在相当长的历史时期内先后碰到的各种问题。"[3] 福山说："国家构建是当今国际社会最重要的命题之一，因为软弱无能国家或失败国家已成为当今世界许多严重问题（从贫困、艾滋病、毒品到恐怖主义）的根源。"[4] 强调了国家建构对后发展国家的重要性。

后发民族国家短期内多重建构任务叠加。后发民族国家需要在短期内完成国家建构和制度建设，才能为现代民主国家和现代民族国家提供有效的制度保障和获取政治秩序，而这对于后发展国家是困难

---

① 吴辉：《政党政治与政治稳定——东南亚经验的研究》，世界知识出版社 2005 年版，第 54 页。

② ［美］理查德·罗斯科兰斯、阿瑟·斯坦主编：《大战略的国内基础》，刘东国译，北京大学出版社 2005 年版，第 177—178 页。

③ ［美］塞缪尔·亨廷顿：《变动社会的政治秩序》，张岱云等译，上海译文出版社 1989 年版，第 430 页。

④ ［美］弗朗西斯·福山：《国家构建：21 世纪的国家治理与世界秩序》，黄胜强等译，中国社会科学出版社 2007 年版，第 1 页。

的。后发民族国家在现代化过程中，族群所承载的传统性、宗教性以及对于地方权威的认同意识，必然会与现代化进程中国家建构所依托的现代公民文化、现代世俗文化以及对于国家公共权威的认同意识发生碰撞与摩擦。后发民族国家建立模式不同于先发民族国家，是一种先有民族后有国家的模式。独立后国家从传统社会向现代社会转型中，往往面临着传统体制已经解体而新的制度却没有建立和完善的局面，导致国家权威的断裂，并由此造成政治失序和政治失稳。

二　马来西亚的族际政治整合

在西方殖民者入侵之前，亚非各国都有自己的国家体系和文化传统。西方国家的殖民统治，使当地的政治、经济、文化生态和人口结构等发生了重大变化。第二次世界大战结束后，这些国家纷纷摆脱宗主国的殖民统治而取得国家独立。这些新兴独立民族国家的行政区划基本上是建立在原殖民地的行政区划基础之上的，并在此基础上开始本国的族际政治整合。对这些新兴多民族国家来说，因其国内宗教、族群、文化等的多样性导致族际关系复杂，社会高度的异质性、原生性认同的牢固性、国家建构的脆弱性、民族政策的失误性等诸多因素使得其族际政治整合异常复杂。独立后这些国家的族际政治整合实践过程有的比较成功，有的不那么成功，有的依然面临分裂的问题。马来西亚的族际政治整合具有典型性，对其族际政治整合进行研究，对其他后发多民族国家有一定的借鉴意义。

东南亚地区族群众多，据粗略统计，该地区约有 400 个族群。东南亚地区不仅族群众多，差异性也很明显，"出自不同系统的形形色色的族群相互并立，几乎每一个国家都是不同的民族国家，语言、风俗习惯、宗教各不相同"①。正因为如此，族群政治研究学者普遍认为东南亚地区是世界上族群异质性最高的区域之一。也恰恰是这一鲜明特点，东南亚各国成为族群政治研究者们研究的重点，处于该区域

---

① ［日］梅棹忠夫：《文明的生态史观——梅棹忠夫文集》，王子今译，上海三联书店1988 年版，第 160 页。

中心的马来西亚自然也不例外。

马来西亚是在殖民地基础上建立起来的新兴民族国家，以多元族群、多元文化和多元宗教著称。马来西亚共有30多个族群，以马来人、华人和印度人三大族群为主。不仅族群构成多样，马来西亚的族际关系也异常复杂。独立后，对马来西亚来说进行超越族群观念、增强国家凝聚力的族际政治整合是必不可少的。

马来西亚地区历史悠久，曾经建立过独立王朝，有自己独立的历史发展进程。16世纪西方殖民者开始入侵和占领马来西亚。英国的殖民统治对马来西亚影响深远，殖民统治期间，英国引入大量华人和印度人，促使马来西亚多元社会形成。马来西亚之所以需要进行族际政治整合，与其多元族群共存的社会结构有直接的关联。从马来亚到马来西亚，这个国家一直是个多族群的社会，其中主要构成是马来人、华裔及印度裔三大族群。在人口结构组成中以马来人的人数最多，其次是华人，最后是印度人。马来人、华人和印度人三大族群之间的差异非常明显，它们的差异体现在语言、文化、宗教各方面。

马来西亚的族群异质性非常明显，独立前马、华、印三大主要族群处于完全隔绝的状态，正如马哈蒂尔所说："在马来西亚，我们有三个主要的种族，他们之间没有丝毫的共同点。他们在外形、语言、文化和宗教方面，都是格格不入……大部分马来西亚人民之间缺乏交流，其中甚至有许多从未成为邻居。他们生活在各自的世界里，华人住在城市，马来人住在甘榜（乡村），印度人住在园丘里。"[①] 这种状况为独立后马来西亚的族际政治整合带来了极大的难度。

马来西亚三大族群不仅在语言、文化、宗教等方面存在差异，而且在政治权利方面也不平等。多元而分歧的社会，是由于族群间的资源分配不均因此产生地位上的差异，而此差异使族群间的地位产生阶层化。在马来西亚，不同族群间阶层分化现象，从根源上说，可以追溯到英国殖民统治时期。英国殖民统治时期采用分而治之的殖民统治

---

① ［马］马哈蒂尔：《马来人的困境》，叶钟铃译，吉隆坡：皇冠出版公司1981年版，第96页。

政策，造成了马来人和华人分别擅长于政治与经济领域，也同时成为两大族群社会阶层不平等的基础，加上独立建国后各族群对彼此间地位认同的差异性，导致马来西亚政治、经济及社会的动荡，也促使政治领袖在维系国家统治的过程中，必须制定出许多相关的整合政策来应对这个多族群社会结构的状况。

独立后，马来西亚进行了积极的族际政治整合实践并取得了一定的成效。独立后族群身份多样、族际关系复杂的马来西亚，却极少爆发族群暴力冲突，并以政治稳定和经济持续增长而著称，这些成就的取得与马来西亚的族际政治整合息息相关。马来西亚族群构成的多样性以及族群关系的复杂性可以说是世界族群构成与族群矛盾的一个缩影，并且族群之间的结构性差异非常明显。马来西亚的族际政治整合是当今世界多民族国家的族际整合实践的典型样本，因此笔者选取马来西亚的族际政治整合作为个案，研究马来西亚在如此复杂的族际结构及族际关系之下是如何进行族际政治整合的。

第二章　马来西亚族际政治整合的历史基础

民族国家族际政治整合的发动和展开离不开一定的历史前提，毕竟，"在决定该如何规划我们的生活时，我们不是另起炉灶，从零开始"①。各族群历史上的互动和交流、共同的经历以及形成的族际关系构成了一国族际政治整合的背景。在取得独立之前，马来西亚经历了英国百余年的殖民统治。英国的殖民统治影响深远，构成了马来西亚族际政治整合的历史基础。正是历史遗留下来的政治结构的不平衡和经济文化的不一致，以及多样的地方传统和族群生活方式，为民族国家时代马来西亚的族际政治整合埋下了伏笔。

第一节　英国殖民统治之前马来半岛的族群关系

一　马来人在马来半岛的早期扩散与形成

（一）马来半岛地区的早期人类

马来半岛地区有着较为悠久的历史。早在远古时期，这一地区已经有人类生存、栖息。学者们认为，根据已发现的考古材料，在约一万年前至约四千年前之间，马来半岛就已有人类聚居了。

有人认为："马来半岛为东南亚早期人类迁移的桥梁之一。至迟距今一万年左右就有原始人类在马来半岛地区生息繁衍了。"②

---

① ［加］威尔·金里卡：《自由主义、社群与文化》，应奇、葛水林译，上海译文出版社 2005 年版，第 169 页。

② 潘黎明：《新、马古史勾勒》，《郑州大学学报》（哲学社会科学版）1995 年第 1 期。

　　钟敏璋在《马来亚历史》里说："马来亚史前时代的概况，经过考古学者多年的研究，虽然还未完整，但是根据历来在马来亚各地所发掘的石器，可以证明马来半岛上有人类居住，至少已有五千年的历史了。"①

　　邱新民则认为："马来半岛和平时代的石器遗物，考古学者认为已有一万两千年以上的历史了。这说明在一万两千年前，马来半岛已有人类居住了。也就是说，马来亚的历史，至少有一万两千年。"②

　　如果他们的结论正确的话，马来半岛在旧石器时代已有人类的足迹。这些早期人类是怎样的呢，他们是不是马来半岛的土著居民呢？对于这些早期人类，虽然由于资料的缺乏，我们知之甚少，但还是有学者对此进行了研究。

　　邱新民认为："马来半岛旧石器时代晚期，我们从种种迹象推断并参照考古发现，确知有人类居住，或者是准黑人及原美拉尼西亚人的直接祖先。"③ 他对这些早期人类有过进一步的描述："当时马来半岛到处是凶猛而又巨大的野兽，如毛象、剑齿虎等。初民为抵抗这些野兽，便集合成一小群，过着渔猎采集的洞穴生活，这时，他们亦许还未确立伦理观念，对自然现象或因惊奇恐怖而产生崇拜的意识。他们以近海或河畔的石灰洞或石棚为居处，以砍切器为谋生的工具，狩猎捕鱼采集果实贝介过活。男女分工，平等相处，男的负责狩猎刺鱼，妇女则采集野果、掘挖块根植物及捡拾贝介海产。"④

　　对于马来亚中石器时代的人类的生活，特韦迪在他的《史前期马来亚》一书中也有过描写："大约在不到一万年前开始到四千年前左右，马来亚居住着一支其体格特征同现代美拉尼西亚人相类似的种族。他们住在洞穴或岩窟里，以打猎和采集食物为生，可能还有吃人的习俗。他们在洞穴里烧煮食物，也时常把他们死去的人埋在居住地的地下。他们制造的石器相当粗糙，但很容易辨认。制造的方法是对

---

① ［马］钟敏璋：《马来亚历史》，东南亚出版有限公司1959年版，第3页。

② ［新］邱新民：《马来亚史前史》，新加坡青年书局1966年版，第54页。

③ ［新］邱新民：《马来亚史前史》，新加坡青年书局1966年版，第55页。

④ ［新］邱新民：《马来亚史前史》，新加坡青年书局1966年版，第55—56页。

河中的鹅卵石予以击削，使鹅卵石四周成为参差不齐状的切削刃口，或刮削刃口，有时候石器的刃口是磨制的。他们搜集氧化铁或赤铁矿，并把它磨成粉，当作红色颜料，作为标志有生命的鲜血，在举行什么仪式时使用。"

　　根据他们的研究描述，马来半岛的这些早期人类应当是美拉尼西亚人。许云樵认为："美拉尼西亚人大约在一万年前，自中印半岛南下，移居马来亚，找近海或河畔的石灰岩洞或岩石下为避身之所，使用卵石击碎而制成的手斧，做出许多锋利的矛和猛兽们斗争，获得更多的生活资料。"[1]

　　邱新民认为在旧石器晚期过渡至新石器时代，马来半岛的文化主流是和平文化："一般的意见，大致相信在和平时代，马来亚的居民是美拉尼西亚人。这论断，可由邻近地区所发现的遗物获得佐证。和平时代的人类，是从亚洲大陆迁移至澳洲及太平洋群岛，迁移途径，是取道马来半岛。今日的美拉尼西亚人、巴布亚人、澳洲土人等，就是那时迁入的。"[2]

　　钟敏璋说："中石器时代的居民有许多地方是和澳洲土著及新几内亚的米兰尼西亚人（Melanesia）[3] 相似。虽然，我们不能断定这种中石器时代的穴居人是属于哪一种民族，不过，由于地理上的位置关系，有可能这些地带的居民，原居住于亚洲大陆，后来迁移时，会经过马来亚也说不定。至今马来亚内地的土著民族中，有些种族上的特征仍和米兰尼西亚人及澳洲土著有很多相似的地方，也许他们的祖先确曾在中石器时代到过马来亚。"[4]

　　据研究，美拉尼西亚人曾一度广泛分布于包括马来半岛在内的整个东南亚地区甚至中国的整个南方地区。"在四千年至一万年前，东南亚是美拉尼西亚人的世界。他们不但淹有中南半岛，中国西南部、华南，且及于淮河流域，甚至北京周口店之山顶洞人的家族，亦有美

① ［新］许云樵：《马来亚史》，新加坡青年书局1961年版，第32页。
② ［新］邱新民：《马来亚史前史》，新加坡青年书局1966年版，第52页。
③ 现译作美拉尼西亚人。
④ ［马］钟敏璋：《马来亚历史》，东南亚出版有限公司1959年版，第7—8页。

拉尼西亚人在内。他们自中国西南循着川流，经中南半岛、马来半岛南下，散布于马来西亚群岛及太平洋诸岛。在马来半岛的，因受后来的巴来安人①即南岛语民族的压迫，有的逃入山洞，有的离开半岛南迁，分散于太平洋的美拉尼西亚群岛。"②

总之，马来人并不是马来半岛的土著，在他们到来之前，当地已有其他族群的定居。

（二）马来人在马来半岛的扩散与形成

既然马来人是后来才来到马来半岛地区的，那么他们是在什么时候，从什么地方迁移过来的呢？在马来半岛又是如何扩散的呢？

据我们所知，马来半岛在旧石器时代已有人类的足迹，这些早期人类属于美拉尼西亚人和澳大利亚人种。马来人是后来才来到马来半岛的。马来人来到马来半岛后，同化了当地的美拉尼西亚人，成为马来半岛的主导族群。

"在上古时代，澳大利亚人种最初主要分布在马来群岛和澳大利亚，后来他们可能通过'陆桥'来到东南亚的半岛地区。与此同时，不断由北方南下的蒙古利亚人种，不仅抑制了澳大利亚人种的扩展，而且把他们同化和融合了。"③

那么，马来人最早是在什么时候来到马来半岛的呢？许多学者认为马来人早在新石器时代就来到了马来半岛。

例如，许云樵在《马来亚史》中说："马来亚的新石器时代的人类，是原始马来人，从中国西南经过中印半岛而来，把美拉尼西亚人赶走，占据了他们的洞穴，利用优良的石器，从事生产活动。"④

邱新民认为："马来族的酝酿及其形成，当始于新石器中期，而长成于铜鼓盛行时期。""我们由石锛、几何印纹陶及铜鼓的形制与纹饰，得知这时马来亚各地开辟许多小规模的水田，发展以水稻生产为主的农业，同时改良旱田的生产方法，提高生产量，人民有比较稳

---

① 即南岛语民族。
② ［新］邱新民：《马来亚史前史》，新加坡青年书局1966年版，第55页。
③ 周大鸣：《东南亚旧石器时代文化略述》，《东南亚》1988年第2期。
④ ［新］许云樵：《马来亚史》，新加坡青年书局1961年版，第38页。

定的社会生活，提供了建立以领土及财产为基础的国家组织，公元一世纪左右，有形成国家的迹象，这时正是王莽遣使南来，印度大量移民东南亚的开始。印度人带来了宗教，填补人们心灵上的空虚，于是优生的婆罗门便被拥立为君长，梵文及西方文化在君长及僧侣的推动下，广被群岛每一个角落，马来族的文化步入另一纪元……"①

盖勒登博士（Dr. H. Gelden）认为在历史上马来半岛是族群迁徙走廊。大约公元前四千年的新石器时代，一批原始居民从中国云南的山地一带出发，沿河流南下，经中南半岛来到马来半岛定居下来。从人种上来说，他们属于蒙古种，亦称为原始马来人（Proto - Malays）。现在半岛南部的土著民族——耶昆（Jakuns）人，亦称日干人，就是他们的后代。接着，第二批移入的也就是目前马来人的祖先，叫作混血马来人（Deutro - Malays，即续至马来人）。他们多由爪哇、苏门答腊以及其他印度尼西亚岛屿迁移而来。②

盖勒登把东南亚的新石器时代分为三期。早期新石器时代，包括分布于越南、缅甸及吕宋岛的北山文化（Bcsonian Culture），分布于马来西亚群岛与马来半岛的石斧文化，在这一时期，虽然已经有农业，亦有陶器，而生活在地面上的人类，可能还未改变，仍然是以近似现代的美拉尼西亚及澳洲土人为主，而属于海洋蒙古种的马来西亚人已经出现了。中期新石器时代，在亚洲东部华南、中南半岛、中国台湾、日本、朝鲜、菲律宾及西里波斯岛北部，出现有肩石斧文化，这一文化的主人翁，可能是说南亚语系的一支黄种人。晚期新石器时代，整个东南亚散布有方角石锛，称为方角石锛文化，这一时期文化的主人翁，是属于蒙古种的马来西亚人，其文化的源流，据多数东南亚史前史学者的意见，认为是来自中国的华南。③

从以上论断可以看出，大概到新石器时代的中期，已有马来族群的聚落在马来半岛出现。那么这些早期的马来人又是从哪里来到马来半岛的呢？关于其族群来源，至今还无定论，但大多数学者都认为，

---

① ［新］邱新民：《马来亚史前史》，新加坡青年书局 1966 年版，第 208—211 页。

② ［马］钟敏璋：《马来亚历史》，东南亚出版有限公司 1959 年版，第 14 页。

③ ［新］邱新民：《马来亚史前史》，新加坡青年书局 1966 年版，第 84 页。

他们来源于中国南方广大地区，而且是分两批迁往马来半岛地区的。

邱新民认为："马来人先民的迁徙路线是全面的，除循江河陆行南下外，还沿海路迁徙，到新石器晚期，以海路为主。因此，我们对于马来人先民南移而形成马来族的路向，可以概括为：来自中国华南，循江河及泛河流而下，在巽他陆盘盘底与黑色人种混合而形成的新民族。"①

张运华在《马来人》中说："我们可以大致画出一条马来人先民的迁徙路线。这条路线先是陆路，然后才是海路。"②

何平教授认为："一部分马来人的先民从中国西南地区移入东南亚，并不断地与当地的黑色土著居民融合，逐渐形成了原始马来人。还有一部分是从中国东南沿海和华南从海路迁到东南亚的，这批'续至马来人'同原先已经同黑色人种混合后形成的原始马来人也可能还同一些残存的黑色人种再度混合后形成新马来人。"③

张运华在《马来人》里说："几千年前，或因自然灾祸，或因时疫流行，或因饥荒，或因战争，马来人的祖先们不断地向南迁徙。迁徙规模最大的约有两次。最早的一次大约发生在距今 5000 年前，这批移民通称为'原始马来人'或'纯粹马来人'。他们经过中南半岛，并经马来半岛（一说经安达曼群岛）进入苏门答腊岛，然后往东扩散到爪哇、加里曼丹、苏拉威西和菲律宾群岛。他们广泛分布于太平洋和印度洋岛屿，西至马达加斯加岛，东达复活节岛、夏威夷群岛。第二次大迁移浪潮大约发生在距今 3500 年前，这批移民通常被称为'新马来人'或'混血马来人'。马来人南迁的浪潮前前后后持续了数千年之久。各批马来人在其分布地区均留下人数众多的后裔，不同程度地与当地土著居民发生混合，现已发展为 200 多个具有不同族称的民族，如爪哇人、巽他人、马都拉人、他加禄人、伊富高人以及马达加斯加人等。"④

---

① ［新］邱新民：《马来亚史前史》，新加坡青年书局 1966 年版，第 196 页。
② 张运华、张继焦编：《马来人》，中国民族摄影艺术出版社 1996 年版，第 4—5 页。
③ 何平：《中南半岛民族的渊源与流变》，民族出版社 2006 年版，第 43—44 页。
④ 张运华、张继焦编：《马来人》，中国民族摄影艺术出版社 1996 年版，第 4—5 页。

陈序经先生谈到东南亚马来人时说："马来人的祖宗，他们主要是从我国的南部慢慢地南下而达到马来半岛，以至南海群岛。他们分为两批：头一批是约在公元前三千年已到这些地方，而后一批是约在公元前三百年才到的。""新来的马来人介绍了铁制的工具与武器，因为他们有较好的工具与武器，他们的统治同化了先来的马来人。"[①]

梁英明在《东南亚史》里这样论述："根据人类学家的研究，原始的马来人来自中国云南地区，他们迁徙到马来半岛的时间约为公元前2500年。他们把原来居住在马来半岛的尼格利陀人（Negrito）赶入森林地区。原始马来人的文化属于新石器时代。在马来半岛仍可见到尼格利陀人的后裔，他们被称为塞芒人（Semang）或查昆人（Jakun）。约公元前300年，又有一支移民从云南迁入马来半岛，他们被称为新马来人，属于蒙古人种，已使用铁制工具。他们是今天马来西亚的主要民族。"[②]

马来人驻足马来半岛从事原始渔猎和耕作，逐渐组成部落，过着原始公社生活。大约在公元前3000年至2000年，马来人已经掌握不少天文学和数学知识[③]。据考古学者们推断："大约在2500年前至1500年前之间，新石器时代的马来半岛原始人已经懂得原始农业生产和懂得建筑与粗糙的纺织了。"[④]

马来半岛的马来人大约在公元前300年进入了青铜及铁器时代。这一时期另外一批居民，由苏门答腊及爪哇岛等地迁移至马来半岛。他们属于混血马来人，也就是半岛马来人的祖先，他们在各个方面都比原始马来人进步，懂得利用金属用品来适应环境，改良生活，他们与原始马来人一起居住，因为文化上的优越，渐渐将后者逼入山地。因此，当马来亚沿海居民已经过着铁器时代的生活时，许多深山中的原始民族，则仍旧过着石器时代的生活。

---

① 陈序经：《东南亚古史研究合集》，深圳海天出版社1992年版，第1203—1204页。
② 梁英明：《东南亚史》，人民出版社2010年版，第47页。
③ 潘黎明：《新、马古史勾勒》，《郑州大学学报》（哲学社会科学版）1995年第1期。
④ 林芳声：《马来亚》，世界知识出版社1957年版，第27—28页。

迄今为止，属于马来半岛金属时代的文化遗存，还发现得很少，发现时又不是整批的，而仅是散乱的一两样被腐蚀的金属品，不足以给人们一幅清晰的铜器时代的图景。属于铁器时代的遗存，已在马来半岛发掘的有铁制农具，供装饰的串珠、宝石和金戒指等。考古学者也从古墓里取得了不少铁器、武器、陶器、红玛瑙珠等物。这些发现都有助于研究和了解马来半岛铁器时代文化发展情况，因而使人能够从这些遗存中看出：铁器时代的马来半岛已有相当发达的文化。总之，马来半岛进入铜器时代和铁器时代以后，生产力的发展速度加快，马来半岛的马来族群跨入文明的门槛。

二　英国殖民者入侵之前马来半岛的马来人

（一）马六甲王国成立之前的马来人

虽然马来人很早就进入了马来半岛，但其社会历史发展相对比较缓慢。大约到纪元后，马来半岛才开始出现早期国家政权。由于马来半岛本身没有留下任何文字史料记载，这个地区出现的早期国家政权详细情况我们不得而知。中国史籍有较少关于这一地区的早期国家的记载，成为研究马来西亚早期历史的不可或缺的史料。

根据中国史书记载，马来半岛大概在公元后出现早期国家政权。查阅中国史书我们知道公元1—7世纪，马来半岛陆续出现过几个国家政权，主要有：（1）都元国，这是中国史籍记载的马来半岛最早出现的国家，在今克拉地峡一带，《汉书》只提到这个国名，除此没有其他任何信息；（2）婆皇国，位于今彭亨一带；（3）斤陀利国，位于马来半岛西岸；（4）狼牙修国，也称为朗迦、凌牙斯加，位于马来半岛北部，领地包括现在泰国的洛坤、北大年、宋卡到马来西亚吉打一带；（5）丹丹国，亦称单单国，位于今吉兰丹一带；（6）赤土国，大约位于今泰国南部和马来西亚北部。

关于这些国家的一些具体情况，中国史书记载不详。至于马来半岛上这些早期存在的国家政权是不是都是马来人建立的国家政权，我们还不是很清楚。陈序经在《猛族诸国初考》一文中认为，"孟人的势力一度广泛分布在暹罗与缅甸的南部，以至马来半岛的北部以及南部，古代的顿逊、盘盘、狼牙修、赤土等国，都是孟人建立的国家"①。而泰国学者黎道纲认为："赤土、狼牙修、单马令包括中南半岛上的扶南等古国都是马来族的国家。"② 显然对于这个问题学者们还有争议。笔者认为，马来人扩散到马来半岛后，最初其势力并不是很强大，公元后最初几个世纪马来半岛的中、北部可能还主要是孟人的天下。

大约在 7 世纪末，马来半岛成为室利佛逝王国的一部分。室利佛逝是 7 世纪末期兴起于苏门答腊东南部的古国，该国崛起后，不断向周围扩张势力，曾一度将马来半岛纳入其版图。马来半岛上的马来民族从公元 7 世纪、8 世纪开始成为室利佛逝的臣民。我国宋代史籍《诸番志》卷上"三佛齐条"记载说："蓬丰、登加侬、凌牙斯加、吉兰丹、佛罗安、日罗亭、潜迈、拔沓、单马令、加罗希、巴林冯、新拖、监篦、蓝无里、细兰，皆属国也。"这些地方，许多都在马来半岛，其中一些地名今天还保留着，比如吉兰丹今天也还是叫吉兰丹，而且译写这个名字的汉字至今未发生变化。还有一些地名只是翻译时所用的汉字与今天我们常用的有所不同，如蓬丰就是今天的彭亨、登加侬就是今天的丁加奴等。另外，在马来半岛北部六坤悉摩曼寺（Vat Sema Muang）发现的一块梵文石碑表明，公元 7 世至 8 世纪室利佛逝的势力已扩展到马来半岛东海岸直到万伦湾一带。③ 英国学者也指出，室利佛逝帝国版图"包括万伦湾以南的整个新马来半岛和西印度尼西亚的全部"。④ 室利佛逝王国与其属国只是松散的朝贡关系，属国每年向其纳贡，内政贸易则自行决断。13 世纪室利佛逝衰落，不能再掌控马来半岛，14 世纪灭亡。

10—14 世纪中国史籍记载的马来半岛存在的国家主要有：（1）彭亨国，也称蓬丰、朋丰、彭坑，在今彭亨一带；（2）龙牙门，也称凌牙门，在今柔佛海峡东部之柔佛港口一带；（3）急兰丹，亦

① 陈序经：《猛族诸国初考》，《中山大学学报》1958 年第 2 期。
② ［泰］黎道纲：《扶南民族族属探讨》，《东南亚研究》2007 年第 5 期。
③ 桂光华：《室利佛逝王国兴衰试析》，《南洋问题研究》1992 年第 2 期。
④ 桂光华：《室利佛逝王国兴衰试析》，《南洋问题研究》1992 年第 2 期。

称急兰亦角、急兰亦带，应是今天马来半岛的吉兰丹，公元 6 世纪，该地称为丹丹，唐代不见该国，宋代又出现，称为吉兰丹；（4）佛罗安国，具体位置有争议，有说在马来半岛西岸雪兰莪州的巴生附近，有说在马来半岛西岸的伯南河流域；（5）丁家庐，亦称丁哈儿、登牙侬，在今登嘉楼一带。

从以上记述可知，马来半岛最早出现的国家主要分布在两个地区，一个是马来半岛西北海岸，另一个是马来半岛东海岸的宋卡和北大年一带。这些早期国家政权的出现与航运线有密切关系，存立严重依赖对外贸易。一般而言，这些国家会前往中国朝贡，而且中国古籍中有记载的国家，是因为有贸易的需要而前往中国，故这类国家规模较大。至于没有到中国朝贡而中国古籍有记载者，是规模较小的国家，这些国家的人口不会很多，有些可能仅有数百人或数千人，人口上万者屈指可数。

（二）马六甲王国的兴起与马来半岛现代马来人的形成

马六甲王国（1403—1511 年）是马来西亚历史上第一个统一的王朝，在历史上占有重要地位。马六甲王国建立后，结束了马来半岛分裂割据的局面，实现了马来半岛的统一。在马六甲王朝统一马来半岛后，马来半岛马来人才进入了他们的独立发展时期。

关于马六甲王国的建立。据传 14 世纪末叶，单马锡岛为暹罗藩属，当时岛上的居民大部分是原始马来人中的海族人（Orang Laut）。当时巨巷一个马来王子叫作拜里迷苏剌（Parameswara），因不守诺言而与岳父不睦，二人兵戎相见，拜里迷苏剌战败后被赶出了苏门答腊，带领妻从逃亡到当时暹罗的属邦单马锡。数日后，他竟杀了单马锡王而自立，统治该岛约有五年。之后，暹罗王闻讯，命其属国北大年和彭亨国王出兵驱逐。拜里迷苏剌被迫再度流亡，流荡于柔佛麻坡河一带。此后，在 1402 年至 1403 年间，他辗转跋涉，备尝艰辛，幸得当地土著海人引导，沿麻坡河流域北上，到达一山明水秀、地势险要，又有船只停泊的海港马六甲河（当日叫作峇淡河 Bertam River）居住下来，这便是独立的马六甲王朝的开始。

拜里迷苏剌抵达马六甲的时候，这里还是一个马来半岛西南部的小渔村，居住着二三十户靠出海打鱼为生的土著居民。当时，马六甲海峡的海盗活动十分猖獗。拜里迷苏剌利用海盗的力量和从巴邻旁前来归顺的马来人的支持，将马六甲建成一个贸易中心。在十年内，马六甲的人口从100人左右增加到2000人。15世纪中期，马六甲就已经发展为一个强大繁荣的国家和东西方贸易的重要中心。

马六甲立国之初，还是一个非常弱小的王国。为了保障国家的安全，获得和平发展的环境，马六甲王国政府奉行与邻国建立友好关系的外交政策。一方面拜里迷苏剌视暹罗为宗主国，每年贡纳黄金四十两；另一方面，拜里迷苏剌与中国明王朝建立外交关系，多次遣使访问中国。据不完全统计，拜里迷苏剌在位时曾12次遣使中国，他还两次亲自到中国访问。[1] 马六甲王国第二代国王在位时，制定朝纲，建立官制，健全统治制度。到第三代国王执政时，马六甲政权已日益巩固。15世纪中期，马六甲王国国力日渐强大，1446年和1456年两次击败暹罗的侵犯，接着征服了马来半岛上的霹雳、柔佛、彭亨、丁加奴、吉打等地。苏门答腊北部和波散曾一度被它纳入版图。马六甲王国国力最强盛时期，城区人口达四万之多。王国的版图扩大到马来半岛南部的柔佛、彭亨，半岛以南的寥内—林加群岛、宾坦岛，以及苏门答腊岛内的巴赛、洛干、锡亚克、坎帕尔和印得拉其里等地区，完全控制了马六甲海峡的商业和航运。

由于地处海上交通要冲，随着东亚、南亚和西亚之间经济和贸易的发展，来到马六甲的穆斯林商人越来越多。这些商人不仅使马六甲的转口贸易日益繁荣，而且给马六甲带来了阿拉伯文化和伊斯兰教。15世纪前半期这种新宗教已在马六甲生根发芽。马欢在《瀛涯胜览》中指出，伊斯兰教在15世纪初已传播到马来半岛南端的马六甲。他说，马六甲"国王、国人皆从回回教门，持斋受戒诵经，其王服用以细白番布缠头"[2]。此后，《明实录》记载的马六甲第一代和第三代国王派往明朝的使节中，有类似伊斯兰教徒的人名，反映了伊斯兰教当

---

① 桂光华：《马六甲王国的兴亡及其与中国的友好关系》，《南洋问题》1985年第2期。
② （明）马欢：《瀛涯胜览》，南京出版社2019年版，"满剌加"条。

时在马六甲的影响。

马六甲的伊斯兰化又进一步吸引了更多的穆斯林商人到这里进行贸易，它在地理位置上的优越性得到了越来越充分的发挥，迅速成为东南亚最大的贸易中心，同时，它也是东南亚和东亚、南亚、西亚之间进行贸易的主要中转港口。来自阿拉伯和波斯等地的商人把玻璃器皿、珍珠、香水等商品运到印度出售，在那里购买布匹和其他日用品，运到马六甲售卖后，再收购东南亚出产的香料、木材、黄金和锡产品运回中东。这种三角贸易对马六甲而言，获利十分丰厚。所有外国商船都要按照货物价格的 6% 向马六甲王国缴纳港口费，本地商人则按照货物价格的 3% 缴纳。[①]

当时的马六甲城凭借海上交通要道的有利地理位置，吸引了大批印度、阿拉伯和波斯的商人来此贸易，一艘艘商船运来鸦片、棉花、染料和药品，而来自中国的商船又带来丝绸、锦缎、瓷器、铁制农具等，中国发明的指南针已被马六甲王朝用于航海，中国铸造钱币技术也流传到马六甲。马六甲很快发展成东南亚国际贸易中心。除了作为商业中心之外，在政治、依斯兰教、语言、文学、艺术等方面，马六甲取代了在这之前苏门答腊北部的巴赛（Pasai）所起的作用，成为马来文明的发展中心，伊斯兰教逐渐从马六甲传播到马来半岛各地和整个马来地域。

1511 年，马六甲在葡萄牙的入侵下灭亡。马六甲王国虽然只存在了一百多年，但是，自它建立后，马来半岛的马来人进入了独立发展时期。马六甲作为一个独立自主的国家，在政治、经济、外交和文化等方面都取得了令人瞩目的成就，在马来西亚史册上写下了光辉的一页。

笔者认为："马六甲王国的兴起与现代马来人的形成有着密切的关系。马六甲王国在现代马来人的形成中起了重大的作用，可以说，15 世纪马六甲王国的成立与发展标志着现代马来人的形成，成立于 15 世纪的马六甲王国是马来文明形成的摇篮。马六甲王国时期的人们的行为、

---

① 梁英明：《东南亚史》，人民出版社 2010 年版，第 49 页。

风俗习惯、法律、语言文字等成了马来人的标示，同马来人的原生价值
观紧紧联系在了一起。"① 伊斯梅尔·胡森恩（Ismail Hussein）在一篇
文章里也曾指出："14—17 世纪是马来人意识形成的黄金时期。在这一
时期，马来人控制了马六甲海峡，马六甲海峡作为一个转口港，连接东
西方贸易的港口，闻名于世。马来人的法律、文字、宗教、音乐表演、
奢侈的丝织品等在这一黄金时期形成，被世人所认知。"②

总之，马六甲王国是马来半岛上第一个统一的中央集权国家。马
六甲王国的建立，曾一度结束了马来半岛上各邦国林立的分散局面。
16 世纪初，随着葡萄牙人的到来，马来半岛上的这种相对统一的局
面又被打破了。

三 英国殖民者入侵之前马来半岛的华人和印度人

在几个世纪的发展过程中，马来人沿河流地区建立起了许多十分
分散的小型聚居地，这些马来人聚居地与邻近地区逐渐加深往来，并
与印度和中国也发生了贸易关系。频繁的贸易往来，使印度商人和中
国商人至少于 15—16 世纪就在马来半岛建立了定居点。③ 但是由于他
们人数太少，影响不大，还不足以在当地形成多元族群社会。

（一）英国殖民统治之前马来半岛的华人

马来半岛是华人移居东南亚数量最多的地区之一，根据史料记
载，早在公元前 7 世纪时，就有华人访问过该半岛，但只是因经商而
经过该地区，并无任何定居者的记录。在中马长期的贸易往来中，只
有少数华人居留下来。汪大渊的《岛夷志略》记载单马锡有少许华
人常居，并说他们多椎髻，穿短布衫，系青布梢。据说马六甲王二世
曾与一位华人甲必丹之女结婚，此人可能是一位旅居马六甲的华人而

---

① 许红艳：《马来半岛地区南岛语民族形成初探》，《广西民族师范学院学报》2013
年第 4 期。

② Anthony Milner, *The Malays*, United Kingdom: A John Wiley & Sons, Ltd. , Publication,
2008, p. 12.

③ Donald R. Snodgrass, *Inequality and Economic Development*, Oxford University Press,
1980, p. 15.

在马朝廷中任官职者。

葡萄牙人占据马六甲后,华商继续在马六甲贸易,葡萄牙人采取一种专利政策,专办由马鲁古群岛等地转运的香料,其他货物则采取货税的政策,如对中国货抽税10%。华人居留集中之地,称为中国村,多为从事贸易与打鱼的福建人。1641年,马六甲为荷兰人所占,葡萄牙人则被驱逐,其时已有华人300—400人,全城人口则为2150人。华人多为商店主、工匠与农人,但均被禁止住于城内。1678年,马六甲的华人已经增至男性127人,女性140人,小孩157人,男奴93人,女奴137人,童奴60人。[①]

英国殖民统治之前,华人移居马来半岛人数不多,主要定居在马六甲与吉打。其他地方的定居者尽管不多,但也存在。一名英国人记述1827年他在彭亨曾访问过当地一家锡矿,是由一些华人与约100名马来人开采经营,沿彭亨河的华人村则是装备武器的华人锡矿工,他们都是客家人,但均与马来女人结婚。17世纪末和18世纪初,柔佛也有华人定居。他们不是住在柔佛内陆,而是居住在沿河地区,以种植胡椒和甘蜜为生。

总之,19世纪中叶前,马来半岛各地的人口甚少,华人移民也不多。据史料记载,14世纪便有中国人在单马锡居住,16世纪、17世纪已有中国人在马来半岛和婆罗洲等地务农。当时半岛人烟稀少,各地的马来土邦头人均需要增加本辖区人口,以增加各种税收和建立一支强大的部队,因此早期华侨移民特别是华侨锡工颇受欢迎。

(二)英殖民统治前马来半岛的印度人移民

印度人最早是在什么时间来到马来半岛的,并没有确切的文献记载。大概公元前马来半岛同印度就有接触了。公元前6世纪印度史诗《拉玛耶那》(*Ramayana*)曾提及 Suvarna – dvipa 和 Yava – dvipa 两个地名,dvipa 的梵文意指半岛或岛屿,而 suvarna 意指黄金,yava 意指大麦,也就是指印度东方有一个产黄金的小岛或黄金之地。马来半岛产黄金,因此该史诗所指的地方可能就是马来半岛地区。从该史诗判

---

① 李恩涵:《东南亚华人史》,东方出版社2015年版,第127页。

断，印度人可能至少在公元前 6 世纪左右乘船从恒河口往东航行，沿着缅甸海岸航行。

印度学者密沙普（Patit Paban Mishap）说："受到希腊航海家希帕勒斯（Hippalus）发现季风的影响，罗马船只才能直接越过印度洋到印度西海岸。从印度东海岸阿里卡米度（Arikamedu）来的船只，越过孟加拉湾，进入伊洛瓦底江三角洲，刺激印度商人沿着马来半岛航行，寻求新货物。"[①] 密沙普的说法点出了南印度人利用季风航行到缅甸南部，再前往马来半岛，而不是直接从南印度越过安达曼海到达马来半岛。最主要的原因很可能是当时的船只还不能离开海岸太远，仍需贴着海岸线航行，而季风可能使得船行速度加快。

受季风的影响，从南印度往马来半岛的航线，其登岸港口在吉打，以致吉打变成从南印度到东方中国的一个转运港，吉打成为淡米尔人（Tamils）的移居地，吉打的国王也是南印度人。[②] 狼牙修，又称凌牙斯、龙牙犀角，从狼牙一词即为斯里兰卡使用的兰卡来看，很可能该国也是来自斯里兰卡的移民。

南印度的淡米尔人应该是在孟加拉湾发现季风以后，开始向马来半岛北部移民。古纳西嘎蓝（S. J. Gunasegaram）即认为马六甲、霹雳、吉打、高吧、西爪哇的多罗磨都是南印度人的移居地。[③] 人们在马六甲葡萄牙天主教堂附近发现了古印度佛塔使用的野兽头建筑的残余石墙。早期南印度的王朝使用的巴利文在该地也甚为流行。人们在马来半岛的霹雳州发现 5 世纪南印度的碑文。在吉打的吉打峰山下也发现多处南印度湿婆神庙的遗址。其中在吉打出土的武吉梅林碑刻大约是 4 世纪或 5 世纪的遗迹，碑铭是两句佛经："多他伽多教导说，法生于因，大沙罗磨则教以克制之道。""业由寡知而积。业是再生之因，知（物之本），

---

① Patit Paban Mishap, "India – Southeast Asian Relations: An Overview", *Teaching South Asia*, Vol. I, No. 1, Winter 2001.

② 许云樵：《马来亚古代史研究》，载许云樵《马来亚研究讲座》，世界书局 1961 年版，第 8—18 页。

③ S. J. Gunasegaram, "Early Tamil Culture Influences in South East Asia", Selected Writings Published 1985, http://www.tamilnation.org/heritage/earlyinfluence.htm.

业无所感，无业即无（再）生。"① 在威利斯省北部出土了一根石柱，石柱上部是梵文铭文，下面每侧都雕有一座窣堵波，上有一顶七层华盖，铭文内容包括一节佛经，还有赤土国船主佛陀笈多为祝愿航行成功而写的祷词，据考证，该碑柱是 5 世纪中叶的，属于赤土国。②

从以上考古资料我们可以看出，印度人来到马来半岛后带来了他们的文化，马来半岛早期深受印度文化的影响。中国史籍也有大量记载，比如《梁书》记载，丹丹国信奉佛教，"信奉三宝，佛法兴显，众僧殷集，法事日盛，威严整肃"。③《隋书》说赤土国"其俗敬佛，尤重婆罗门"。④ 可见佛教和婆罗门教在一定范围内得到传播，佛教僧侣和婆罗门僧侣在国家政治中发挥了一定作用，梵文是主要文字。

尽管在 15 世纪之前印度文化对马来半岛产生了较大影响，但马来半岛的印度人人数并不多。根据有关资料，至 1641 年底，马六甲穆斯林印度人和印度教徒也只有 574 人。⑤ 即便到了 1833 年，马来亚印度人也还不足 15000 人。⑥ 等到 19 世纪下半叶，马来半岛的印度人才大规模增加。

第二节 "二战"前英属马来亚时期多元族群社会的形成

一 西方殖民者对马来半岛的入侵和统治

马六甲有着重要的战略地理位置、作为国际贸易中心而经济昌盛，同时这里盛产闻名于世的丁香、肉豆蔻等香料，马六甲王朝成为

---

① ［英］理查德·温斯泰德：《马来亚史》，姚梓良译，商务印书馆 1974 年版，第 40 页。

② ［法］G. 赛代斯：《东南亚的印度化国家》，蔡华、杨保筠译，商务印书馆 2008 年版，第 92 页。

③ 《梁书》，卷五四。

④ 《隋书》，卷八三。

⑤ ［英］理查德·温斯泰德：《马来亚史》（上册），姚梓良译，商务印书馆 1974 年版，第 228 页。

⑥ Snodgrass, Donald R., *Inequality and Economic Development in Malaysia*, Kuala Lumpur: Oxford University Press, 1980, p. 24.

令西方殖民者垂涎欲滴的"肥肉"。从 16 世纪初开始，该王朝相继遭到葡萄牙、荷兰与英国等殖民者的侵略。

（一）葡萄牙对马六甲的侵占及其统治

葡萄牙人是最先来到东南亚的西方殖民者之一。1509 年，迪奥戈·洛佩斯·德·斯奎拉奉葡萄牙国王之命，率领 5 艘船从里斯本到达马六甲，要求与马六甲通商，与马六甲发生矛盾，大约 30 名葡萄牙人被马来人杀死或俘虏。1511 年，亚伯奎率领一支由 18 艘军舰组成的远征队卷土重来，以种种借口挑起与马六甲的战争。同年 8 月，殖民军攻下马六甲城，马六甲落入葡萄牙人之手。

亚伯奎占领马六甲后，即开始修筑要塞。葡萄牙为保护自己在马六甲海峡的商业利益，在马六甲驻扎军队，抵御马来人的袭击。他们把马六甲城堡建成了东南亚最强固的军事要塞。在葡萄牙统治的 130 年之中，马六甲曾多次被围，均未被攻陷。

为恢复马六甲的繁荣，葡萄牙人极力修葺、重建被战火所破坏的房屋建筑和墟市。葡萄牙殖民者还组织无敌舰队，日夜游弋在海面上，拦截过往船只，强迫其驻泊贸易，强征高额关税。如有不从者，即焚其船，把水手卖为奴隶。殖民者还废除当地以锡制作的流通币，另铸新币，对居民征收各种苛捐杂税。

葡萄牙在马六甲约有驻军 200 人和文职人员 300 人。为使葡萄牙人安心驻守在马六甲，并向当地居民传播天主教，葡萄牙当局鼓励他们同当地妇女结婚。这些异族婚姻的后裔仍保留葡萄牙人的姓氏和宗教信仰，使用与当地语言混杂的葡萄牙语。到 17 世纪，居住在马六甲城外的亚洲人中约有 7000 人皈依了天主教。

（二）荷兰在马来半岛的侵略扩张

接踵而来的荷兰人也不甘示弱。马六甲是葡萄牙在东南亚海岛地区的殖民据地。荷兰为了摧毁葡萄牙的势力，把葡萄牙逐出海岛地区而由自己单独霸占，从荷兰东印度公司成立开始，便对马六甲发动军事进攻。1640 年 6 月，荷兰舰队封锁马六甲海岸，切断粮食来源，炮击城市。1641 年，马六甲城被攻破，葡萄牙在马六甲的统治结束了，荷兰殖民者取而代之。

占领马六甲后，荷兰在马六甲设立太守，作为最高行政首长。太守由荷兰派驻巴达维亚的总督直接管辖。其下设有负责商务的商务官、守备队长、主管市舶和税务的港务局长、财政司或律政司、掌握工务的工务局长以及公司的工匠、奴隶和发饷官。他们组成一个议会，受巴达维亚总督的管制，负责处理当地的政务。

荷兰无意将马六甲发展成为一个重要的贸易港口，因为荷兰将重点放在了巴达维亚。1647 年，荷兰政府封锁马来半岛各主要港口，阻止印度商人进入这些港口。荷兰迫令各国商船停泊马六甲，以便统制及专卖印度洋布。荷兰的税收名目很多，如货物的进出口税、船舶通行税、停泊税等，导致许多船舶不到马六甲，而转往苏门答腊及其他港口。1650 年，荷属东印度公司决定其优先发展的据点是巴达维亚，以后前往马六甲的船只逐渐减少。1657 年，荷属巡逻船巡逻马来半岛各主要河流，防止走私，并阻止中国船只抵达马来各港口。以后，马六甲每年仅允许一两艘中国船只进港，其他船只都前往巴达维亚。中国商人和印度商人都将船只驶往荷属东印度公司控制不到的港口。马六甲的商业活动趋于停滞，其地位进一步被削弱。

荷兰占领马六甲后，目的主要是商业利益，并不太注意对当地传播宗教。为了防止天主教神父和修士们煽动当地天主教徒反抗荷兰统治，荷兰人禁止天主教徒集中举行弥撒仪式，所有天主教堂被拆除或改为民房。荷兰人既没有在马来半岛传播宗教，也没有鼓励荷兰人与当地妇女结婚。因此，荷兰人对马来半岛文化的影响不大。

（三）英国在马来半岛的侵略扩张与统治

1786 年，英国也不甘落后，开始侵略马来半岛地区。他们最先占领了马来半岛北部的槟榔屿，并以此为据点，不断扩大侵略。到 19 世纪 20 年代，马来半岛逐渐沦为英国殖民地，1888 年沙捞越和沙巴也相继沦为英国殖民地。英国从此开始了对马来西亚长达 170 年的殖民统治。

在英国殖民者侵入之前，马来半岛上的各国处于封建割据状态。在分散的各土邦苏丹的统治下，除沿海的槟榔屿、马六甲和新加坡外，马来半岛的内陆地区分裂成十多个土邦苏丹国。这些土邦的封建王侯各据一方，经常为争夺封建权益发生内讧，或为争夺边界的土地而彼此厮杀。马来半岛各土邦内部的混乱状况和封建割据的局面给英国殖民者进行干涉和侵略提供了条件。

1771年，英国殖民者用威胁手段强迫吉打苏丹在1786年签订了将槟榔屿归英国人所有的协定。占领槟榔屿以后，英国人继续通过玩弄诡计和野蛮进攻，一步步地侵入马来半岛各土邦。1795年，英国殖民军队打败了盘踞在马六甲的荷兰殖民军队，首次占领了马六甲。1800年，英国又迫使吉打苏丹割让一部分沿海地区。1819年，英国殖民者莱佛士率船队驶抵马来半岛南端的新加坡，他以东印度公司的名义，用许诺给柔佛王国天猛公每年三千元和给苏丹五千元的低廉代价，攫取了新加坡。1824年柔佛苏丹被迫将新加坡正式割让给英国。其间，荷兰也按照划分东南亚势力范围的《英荷条约》，将马六甲让给英国。1826年，英国将新加坡、马六甲和槟榔屿合并，组成一个单独行政区，称为"海峡殖民地"，由英属印度孟加拉省总督所委派的总督统治。

海峡殖民地建立后，英国便开始了对马来亚各土邦的新的侵略活动。随后，英国又先后占领了马来半岛上的八个土邦，并委派了驻扎官。1889年，英国又将所征服的哲列布、加姆尔等八个土邦和苏盖乌辛格土邦合并成森美兰邦。1896年，英国殖民当局将霹雳、雪兰莪、彭亨、森美兰四土邦合并成马来联邦，由吉隆坡总参政司管辖。1909年，英国又以放弃它在暹罗的治外法权为交换条件，与暹罗签订了《曼谷条约》，从暹罗手中换取了对马来半岛北部的吉兰丹、丁加奴、吉打和玻璃市四土邦的控制权，1914年又侵吞了南部的柔佛土邦的控制权。1914年，英国在马来半岛设立马来属邦，包括柔佛、吉兰丹、丁加奴、吉打和玻璃市。这样英国便完成了对马来半岛上所有国家的占领，马来半岛完全沦为英国的殖民地。

从1840年起，英国殖民势力开始介入北婆罗洲，沙捞越逐步沦为英国殖民势力范围。沙巴也从1847年起受到英国势力的入侵。从1888年开始，这两个地方逐渐被英国势力列为"保护区域"所强行控制，这也是独立后马来西亚1963年东马与西马结合的历史渊源。

第二次世界大战前，英殖民政府将马来亚分为三个部分，即海峡殖民地（包括马六甲、槟榔屿和新加坡等地）、马来联邦（包括雪兰莪、霹雳、彭亨和森美兰等土邦）和马来属邦（包括柔佛、吉兰丹、吉打、丁加奴和玻璃市等土邦）。英殖民政府在三个地区实行了不同的统治方式。

对于海峡殖民地，英殖民当局实行直接统治。海峡殖民地统治架构包含总督、行政会议和立法会议等，其中总督是海峡殖民地最高的行政长官。立法会议与行政会议为总督在行政上的辅佐机构。

对于马来联邦，英殖民当局采取中央集权半直接统治。为了使当地的殖民政权能稳定运作，英殖民当局将马来统治阶层纳入殖民政府的机构。原来政治结构中的马来苏丹仍是各邦的元首，但对其权力进行限制，局限在马来宗教习俗等相关的事务上。地方上的行政事务则由英国的地区长官（district officer）来负责管理。原属于马来传统社会中的中间阶层的地方领袖也同时被纳入政府机构，而其一般充当马来本族法官。

对于马来属邦，英国殖民政府实行相对宽松的间接统治。英国当局仅在这些属邦中派遣一名顾问官员（advisor），作为马来苏丹的咨询人员，而不发布命令。属邦中重要政府官员与政府职务，大都是由马来贵族所担任，因此该地区拥有较大的独立自主性。

对于马来半岛而言，葡萄牙人、荷兰人和英国人虽然同为欧洲殖民主义者，但对当地经济社会发展的影响是不一样的。葡萄牙人在马来半岛的殖民统治，从地域方面看仅限于原马六甲王朝统辖范围，即使从经济方面看，也不外是想利用马六甲原有的国际商港的地位和基础，继续古老的海洋贸易而已。荷兰殖民主义者，尽管在地域上除马六甲外，势力曾扩张到吉打、霹雳等地，但是，并未对当地的经济社会发展做出什么大的贡献，相反，由于战争和殖民压迫的影响，荷兰殖民者连马六甲原有的商业繁荣都无力维持。相对于葡萄牙人和荷兰人，英国人的殖民入侵和统治给马来半岛带来的影响要深远得多。

二 英属马来亚时期多元族群社会的形成

资料显示，在殖民者入侵前，马来半岛人烟稀少，18 世纪前的全部人口估计不到 25 万，人们沿着海岸和河边建立村落，过着渔耕并重的生活。[①] 殖民统治以前的马来人社会，主要由少数贵族和多数农民构成。贵族完全控制了当地的贸易和采矿活动，广大的马来农民则从事着水稻种植、捕鱼以及其他农业活动。

在地理上，马来半岛地处要略，马六甲海峡是连接东西方的重要海道。千百年以来，商人都在这里停泊，寻找避风港并补充食物和清水，同时进行贸易。或许就是这些因素吸引了早期的商贩到此定居。到 15 世纪，马六甲已崛起为重要且繁忙的政务和商业中心。马来群岛的爪哇及其他各岛，以及阿拉伯、印度、中国和欧洲远道而来的行人及商贩都汇集到马六甲。但那时最后留下来定居的人数并不多。英国殖民统治后，对马来半岛进行经济开发，由于经济开发的需要，中国和印度劳工大批迁入马来半岛，改变了马来半岛原来的族群结构与社会体系，多元社会形成。

（一）新马来人的迁入

由于殖民者的入侵，东南亚马来世界的秩序遭到破坏。随着马来封建王国的衰落与解体，出现了人口的移动。这些移民主要来自马来群岛的外延列岛，他们开始从苏门答腊岛和爪哇岛等地向马来半岛移动。至 20 世纪初橡胶业兴盛，霹雳、雪兰莪、森美兰都有大量的马来人移入。

英国官员弗利兰德（Vlieland）曾说："事实上马来亚联邦的马来人是移民血统，今日大多数马来人不是移民便是较近时期移民的后代。"[②] 据研究，马来人的半数是在 1891 年到 1931 年的四十年间，从印度尼西亚迁来的。在殖民者到来之前，马来半岛人口的总数还不到

---

① ［马］林水檺、骆静山编：《马来西亚华人史》，马来西亚留台校友会联合总会 1984 年版，第 236 页。

② 林远辉、张应龙编：《新加坡马来西亚华侨史》，广东高等教育出版社 1991 年版，第 14 页。

30 万，其中马来人只有 20 万左右。连英国人口统计官员德马克兰也不得不承认："马来人的大部分几乎都是移民，不能说他们是世世代代定居马来半岛上的土著。"① 1931 年马来亚户口调查公报负责人弗莱士在 1934 年指出："只有微不足道的极少数马来人是 19 世纪前的移民的后代，而他们中过半也只拥有为期不到五十年的'土地所有者'传统权利。事实上，马来人只不过比岛上其他民族居住时间较长，而绝不是当地的土著居民。"②

现代马来人中自认晚近才从苏门答腊等岛移居马来亚的人数颇多，例如，1931 年马来亚的人口调查显示约有 10% 的马来人是在马来群岛出生的。而据 1947 年的人口调查，全马来亚的马来人口中则有多达 13% 不在马来亚出生，有 63000 人来自爪哇。③

这群移民包括爪哇人、巽他人、亚齐人、班加尔人、武吉士人、米南加保人等，他们与马来人语言近似，信仰相同（伊斯兰教），生活习俗几无差别，因而一般统称马来人。④ 由于语言、文化、习俗相似，这些新移民后来都融入了现代马来人群体。

（二）外来族群的移入

15 世纪末 16 世纪初以来，随着世界新航路的开辟，葡萄牙、荷兰等殖民主义势力很快就渗透进马来半岛，使这一地区古老的商品经济甚至社会秩序受到了极大的外来干扰。随后而来的英国殖民主义者，对马来半岛进行经济开发，促进了其资本主义商品经济的发展。

英国殖民统治时期，随着对殖民地的开发，锡矿开采与橡胶种植园迅速兴起，急需大量的劳动力。而当地的马来人却无法满足这种需求。这主要是因为马来各邦人口较少，据珀塞尔估计，19 世纪 60—70 年代马来各邦只有 20 余万人口。⑤ 在这种情况下，英国殖民政府

---

① 转引自［马］努哈姆特茵《马来西亚的民族问题》，宋建华译，《世界民族》1981 年第 5 期。
② 转引自［马］努哈姆特茵《马来西亚的民族问题》，宋建华译，《世界民族》1981 年第 5 期。
③ 林芳声：《马来亚》，世界知识出版社 1957 年版，第 13 页。
④ 陈鹏：《东南亚各国民族与文化》，民族出版社 1991 年版，第 119 页。
⑤ 梁志明：《殖民主义史：东南亚卷》，北京大学出版社 1999 年版，第 351 页。

大量引入移民劳工，以中国人和印度人为主的移民源源不断地进入马来半岛。

1. 华人的迁入

中国内地与马来半岛之间很早就有往来，华人移居马来半岛的现象也早有发生，历史上几乎没有间断过，只是始终维持着很小的规模。葡萄牙和荷兰人殖民统治时期，马来半岛上华人移民数量上并未大量增加，仍以原有商业移民为主。1786 年英国人莱特上校登上槟榔屿时，据说这里至少有 3 位华人①，马六甲毫无疑问是马来半岛华人居住较早、较多的地方，也仅有 2161 人（1750 年）。② 上述情况在英国人到来后发生了改变，"以 16 世纪欧洲国家在东南亚势力的扩张为背景，英国于 1786 年在槟城设立第一个自由港而在此区域扩展，替华人移民至东南亚开了一个新纪元"。③

在英国殖民统治时期，总的来看，马来半岛政治环境相对较为安定，经济社会发展亦相对较为迅速，更重要的是，马来半岛走上了近代资本主义商品经济的全面发展之路，而告别了以往海洋贸易独占鳌头的经济格局。这期间，马来亚在继续发展转口贸易、大规模扩大采锡工业的同时，进一步迎来了农业商品化。正是受经济空前增长对劳动力需要陡增的影响，华人南移在此期间一再掀起高潮。

中国人移民南来，最早是到马六甲、槟榔屿等地，19 世纪初英国殖民者占领新加坡，招来华侨发展自由港，赴新华侨急剧增加，从 1821 年的 1159 人增加到 1849 年的 27988 人，分别占当地人口的 24.5% 和 47.4%。④ 19 世纪中叶，马来半岛发现丰富的锡藏后，中国移民更是源源不断地南来，大量涌入各产锡州，到 1891 年，马来半

---

① 黄尧：《星马华人志》，元生和黄氏联合总会 2003 年版，第 41 页。

② ［马］林水檺、何启良、何国忠、赖观福编：《马来西亚华人史新编》（第一册），吉隆坡：马来西亚中华大会堂总会 1998 年版，第 203 页。

③ ［马］林水檺、何启良、何国忠、赖观福编：《马来西亚华人史新编》（第一册），吉隆坡：马来西亚中华大会堂总会 1998 年版，第 3 页。

④ ［马］林水檺、骆静山编著：《马来西亚华人史》，马来西亚留台校友会联合总会 1984 年版，第 36 页。

岛的华侨已多达 17.4 万人。[①] 20 世纪初，马来亚兴起橡胶种植后，中国人陆续进入柔佛等橡胶种植大州，并慢慢扩散移居到马来亚各地，1911 年新马华侨增加到 91.6 万（见表 2-1）。[②]

表 2-1　　　　　20 世纪马来西亚西部华人人口增长情况　　单位：人，%

年份	总人口	华人人口	华人增加比例	华人占总人口比重
1911	2339051	693228	65.30	29.64
1921	2906691	855863	23.50	29.44
1931	3817893	1284888	50.10	33.65
1947	4908086	1884534	46.70	38.40
1957	6278758	2333756	23.80	37.17
1970	8819928	3122350	33.80	35.40
1980	11426600	3865350	23.80	33.83
1990	14620000	4574700	18.40	31.29

资料来源：孙振玉：《马来西亚的马来人与华人及其关系研究》，甘肃民族出版社 2008 年版，第 46 页。

　　这一时期华人移民除了商业移民外，亦包括各类资本的拥有者和劳务工人以及其他经济、社会职业人士，但大体上仍主要是经济移民，正是这一点决定了在后来相当长时期内，马来西亚华人不关心所在国的政治以及族群的整体利益，而只关心个人能否发财致富这一重大特征，以致影响了华人族群在当今马来西亚的地位和权益。

　　2. 印度劳工的到来

　　印度人像中国人一样，自古就有移民海外的传统，但在英国对马来半岛进行殖民统治之前，在东南亚定居和生活的印度人并不多。印

---

　　① 陈里特：《中国海外移民史》，中华书局 1946 年版，第 26 页。

　　② 林远辉、张应龙编：《新加坡马来西亚华侨史》，广东高等教育出版社 1991 年版，第 350 页。

度人大规模移民海外是从 19 世纪二三十年代以后开始的。马来亚经济开发需要大量劳工,而由于马来亚与印度同属英国殖民地,于是,印度人大量移民马来亚。来自锡兰北部的泰米尔人能说流利的英语,而且熟悉英国殖民体系的工作方式,他们主要充当低级公务员和技术人员;而来自印度南部的泰米尔人主要进入橡胶园充当劳工,在欧洲人所属的橡胶园,印度劳工占 80% 以上。

大批印度人迁入马来半岛与英国人对马来半岛的经济开发密切相关。19 世纪 20 年代,马来亚开始大规模经济作物——胡椒和香料的种植,后来又开始进行甘蔗和咖啡的大规模种植。1870 年,马来亚从巴西引进橡胶树种试种成功,然后进行大规模的橡胶种植。1897 年,马来亚橡胶种植面积只有 354 英亩,1910 年增至 547250 英亩,1920 年达到 2206750 英亩,1940 年高达 3412084 英亩。橡胶产量也迅速增加,1905 年马来亚橡胶出口欧洲只有 175 吨,1914 年增加到 4.8 万吨,成为世界第一,1920 年增加到 17.7 万吨,约占世界橡胶产量的一半以上。橡胶业成为马来亚的支柱产业之一。[1]

随着大种植园的兴旺以及橡胶种植业的兴起,马来半岛急需大量劳动力。在这种情况下,大批印度人被英国殖民者招募到马来半岛。一开始,印度人移民主要集中在槟榔屿、马六甲、新加坡三个较早的殖民据点。比如,在莱佛士自由贸易政策的带动下,新加坡创造了大量就业机会。在经济利益的驱使下,到了 1871 年新加坡的印度人就已经达到 11501 人。19 世纪 70 年代后,随着马来亚迅速拓展的甘蔗、咖啡、茶叶等种植园的发展以及不断膨胀的庞大市政服务体系,1880—1890 年出现印度人第一次大规模移民马来亚。1891 年马来亚的印度人增至约 7.6 万人,10 年后大约为 11.9 万人。[2] 据统计,马来亚印度人人口数在 1931 年达到 621847 人,

---

① Colin Barlow, *The Natural Rubber Industry*: *Its Development*, *Technology and Economy in Malaysia*, Kuala Lumpur, 1978, p. 444.

② Kenial Singh Sandhu, "The Coming of the Indians to Malaysia", in K. S. Sandhu & A. Mani, "Indian Communities in Southeast Asian" (ed), Times Academic Press and Institute of Southeast Asian Studies, 1993, p. 152.

1947 年为 599616 人。[①]

虽然，第二次世界大战前的马来亚华侨视马来半岛为临时居留地，流动性很大，但总的来说，入境多于出境，加上土生华侨增多，华侨人数与日俱增，所占人口比例也一直很高。1921 年和 1931 年，马来半岛（不包括新加坡）共有华侨 85.60 万和 128.50 万，分别占总人口的 29.45% 和 33.92%，1941 年日本入侵后，华侨流动基本停止。"二战"后，特别是马来亚独立后，大多数华侨加入当地国籍，流动更少，华人人数主要通过自然繁衍增加，华人从 1947 年的 188.50 万，增加到 1957 年的 233.38 万，1980 年的 441.46 万。不过，由于华人的出生率较低等原因，华人在全国人口的比重却逐渐下降，从 1947 年的 38.40% 下降到 1957 年的 37.17%、1980 年的 32.12%。据 2000 年马来西亚人口普查统计，2000 年马来西亚全国人口 2126 万，其中，占人口比例最大的是以马来人为主的当地土著族群，占总人口的 65.91%，约 1425 万人，土著族群中除了马来人外，还有西马的尼格利陀人、先努伊族，东马的伊班族、雅克族和卡达山族等 30 多个族群；华族是该国的第二大族群，占总人口的 26%，当年约 569 万人；第三大族群是印度族，占总人口的 7.77%，约 168 万人，其余的是欧亚等地的外来族群（见表 2-2）。

殖民政府早期采取自由放任的移民态度，这种态度大约从海峡殖民地建立后持续到 1930 年。由于与殖民地经济的迅速扩张有相当的关联性，所以殖民政府对移民过程基本上是不加以管制与干预的，移民者可以自由移入或是移出。经济大萧条时期的来临，致使自由放任的移民状态宣布终结。1930 年，殖民政府颁布"移民限制条例"（Immigration Restriction Ordinance）后，除缩减移民人口数之外，部分失业劳工亦被遣送回国。1933 年，殖民政府又颁布新的"外侨条例"（The Aliens Ordinance of 1933），对移民的入境实施配额制度，其数额由当地的劳动力市场来决定，并无固定的数量规定。这些法规制定

---

① 罗圣荣：《马来西亚的印度人及其历史变迁》，中国社会科学出版社 2015 年版，第 64—65 页。

后,才逐渐终止马来半岛上流动劳工的社会现象。然而至此,马来半岛的社会中已经形成了复杂的多元种族移民社会形态。

表2-2 　　　　马来西亚族群人口统计（1921—2000年）

年份	总人口（万人）	马来人（万人）	比例（%）	华人（万人）	比例（%）	印度人（万人）	比例（%）	其他（万人）	比例（%）
1921	290.70	156.90	54.00	85.60	29.45	43.90	15.10	4.30	1.48
1931	378.80	186.40	49.21	128.50	33.92	57.10	15.07	6.80	1.80
1947	490.90	242.80	49.46	188.50	38.40	53.10	10.82	6.50	1.32
1957	627.88	312.55	49.78	233.38	37.17	69.62	11.09	12.33	1.96
1970	1081.15	601.39	55.63	357.91	33.10	98.85	9.14	9.00	0.83
1980	1374.52	805.95	58.64	441.46	32.12	117.67	8.56	9.44	0.69
1991	1716.88	1073.60	62.53	502.28	29.26	141.00	8.21	—	—
2000	2162.00	1425.00	65.91	569.00	26.32	168.00	7.77.00	—	—

　　当英国殖民政府的移民政策逐步修订之后,原先移居此地的华人和印度人大都已经逐渐从移民族群转为定居族群。如表2-3所示,华裔族群在马来地区的总人口比例不断增加,已经逐渐威胁到马来人在马来半岛的族群人口优越性。所以至1950年,马来半岛形成了以马来人、华人、印度人为主体的多元族群社会,如此的社会,使处理各族群之间的关系成为殖民政府执政过程中一项重要的课题。

表2-3 　　1921年、1931年、1947年马来半岛各族群占总人口百分比

单位:%

年份＼族群	1921	1931	1947
马来人（含其他土著）	48.80	44.50	43.49
华人	35.20	39.20	44.70

续表

年份 族群	1921	1931	1947
印度人	14.20	14.30	10.25
欧洲人	0.40	0.40	0.32
欧亚混血人	0.40	0.40	0.33
其他人种	1.00	1.30	0.91

资料来源：转引自 Ariffin Omar, *Malay Concepts of Democracy and Community*：*1945 – 1950*，Kuala Lumpur：Oxford University Press，1993，p. 8。

三 英国殖民政府"分而治之"的族群政策

英国殖民政府推行的移民政策极大地改变了马来亚的族群结构，促进了多元社会的形成。马、华、印等不同族群之间，在语言、宗教、风俗习惯等多方面本身皆有相当的差异性。虽然这些族群间本身有着许多的差异性，但如果有意整合文化差异的话，将各族群融合成新的马来亚民族也非绝无可能之事。但英国殖民当局对马来半岛多元族群的社会现象，却采取了"分而治之"的族群政策。

（一）殖民政府对马来人的统治政策

英国殖民者侵入马来半岛后，把英属马来亚分为三个殖民统治体系：海峡殖民地、马来联邦和马来属邦。对海峡殖民地，英国殖民政府实行直接统治与管理；对马来联邦和马来属邦，英国殖民政府采取了间接统治和管理的方式。在马来联邦地区，英国实行驻扎官制度，规定除了宗教和风俗，土邦苏丹在所有问题上，包括税收和行政，都要接受英国驻扎官的意见。土邦、联邦的各级会议议员、各级政府公务员和警察主要由马来人出任，各马来土邦苏丹宫廷和苏丹统治制度得以继续保留，马来苏丹通过大臣、地区头人、头人继续统治各自的臣民——马来农民。在马来属邦，英国殖民政府仅派遣一名顾问官员（advisor），作为马来苏丹的咨询人员，而不直接发布命令。属邦中重要政府官员与政府职务，大都由马来贵族担任，因此该地区拥有较大的独立自主性。

英国殖民统治时期，进入殖民行政系统任职的是马来贵族和上层马来人，而下层马来人主要从事传统的稻耕农业，并得到殖民政府的保护。因为英国人不喜欢干扰马来人的农业社会，担心传统社会的改变会引起马来人的忧虑和不安，进而形成难以控制的局面。① 殖民统治时期，马来人经济活动集中在少数农村职业领域，即使有所变化，也没有脱离其农村生活方式，比如由水稻种植转向橡胶种植。马来人很晚才进入脱离其传统农村生活方式的职业领域，到殖民统治结束的前夕，大批马来人进入警察、教师、军队等职业领域。

马来族群在马来亚政治上的优势地位，主要是在英殖民政府的扶助下逐步形成的。英国统治当局对马来亚地区进行统治之后，便对马来传统社会的政治结构进行调整，致力于将马来统治阶级吸纳入殖民政府机构，以在改造统治模式过程中稳定其政权。马来统治阶级和贵族都与驻扎官合作，英国废除奴隶制以及建立中央财政机构，导致马来统治者和贵族丧失了不少利益，英国给予金钱作为补偿。苏丹获得更为丰厚的收入，生活过得比以前好。此外，英国对这些马来统治阶级给予保护，减少他们之间的内战，反对力量也没有力量动摇英国所支持的苏丹。与英国合作的亲王和重要酋长，也能获得好处，他们有机会进入政府工作领取优厚的薪水，他们的子女也有机会接受英国学校的教育。

英国殖民政府在面对马来传统社会的领导精英时，却发现无法对其进行大规模的吸纳，这是因为当地精英分子缺乏殖民政府所需要的知识与专业训练，因为在新政府中无法为其安排适当的工作。为解决这一问题，英国殖民当局便对马来精英开始施与英式现代教育的辅导政策。陆续在各邦开设一些英语学校，希望将马来贵族的子弟培养成符合殖民政府需要的行政管理人才。如 1905 年成立的马来学院（Malay College），其学生大部分来自马来王室或贵族，待完成学业后主要

① ［马］邱继金：《大马的种族冲突——一个历史的透视》，林道湿译，载骆静山编《马来亚华人问题论丛》，马来西亚玻璃市州广东公会奖助学金委员会 1983 年版，第 81 页。

是到殖民政府体系中担任较高级的职务。为了提升马来教育水平，英政府在 1922 年创办苏丹伊德里斯师范学院（Sultan Idris Training College），该学院在"二战"前成为现代马来文学、历史学及马来语言文学的研究和开发中心，之后便大量吸收一般马来农民子弟，最终使其成为平民阶级马来民族主义的重要发源地。[①]

英国殖民政府对马来人的统治政策产生的结果大致是：对苏丹贵族等马来上层来说，殖民统治者采取了跟他们合作的政策，保留了他们传统的政治地位和政治文化；对下层马来人来说，殖民统治政府的马来人保留地制度一方面保证了马来人在农业经济领域的优势地位，但另一方面也将马来农民限定在封闭的农村，马来农民以种稻为生，与外界基本隔绝，没能享受到现代经济发展带来的成果，这成为马来人经济落后的根源。

（二）殖民政府对非马来人的统治政策

英国对马来半岛的马来人采取间接统治，在马来社会结构中不同的社会阶级——马来统治者、酋长、贵族和平民——有不同的社会地位。英国赋予这些不同阶级不同的行政权力，形成间接统治架构。而对华人、印度人等非马来人采取不同的统治政策。

华人移入马来半岛后，有自己的头人，葡萄牙和荷兰任命这些头人为甲必丹，负责华人事务的管理以及排难解纷；印度人也类似，仍沿用印度的法律和习惯法。英国在对马来半岛进行殖民统治初期，也是采取与荷兰类似的制度，任命各族群的头目为甲必丹，对族群进行统治。

马来亚华人社会在 20 世纪三四十年代逐渐形成，人口数量不断增加，且日趋稳定。首先是土生华人越来越多，从 1921 年的 258189 人增加到 1931 年的 533205 人，占新马华人总数的比例从 22% 上升到 31.2%。[②]其次是男女比例的逐渐拉平，男女比例从 1911 年的

---

① John Funston, *Malay Politics in Malaysia: A Study of UMNO and PAS*, Kuala Lumpur: Heineman Educational Books Ltd. , 1980, pp. 31 – 32.

② ［英］巴素：《东南亚之华侨》上册，郭湘章译，国立编译馆 1967 年版，第 395—396 页。

1000∶25提高到1931年的1000∶513，华人已可以在当地建立比较稳定的家庭生活。[①] 关于印度人，19世纪70年代后，迁入马来半岛的人数也大大增加，有些年份增长速度甚至高于华人。据1921年和1931年马来亚人口普查，印度人占全部人口的14%。1947年，印度人口达到140多万，占10.3%。[②]

英国在1867年颁布归化令，海峡殖民地的华人可以依此令归化为英国臣民，因此，海峡殖民地华人形成一个社群，组织了英籍海峡华人联合会。海峡华人效忠英王，支持英国对海峡殖民地之统治。除了少数海峡殖民地的土生华人拥有英国国籍，绝大多数华人仍被视为外国人。尤其是后期迁入的华人大多数是以劳工的身份迁入，为了获得保护，这些劳工大都加入了秘密会社。这些会社为了争夺地盘和利益，经常进行争斗。为了控制马来半岛的华人秘密会社，1877年英国殖民政府设立华民护卫司，其职责是登记所有华工雇用人、设置华工停息站、签署华工合约等。该机构和华人参事局直接处理华人事务。华民护卫司利用劳工法令处理华工问题。

对于印度劳工的管理，1910年，英国政府实施了"客头"制。私人胶园及公司招募的，都是由"客头"招募到马来半岛的。"客头"指劳工经纪人，他们受马来雇主委托，同时获得印度政府的许可和监督，前往印度招募劳工。马来亚政府为了取缔"客头"对应募者的欺骗和剥削，在旅途中及抵岸时均派员监察。劳工部也对雇佣情形进行检查，例如宿舍必须经批准，水供应必须合乎卫生且充足等。在法律上规定胶园需配备劳工的免费医药设施，设托儿所，为7—14岁儿童开办学校教育等。

非马来人被排除在一些重要的职业之外。他们没有机会在政府部

---

① ［马］林水檺、何启良、何国忠、赖观福编：《马来西亚华人史新编》（第一册），吉隆坡：马来西亚中华大会堂总会1998年版，第57—58页。

② J. Norman Parmer, *Colonial Labor Policy and Administration*: *A History of Labor in the Rubber PlantationIndustry in Malaya, 1910 – 1941*, New York：Published for the Association for Asian, 1960, p. 227.

门担任高级职位，只有很少的非马来人可以进入军队或警察部门。①
在经济上，英国殖民当局严格限制非马来人从事农业活动。20 世纪
上半叶，殖民当局开始限制非马来人开垦荒地和加强对马来人耕地的
法律保护，华人的农业用地停止增长。后来通过向欧洲人购买土地，
华人扩大了土地拥有量，但这些土地大都被开发成了非农业用地。50
年代初，随着 40 多万华人被迫迁入"新村"，从事农业活动的华人就
更少了。②

总之，英国殖民统治时期，马来半岛的马来人由马来苏丹宫廷管
辖，华人则由殖民政府的华民护卫司署管理，而印度人主要由移民劳
工机构管理。马来人主要就业于传统农业领域，多是农民，极少数马
来人参与殖民地政府，充当公务员；印度人主要就业于种植园，多是
劳工；华侨主要从事商业、制造业、建筑业和矿业，多是商人和
劳工。

四 英国殖民统治对马来亚族际关系的影响

（一）英国殖民统治时期马来人政治优势地位的奠定

英国在对马来亚进行殖民统治的过程中，面对马来亚复杂的政治
局面，采取了不同的殖民统治方式。1829 年，槟城、新加坡和马六
甲三地被合并为海峡殖民地，由英国东印度公司管辖。1858 年该公
司解体后，又于 1867 年由英国殖民部接管，这是英国政府在马来亚
唯一实行直接统治的地区。此后马来亚在政治上仍处于各自为政的状
态。1873 年，英国殖民部正式启动了干预马来各州事务的政策，并
在插手当地政治的同时，逐步确立驻扎官和顾问官制度。1896 年，
英国将已接受其"保护"的雪兰莪、霹雳、彭亨和森美兰四州联合
为马来联邦，根据与各州统治者达成的协议，各州同意接受英国保
护，英国有权处理各州外交事务，有权在各州派驻一名高级英籍官员

---

① Lim Chong Yah, *Economic Development of Modern Malaya*, Kuala Lumpur: Oxford University, 1967, p. 36.

② Donald R. Snodgrass, *Inequality and Economic Development*, Oxford University Press, 1980, p. 39.

即驻扎官，作为统治者的政治顾问。联邦政府行使立法权，并在吉隆坡设一总驻扎官，总管四州事务。至于其他马来诸州如吉打、玻璃市、吉兰丹和丁加奴，直到 1909 年才从暹罗控制下解脱出来，并在 1919 年与柔佛州一起，在"马来属邦"的名义下联合成为一个统一的政治实体。它们接受了英国殖民统治者派驻的顾问，自此，马来亚才全部成为英国殖民势力范围。

英国人在马来亚半岛上建立的这三种统治方式意义非同寻常，它不仅是英国殖民统治者同马来统治者（苏丹）长期斗争、妥协的产物，还与马来亚的地理位置、资源分布、经济发展与族群结构有着密切的关系。槟榔屿、新加坡和马六甲因为其重要的战略位置而最早被英国占有并实行直接统治。在马来联邦地区，英国虽然未实行直接统治，但在极大地削弱马来统治者权力的基础上，英国在一些重大事务方面已能行使决定权。此外，由于锡矿的开采和胡椒、甘蔗等商品作物的种植，马来联邦很早就有华人和西方人资本与劳工进入，当地的族群结构亦很早就朝多元化方向发展。至于柔佛以外的马来属邦各州，则长期处于暹罗人的控制之下，经济社会最为落后，族群亦以马来人为主，更重要的是，马来传统政治势力对英国殖民统治的戒备心理和反抗力度都很强，所以英国人的控制也相对弱得多。

英国殖民主义者在不同地区实施不同统治，直接造成了以后马来亚的地区发展不平衡，从而拉开了不同区域（族群）间的发展差距。大量移民的到来也进一步改变着马来亚的族群结构，使这里的族群关系和族群问题日益朝着复杂化的方向发展。

英国人在马来亚的殖民统治建立在英国殖民统治者同马来上层所结成的政治联盟的基础上，许多决策实际上也都是在英国殖民统治者的支配下由这个联盟共同做出并付诸实施的。有学者指出，英国殖民者非直接统治的成功，马来统治阶层的合作乃是关键。[①] 正是通过这

---

① Barbara Watson Andaya and Leonard Y. Andaya, *A History of Malaysia*, Palgrave, Second Edition, 2001, p. 174.

一政治联盟，马来社会上层得以保留长久以来就享有的政治权益。不仅如此，马来社会上层还在同英国政治结盟的过程中掌握了现代国家管理的经验和方法，为独立后管理国家奠定了基础。

英国殖民统治者同马来上层的政治联盟，对于后者而言，最大的好处是保留了他们原来享有的政治地位、权力和特权，但与此同时，也对其执政内涵进行了很大改造。"在这时期，各地政体多模仿英国：立法、税收、教育、公共服务等制度都相继建立起来。人口和岁入成正比增加，交通、政府机关、市政计划也一步步落实。政治制度方面，由各州统治者、州内主要酋长、华人领袖及各州参政司组成的各州议会成立。州议会的主要职权是立法及通过各年度财政预、决算，政府也可以通过该机关了解各阶层的意见。渐渐地，由于社会发展，政务逐步繁重，各州在参政司下便产生了文官制度。高级的文官多由英籍人士充任，低级的则由当地各籍人民担任。各州又划分为若干行政区，由马来区长（Penghulu，俗称彭古鲁）管辖。"①

（二）英国殖民统治时期华人经济地位的奠定

英国统治马来亚之前，华人在当地的职业主要是商人、船主、小店主、农场主、锡矿矿主、锡矿工人、手工业者，从这些职业来看，他们显然已经参与了马来亚当时几乎所有重要经济领域。华人经济一开始就属于与商品市场有关的领域。英国统治马来亚后，加快了当地近现代资本主义商品经济的发展进程，一直与市场经济保有密切联系的华人，自然越来越深入地卷入了这一进程。

英国为了创造良好的发展环境，采取了以下主要措施：以宗主国的强大力量为后盾，努力创建安全稳定的社会秩序；建立并逐步完善经济发展所必需的基础设施建设，如1896年，Swettenham 明确指出，英国人的责任就是"通过公路、铁路、电报和码头等大型工程来使这个国家获得开放"；建立有效的法律与行政制度，如废除与土地有关

---

① ［马］陈昌豪主编：《马来亚政府组织》，吉隆坡：吉隆坡文化出版社1959年版，第13页。

的马来习惯法，代之以西方式的土地占有制度；通过大量移民来提供必需的劳动力。①

基于马来亚已有的国际贸易基础及其丰富的自然资源和发展潜力，马来亚经济发展主要以出口型经济为主。直到第二次世界大战前，英国支持马来亚出口型经济的两大主要领域，一是锡的开采，二是商品作物的种植。

尽管在英国统治马来亚期间，华人资本在主要经济领域如商业、锡矿开采、商品作物种植、手工业中原本占据的主导地位逐步让位于以英国为主的欧洲资本，但却仍能与其一起控制当地的经济发展命脉。华人经济以及华人劳工在殖民地经济发展中所起的作用是不可忽视的。19 世纪末叶以后，在锡的开采与商品作物种植之外，华人资本又逐步涉足金融和加工制造业，开办股份制银行，从事大米、木材、蔗糖、石油、黄梨等农产品加工，经营水泥、建材、酿造、五金、小型机械、肥皂、家具等小型行业，以满足当地人民的需要。华人不仅自己开办公司和企业，还有相当多的人参与了欧洲公司的管理和发展，并在其中发挥重要的作用，至于华工更是广泛地分布在锡矿等企业之中，成为马来亚劳工阶层主要的组成部分之一。华人的庞大人口及其所拥有的较强的经济优势奠定了他们在马来亚不容忽视的地位。

（三）英国殖民政府的"亲马来人"政策进一步发展与族群关系的变化

英国殖民政府与马来上层分享政治控制权，而将华人等移民排除在外，这本身就可以看作一种"亲马来人"的做法，而且，这一做法显然又成了后来其他"亲马来人"政策出台的基础和大前提。20世纪 20 年代末，英国殖民政府又采取了一系列其他的亲马来人政策。

1. 将行政、财政及部分立法权归还给各州，巩固加强马来上层的政治地位。20 世纪 30 年代，殖民政府将农业、教育、医药、公共

① Barbara Watson Andaya and Leonard Y. Andaya, *A History of Malaysia*, Palgrave, Second Edition, 2001, pp. 211 – 214.

工程等部门权力都移交给了各州政府，撤销了总驻扎官一职，同时下放的也包括部分立法权，也扩大了州议会非官方代表，吸纳了华人、印度人等成员。而改革后，英最高专员仍有权通过州驻扎官提供意见，州政府则对本州财政与行政拥有独立行事权力。[①]

2. 颁布执行保证马来人优先进入政府公共服务部门的政策和措施。早在 1919 年，最高专员 Laurence Guillemard 就已认识到有必要使马来人在"各州行政与商业中占据应有地位"。由于马来人教育落后、人才匮乏，马来联邦的各级公共服务部门中马来人的比例一直维持一个很小的比例。"1920 年，马来联邦职员总部的 1001 名各级职员中，马来人仅占 10.5%。1924 年，铁路、邮政、医药等部门的5500 多名下级官员中，仅有不到 1500 人是当地出生的，而马来人在其中仅占很小比例。"[②] 1921 年经济萧条时期，联邦政府面临着财政危机。为应对财政危机，1922 年成立了"财政紧缩委员会"，委员会在报告中建议政府雇用更多本土出生的人任职于公共服务部门。一个专门调查马来人受雇状况的专门委员会在其报告中建议把政府服务部门优先任用当地出生尤其是马来人确立为一项绝对原则。英国殖民当局尽管在落实这一原则的过程中遇到一些困难，也表现出某种犹豫，但是，这个对以后马来西亚历史发展影响深远的原则精神还是得到了基本的贯彻执行，英国殖民当局为此加强了对马来人的相关教育，起到了从根本上提升马来人参政能力的作用。[③]

3. 限制移民政策的出炉。20 世纪 20 年代，马来亚的主要出口产品橡胶在国际市场上供大于求，胶价下跌。1921 年，英国政府颁布《史蒂文生限制条例》，将 1922—1928 年马来亚橡胶产量压低到 1920年的 60%。1926 年橡胶价格再次下跌，全球经济危机随之爆发。经济危机对马来亚造成重大影响，大量人口失业。1928 年英国殖民政

---

① Abraham C. , "Divide and Rule: The Roots of Race Relations in Malaysia," INSAN (Kuala Lumpur), 1997, pp. 202 – 207.

② William R. Roff, *The Origins of Malay Nationlism*, Oxford University Press, 1995, pp. 113 – 114.

③ William R. Roff, *The Origins of Malay Nationlism*, Oxford University Press, 1995, 1967, pp. 114 – 125.

府颁布了第一个《移民限制法令》，其目的就是防止失业、减少经济损失、提高公共利益。20世纪30年代，全球经济危机爆发后，英国殖民政府又颁布了《外侨法令》，其目的除了控制移民数量外，还包括政治目的，正如华人事务部大臣所言："过去确有外侨企图散布颠覆性政治思想，未来只要有可能，我们希望保护自己不被这种危害伤害。"[1] 法令的颁布，遏制了移民势头，也相应地减轻了马来人的心理焦虑。

4.《马来保留地法令》的出台。在马来亚殖民地，开采锡矿和开辟种植园需占用大量土地资源，若任其发展，就会违背殖民统治者维护马来农民现状的意愿，增加社会不稳定因素，最终会动摇其与马来上层的政治联盟。马来人保留地法令就是在此背景下出台的。1913年，马来联邦通过立法制定了首个《马来保留地法令》，授权驻扎官划出特定地块为马来人专有地（主要用于种植水稻）。20世纪30年代，一些土地流入华人等移民手中，加重了殖民统治者和马来上层政治上的担忧。就在这一年，吉兰丹州自行制定了《1930年马来土地保留法令》。法令规定：苏丹有权宣布"任何区域的土地为马来人保留地"，并有权改变其疆界，"任何土地，不管是州属土地，还是拥有永久或临时所有权的土地，都可以被宣布为马来保留地"[2]。1933年，英国殖民政府也重新制定了一部保留地法令。

英国殖民政府实行的"亲马来人"政策，主要是为了关照马来人尤其是其上层的利益，而对以华人为主的移民族群则加以种种遏制。在20世纪30年代全面经济社会危机的背景下，极大地加大了马来人与华人族群的两极分化和对立，而使得马来亚的族群问题首次凸显出来。"20世纪30年代可以说是一个基于族群意识、族群认同而出现的以族群分化为特征的时代。所谓的'亲马来人'政策造就了'他

---

① Abraham C. , *Divide and Rule*：*The Roots of Race Relations in Malaysia*, INSAN（Kuala Lumpur）, 1997, pp. 199 – 201.

② 转引自孙振玉《马来西亚的马来人与华人及其关系研究》，甘肃民族出版社2008年版，第71页。

们和我们'意识，由此导致了该国历史上从未有过的'类意识'。"①

同时，随着华人移民数量的不断增加，经济实力不断增强的华人族群作为潜在的政治力量越来越显示出其重要性，他们的社会要求和利益不仅与经济有关，也越来越在社会政治领域中表现出来。也就是说，当马来人越来越意识到经济上所处的劣势，华人越来越不满政治上的无权境地，并且试图改变这一现状的时候，族群问题不仅凸显出来，还成了影响马来西亚政治的一个决定性因素。

（四）殖民统治对族群关系的影响

早期，由于行政和经济上的接触不多，族群之间的矛盾和冲突都非常有限。

某些华侨矿场主因锡矿的利益，卷入马来土邦统治者之间的权力纠纷与斗争中，吉兰丹的布赖华侨村落，就曾因此遭到权力斗争中占上风的马来统治者报复。② 但大多数情况下，马来头人只管收取锡的出口税，没兴趣管华侨社会的内部事务③。

"二战"前，只有为数不多的华人对英国殖民政府统治政策造成马来人和华人的区分表示不满和忧虑。这些华人是海峡殖民地侨生，经济富有，他们对殖民政府的亲马政策进行批评，认为华人应该和马来人一样拥有平等的公民权和参政权。④ 1932 年，时任海峡殖民地立法议员的马六甲富商陈祯禄，向当时的海峡殖民地总督递交了一份备忘录，"殖民政府的极端亲马政策，如只分发土地给马来人，雇佣马来人从事行政工作，各级委员会的会员以马来人为主等，将会导致马华两族的明显裂痕和各族不和的危险，要求公平对待两族人民"⑤。

---

① Abraham C., *Divide and Rule: The Roots of Race Relations in Malaysia*, INSAN（Kuala Lumpur），1997, p. 218.

② ［马］谢爱萍：《社会变迁与华人文化》，马来西亚《资料与研究》（中文刊）1996 年第 21 期。

③ J. M. Gullick, *Indigenous Political Systems of Western Malaya*, University of London, Athlone Press, 1988, p. 24.

④ Raymond, Lee, *Ethnicity and Ethnic Relations in Malaysia*, Center for Southeast Asian Studies, Northern Illinois University, 1986, p. 32.

⑤ 杨建成：《马来西亚华人的困境：西马来西亚华巫政治关系之探讨（1957—1978)》，台北：文史哲出版社 1982 年版，第 396—414 页。

对马来人而言，英国殖民政府采取的亲马政策首先弱化了马来人
对英国殖民统治的反抗情绪，使苏丹等马来上层同意跟英国殖民政府
合作。不仅如此，英国的亲马政策使马来上层精英和知识分子产生优
越心理，认为自己是马来半岛的主人，享有比其他族群更多的特权是
理所应当的。在经济上，他们认为马来人经济落后的原因是华人和印
度人等非马来人，尤其在新加坡，华人集中聚居，人数远超马来人。
马来人不仅在人数上属于少数，在经济上也要比华人落后。一些华人
还雇用马来人当司机、佣工或工人，让马来人感受到经济和社会落后
的压力，所以马来人的族群意识最早在新加坡兴起。20 世纪 20 年代
起，马来人争取权利之呼声在海峡殖民地立法议会和联邦议会中日益
高涨。1926 年，新加坡马来人协会在新加坡马来人议员伊乌诺斯发
起下成立了，马来人协会向殖民政府和立法会议提出要求，要求其关
注马来人权利和社会福利。

第二次世界大战爆发前，马、华两族只有少数上层精英和知识分
子具有一定的族群意识和关注本族的权益。他们大多数是英国人主持
的各级立法会议和行政会议的议员，他们关注族群的方式还停留在向
殖民政府诉求的低级阶段。广大马来人和华人的族群意识普遍不高，
对族群矛盾没有太大的感触，两族很少发生直接的冲突。各族群共同
屈服于英殖民地政府权力之下，主要关注与殖民政府的关系，彼此接
触不频繁；各族之间没有利害冲突，特别是较少发生经济冲突；各族
之政治趋向及宗旨存在不同（关注当地与关注中国政治的不同）。①
种种因素，都有效地避免了两族的正面冲突。

第三节　日据时期马来亚的族群关系：矛盾激化

一　日本对马来亚的入侵与占领

1941 年底日本袭击珍珠港，发动太平洋战争，之后不久，又对

---

① ［马］陈祖排：《大马种族关系概况》，载骆静山编《马来西亚华人问题论丛》，玻
璃市：玻璃市州广东公会奖助学金委员会 1983 年版，第 73 页。

英属马来亚发动进攻。1941 年 12 月 8 日，日本军队在泰国的南部和马来亚的北部登陆。1942 年 1 月 30 日，马来半岛全部沦陷。2 月 8 日，日军强渡柔佛海峡，进攻新加坡。英军守军进行顽强抵抗，当时"华侨抗日动员总会"和政府也组织了 1000 多人的"华人义勇军"参与战斗。1942 年 2 月 15 日，新加坡的英国守军投降，日军占领了马来亚全境。就这样，日本军队以迅雷不及掩耳之势代替了英国在马来亚的统治地位。此后一直到 1945 年 8 月 15 日，日本宣布投降，马来亚才脱离日军占领。

日军侵入马来亚后，在当地烧杀抢掠，无恶不作，社会秩序极为混乱。日军侵占新加坡后，立即设立军部，把新加坡改名为"昭南特别市"，作为地区行政中心，3 月 7 日任命"昭南特别市市长"及马来亚 10 州知事管理各地事务，但最高权力掌握在军政部长手中。为了掠夺战略物资、控制马来亚经济，为日本提供给养，巩固殖民统治，日军采取了诸多措施。一是在各地进行"大验证"，将居民集中起来，逐个甄别，认为是抗日分子的就枪杀，被害者达数万人。二是推行安居证和连坐制度，并成立警务局，建立庞大的警察部队，以防范和镇压人民的反抗。三是加紧灌输"大东亚共荣圈"思想，重开各种小学，推广日语学习运动。

日本的占领一度完成了英国殖民统治者一直未完成的任务，就是使整个马来亚首次实现了政治上的统一。当时的统治中心是在新加坡，统治范围除马来亚外，还包括苏门答腊。日本占领期间，马来亚大体上按照原有州行政区划被编为省，由日本人充任省长，马来苏丹虽保住了作为统治阶级一员的地位，但已被降为日本人的顾问。

二　日本占领期间的族群政策

日本占领当局在敌视各族人民的同时，针对各族群采取了分别对待的态度，更是肆意挑拨马来人与华人的种族仇恨，极大地恶化了两族关系。

（一）日本对马来人的政策

对于马来人，日本军政府继承了英殖民政府的政策，采取了侧重怀柔与拉拢的政策。对于上层马来人，日本军政府采取了与其进行合作的手段，像英国殖民政府一样，保留了苏丹宫廷和苏丹统治制度，马来苏丹名义上仍像过去一样保持对马来人的统治。在宗教方面，日本政府承认苏丹宗教领袖的地位，给苏丹一定的自主权，允许马来人开展各种宗教活动。1943年，日军在各马来土邦建立由苏丹及各级马来头人组成的土邦协商委员会。对于一般民众，日军则采取了怀柔态度。

日军占领马来亚后，在对当地进行统治和管理的过程中，政府各级行政官员是由马来人来担任，一般军警人员也是由马来人来担任。"一般而言，对待马来人较其他族群要好，尤其是在行政上，一些已有行政经验者被委任为区一级官员，这些职位原来是由英国人充任的。"① 为了培养马来人行政人才，在新加坡，日军建立训练学校来培训马来人行政人员。日本对经过培训毕业后的马来人委以重任。除了建立正规警察外，日本还在马来土邦的各个乡村遍设自卫团。这些自卫团由17岁以上的村民组成，执行守夜自卫任务。② 尽管也有一些强行征召的所谓"志愿兵"，但是，那些作为治安维持员而加入"自警团"和其他准军事后备组织的马来人，一般都能得到一定的优待。他们通过日本人主办的会议、语言训练和行政教育等获得了组织经验。马来妇女也组织了协会，1944年，还获准参加了后备武装。③

马来人学校也受到了特殊对待，日本占领后的12个月内，马来半岛原有的885所学校中，就有721所获得重新开学。1943年，马六甲马来人学校有52所，而战前有98所；战前华文学校96所，印度文学校31所，至1943年没有一所复学。非马来文学校没有复学的原因是日本占领当局规定华文和印度文学校的学生每月要缴纳2—3美

---

① Barbara Watson Andaya and Leonard Y. Andaya, *A History of Malaysia*, Palgrave, Second Edition, 2001, p. 259.

② Cheah Boon Kheng, *The Social Impact of the Japanese Occupation of Malaya 1942 – 1945*, pp. 100 – 103.

③ Barbara Watson Andaya and Leonard Y. Andaya, *A History of Malaysia*, Palgrave, Second Edition, 2001, p. 259.

元的学费，而马来文学校的学生则免交。直到 1943 年底，日本才废止各种学校的学费。1944 年 2 月，有 5 所跨族群的学校、79 所马来文学校、62 所英文学校、17 所印度文学校。1945 年 4 月，有 6 所跨族群的学校、85 所马来文学校、44 所华文学校、20 所印度文学校。1945 年 4 月，小学入学学生人数，马来人有 13153 人，华人 3105 人，印度人 738 人，其他 95 人。①

（二）日本对华人及印度人的政策

日本占领当局对待华人却是一种仇视的态度。早在日本侵华初期，马来亚华人就是海外华人支援中国抗战的积极力量，后来，他们又成为马来亚抗日斗争的中坚，对日本占领军采取了决不妥协的敌对立场，也为此献出了无数的生命。日本人的一切残暴统治也首当其冲地落在了华人的头上，对马来西亚华侨，日本军政府主要实施残酷镇压和疯狂压榨的政策。

占领马来亚后，日军对华人进行了"大验证"。首先是在新加坡，日军把男女老幼集中起来，逐一检查搜索抗日分子和共产党员。一旦认定是抗日分子就把人押上军车，拉到荒野或海边处死。接着在马来亚的多个城镇，日军也进行了类似的迫害。据估计遭迫害的华人有 10 多万人。② 马来人和印度人则不受影响。

日本对马来亚华人实行的另一项政策是"奉纳金"。日本要求新加坡和马来亚的华人凑献 5000 万元的"奉纳金"，为全马的华人赎命，并在各地区进行了分配：新加坡岛 1000 万元、雪兰莪州 1000 万元、霹雳州 850 万元、槟城 700 万元、马六甲州 550 万元、柔佛州 500 万元、森美兰州 200 万元、吉打玻璃市 100 万元、彭亨州 50 万元、吉兰丹州 30 万元、登嘉楼州 20 万元，筹款期限为 3 个月。但到期时华人只筹到半数，日本要求各州华人协会向横滨正金银行借款 2125 万元。③

---

① 陈鸿瑜：《马来西亚史》，台北：兰台出版社 2012 年版，第 248 页。
② ［马］林水檺、何启良、何国忠、赖观福编：《马来西亚华人史新编》（第一册），吉隆坡：马来西亚中华大会堂总会 1998 年版，第 94 页。
③ 陈鸿瑜：《马来西亚史》，台北：兰台出版社 2012 年版，第 244 页。

在经济上，华人经常被日军勒索要求缴纳各种捐献和各种费用。日本入侵后不久，各种各样的日本公司也先后来到了马来半岛，设立名目繁多的各种组织和会社，直接接收原属英国人或华人的产业，廉价强买华人店铺，规定官价，垄断橡胶、锡等主要产品的收购与流通。在日本的各种打压之下，华人经济一蹶不振。

日本人还采取各种手段，根除被看作是有助于华人抵抗的公共机构，解散了方言和宗族的联合会。日本入侵一年后，华人学校仅剩180所在开课，而战前开课的华文学校有1369所。日本甚至还要求这些学校用日语上课。

在日本占领期间，印度人没有受到和马来人一样的优待。因为印度人曾经在英国军队或警察部队服役，许多印度人被关进了监狱。印度种植园工人被日本征召参加日本的工程。例如，大约有25万印度劳工被从马来亚强送至暹罗建造"死亡铁路"，因为生活艰辛、医药缺乏，导致有10万人死亡。[①] 当时印度国内掀起了强烈的反英、反殖民运动，大部分深受印度本土反英的民族情绪主义影响的马来亚印度人领袖选择加入"印人独立联盟"与"印度国民军"等组织，站到了与英国人对立的一面。日本人想利用印度民族主义作为获取马来亚印度人合作的手段。所以这一阶段印度人虽然没有受到和马来人一样的优待，但也没有遭受华人那样的折磨，日本人对印度人的措施相对温和。

印度国大党前主席钱德拉·鲍斯（Subhas Chandra Bose）主张联日抗英，日本便利用他在新加坡建立了一个"自由印度政府"（Free India Government），并从整个东南亚招募印度人组成一支"印度国民军"（Indian National Army），作为日军进攻印度的同盟军。但这支军队还没有攻入印度，就在英帕尔地区溃散了。

三 日本殖民统治对马来亚族际关系的影响

（一）政治领域族群矛盾的激化

1941—1945年日据时期是马来亚族群关系的重要转折点。日本

---

① 陈鸿瑜：《马来西亚史》，台北：兰台出版社2012年版，第249页。

军政府对不同的族群采取不同的统治政策。不仅如此，日本军政府还有意挑拨离间族群间的关系。日本以亚洲民族解放者自居，提出一些蛊惑人心的政治欺骗口号，比如"亚洲是亚洲人的""马来亚是马来人的"等。日本对马来人作出承诺，他们会结束华人对马来人的"侵害"，这些"侵害"包括政治上和经济上的。[①] 同时鼓励马来人开展泛马运动，把印尼和新马地区连成一个政治单位，由印尼地区同文同种的马来人统治华侨。在日本人的挑拨离间之下，马来人视华人为威胁，他们开始觉得新马政治实权必须掌握在马来人手中，不然这个地区就可能会被华人主宰。[②]

日本占领期间，因日本采取不同的族群政策，马来人与日本人占领者基本上是合作的，华人则拿起武器，坚决反对日本占领者。日本占领当局又强迫以马来人为主的各族上层与日本合作，应对以华人为主的抗日军民。这期间的马来人与华人之间的关系，已不仅是以前的竞争关系，而是带有军事上的敌对关系。在日军对华人抗日力量进行武力镇压的过程中，马来人警察和武装力量也参与其中。有资料记载，在日本占领马来亚期间，马来亚人民抗日军与日军共进行了300多次战斗，共击毙日伪军5500人。[③] 其中死伤的伪军和警察基本都是马来人。

（二）经济领域族群矛盾的激化

战前，在保留地政策的保护下，马来人长期垄断农村的可耕地，所以从事农业的华人一直比较少。日本占领期间，由于日军对华人的残酷迫害和掠夺压榨，不少华人纷纷逃到偏远农村和森林边缘，开荒种地以维持生计。而日本政府为了达到以战养战的目的，也鼓励开荒种粮，所以对华人的开荒垦殖没有禁止。1943年日本政府发起了"勤劳奉仕"运动，即鼓励开荒种粮。据1944年2月2日的日本《朝日新闻》报道，"日军曾计划在全马6个州建立19个移殖区，第一期

---

① R. K. Vasil, *Ethnic Politics in Malaysia*, New Delhi: Radiant Publishers, 1980, p. 16.
② 杨建成：《马来西亚华人的困境：西马来西亚华巫政治关系之探讨（1957—1978）》，台北：文史哲出版社1982年版，第356页。
③ 新马侨友会编：《马来亚人民抗日军》，香港：见证出版公司1992年版，第1页。

开拓面积为 55 万亩"①。在此期间，华人垦殖者增加速度很快。据不完全统计，"二战"结束后初期，马来亚有四五十万名耕种者，他们没有土地权却到处开荒种植。这些耕种者的人数大约相当于马来亚总人口的 1/10、华人总人数的 1/4 和马来人总人数的 1/5。② 这么多无证而到处耕种的人存在无疑严重威胁了马来农民的利益。马来农民认为非马来人垦殖者侵犯了他们原有的经济利益，农村土地的使用权和农业经营权原本是属于他们的，是由他们垄断的，现在华人等非马来人到处耕种土地侵犯了他们的利益，因此他们对非马来人垦殖者非常不满，并扩展为对华人等非马来人族群的不满。③

（三）族群冲突的升级

日本投降后，马来人与华人族群间的矛盾冲突进一步激化升级，社会陷入混乱之中。马来亚人民抗日军在英军还未重返马来亚之前，走出丛林，负责维持社会秩序，同时也趁机整肃曾与日军勾结的败类。除了华社内部的"汉奸"外，一些马来人，尤其是马来警察由于日治时期与日本人的合作关系，也都成了被清算的目标。此外，受过日军迫害的人也到处搜寻曾与日本人勾结者私下报复，因此战后初期马来亚各地就出现了族群之间的暴力冲突。在 Batu Pahat 和 Muar，华人搜捕马来人的行动引起对方的反击，双方皆死伤惨重。冲突随后蔓延至各地，有一地区的屠杀事件甚至造成了 56 名马来人被杀，19 间房屋被焚烧的惨剧。④

"二战"结束后初期，主要由华人组成的马来亚人民抗日军控制了多个地区，他们开始惩治"马奸"。

总之，日本的军事占领对马来亚的族群关系是极具破坏性的，打

---

① ［马］林水檺、何启良、何国忠、赖观福编：《马来西亚华人史新编》（第一册），吉隆坡：马来西亚中华大会堂总会 1998 年版，第 99 页。

② ［马］林水檺、何启良、何国忠、赖观福编：《马来西亚华人史新编》（第一册），吉隆坡：马来西亚中华大会堂总会 1998 年版，第 349 页。

③ Yoji Akashi, "The Japanese Occupation of Malaya 1942 – 1945", In Alfred W. Mccoy, ed. , *Southeast Asia under Japanese Occupation*, pp. 73 – 74.

④ 李炯才：《追寻自己的国家：一个南洋华人的心路历程》，台北：远流出版公司 1989 年版，第 133—134 页。

破了马、华两族政治和经济相互隔离的状况，大大地增强了马、华两族在政治上的对立和经济上的竞争，它使马来人与华人两族间的怨恨情绪进一步演变为普遍的族群对立意识与行为，这造成了自殖民地独立运动以来两族间长期解不开的一个心结。

第四节　战后马来亚族际关系的发展

从战后到马来亚独立，是马来西亚族际关系发展的重要时期。独立后族群间的重大纷争，几乎都可以在这个时期找到源头。战后，随着英国势力的衰落，马来半岛摆脱殖民统治，实现独立建国已经不再是遥远的梦想。政治局势的剧变给族际关系带来了前所未有的挑战。随着马来人族群意识的觉醒和非马来人本土意识的增强，围绕着独立建国问题，族群矛盾上升到政治层面和文化层面的全面冲突与深刻矛盾。独立建国过程中，各族群围绕公民权、语言、宗教、马来人特权等问题争执不休，加深了族群间的裂痕。虽然为了独立建国的共同目标，各族群于独立前夕在这些问题上达成了一些协议，但没有从根本上解决族群间的矛盾。独立后这些问题继续作为马来西亚族际关系的症结，深刻地影响着独立后马来西亚的族群关系和族际政治整合。

一　从马来亚联盟到马来亚联邦

（一）马来亚联盟的出台

对英国来说，马来亚是非常重要的一块殖民地。从经济方面来看，马来亚是英国殖民地中美元收入最多的地方，据统计，"马来亚1948年的净盈余高达1.72亿美元，比英国另外三个美元收入大户黄金海岸、冈比亚、锡兰的总和还多7700美元"[①]。从战略地位方面来看，马来亚的重要性不言而喻，马六甲海峡是连接太平洋和印度洋的

---

① 转引自文学《英法在东南亚的殖民模式及影响研究——以马来地区和印度支那地区为例》，对外经济贸易大学出版社2015年版，第66页。

要塞，英国海军和商船进入远东必须要经过这里。所以，在"二战"结束后不久，英国就迫不及待地想重新恢复在马来亚的殖民统治。

英国在日本占领马来半岛初期就开始思考未来马来亚的管理问题。1942 年夏秋之间，英国殖民部和外务部同意英国收回被占领的马来亚殖民地。1942 年底，殖民部的东方局（Eastern Department）请求与国防部开会讨论战后马来亚的行政管理问题。英国对马来土邦进行间接统治，一些殖民官员对此安排不满。"二战"前，鉴于马来亚是远东地区的一个重要基地，为了牢牢控制马来亚，英国殖民官员曾讨论过对马来亚的统治方式由间接统治改为直接统治。但是，因为英国政府曾经与各土邦苏丹签订过协议，所以这些讨论自然遭到了苏丹的反对。不仅如此，事实上各苏丹对英国殖民政府施加压力，要求殖民政府给予马来属邦更多的权力。"二战"爆发之前，马来亚各邦苏丹的权力日益增加，各马来苏丹并没有满足，还进一步要求殖民政府在公共服务等政府部门增加雇用马来人的比例。在公共服务系统增加雇用马来人的比例，既方便他们处理各种公务，也有利于巩固他们自己的地位。殖民政府对此不满，开始考虑对马来土邦进行宪政改革，通过改革来弱化马来苏丹的权力。[①]"二战"爆发后，马来亚很快被日本入侵和占领，土邦苏丹被迫同日本合作，这为英国加强对马来亚统治提供了借口和机会。

1943 年，马来亚计划小组（Malayan Planning Unit）成立，由霍尼少将担任主席。殖民部常任助理次长（Assistant Permanent Under - Secretary）坚持主张将马来联邦、马来属邦、槟榔屿和马六甲组成马来亚联盟（Malayan Union），而新加坡另有单独地位。[②] 1944 年 5 月 31 日，举行战时内阁会议，通过了成立马来亚联盟的决议，将建立宪法联盟以及给予非马来人平等公民权。

1946 年，英国政府公布马来亚联盟政策的白皮书——《马来亚联盟白皮书》，主要内容有：（1）新加坡和马来亚联盟分开，分别

---

① Shome T. , *Malay Political Leadership*, Routledge, 2013, pp. 42 - 43.
② 陈鸿瑜：《马来西亚史》，台北：兰台出版社 2012 年版，第 255 页。

有自己的总督、行政机关和立法机关。（2）将由总督负责协调新加坡、马来亚联盟、文莱等的政策，该总督没有直接的行政管辖权，但有指导、协调和召开相关问题会议之权力。英国派在各邦的驻扎官取代苏丹，成为邦议会的主席，苏丹的政治地位被削弱。（3）在每个马来土邦设立地方委员会，由中央授权处理地方政府事务。（4）取得马来亚联盟公民权的资格为，在该政策生效之前15年在马来亚和新加坡出生者，或者父亲为马来亚联盟的公民、年满18岁，以及在1942年12月15日以前15年在马来亚和新加坡连续居住满10年者，将自动取得马来亚联盟的公民权。其他人在马来亚联盟成立前8年连续居住满5年者，具有良好品德、能说写英语或马来语及宣誓效忠马来亚联盟者，也可申请取得公民权。（5）目前新加坡基于其经济和社会利益，与马来亚联盟分别开来，将予以个别对待，将来假如情况需要，不排除其与马来亚联盟组成大联邦。（6）马来苏丹维持其地位，除了保留宗教和风俗习惯的权力外，其主权转移到英王。（7）各族群拥有平等权，包括担任公职。各族群均可获得公民权。①

　　"马来亚联盟计划"（Malayan Union Plan）最终目标是在英联邦体制下实现马来亚自治。英国政府认为，实现这个目标的关键在于改革政府体制与公民权制度。改革政府体制的措施是将新加坡分出，成为单独的殖民地，而马来亚其余11个地区组成以英国总督为首的马来亚联邦，由英国直接统治，建立统一的中央政府，扩大中央政府的权力。就公民权制度而言，主要的措施是根据"属地原则"或规定的居住年限，赋予马来人、非马来人平等的公民权。"任何人皆不得死抱住昔日的特权不放，也不得仅把马来亚当作获得物资财富的来源。"②

　　"马来亚联盟计划"中的公民权基本上以出生地为原则，或在1942年2月15日以前在此居住10年以上的非马来人均可获得公民

---

　　①　Barbara Watson Andaya and Leonard Y. Andaya, *A History of Malaysia*, Palgrave, Second Edition, 2001, p. 257.

　　②　Victor Purcell, Mar, "A Malayan Union: The Proposed New Constitution", *Pacific Affairs* 19 (1), pp. 20 - 40.

权，所以公民地位平等。英国官方声称，"建立马来亚联盟和制订马来亚联盟公民权计划就是为了促进当地臣民发展出一种马来亚意识，为马来亚自治和最终独立做准备"。① 对于这么一个存在多重身份认同的多元种族社会来说，如果没有一个共同的身份意识，即使在行政上将马来半岛合并成一个政治单元，也无法使其发展成为一个真正统一的现代民族国家。从这个角度来看，为不同族群的人们建立一个共同的公民身份，对于马来亚政治发展具有重大历史意义。只可惜，这个计划遭到了马来人的强烈反对。

（二）马来人的反对

"马来亚联盟计划"内容被披露后，马来半岛各种族集团的反应曾经非常冷淡。巴素认为："鉴于这些措施的划时代性质，它们受到的关注如此之少着实让人惊讶不已。但审视一下马来亚的政治情势，惊讶就会烟消云散……长期以来，马来亚都被认为是没有政治的国度。"② 但形势的变化很快就推翻了巴素的判断。在以拿督翁为代表的贵族官僚派民族主义者领导下，各土邦的马来人掀起了前所未有的抗议浪潮，抵制"马来亚联盟计划"，"平日温驯平和的马来人竟在一夕之间变成了愤怒的狂徒"③。

在整个殖民时期，马来贵族与殖民当局保持着良好的关系。苏丹、酋长乐于接受英国的保护，享受丰厚年金，同时又保持着对普通马来民众的影响力。普通马来民众依然生活在宁静的乡村，从事传统的农业生产，日渐繁荣的近代资本主义经济与他们没有太大的关系。

在马来人看来，"联盟计划"对战前马来人的利益构成了严重侵害。首先，英国迫使各土邦的马来苏丹将全部主权让渡给英国国王，背弃了原先的殖民政策，也违背了英国与苏丹签订的条约，严重侵害

---

① 转引自张祖兴《英国对马来亚政策的演变：1942—1957》，中国社会科学出版社2012年版，第52页。

② Victor Purcell, Mar, "A Malayan Union: The Proposed New Constitution", *Pacific Affairs* 19 (1): 20 - 40.

③ 杨建成：《马来西亚华人的困境：西马来西亚华巫政治关系之探讨（1957—1978）》，台北：文史哲出版社1982年版，第55页。

了以苏丹为代表的传统贵族的利益。其次，"联盟计划"试图在吉隆坡建立英国总督领导下的高度集权的中央政府，并要求槟州、马六甲及各马来土邦将政府资产全部移交中央政府。对于长期以土邦为最高政治认同单位的马来人而言，这种侵害地方特性的变革是难以接受的。最后，"联盟计划"试图建立普遍公民权制度，取消对马来人的特别照顾，实现各族群的权利平等，这将同时侵害马来官僚和普通马来人的利益。自 20 世纪二三十年代以来，马来民族主义者就鼓吹马来半岛属于马来人，只有马来人适合保卫、控制和管理这片土地。[①]一旦"联盟计划"落实，文官体系向华人、印度人全面开放，这些官僚将面临受英式教育的华人、印度人的竞争压力。对普通民众而言，"联盟计划"的落实意味着此前的"马来保留地"制度很可能被废除。

马来人的民族主义意识被激发起来，他们一改过去对政治冷漠的态度，第一次团结起来。马来苏丹认为这剥夺了他们自古以来就拥有的权利，拒绝在条约上签字。马来民族主义者认为联盟计划赋予非马来人公民权，华人等非马来人最终将主宰马来亚，马来人将被他们统治。他们认为，"非马来人被广泛地授予公民权，与马来人享有同样的政治与经济权力，使马来人无法跟非马来人竞争，这无疑是判定马来人'特殊地位'的结束，使他们陷于困境"[②]。面对"种族灭绝的危机"，马来人团结起来，坚决反对。1946 年 3 月，马来人协会的领导人决定建立马来人协会统一机构来领导马来人的斗争。由柔佛的"半岛马来人运动"和雪兰莪的"马来人协会"所主导的"泛马马来民族大会"于 1946 年 3 月 1 日在吉隆坡举行，并在 5 月 11 日的第二次会议上正式成立了"全国巫人统一机构"（United Malays National Organization，UMNO），简称巫统。

---

① Leon Comber, *13 May 1969：A History Survey of Sino - Malay Relation*, Kuala Lumpur：Heinemann Asia, 1983, p. 15.
② ［新］崔贵强：《新马华人国家认同的转向（1945—1959）》，新加坡南洋学会出版社 1990 年版，第 156 页。

（三）马来亚联邦的成立

虽然遭到马来人的反对，但为了维护殖民统治的权威，英国政府1946年4月1日宣布马来亚军事政府结束，正式成立马来亚联盟。金特就职为马来亚联盟总督。马来各邦苏丹、联邦议会议员以及州议员拒绝出席在吉隆坡举行的金特就职仪式，他们写信给金特，一致反对成立马来亚联盟，并拒绝出席顾问委员会的会议。

很快，英国殖民统治者发现马来人看重的是政治特权，反对将公民权授予非马来人，只要归还他们的特权，他们就不会反对英国统治。霹雳苏丹向金特表示，在过去六七十年里，马来人没有其他大国可以依赖，在确保马来国家和马来人民生存发展的艰苦岁月中，马来人一直受到英国的帮助和照顾，马来人只能依靠英国人。[①] 1946年5月下旬访问马来亚的两位国会议员也充分感受到马来人的"忠诚"："到处飘扬着英国的国旗，宴会宾朋为英王的健康举杯"。[②]

相比之下，在英国人看来，华社对马来亚的政治发展漠不关心，他们只想在拥有马来亚国籍的同时继续保留中国国籍。马共则更是麻烦，"其目标一直是要实行共产主义革命，推翻英国政权，其手段是恐吓、暴力和敲诈勒索"。[③]

面对马来人的"忠诚"和其他族群的无动于衷或激进倾向，英国人必须慎重考虑其政治支持基础。英国殖民当局调整马来亚政策的根本原因是要重建英国殖民统治的政治基础。没有马来人的支持，英国无法统治马来亚。经过军管时期及马来亚联盟建立后一段时间的观察，英国人终于意识到：必须重新回到战前与马来上层结盟的政治路线上。有所不同的是，以那督翁为代表的马来民族主义运动领导人逐渐崛起为马来亚政坛的新贵和英国政治合作的新对象。

英国决定放弃"联盟计划"后，即与马来人各政治派别展开了新

---

① 张祖兴：《英国对马来亚政策的演变：1942—1957》，中国社会科学出版社2012年版，第97页。

② Albert Lau, *The Malayan Union Controversy*, Oxford University Press, 1991, p. 163.

③ 转引自张祖兴《英国对马来亚政策的演变：1942—1957》，中国社会科学出版社2012年版，第97页。

宪制结构的谈判，并达成了《马来亚联邦协定》（Federation of Malaya Agreement）。1946 年 7 月 25 日，由马来亚殖民当局、马来苏丹、巫统三方组成的制宪"工作委员会"成立。1946 年 8—11 月，"工作委员会"草拟了联邦协定的初稿，英国政府于 12 月 11 日予以公布。英国政府宣称，联邦协定需要充分征求马来亚各族群意见后才可定稿。为此，马来亚联邦总督任命了一个负责在全马范围内征求意见的"咨询委员会"。"咨询委员会"于 1947 年 3 月底向总督递交了咨询报告。4 月 17 日，"工作委员会"重新开会，讨论了"咨询委员会"的修改建议，并于 4 月 24 日向马来亚当局等机构报告了讨论结果。英国政府接受了最终由英国人和马来人定稿的《马来亚联邦协定》，并于 1947 年 7 月正式发表。1948 年 2 月，马来亚联邦正式成立。马来亚联邦的建立，标志着英国走上了联合马来上层人物、对殖民地人民进行分而治之的老路。

《马来亚联邦协定》规定新加坡和马来亚继续分离，马来亚其余地方组成统一国家，不同的是总督改为高级专员，各州苏丹继续拥有统治权，马来人享有特权，而非马来人获得公民权受到更多限制，将原先以出生地为原则的公民权改为出生地加居留时间，且须符合 15 年居住期、掌握马来语或英语等要求才能获得公民权。《马来亚联邦协定》更注重维护马来人的利益，这是巫统成立后取得的第一次重大政治胜利，这加强了巫统是马来人代表的身份，"巫统就是马来人，马来人就是巫统"① 深入人心，奠定了后来巫统长期主导马来西亚政治的基础。

二　马来民族主义的兴起及马来人政党的成立

（一）马来民族主义的兴起

马来亚一直以来的政治分散以及遭受外来统治的状态，极大地阻碍了马来人的社会发展，致使普通马来人中的地方忠诚——指各州的马来人对以苏丹为首的统治阶级所代表的地方权益的执着守护——长

---

① ［马］策略资讯研究中心政治分析组编：《巫统的困境：第十届大选分析》，吉隆坡：策略资讯研究中心 2000 年版，第 21 页。

期占据着支配地位。受这种地方忠诚影响,再加上对英国殖民统治的某种信赖,马来人的族群意识出现得较晚。外来移民的到来,在其早期亦未能引发族群意识的觉醒。后来随着以华人为主的外来人口的迅速增加及其相对经济优势的出现,以及在政治上对马来人构成某种威胁,以及引发的马来人的忧虑、不满乃至怨愤情绪,才逐步发展为自觉的族群意识。

最初的马来民族主义带有强烈的宗教色彩。20 世纪初,一批马来知识分子求学于中东,中东兴起的反殖民主义思想影响了他们。不仅如此,他们还受到那里泛伊斯兰主义的影响。1906 年,马来亚伊斯兰教改革运动的倡导者赛德·锡克·阿尔哈迪创办了《领袖报》,其目的是实行马来亚社会与宗教的改革。在马来亚境外,一批在中东求学的学生编辑出版了《爱资哈尔的呼声》《伊斯兰精神》《东方的选择》等刊物,并以这些刊物为阵地,对民族主义的问题展开了热烈的讨论。[1]

20 世纪 20 年代,马来民族主义中的宗教色彩开始消退,具有政治性的民族主义团体开始成立。1926 年,在一小群政府官吏、报人、教师的领导组织下,"新加坡马来人联盟"成立,这些领导者都接受过英文教育。很快其他州也相继建立了马来人协会,这些马来人协会的主要目标是"设法提升马来人的经济地位以及团结马来人以面对相对优势的外来族群"。[2]

到了 20 世纪 30 年代,马来民主主义进一步发展。马来亚相继成立了许多社会团体、协会,其中以 1937 年成立的马来青年联盟(the Union of Malay Youth)为最激进,但由于该组织的目标及主张在于反抗殖民统治,因而不可避免地遭遇到殖民政府的镇压,致使该组织的部分成员转为地下活动或转而加入马来亚共产党(Malaya Communist Party,MCP)以对抗英国的殖民统治。

第二次世界大战期间,日本占领马来亚,并对马来亚进行了三年

---

① 贺圣达:《东南亚文化发展史》,云南人民出版社 2011 年版,第 487—488 页。
② [马]陈中和:《马来西亚伊斯兰党政治——巫统和伊斯兰党之比较》,吉隆坡:策略资讯研究中心 2006 年版,第 87 页。

多的殖民统治，在日本占领期间，严重打击西方殖民母国的威望，马来亚人民开始认识到英国对其殖民统治并非不可动摇。日本殖民统治期间，马来人被迫选择同日本人进行合作，在这个过程中，马来人的政治参与程度提高了。同时日本对当地民族主义者的支持，也使马来社会的民族意识逐渐加深。

1945 年 10 月，一些激进的马来民族主义者成立马来亚第一个马来民族主义政党——马来国民党（Partai Kebangsaan Melayu Malaya，PKMM）。马来国民党代表激进马来民族主义的政治发展，但该政党同时也受到左派和社会主义思想的影响。该党提倡以马来人大团结为目标，追求塑造一个独立自主的民族主义国家。此外，该党也希望仿效西方近代民族国家以民族为国家认同的构成原则概念，建立一个马来民族国家（Malay Nation State）。[①] 由于有着比较激进和浓厚的社会主义色彩，马来民族党在 1948 年被殖民政府强制解散。

20 世纪上半叶，面对人口迅速增长的以华人为主的外来移民的威胁，马来统治上层及其知识分子的族群意识不断加强，他们要求英国殖民当局下放政治权力，给予马来人保留地和参政的特权地位，限制外来移民。激进派甚至强烈反对殖民统治，要求独立，并为此而组织各类协会，倡导民族和宗教改革，这些尽管因马来人内部复杂的利益关系而未形成统一共识，但表明了马来族群意识开始出现。

马来族群的民族意识出现，与英国的殖民统治有关。由于苏丹及马来贵族的存在，马来统治者在名义上仍是马来亚的最高统治者，实际上马来贵族们必须服从英国统治长官的命令。殖民者为培养一些配合统治的本土官吏或技术人员，加强了殖民地的西方化教育，使许多马来人有机会接触到西方思想及文化，于是马来传统社会中出现了一批新的精英阶层。这批民族主义者面对本土社会被西方殖民统治的压迫，希望改变这种现实，被压迫的痛苦成为民族意识产生的动力。

（二）马来人政党——巫统的成立

马来民族主义自 19 世纪末以来，作为马来人的一个逐步形成的

---

① Affin Omar, *Malay Concepts of Democracy and Community：1945 – 1950*, Kuala Lumpur：Oxford University Press, 1993, p. 39.

很有影响的思潮，经过 20 世纪上半叶的发展，"二战"后迅速出现高涨，其标志就是马来人族群政党"马来人全国统一机构"的建立，而该机构的建立又意味着马来亚族群政治格局下的一个占支配地位的力量的形成。

根据 1946 年白皮书，战前马来亚的三分局面被取消，海峡殖民地（新加坡除外）、马来联邦和马来属邦合并在一起组成"马来亚联盟"。联盟设中央政府、总督、立法和行政委员会。马来苏丹仍保留原有地位，但各州主权须移交至英国国王。白皮书还规定，所有在马来亚的人不分种族和宗教，都享有公民权。概括地讲，白皮书的两大要点是取消马来人的国家主权和给予非马来人以广泛的公民权。这显然极大地伤害了马来人原来享有的政治独立性，它体现出了英国政府对待马来人的态度，显然与战前"亲马来人"大相径庭，表明英国殖民主义背离了战前与马来上层政治结盟的立场。

英国殖民政府的政策让马来人既震惊又愤怒，遭到他们的强烈反对和抵制。在抵制英国政府"马来亚联盟计划"过程中，马来人的民族主义出现了前所未有的高涨。马来亚联盟于 1946 年 4 月 1 日正式宣告成立后，马来人的抵制运动也随之进入高潮。马来苏丹不仅拒绝出席联盟成立大会，1946 年 3 月，还在吉隆坡召开了泛马来亚马来人大会，有 41 个马来协会约 200 名代表参加。正是在这次会议上，马来人决定成立一个全国性的马来人组织，以领导运动的发展。在这种情况下，同年 5 月，马来人全国统一机构应运而生。马来人全国统一机构，华人称"全国巫人统一机构"，简称"巫统"。巫统最初只是一个反抗运动组织，其首届领导人是拿督翁，时任柔佛州首席大臣。巫统的成立"是一个十分重要的事件，它首次把马来人团结在一个政治运动之下，并实际上获得了马来社会所有重要力量的支持，从官僚阶层和政府职员，到激进分子和伊斯兰领导人"[1]。该组织成立后，在其领导下，不仅迫使英国政府最终撤销了马来亚联盟，而且于

---

① Barbara Watson Andaya and Leonard Y. Andaya, *A History of Malaysia*, Palgrave, Second Edition, 2001, p. 267.

1948 年 2 月 1 日以马来亚联邦取而代之，它还是马来亚独立运动以及马来西亚政坛上的一支具有支配地位和决定作用的马来人政党。

三　非马来人本土意识的增强及族群政党的成立

（一）《马来亚联合邦协定》与非马来人本土意识的增强

战后初期英国政府推行的"马来亚联盟计划"的失败，主要原因在于马来人的强烈反对。对于非马来人，该计划有关公民权的规定对他们相当有利，但他们自己的反应是冷漠的，这表明当时有关公民权问题并不是他们所迫切关心的问题。可是，当英国政府屈从马来人反对浪潮的压力，决定重新考虑马来亚联盟问题，并成立"宪制工作委员会"，且只与马来苏丹和巫统代表协商而将华人等其他族群代表排除在外，在准备出台新的《马来亚联邦协定》之际，华人才以商界为主做出反应。华人商界带头联合其他华人社团，纷纷召开集会，研究协议条文，向咨询委员会、马来亚联邦总督、英国殖民部递交备忘录，批评协议内容是不民主和不公平的，同时表明自己的立场和主张，如新加坡与马来亚不能分治、放宽公民权资格、合理分配立法议会议席等，并要求英国派遣一个皇家委员会来做实地调查，以便修订有偏见的宪制规定。

为了反对《马来亚联邦协定》，华人和印度人等组建了"全马联合行动委员会"（AMCJA）。该组织成立于 1946 年 12 月 22 日，成员组织有马来亚民主联盟、马来亚印度人国大党、马来亚人民抗日军退伍同志会、泛马各业总工会等，由陈祯禄担任主席。1947 年 3 月全马联合行动委员会与马来人民统一阵线（PUTERA）合并，成立 AM-CJA—PUTERA 联合阵线，这是一个左翼团体的大联合。华人总商会与联合阵线于 1947 年 10 月 22 日发动全马总休业一天。休业抗议得到了华人和印度人的普遍支持。关于这次休业，时任新加坡总督的 Sir F. Gimson 讲道："新加坡如期发生的总休业无疑是非常有效的。华人与印度人的商店停止营业，新加坡几乎全然陷入瘫痪状态。"[1]

---

[1]　[新] 崔贵强：《新马华人国家认同的转向：1945—1959》，新加坡南洋学会 1990 年版，第 165 页。

但是，非马来人的抗议行动最终并未阻止马来亚联邦的成立。

马来人的反马来亚联盟计划和后来非马来人的反联邦计划进一步激化了族群间原已高涨的对抗情绪。1948 年 6 月马来亚共产党发动的全面武装斗争，使整个局面雪上加霜，华人对马来亚的忠诚遭到了更严厉的质疑。1947 年 7 月 24 日，英国殖民当局不顾华人的强烈反对，正式接受了联邦协定建议书，并宣布马来亚联邦将于 1948 年 2 月 1 日成立，激起了华人等非马来人更为强烈的不满和愤慨，马来亚中华总商会等社团于是纷纷致电英殖民部大臣表示抗议。

（二）非马来人族群政党的成立

1. 马华公会的建立

马来亚联邦成立时，马来亚的三大族群中，马来人和印度人都已经有了能够代表本族群的统一政党，分别是"马来人全国统一机构"和"马来亚印度人国大党"。华人则除了代表社会下层群众利益的马来亚共产党等一些左翼政党或组织外，还代表工商资产阶级利益的马来亚中华商会联合会及各州中华总商会等。1948 年，马来亚共产党再度被认定为非法组织后，领导华人争取权益运动暂时落到了总商会的肩上，然而总商会并不是一个政党组织，所以，在华人争取自身权益的运动一再受挫后，组建一个能够代表并统一领导本族群的政党，改变斗争方式，通过与马来等族群政党协商等合法政治手段来维护本族群利益此时已是当务之急。

陈祯禄早在 1948 年就开始筹建"马来亚华人联合会"，呼吁华人转变政治认同，主张保护华人利益、促进种族和谐、争取马来亚自治。为了遏止马来亚共产党日益增长的影响力，英国殖民当局也需要这些头面人物出来为殖民当局争取华人的支持。当年 7 月，拿督翁明确表示，"遵纪守法的华人应组建政党，帮助政府抗击共产主义"[1]。英国当局和马来人领袖的支持消除了陈祯禄的顾虑，组建

---

[1] Heng Pek Koon, *Chinese Politics in Malaysia: A History of the Malaysian in Chinese Association*, Singapore: Oxford University Press, 1988, p. 59.

华人政党的条件日益成熟。

马来亚华人公会（简称马华公会）是由马来亚联合邦立法机构中的华籍议员倡议，并得到各地中华总商会的支持而建立起来的。1949 年 2 月 27 日，马来亚的中华总商会召集其他的商会、会馆、公会、会所的代表人员在雪兰莪的中华大会堂举行会议，总计"超过 50 个华团的近 200 名代表出席"[①]。会议决定成立马华公会，陈祯禄担任首任会长，公会领导层的其他人员多数是有较高社会地位的专业人士或商人。马华公会当时制定的宗旨是加强华人社会的团结，促进马来亚各族群的相互了解和信任；支持政府消灭马共，恢复和平的社会秩序；"通过宪法途径，为华人争取政治、经济、社会等合法权益"[②]。马华公会成立以后，尽管在成长过程中遇到过本党内外、华人本族群内外的各种压力和困境，因此走得十分艰难曲折，但总的来看，它作为代表马来亚华人利益的政党，在处理与马来人政党等的关系方面，在争取维护华人族群利益方面，更主要的是在维护马来西亚的社会稳定和发展方面是不辱使命的，这一点应予以充分肯定。

2. 印度人国大党的成立

日据时期，一些印度民族主义者寄希望于日本人，期望在日本人的帮助下推翻英国人在印度的殖民统治，因此选择了同日本人合作。1942 年 3 月，马来亚的印度人代表团参加了在日本东京举行的会议，此次会议正式组建了印度独立同盟。1942 年 6 月，由日本操纵的东亚会议在泰国曼谷举行，几百名印度独立同盟的代表在此聚集。在这次会议上印度独立同盟决定建立印度国民军。1942 年 9 月，印度国民军组建了一个师，其中包括三个游击队编队、三个步兵营和第一印地野战军队，支援部队包括炮兵连、工兵连、通信连、运营连、一个增援部队群和

---

① 原晶晶：《20 世纪 80 年代以来马来西亚华人公会研究》，博士学位论文，厦门大学，2012 年，第 29 页。

② 石沧金：《马来西亚华人社团研究》，暨南大学出版社 2013 年版，第 242 页。

一个医疗队。① 1942—1944 年，印度独立同盟和印度国民军领导的独立运动成功，提高了马来亚印度人的民族意识和参政意识。

第二次世界大战激起了马来亚印度人强烈的政治意识。但战后初期，马来亚印度人关注的却不是本地的政治形势，而是隔海相望的祖国的局势。1946 年 3 月，尼赫鲁访问马来亚。在侨务问题上，尼赫鲁明确反对双重国籍，"在国籍的问题上，马来亚的印度人将来必须在马来亚和印度之间作出选择。假如他们拥有了马来亚国籍，那么他们就不能同时拥有印度国籍"②。尼赫鲁的表态使马来亚印度人希望拥有双重国籍的想法破灭。

但尼赫鲁的访问激发了马来亚印度人的政治热情，他们也想效仿印度国大党，成立一个代表全体马来亚印度人利益的政党，充当他们的利益代言人。1946 年 8 月，马来亚印度人国大党成立，国大党的成立得到英国殖民政府的同意，原因在于英国殖民者希望抵消日益高涨的共产主义对马来亚印度人的影响。

同华人一样，在英国殖民政府提出"马来亚联盟计划"时，马来亚印度人的注意力集中于印度国内政治，对马来亚政治关注不多，从而丧失了取得与马来人平等地位的时机。成立后第二次会议上，马来亚印度人国大党开始为争取公民权而斗争。1949 年，马来亚印度人国大党联合新成立的马华公会，请求有关部门希望修改联邦宪法中有关公民权的条款。此后，印度人国大党开始积极参加各个市镇的议会选举，并与巫统、马华公会等组织合作。

四 争取独立过程中各族群政党的斗争与妥协

马来亚联合邦成立后，各族群面临着尖锐而难以调和的族群利益和族群矛盾冲突。在争取国家独立的过程中，各族群围绕着公民权、语言、宗教、马来人特权等问题展开了博弈。博弈的过程中，既有斗

---

① 罗圣荣：《马来西亚的印度人及其历史变迁》，中国社会科学出版社 2015 年版，第 108 页。

② Virginia Thompson and Richard Adloff, *Minority Problems in Southeast Asia*, Stanford：Stanford University Press, 1955, p. 101.

争，也有妥协合作。在实现独立这个头等政治目标的前提下，为了确保各自族群权益的最大化，为了确保族群间相安共存，族群政治也就成了在当时看来他们能够共同找到的一条最好的出路。《独立宪法》以宪法的形式将这种模式固化下来，为独立后马来西亚的族际关系定了基调，影响深远。

（一）战后马来亚族际矛盾的内容和表现

战后英国的马来亚政策刺激了马来亚各族群族群意识的进一步发展，三大族群分别成立了代表本族群利益的族群政党。在追求国家独立的过程中，各族群利益冲突不可避免，族群情绪和相互猜忌与日俱增。

马来亚联邦成立后，马来亚政治空前活跃，各种政治团体和组织纷纷成立，反对英国的殖民统治，提出民主自治的要求，且不时举行游行、示威、罢工。1948 年 5 月，马来半岛各地爆发马来亚共产党主导的罢工示威活动，许多华人、欧洲人和马来人的橡胶庄园主、矿主和企业主遭到暗杀。动乱持续到 6 月，英国殖民政府采取镇压手段，宣布马来亚进入"紧急状态"。6 月 13 日，马来亚联邦宣布泛马工会联盟、马来亚各邦工会组织为非法组织，马来亚战后如火如荼的政治运动一度一蹶不振。

"紧急状态"对族群关系产生了极为负面的影响。马共重新开展武装斗争后，尽管已成为非法组织，并退出了马来亚的政治舞台，但它的影响却继续存在，尤其成为马来人与华人的关系中一个不容忽视的消极因素。这是因为，普通马来人会因华人中存在的与马共的某种联系，把马共武装斗争所带来的社会不稳定和破坏现象不加区别地算在广大华人头上，从而破坏了华人的形象，在两族群关系上投下阴影。不仅如此，英国殖民政府为割断马共武装与华人之间的联系而实施的"新村"计划影响更为深远了。根据这项"新村"计划，大批居住在森林边缘和偏僻地区的华人，被强行迁到了矿场、城市周边及规划的"新村"中。1954年，已建"新村"达 480 个，涉及华人人口 57 万余。[①] "新村"的建

----

① ［马］林水檺、何启良、何国忠、赖观福编：《马来西亚华人史新编》（第二册），吉隆坡：马来西亚中华大会堂总会 1998 年版，第 351—352 页。

立，从族群关系角度看，极大地阻碍了马来人与华人之间的交往。不仅如此，通过政府投入而实现的公共设施建设，亦使得华人"新村"有了不同于传统马来农村的新面貌，这反而带来了马来人心理上的不平衡。

由于警察、军队与地方乡团成员大多为马来人，"紧急状态"时期的"剿共"行动就犹如一场族群斗争。和"二战"期间的日军一样，殖民政府组织成立了由马来人组成的警察和治安人员。殖民政府利用这些警察和治安人员来镇压马共和游击队。不仅如此，殖民政府还强行将大批华人垦殖民迁徙到"新村"，甚至驱逐华人出境。到1951年，马来军警、特警6万多人，警卫团团员达10万人。① 在华人"新村"实施过程中，"新村"四周围上铁丝网，与外界隔绝，开始生活异常艰苦，没有谁愿意去。可想而知，在强迫迁移的过程中，华人和马来人军警之间不可避免会产生矛盾和冲突。

"剿共"期间，族群关系异常紧张，对于当时已严重恶化的族群间的紧张关系，英国殖民当局采取了一定的措施来试图缓解。1949年1月，殖民政府在槟城召开"华巫亲善委员会"会议，遂后扩大为"各社群联络委员会"，让马来人、华人以及印度人领袖聚集在一起，讨论有关族群关系的各种问题，包括华人公民权、马来人经济等问题。②

战后初期，对马来人来说，他们希望能保住自己的主权和特权地位，尽量阻止非马来人获得公民权，在此基础上争取国家的独立。对华人、印度人等非马来人来说，他们也希望追求国家取得独立，但是，他们在战后初期所面临的最急迫的恰是公民权问题，因为没有公民权，其他政治社会权益就无从谈起。当时对于非马来人而言，带有同等急迫性的还有语言、教育问题等。可见，在独立之前，马来人和非马来人之间，出现了权益的尖锐对立和冲突。这些对立和冲突主要有以下几个方面：

---

① ［马］陈剑：《新马共产主义运动简述》，马来西亚《人文杂志》2000年第3期。

② Heng Pek Koon, *Chinese Politics in Malaysia*, Oxford University Press, 1988, pp. 147 - 154.

1. 公民权问题

1946 年殖民政府提出平等公民权后，非马来人的公民地位问题就成了族群矛盾焦点之一。在 1947 年的约 491 万人口中，华人人口占了 38.4%，印度人人口占了 10.8%。1957 年，华人、印度人占总人口的比例也维持同样的水平。[①] 这意味着当时马来半岛每 10 个人中大约只有 5 人是马来人，其余 5 人则是华人或印度人。尽管华人、印度人在 19 世纪中叶才大规模涌入马来半岛，但历经百年变迁，在马来半岛出生、与中国或印度没有实质性联系的所谓"土生"华人或印度人占据了绝对多数。1947 年，土生华人的比例为 63.5%，土生印度人的比例为 51.6%；到 1957 年，土生华人、印度人的比例分别上升到 74.5% 和 64.5%。[②] 要把人口规模如此巨大的非马来人遣送回中国或印度是根本不可想象的。从马来半岛本身的需要而言，没有这些华人或印度人，整个半岛将陷入瘫痪。马来亚联邦成立后，原本按"马来亚联盟计划"可以成为公民的华人、印度人，有 90% 以上被剥夺了公民权利。[③] 因此，在殖民政府宣布紧急状态，发动打击马共及其游击队战争期间，在 1952 年公民权修正案推出前后，以及在 1957 年初独立宪法草拟期间，非马来人公民地位一直是马华两族领袖和两族社团的争辩焦点。

2. "马来人特权"问题

"马来人特权"无疑是最具有争议的问题，甚至可以说是马来西亚所有族群问题争议的集中体现。马来人要求拥有特权，理由基于他们是"土地的儿子"，是当地的主人，他们把非马来人视为他乡做客，认为客人在马来亚有个栖身之所，应安分守己，不宜僭越、喧宾夺主。华人、印度人不认同这种观点。早在 20 世纪 30 代，海峡殖民

---

①　Dodge, Nicholas, "Population Estimates for the Malay Peninsula in the Nineteenth Century, with Special Reference to the East Coast States", *Population Studies* 34（3）：437 – 475, Appdendix, Table 1.

②　Ratnam, K. J. , *Communalism and the Political Process in Malaya*, Kuala Lumpur: University of Malaya Press, 1965, pp. 9 – 10.

③　［马］马华公会五十周年党庆纪念特刊编委会编：《为国为民——马华公会五十周年党庆纪念特刊》，第 69 页。

地立法会的华人代表就曾提出质疑:"谁说这是马来人的国家,莱特船长到来的时候看到马来人了吗?我们也是这个国家的一分子,这是我们的国家。"① 马来人特权的形成跟殖民统治密切相关,英国殖民统治时期,殖民当局就为马来人创设了一些"特权"。除了"马来人保留地"外,在教育、政府公职等方面殖民政府给马来人以特殊照顾,比如提供奖学金、建立马来文学校、招募贵族子弟充当中下级官吏等。《马来亚联邦协定》的出台标志着英国殖民政府又走向了联合马来人的老路,进一步确认了马来人享有特权的地位。早在社群联络委员会讨论中,最高专员麦克唐纳就强调,除非华人在建立马华企业和增加马来人对一切经济领域的参与方面自愿合作,否则政府将强行通过代表马来人利益的立法。他警告马华领袖:"一个或者两个其他族群,通过他们自己在这里的活动,已经使他们比马来人拥有更强的地位,如果任由发展,马来人大概会因为如此贫穷,而在自己的国家里无立足之地,因此,马来人在马来亚的地位一定要受到保护,并为之采取一切措施。"②

3. 语言、教育问题

殖民统治时期马来亚的教育情况是这样的:马来贵族子弟及华人、印度人富家子弟在殖民当局创办的英文学校接受英式教育;同时,绝大多数马来人平民子弟则只能接受初级的马来文世俗教育或宗教教育,以便被培养成合格的农夫或渔民;普通的华人、印度人子弟只能在没有任何官方资助的华文、泰米尔文学校接受教育。英文教育、马来文教育和非马来文教育各自发展,互不干涉。战后,随着各族族群意识的产生发展、马来族群主义运动的兴起和1948年联合邦宪法对马来人特权地位的确认,马来人不断要求提升马来语文与文化地位,语言和教育问题逐渐成为族群矛盾的焦点问题。

根据"马来亚联盟计划"的普遍公民权原则,英国殖民当局颁布了《1946年教育政策》,承认英语、马来语、华语和泰米尔语等四种

---

① Abdullah, Firdaus Haji, *Radical Malay Politics: lts Origins and Early Development*, Pelanduk Publications, 1985, pp. 58 – 59.

② Heng Pek Koon, *Chinese Politics in Malaysia*, Oxford University Press, 1988, p. 153.

类型的教育体系。这种一视同仁的政策遭到了马来人的激烈反对。在马来人的激烈抗议下，"联盟计划"很快破产，取而代之的是 1948 年联邦协定。《1952 年教育法令》作出了有利于马来人的重大调整，主张以马来语和英语作为主要的教学用语，同时允许为华人、印度人子弟开设母语课程。这种歧视性政策遭到华人、印度人社会的反对。他们以广为接受的公民权平等原则为基础，提出了尊重母语教育权利、各种族在教育上完全平等以及马来文、华文、泰米尔文同列为官方语言等三大要求。但这些要求无法为马来人所接受。各种政治倾向的马来人几乎一致认为，独立的马来西亚国家应当主要以马来文化为根基与归宿。在语言和教育政策方面，恰如 Syed Nasir bin Syed Ismail 声称的那样："马来语作为本国'唯一'的国语及官方语言是符合逻辑的事实，是该语言本身的权利。"[①] 华人、印度人的母语教育权利在一定程度上得到认可只能是由于政治需要的现实考虑和马来人的宽容精神。由于在国家的文化基础这个事关全局的问题上存在重大分歧，三大族群集团在语言及教育政策方面一直争议不断，并多次引发了程度各异的政治危机。

（二）族群政党联盟的形成

马来亚联邦建立后，英国政府为该殖民地所做的下一步重要工作就是使其在英联邦内实现自治，最终独立建国。1949 年 3 月，英国议会承诺让马来亚获得独立，翌年 3 月，英国首相也对此再次作出肯定。此后通过地方乃至联合邦议会民主选举，并在全国大选后组成本地人内阁，在英国政府的主持下完成独立宪法的制定等，为独立铺平道路。

20 世纪 50 年代初，马来亚人民的民族独立意识日趋强烈，为了缓和当地人民日趋强烈的独立意识和反英情绪，并顺应当时势不可当的民族独立浪潮，殖民政府开始为马来亚自治做准备。1950 年，英国殖民当局颁布地方选举法令，该法令规定州统治者或殖民地高级专

---

① Vorys, Karl von, *Democracy without Consensus：Communalism and Political Stability in Malaysia*, New Jersev：Princeton University Press, 1975, p. 204.

员可以颁给每个市一部宪法，使之实施自治，州政府有权修改这些市宪法，而没有明确规定有废止该市宪法之权力。该法令规定可以设立民选的市或村委员会，而州政府拥有撤销该委员会之权力。

根据 1950 年颁布的选举法令，1951 年 12 月，槟州的乔治市举行了马来半岛的第一次选举。在 9 个可供竞选的席位中，由专业人士组成的非族群政党"激进党"（Radical Party）赢得 6 席。槟州的巫统领导人在政治上还不活跃，只赢得 1 席。劳工党派出 8 位候选人，但也只赢得 1 席。另一席为独立候选人所得。马华公会、拿督翁的独立党都没有参加这次选举。

1952 年 2 月，吉隆坡市举行议会选举，要选出 12 名议员。巫统和马华公会两个党的党支部采取联合竞选，当时两党中央总部不知道此事，也未获事先通报。两党 2 月 3 日在吉隆坡举行第一次会议，2 月 16 日，选举结果揭晓。两党组成的联盟党赢得 9 席，马来亚独立党仅赢得 2 席，独立人士获得了 1 席。随后巫统与马华公会以相同的竞选策略，在其他的地方议会选举中开展了合作。2 月 21 日巫统和马华公会两党在新加坡、3 月 15 日在柔佛举行会议，两党合作越发成熟。到 1952 年年底，联盟党在其他四个市议会选举中也赢得胜利。不久，两党正式结盟，共同策划争取自治和独立事宜。

1955 年联邦议会选举对于马来亚独立而言是非常关键的。在大选举行之前，马来亚的另一大族群政党印度人国大党，也放弃了多年抵制联邦协议的立场，于 1955 年 2 月 14 日加入了联盟，至此最终实现了三大族群政党的合作。7 月 27 日大选结果，新的联盟在 52 个民选议席中获得 51 席，并赢得 81% 的选举人的支持。在此基础上，由巫统领导人组织新政府，出任首席部长及内政部长，内阁成员 9 人中，华裔占了 3 人。新政府还正式制定了三年内实现自治、取消英最高专员否决权及四年内实现独立的目标。

马来亚的马来人、华人和印度人三大族群政党的建立，是马来亚乃至马来西亚族群政治发展过程中非常重要的一步，在此基础上，马来亚形成了以三大族群政党为基础的政党合作与协商的政治模式。这种政治模式在一定程度上符合马来西亚族群多元、族群矛盾突出的实际，到目前为止，也一直被国家用以缓和所面临的各种族群矛盾，被各族群用以维护自身的利益。

在马来亚争取独立的过程中，马来人和华人在日本占领期间已呈现出来的矛盾和对立，在新的形势下又被两族群对各自在独立过程中乃至独立后国家中的地位和作用的关心所激化，并且在一些具体的问题如马来人的特权与华人的公民权以及华语能否列入官方语言等问题上暴露出来，从而直接推动了马来人民族主义和华人民族主义的形成。在此情况下，尽管仍像战前一样，英国殖民当局和马来上层联合主导了独立过程，而将华人等移民族群排除在了所有重要政治安排之外，由此不仅进一步巩固了马来人较强的政治地位，使原有的"亲马来人"政策演变为马来人享有特权观念，更为其独立后走上一族独统之路奠定了基础。但是，由于华人较强的经济地位及其庞大的人口存在和在未来民主政治中必将显示出来的巨大影响力，以及针对马来人的无法忽视的抗衡力，又使其最终无法完全被排除在政治过程之外。马来亚的族群政治就是在这样一种背景下出现的一种实用性质的政治安排，它在尽量化解各主要族群间的矛盾对立和斗争情况下，通过族群政党间的合作与协商保证各自的利益，维护国家的稳定和发展。

（三）《宪法》的制定与国家的独立

1955 年大选中，联盟党提出了四年内独立的目标，再次建议成立独立的宪法起草委员会。在 1955 年初的伦敦会议上，英国当局、统治者代表、联盟党代表就设立独立的宪法起草委员会达成共识。根据三方的妥协，会议要求委员会起草这样一部民主宪法：建立强大中央政府，同时维护各邦的权力及统治者的君主地位；创设单一的国籍制度，同时保护马来人的特殊地位及其他种族的合法权益。[①] 换言之，宪法要在议会民主制下平衡中央与地方、马来人与非马来人之间的利益要求。

---

① 杨建成：《马来西亚华人的困境：西马来西亚华巫政治关系之探讨（1957—1978）》，台北：文史哲出版社 1982 年版，第 93—94、97—99 页。

1956年4—9月，联盟党举行了一系列闭门谈判，以拟定提交给宪法起草委员会的备忘录。为此，联盟党任命了两个委员会，一个委员会由三个政党的执委会成员组成，处理公民权、语言、马来人特权等争议激烈的问题，另一个委员会由三个政党各派两名高层领导组成，处理政府组织、联邦分权、行政与司法关系等问题。后一个委员会几乎没有什么争议，很快达成了一致见解。而处理族群问题的委员会则发生了激烈的争辩，经过冗长的讨价还价才勉强达成了妥协，不过在语言问题上的分歧却没有解决。

1956年6月，李特制宪代表团抵达马来亚，全面开始制宪工作。委员会奔赴马来半岛各地，接受了政党、民间团体及个人提交的备忘录，召集公开或闭门听证会。10月，宪法起草委员会避居罗马，着手拟定草案。次年2月11日，委员会公布宪法草案报告，接受各方面的评议。2月22日—4月27日，联盟党以及统治者各派4名代表组成工作委员会，在英籍联邦高级专员的主持下对宪法草案进行评议修改。为此，联盟党又专门在工作委员会之外成立了一个由三党代表组成的工作小组，负责讨论有争议的族群问题，寻求妥协，形成一致立场，提交报告供联盟党的最高决策机关定夺。在整个过程中，各党代表与党的执行或权力机构保持密切联系，提出、反对、支持或修改任何动议几乎都要事先征得党的同意。在此期间，三大政党都召开了全国大会，以确保党对该宪法草案的支持。联邦高级专员在此过程中发挥斡旋调和作用，但尽力避免与政党或统治者代表就宪法条文发生争议。5月13—21日，英国当局、联盟党代表、统治者代表在伦敦召开三方会议，解决某些仍有争议的问题。7月9—29日，马来亚联邦议会、英国下议院分别对宪法草案进行讨论，虽然仍有一些不同意见，但最终都顺利表决通过。所谓的"独立宪法"由此诞生。

独立宪法的制定是几大族群在有争议问题上斗争妥协的结果。宪法起草委员会的报告认为，联盟党的备忘录几乎对所有的重大问题都给予了相当周全的考虑，而且，除个别问题之外，三大政党通过谈判达成了妥协，达成了共识。这些妥协或共识是合理恰当的，是具有广泛政治基础的。[1]

在公民权方面，联盟党在1956年的谈判中将"出生地原则"与"马来人特权"二者联系起来，作为一种交换。宪法起草委员会的报告接受了"出生地原则"，进一步放宽对非马来人获取公民权的限制。该委员会从公民权平等的普世原则出发，主张将"马来人特权"放入临时性条款，以便在马来人的要求与普世价值观之间达成平衡。但宪法正式文本没有接受这种处理方式，而是将"马来人特权"写入了永久性条款部分。

语言方面，联盟党内部既有某些共识，也存在一定的分歧。宪法起草委员会接受了联盟党的一致立场，建议规定以马来语为国语，独立后10年内英语仍为官方语言，10年后由马来亚国会决定其地位。由于马华公会、印度人国大党在语言方面的要求得不到巫统的支持，因此委员会只是建议"特殊情况下"国会内可使用华语、泰米尔语。1956年2—3月，巫统领导层遭受了来自马来人社会及巫统内部的更大压力，要求取消特殊"特定情况"下可以使用华语、泰米尔语的规定。作为补偿和平衡，巫统同意在国语条款中加入"但书"，以保护华人、印度人使用母语的权利。马来亚联邦宪法第152条第一款规定："国语应为马来语，并应使用议会得以法律规定的书体，但——（甲）不得禁止或妨碍任何人使用（为官方目的使用者除外）或讲授或学习其他任何语言；（乙）本款中任何规定不应损害联邦政府或任何州政府保护和支持在联邦内使用和学习任何其他民族团体的语言的权利。"[2] 从政治角度来看，该条款意味着一方面华语、泰米尔语被彻底地从国家的公共生活中排除了，其地位与马来语根本没有可比性；另一方面，作为华人、印度人身份认同的重要组成部分，学习、传授和使用母语的权利又得到了宪法保障。

在伊斯兰教方面，联盟党共同提交的备忘录要求规定以伊斯兰教

---

[1]　K. J. Ratnam, *Communalism and the Political Process in Malaya*, Kuala Lumpur: University of Malaysia Press, 1965, p. 57.

[2]　北京大学法律系宪法教研室编译：《东南亚国家联盟各国宪法》，商务印书馆1979年版，第135页。

为联邦的国教，同时保护其他种族的宗教信仰自由，并明确表示，关于国教的规定不妨碍马来亚仍是个世俗国家。据此，马来亚联邦宪法第3条规定："伊斯兰教为联邦的'国教'；但也得在联邦任何部分和平及谐和地传布其他宗教；统治者的教主地位以及作为教主所享有的权利、特惠、特权和权力不受变动并不得减损之；在整个联邦范围的宗教礼仪方面，统治者应授权最高元首代理；马六甲和槟州的州宪法应规定授予最高元首以该州回教教主的地位；作为预防，该条款中的任何规定不得有损宪法的任何其他规定。宪法第11条（宗教自由）规定：所有人都有信仰、遵循、传布其宗教的自由，但州宪法可以禁止在穆斯林群体中传布其他宗教信仰。"[1]

在马来人特权方面，宪法起草委员会的报告将马来人特权写入过渡性的临时条款部分，规定15年的有效期限，年限届满时由国会进行审查。但马来人社会、反对党，以及巫统内部对此建议的猛烈批评却使事情发生了重大变化。最终，各方达成了妥协，放弃委员会中的年限规定，同时在相关条款中加入保护非马来人权益的"但书"，以此为基础拟定了著名的宪法第153条款。这个包括10款、长达两页的条文规定：最高元首被赋予保障马来人特殊地位及其他种族集团合法权益的责任；最高元首以其认为必要的方式行使其职能，以保障马来人的特殊地位，为马来人保留适当比例的政府公职、奖助学金及特定行业的执照或许可证；同时不得援用马来人特权剥夺非马来人现有的权益，也不得为了保护马来人而限制工商业。

更为重要的是，宪法起草委员会建议将马来人特权写入临时性条款部分，而经过此次修改，该条款写入了永久性部分。从法律与政治角度而言，这个变化从根本上改变了马来西亚国家的性质，具有重大意义。从法律角度而言，宪法临时性条款的修订或废除程序上更加简单容易，而永久性条款的修宪程序则相当严格，在国会中必须有2/3以上支持票才能通过。在马来西亚的政治生活中，非马来人议员无论

---

① 北京大学法律系宪法教研室编译：《东南亚国家联盟各国宪法》，商务印书馆1979年版，第29—30、34—35页。

如何不可能形成 2/3 多数，也就是说，只要马来人不同意，马来人特权就永远不可能被废除或削弱。从政治角度看，学者们公认，宪法起草委员会的报告最终期望废除马来人特权，实现各种族的完全平等，确立一种共同的政治身份。但修改后的宪法却意味着，马来西亚抛弃了公民权平等的普世价值观，永久性地确立了两种不同的政治身份，即享有特权的马来人和不享有特权的非马来人。这个条款不仅给马来西亚带来了无穷无尽的政治争议，更为严重的是，它使得马来人与非马来人之间的界限越来越清晰、明确、无法跨越，它不是促进了族群间的融合，而是确立并进一步强化了族群集团之间的隔阂与对立。换言之，马来西亚族群"两极化"是必然的，民间或政府的一切促进族群融合措施都只能是扬汤止沸而非釜底抽薪；马来人与非马来人之间的政治争吵也是长期的和无法避免的。

马来亚独立后，1957 年颁布的马来亚宪法，基本内容一直沿用至今。其政治架构基本上仿照了英国的君主立宪政体，但在宪法中存有相当浓厚的马来主义色彩。[①] 其中对马来人的特别优待部分包括：最高元首由传统的马来苏丹组成的统治者会议选出（宪法第 32 条）；回教被定为国家宗教（宪法第 3 条）；马来语为国家语文（宪法第 152 条）；马来人具有特权，包括公务员、教育设施、奖学金及贸易与商业准证、执照等的优先权（宪法第 153 条）。同时在马来西亚宪法第 153 条第一款中，也明确表示最高元首有责任保护马来人和东马土著的特殊地位。在层层的保障下，利用宪法赋予了马来人特权，使马来人特权获得充分的合理依据。

研究马来西亚宪法的学者 L. A. Sheridan 曾经指出："大马宪法本身加强了族群意识。"[②] 马来人的特殊地位及其特权原意是协助马来人更快速地发展成效，以使他们的实力能尽早赶上非马来人，消除他们在自由市场竞争中因弱势而导致的相对剥削感。但现实的发展却逐

---

① R. S. Milne, *Government and Politics in Malaysia*, Boston：Houghton Mifflin, 1967, p. 38.

② L. A. Sheridan, "Constitutional Problems of Malaysia", *International Comparative Law Quartely*, Vol. 13. No. 1, 1964, p. 1365.

步形成偏袒马来族群特权的根本依据，反而失去原来制宪时所考虑的原宗旨含义。所以优待政策的制定，原意在创造有利于社会中弱势族群生存发展的基础及条件，然而政策一旦制定实施就难以收回，即使决策者相信撤回相关的优惠政策是有正当的理由的，也会遭到既得利益者的坚决反对。

尽管"二战"结束时，马来亚的马来人与华人族群的关系已被一系列冲突推进到了几乎失控的状态，但幸运的是，1952年后，两族却在国家政治层面上建立起了族群协商的机制，并以此赢得了国家的独立。同时，不幸的是，就在谋求殖民地独立的过程中，两族群关系的发展又增添了新的重大变数。因为，这一时期，凡有关族群问题的重大政治安排，基本上都是在"冲突决策"（conflict resolution）状态下实现的，即在英国殖民统治者与马来上层及其政治同盟居于支配地位、华人等少数族群处于被动受制状态下面对马来人与华人间难以调和的族群矛盾与对立，族群间被迫妥协的产物。因此，它确立了独立后马来人在马来西亚的全面政治支配地位，以及进一步谋求并获得全面的社会支配地位的基础，也即它确立了马来西亚族群关系未来发展中的不平等的原则。

第三章 马来西亚族际政治
整合的实践

对于独立后的马来西亚来说，进行族际政治整合是其不得不面对的重大问题。独立后的马来西亚面对的是一个多元而分歧的族群社会。马来西亚各族群，由于居住地域、宗教文化以及经济发展的明显差距，本来在沟通和融合方面就存在不少障碍，再加上英国殖民统治时期和追求国家独立建国的过程中造成的族群法律政治地位的不平等，以及建国后各族群对彼此间地位认同的差异，更加剧了族群矛盾，族群冲突一触即发。马来西亚政府面对多元族群的社会结构，为求真正完成民族国家建构的工作，于是利用各种政策及途径来进行族际政治整合，维护国家的统一和稳定。

第一节 独立后马来西亚的族际环境

一 马来西亚独立初期多元族群的构成及分布
（一）多元族群的构成

独立后的马来西亚是一个族群多元的国家，主要由三大族群构成，即马来人、华人和印度人。马来亚殖民地官方人口调查报告显示：1957 年马来亚联邦总人口为 627.8 万人，其中，马来人约为 312 万，占全国总人口的 49.7%，华人约 233 万，约占全国总人口的 37.1%，印度人大约为 71 万，约占总人口的 11.3%。① 除了三大主

---

① 王国璋：《马来西亚的族群政党政治》，台北：唐山出版社 1997 年版，第 39 页。

要族群以外，1957 年的马来亚联邦还包括了一些土著族群，如尼格利陀人（Negrito）、塞诺人（Senoi）和原始马来人（Proto - Malay），当时人口大约 11 万人，占全国总人口的 1.8%①。

如果再进一步细分的话，马来人、华人和印度人三大族群群体实质上并不是严格意义上的族群，它们包含了众多的亚族群。马来人，根据移民来源及其社会、历史和文化传统不同，又可分为不同的亚族群，比如 Jawa（爪哇人）、Banjar（班加尔人）、Sumatran（苏门答腊人）、Minangkabau（米南加保人）、Achen（亚齐人）、Bugis（布吉斯人）等。华人，作为马来亚联邦的最大外来移民群体，其构成也十分复杂。依据华人的籍贯及方言，可将其划分为闽南人、客家人、潮州人和海南人等，表 3 - 1 列出了 1911—1957 年西马华人亚族群构成。马来西亚印度人在人种和语言等方面的差异也很明显。我们大致可以把马来西亚的印度人分为两大类别：南印度人和北印度人。南印度人主要包括泰米尔人（Tamils）、泰卢固人（Telugus）和马拉雅兰人（Malayalis）三大语言集团；北印度人以锡克人和旁遮普人人数最多，其他的还包括帕坦人（Pathans）、孟加拉人（Bengalis）（见表 3 - 2）等。

1963 年，马来西亚联合邦成立。沙捞越和沙巴因加入联合邦而成为马来西亚的组成部分，被称为东马来西亚（简称东马）。随着沙巴和沙捞越两州的加入，马来西亚多元族群社会现象在东马两州表现得更为突出。东马两州的人口族群结构要比西马复杂得多。根据人口统计资料，沙捞越的主要族群有伊班人、华人、比达友人、马来人、马兰诺人和其他少数土著。而在沙巴则有杜顺人、华人、巴造人、马来人、加达山人、姆律人、其他土著和印尼人等。② 1960 年，两州各族人口组成如表 3 - 3、表 3 - 4 所示。

① 王国璋：《马来西亚的族群政党政治》，台北：唐山出版社 1997 年版，第 39 页。
② ［马］饶尚东：《马来西亚华族人口问题研究》，沙捞越华族文化协会 2005 年版，第 76 页。

144

表 3 – 1　　　　　　　1911—1957 年西马华人亚族群构成　　　单位：人，%

方言群	1911 年	1921 年	1931 年	1947 年	1957 年
闽南（福建）	25.80	28.40	27.90	28.60	31.70
客家	25.20	23.80	23.20	25.70	21.80
广府（广东）	23.60	29.60	25.10	21.10	21.70
潮州	10.00	9.00	9.80	11.00	12.10
海南（琼州）	7.60	6.30	6.00	5.60	5.50
广西		0.10	3.50	3.80	3.00
福州		1.00	2.00	2.00	2.00
兴化				0.50	0.50
福清			0.50	0.30	0.40
其他	5.20	1.90	1.90	1.40	1.50
总人口	693694	855863	1284888	1884500	2333800

资料来源：［马］林水檺、何启良、何国忠、赖观福编：《马来西亚华人史新编》（第一册），马来西亚中华大会堂总会 1998 年版，第 215 页。

当然，马来西亚族群构成并不是一成不变的，而是随时间发展而变动。各族群的人口比例在马来西亚成立后有较大变化，总的趋势是马来人等"原住民"[①] 比例上升，而华人和印度人等非土著族群比重持续下降。根据统计，1957 年马来亚联邦成立时，总人口约 628 万人，其中马来人占 49.8%，华人占 37.2%，印度人占 11.3%；1970年，这三大族群在总人口中的比重分别为 46.6%、34.4%、9.1%。到 2002 年马来西亚总人口中"原住民"约 1525 万人，占总人口的62.6%（其中马来人 1264 万人，占 51.9%）；华人为 586 万人，占

---

① 马来西亚把马来人与东马的伊班人、加达山人，西马的奥郎阿斯利人等称为马来西亚的土著民族，亦称"原住民"，把华人和印度人称为马来西亚的非土著民族，也称为外来民族。

表 3 - 2　　　　1921—1957 年马来亚印度人的族群构成　　　单位：人

族群	1921 年	1931 年	1947 年	1957 年
南印度人				
泰米尔人	387509	514778	460985	634681
泰卢固人	39986	32536	24093	27670
马拉雅兰人	17190	34898	44339	72971
其他南印度人	2000（a）	4000（a）	15968	20000（a）
南印度人总数	446685	586212	545385	755322
北印度人				
锡克人	9307	18149	10132	N
旁遮普人	6144	N	20460	N
帕坦人	804	N	3166	N
孟加拉人	5072	1827	3834	N
古吉拉特人	403	N	1301	N
马拉地人	29	N	556	N
信德人	N	N	728	N
拉普特人和马尔瓦人	N	N	1834	N
帕西人	N	N	98	N
其他印度人	1736	1479	12122	N
北印度人总数	21759	34156	42109	N
印度人总数	470180	621847	599616	820270

说明：1.（a）为估计数据。2. N 表示没有数据。

资料来源：转自 Sandhu, Kernial Singh, *Indians in Malaya—Some Aspects of Their Immigration and Settlement*（*1786 - 1957*）, London：Cambridge U. P. , Tablet 13, p. 237。

表 3 - 3　　　　　　　**沙捞越州各族人口组成（1960 年）**

族别	人数（千人）	比例（％）
马来人	129.3	17.4
伊班人	237.7	31.9
比达友人	57.6	7.7
马兰诺人	44.7	6.0
其他土著	37.9	5.1
华人	229.1	30.8
其他	8.1	1.1
总计	744.4	100

资料来源：［马］饶尚东：《马来西亚华族人口问题研究》，沙捞越华族文化协会 2005 年版，第 67 页。

表 3 - 4　　　　　　　**沙巴州各族人口组成（1960 年）**

族别	人数（千人）	比例（％）
马来人	1.6	0.4
加达山/杜顺人	145.2	32.0
巴造人	59.7	13.1
姆律人	22.1	4.9
其他土著	90.7	20.0
印尼人	24.8	5.5
华人	104.5	23.0
其他土著	5.7	1.3
总计	454.3	100.2

资料来源：［马］饶尚东：《马来西亚华族人口问题研究》，沙捞越华族文化协会 2005 年版，第 68 页。

24%；印度人171万人，占7%；非马来西亚公民占5.3%。① 根据这些数字及表3-5推测，这种趋势将会继续发展下去。当然，造成这种变化的原因是多方面的，我们在此不准备作进一步探讨，但有一点是可以确定的，那就是马来西亚族群构成的变化会影响族际关系的变化。

表3-5　　马来（西）亚各族群之人口增长及其百分比人口数 单位：百万

年份 族群	1957	1970	1980	1990	成长率 （1980—1985）
马来人	3.12 （49.8%）	5.04 （46.6%）	6.35 （47.4%）	10.90 （61.0%）	3.1%
其他土著		1.02 （9.4%）	1.16 （8.7%）		
华人	2.33 （37.2%）	3.72 （34.4%）	4.44 （33.2%）	5.27 （29.7%）	1.8%
印度人	0.71 （11.3%）	0.98 （9.1%）	1.59 （8.7%）	1.44 （8.1%）	2.1%
其他	0.11 （1.8%）	0.05 （0.4%）	0.26 （2.1%）	0.09 （0.5%）	

资料来源：王国璋：《马来西亚的族群政党政治》，台北：唐山出版社1994年版，第39页。

（二）多元族群的分布

西马地区主要以马来人、华人、印度人为主。独立初期，三大族群占西马总人口的98%以上。三大族群在居住地域上有着明显的地域区分，总的来说，华人和印度人集中居住在经济发达的西海岸城镇

---

① 周小兵：《马来西亚：跨入工业化的穆斯林国家》，香港城市大学出版社2006年版，第105页。

地区，马来人则集中居住在经济相对落后的东海岸、北部及乡村地区，特别是相对贫困的东海岸的几个以农耕为主的州，如吉打、玻璃市、彭亨、丁加奴、吉兰丹等几个州，马来人占当地人口的比例高达60%—70%甚至以上，而丁加奴、吉兰丹两州更是占人口比例的92%—94%。反之，尽管马来人占人口的多数，但在经济发达的西海岸几个州，马来人所占比例一般不超过一半，在槟城和雪兰莪，1970年马来人仅占当地人口的30.7%和34.6%（见表3-6）。[①] 华人在西马和东马都有分布，以西马居多。西马的华人又主要分布在马来半岛西海岸，在中央山脉以东华人很少。在华人较多的槟城、雪兰莪、森美兰、霹雳、柔佛和马六甲等州，华人在人口中所占的比例为38%—56%；在玻璃市和吉打两个州，华人所占的比例很小；在吉兰丹和丁家奴，则几乎没有华人。印度人绝大部分分布在西马，集中在吉隆坡—巴生港—马六甲一带，以及吉打等河谷地区。吉隆坡、槟城、怡保、太平等城市有较大的印度人居住区，其人口约占马来西亚印度人总数的33%。东马的印度人大都住在海边的城市。[②]

三大族群不仅在各州的分布不均衡，具体到每个州，分布情况也存在非常明显的不同。如表3-7所示，总体上说，与独立前一样，马来人主要居住在乡村，华人和印度人主要分布在城镇。我们以1970年为例，1970年西马总人口为880.95万，马来人467.19万，占人口比例的53.0%，却占农村人口的63.4%和城镇人口的27.4%；华人为313.13万，占人口比例的35.5%，但只占农村人口的26.1%和城镇人口的58.7%。[③]

西马三大族群分布的不均衡，再从马来半岛上1957年21个万人以上重要市镇的人口比例来观察，见表3-8。在21个市镇中，有17个市镇华人人数超过一半，19个市镇华人人数比马来人多。

---

① 杨建成：《马来西亚华人的困境：西马来西亚华巫政治关系之探讨（1957—1978）》，台北：文史哲出版社1982年版，第24页。

② 朱振明：《当代马来西亚》，四川人民出版社1995年版，第46页。

③ *1970/1980 Population and Housing Census of Malaysia*，转自［马］林水檺、骆静山编《马来西亚华人史》，马来西亚留台校友会联合总会1984年版，第454页。

表 3-6　　　　1970 年西马 11 州族群分布比例　　　　单位:%，人

族群＼州别	马来人	华人	印度人	人口总数
丁加奴	93.9	5.4	0.6	405539
吉兰丹	92.8	5.3	0.8	686266
玻璃市	79.4	16.2	2.0	120991
吉打	70.7	19.3	8.4	954749
彭亨	61.2	31.2	7.3	504900
马六甲	51.8	39.6	7.8	404135
柔佛	53.4	39.4	6.7	1276969
森美兰	45.4	38.1	16.1	481491
霹雳	43.1	42.5	14.2	1569161
槟城（包括威士利省）	30.7	56.1	11.5	775440
雪兰莪	34.6	46.3	18.3	1630707

资料来源：杨建成：《马来西亚华人的困境：西马来西亚华巫政治关系之探讨（1957—1978）》，台北：文史哲出版社 1982 年版，第 24 页。

表 3-7　　　　1931—1970 年西马城镇地区族群人口分布　　　　单位:%

族群＼年份	马来人	华人	印度人	其他	总计
1931	19.2	59.6	17.8	3.4	100.0
1947	21.1	62.3	13.8	2.8	100.0
1957	20.0	67.7	8.7	3.6	100.0
1970	27.4	58.7	12.8	1.1	100.0

资料来源：杨建成：《马来西亚华人的困境：西马来西亚华巫政治关系之探讨（1957—1978）》，台北：文史哲出版社 1982 年版，第 27 页。

表3－8　　　1957年马来半岛（西马）21个重要市镇族群构成

单位:%，人

地名、项目	总人数	华人	马来人	印度人	其他
吉隆坡	316230	62	15	17	6
乔治市	234930	73	11	13	9①
怡保	125776	67	16	13	4
巴生	75649	61	16	19	4
新山	75080	44	38	9	9
马六甲	69851	73	13	7	7
亚罗士打	52929	48	38	11	3
芙蓉	52020	66	12	15	7
太平	48182	59	19	18	4
北海	42506	51	24	22	3
峇株巴辖	40016	66	23	5	6
蔴坡	39050	64	29	5	2
哥答峇鲁	38096	29	67	3	1
安顺	37040	63	19	16	2
居銮	31183	65	23	8	4
瓜拉丁加奴	29436	19	77	3	1
大山脚	24658	77	10	12	1
金宝	24611	84	6	9	1
关丹	23122	55	35	7	3
双溪大年	22886	58	27	15	0
亚依淡	22369	82	8	9	1

资料来源：Ooi Jin‐Bee, Land, People and Econmy of Malaya, *Longmans*, 1963, p. 150.

---

① 比例加总后超过100%，原文如此。

东马的华人主要住在城市里。沙捞越华人大部分集中在三大县区内，即古晋、诗巫和美里，古晋和诗巫是华人早期移民垦殖的老地盘，而美里则因为20世纪初发现石油后，吸引了大量华人从国外及州内移入。在沙巴，华人人口主要集中于沿岸各主要港市内，以三大县区为主，即神山、山打根和斗湖，其中以神山人口最多。而东马的马来人则多聚居于沿海一带平原，而各原住民族群仍多散居于内陆传统的雨林活动范围内。

出现这种情况，与战前殖民政府的族群经济政策有直接联系，通过保留地制度，殖民政府成功地把大部分马来农民牢牢地局限于农村从事农耕。马来亚独立后，政府继续沿袭殖民时代的马来人保留地制度，大部分马来人仍然像殖民时代一样留在农村，没有随着独立后工商业的发展进行正常的城乡流动。华人方面，同样因没有土地而必须发展城市工商业。独立后马来西亚工商业发展为华人提供更多的就业机会，以及1960年马来西亚解除紧急状态，这使得不少新村华人纷纷移居城市，于是华人城市化程度更高了。

由此可见，马来西亚各族群居住地域的区分，是沿袭固有传统居住模式和经济模式的结果。虽然缺乏族际交往并不完全由居住地区不同造成，但分别集中居住在不同地区，对族群交往的阻碍不言自明。

二 马来西亚独立初期族群的经济活动差别

长期以来，各族群所从事的经济活动及职业选择的不同，致使他们的经济地位出现了差别。

（一）职业选择

独立前，马来半岛的经济活动主要集中在农业和采矿业。当地的贸易和采矿活动主要被苏丹等贵族控制，普通马来人则在农村种植水稻、捕鱼及从事其他农业活动。华人主要从事采矿业以及在商业领域从事商品批发和零售业等。印度人主要就业于种植园，在橡胶园当胶工。独立初期同原来的族群经济模式变化不大。如表3-9所示，1957年华人在矿业、制造业、建筑业、商业、运输业、自由业 6 项经济活动中占优势。马来人在农林牧渔、栽培业及服务性工作中占优势。印度人在栽培业、商业和服务性工作中占有不小的比例。就当时的就业结构来看，大体上呈现出下面几个特点：第一，马来西亚仍然是一个传统的农业社会，农业劳动力占全部就业的 57%，工业仅占 13%；第二，马来人就业的现代化程度低于其他族群，男性劳动人口的 69%、女性劳动人口的 88% 都从事农业劳动，马来人在非农业领域的就业主要集中于政府机构和公共部门；第三，华人在非农业领域的就业比例是三大族群中最高的，其男性劳动人口的 66%、女性劳动人口的 42% 都从事非农业劳动；第四，印度人男性劳动人口的 40% 和女性劳动人口的 90% 就业主要集中于出口型农业部门；第五，就业机构的族群色彩十分明显，马来人集中在公共管理部门和水稻种植行业，华人则主要从事采矿和商业等。[1]

到 1975 年，如表 3 - 10 所示，在制造业等领域，华人的就业比率远远高于马来人和印度人。在发展最快的制造业，1975 年马来人就业人数仅占 33.1%、华人占 59.9%、印度人仅占 6.7%；同年马来人在矿业、建筑业、金融保险等较高收入行业中的就业比例也不高，分别占 33.1%、28.8% 和 31.6%，华人则分别占 56.9%、60.2% 和 61.3%，而印度人所占比例最小，分别为 9.5%、10.5% 和 7.0%。据统计，1970 年西马占地约 270 万英亩的小橡胶园主有 75 万，其中 50% 以上是马来人，其余是华人、印度人和其他土著，而小橡胶园中，占地少于 7 英亩的占 90%，少于 5 英亩的为 45%。另外，1970 年西马稻田为 94 万英亩，稻农约 30 万人，其中 96% 是马来人，大部分拥有土地不足 3 英亩。[2]

---

[1] Donald R. Snodgrass, *Inequality and Economic Development*, Oxford University Press, 1980, p. 88.

[2] Wan Hashim, *Peasants under Peripheral Capitalism*, Bangi：Universiti Kebangsaan Malaysia, 1998, p. 86.

表 3 - 9　　　　**1957 年马来亚从事经济活动各族群人数统计**　　　单位：人

领域	总数	华人	马来人	印度人	其他
农林牧渔	572660	100125	460678	4381	7476
栽培业	702376	209474	288692	201231	2979
矿业	58826	40142	10237	6985	1462
制造业	136017	97267	26617	10953	1180
建筑业	68611	32422	22522	12205	1462
水电、瓦斯	11869	3088	4095	4068	618
商业	284673	127074	31736	122547	3316
运输业	74499	29335	26617	15961	2586
服务性工作	320789	109619	127966	49195	34009
自由业	18303	9264	6142	2504	393

资料来源：杨建成：《华人与马来亚之建国：1946—1957》，中国学术著作奖助委员会 1972 年版，第 38 页。

表 3 - 10　　　　**各领域三大族群就业统计（1975 年）**　　　单位:%

领域	华人	马来人	印度人
农林牧渔	20.7	67.3	11.1
采矿、打石	56.9	33.1	9.5
制造业	59.9	33.1	6.7
建筑业	60.2	28.8	10.5
电气、石油、气与水	14.0	61.2	23.8
运输、贮藏、通信	37.5	47.2	14.6
批发、零售、酒店、餐馆	—	—	—
金融、保险、房地产、商业服务	61.3	31.6	7.0
政府部门	36.5	50.6	11.4
其他服务	—	—	—

资料来源：［马］林水檺、何启良、何国忠、赖观福编：《马来西亚华人史新编》（第二册），马来西亚中华大会堂总会 1998 年版，第 332 页。

（二）收入

收入主要是指家庭月平均收入。1957 年马来西亚的家庭月平均收入估计为 215 零吉，其中马来人月平均收入 139 零吉，华人月平均收入为 300 零吉，印度人月平均收入为 237 零吉。[①]

如表 3 - 11 所示，每户每月收入在 1—99 元的贫穷级家庭中，马来人占 84.5%，华人仅占 9.6%，印度人占 4.9%。在每户每月收入 400—699 元中产之家的等级中，马来人占 31.6%，华人占 55.7%，印度人占 12.1%。在最高所得每月 3000 元及以上的家庭中，马来人占 12.1%，华人占 52.0%，印度人占 17.3%。

表 3 - 11　　　　　　　1970 年西马地区每户收入比较　　　　单位:%

月收入等级 ＼ 族群	马来人	华人	印度人	其他
1—99 元	84.5	9.6	4.9	1.0
100—199 无	60.8	24.9	14.0	0.3
200—399 元	40.3	46.0	13.5	0.2
400—699 元	31.6	55.7	12.1	0.6
700—1499 元	23.2	61.4	12.5	2.9
1500—2999 元	14.0	62.1	13.6	10.3
3000 元及以上者	12.1	52.0	17.3	18.6
每户每月平均收入	$ 178.7	$ 387.4	$ 310.4	$ 950.5

（三）经济差别形成的原因分析

第二次世界大战以前，英国对马来半岛的殖民统治采取的是同马来上层合作的方式。英国殖民政府一方面保留了苏丹的部分特权，另一方面把享有土地的特权留给了马来人。殖民当局一向把华人和印度人视为外来移民，对其采用不同的统治策略。殖民当局不允许华人以

[①] 林勇：《马来西亚华人与马来人经济地位变化比较研究（1957—2005）》，厦门大学出版社 2008 年版，第 64 页。

及其他非马来人拥有土地和从事农业活动。农村土地是属于马来人的，只有马来人才能从事农业活动。保留地制度限制了马来人的发展，马来人被局限在农业生产领域。华人和其他非马来人由于没有土地所有权，除了继续充当劳工外，只能向商业等其他领域发展，结果便形成了"马来人务农，华侨经商"的局面。

殖民统治时期的教育制度，也使马来人参与非农业就业的机会受到了限制。当局担心，对马来人实行英文以及城市导向的教育政策会产生不利的政治后果。殖民政府开办的中等和高等教育机构几乎全是英文学校。1905 年当局才开始兴办马来文中学，起初只接受马来人贵族的儿子，后来也仅限于为马来文学校培训教师。只有城市里的少数马来人，才有机会接受英文教育。①

三　马来西亚独立初期族群的法律及政治地位

早在殖民统治时期，英国殖民者与马来半岛各苏丹签订协议，与马来上层合作，承认他们是马来半岛的"原住民"或者"土著"，对他们享有的特权进行维护。1957 年，马来亚取得独立后，《马来亚联合邦宪法》对马来人的特权地位从宪法上予以规定。马来亚宪法规定马来语是国语，国教是马来人信仰的伊斯兰教，国家元首必须由马来人担任。宪法对马来人保留地制度和政府公职的保留名额制度给予确认，并把特殊行业的经营执照颁发给马来人，在教育方面也优待马来人，把"马来人第一"的观念系统地法律化。② 马来人认为自己的族群也就是马来人才是马来西亚的"原住民"或者"土著"，因此他们在政治和法律上比其他族群享有更加优越的地位。他们认为华人、印度人等则是"外来"的马来西亚人，这些非马来人在政治上自然应该接受马来人的统治。这是马来亚族群政策的思想基础和法律基础。③

马来人和非马来人享有不同的法律地位，指的是马来亚宪法规定

---

① Donald R. Snodgrass, *Inequality and Economic Development*, Oxford University Press, 1980, p. 31.

② R. K. Vasil, *Ethnic Politics in Malaysia*, New Delhi: Radiant Publishers, 1980, pp. 42 – 58.

③ R. K. Vasil, *Ethnic Politics in Malaysia*, New Delhi: Radiant Publishers, 1980, pp. 42 – 58.

马来人公民拥有特殊地位，以及拥有各种特权，一般称为马来人特权。作为赋予华人公民权的交换条件，或马华两族执政党之间达成的契约，1957 年独立时的《马来亚联邦宪法》明文确认马来人拥有的各种特权，如拥有马来人保留地、服务公职保留名额、经营特殊行业执照、教育奖助优待等，1963 年马来西亚成立后，有关规定随之列入《马来亚联邦宪法》。因此，从 1957 年独立起，华人等非马来人公民与马来人公民就有着不同的政治法律地位。暨南大学教授张应龙认为："在英国操纵下制定的宪法，确立了'马来亚是马来人的马来亚'的原则，这一原则成为华侨社会难以摆脱的'紧箍咒'，战后初期华侨社会所处的不平等政治地位的问题，不但没有得到解决，反而以宪法的形式固定下来，从而在这样一个多民族国家中，在这样一个政治、经济发展不平衡的社会中种下了不稳定的根源。"[1]

四　马来西亚独立初期族群在宗教、语言文教等方面的差异与区分

1957 年独立后，尽管马来亚社会经济有了很大的发展，各族群间的交往融合也与日增多，但各族群，尤其是马、华、印三大族群在宗教信仰、语言文教、风俗习惯等方面的差异始终非常明显。

（一）宗教信仰

马来人与伊斯兰教的关系不仅相当密切，而且非常直接，甚至可以说是毫无选择，因为宪法规定伊斯兰教是官方宗教，所有的马来人都必须信仰伊斯兰教，而且伊斯兰教徒不能与非伊斯兰教徒通婚。根据 2010 年的人口普查，信仰伊斯兰教的，马来人有 100%，原住民有 38%、印度人有 4%、华人有 1%。[2] 马来人信仰伊斯兰教，受到政府的保护和提倡，因此，伊斯兰教规范的礼仪及习俗，就成为马来人的生活及文化，也成为马来人最大的特色。对马来人而言，伊斯兰教不仅是宗教，也是一种文化及生活方式，这是马来人与其他族群的最大

---

① 林远辉、张应龙：《新加坡马来西亚华侨史》，广东高等教育出版社 1991 年版，第 476—477 页。

② 范若兰：《新海丝路上的马来西亚与中国》，世界知识出版社 2017 年版，第 24 页。

不同。这些不同的生活文化,有时就成为族群关系的界限与鸿沟。

佛教是马来亚第二大宗教。佛教对华人有较大影响,华人在佛教徒中占绝大部分。虔诚的佛教徒热衷于礼佛、静修、吃素,弘扬佛法;一般华人也热衷于"临时抱佛脚",逢庙必拜,举凡生病、求学、求职、求偶、求子,都要到寺庙"拜一拜"。在华人节日和佛教节日,华人喜欢到寺庙上香。可以说,佛教与马来亚华人的生活、习俗密不可分。除了佛教外,华人还信仰基督教、道教、儒学、中国民间宗教等。马来亚基督徒中华人占比9.6%。1995年马来西亚华人信仰的道教从民间信仰的宗教上升为国家承认的宗教,2007年被马来西亚全国宗教理事会列入五大宗教之一。许多华人在信仰佛教、道教的同时,也尊崇妈祖、关帝、大伯公等。

印度教是马来西亚的第四大宗教。2000年的人口普查结果表明,马来西亚有6.2%的人信奉印度教,其中大部分是印度人,换言之,84.5%的印度人信奉印度教。印度人聚集的地方必建有印度教神庙,马来西亚共有1.8万座印度教神庙。马来西亚的印度人中有锡克人,2000年马来西亚大约有15万名锡克教徒。

总之,马来西亚以伊斯兰教为主,多种宗教并存,是一个多元宗教国家。马来西亚的宗教与族群高度关联,马来人均100%信仰伊斯兰教,华人有76%信仰佛教,印度人有85%信仰印度教,宗教差异使得族群间的融合更加困难,三大族群的生活方式差别极大,导致不同族群很少通婚,甚至很少交往。

(二) 语言文教

在语言文教方面,三大族群之间的区分也很明显。英国殖民统治时期,由于英国殖民政府的教育政策与实践,马来亚独立时,并没有统一的语言和教育体系。独立初期,马来亚学校分为四大源流,即以马来语为主要教学媒介语的马来文学校、以华语为主要教学媒介语的华文学校、以泰米尔文为主要教学媒介语的泰米尔文学校和以英文为主要教学媒介语的英文学校。

三大族群都有自己的教育体系。马来人的母语是马来语,马来人的学校主要是以马来语为主要教学媒介语的马来文学校。在马来文学

校，华文不是必修课程。大多数马来人不懂华语和泰米尔语，如表3
－12所示，1970年和1980年统计显示，10岁以上马来人当中没人
懂华语和泰米尔语。

华人和印度人有自己族群的教育系统，还有中文、泰米尔文报纸
等大众传媒。华人和泰米尔子弟小学时期大部分就读于以华文和泰米
尔文为教学媒介语的国民型华文和泰米尔文小学。根据1967—1968
年户口调查，87%的马来儿童进入马来学校，85%的华人儿童在华
校，而67%的印度儿童进入泰米尔学校。①

表3－12 　　　　1970年10岁以上人口掌握各语言比例 　　单位:%，千人

族群	人口	马来语	英语	华语	泰米尔语	其他语
所有族群	6053.8	70	14	15	10	33
马来人	3155.6	99	7	—	—	5
华人	2202.2	37	19	41	—	80
印度人	647.7	50	26	—	89	10
其他	48.3	46	52	2	4	57

资料来源：〔马〕林水檺、骆静山编：《马来西亚华人史》，马来西亚留台校友会联合
总会1984年版，第467页。

注：马来西亚人存在多语言现象，故每行比例之和大于100%。

马来西亚在教育领域没有统一的教育体系，三大族群分别有自己
的教育体系。各族群从幼年时代就在自己族群的教育体系接受教育，
很少有与其他族群深入的接触。此外，受穆斯林教义的规范，华人等
非马来人同马来人较少通婚。华人、印度人、马来人几大族群之间互
动少，直至今日，"各族群间的互动与了解依然不深入，他们的社会

---

① 〔马〕赛·胡先·阿里：《马来人的问题与未来》，赖顺吉译，吉隆坡：策略资讯研
究中心2010年版，第128页。

距离还是非常遥远"①。

由于各族群在各个层面差异很大，正如伊斯曼（Esmen）所说："鲜有国家像马来西亚，各民族分享同一领土，且参与统一政治体系，但共同点却是如此稀少。"② 马来（西）亚于 1957 年独立时，日本学者藏居良造也评论道，"马来亚联邦拥有两个在人口数字上大致相等的族群，他们有着完全不同的文化、宗教、风俗、习惯和相互独立的经济领域，这在历史上还是首见的。"③ "各主要族群之间，原本存在互不了解与互不认同的种族或文化偏见，并且因执政当局大力推动所谓的土著观念与政策，将一国公民截然划分为权利义务多寡不同的两个范畴，更加深了彼此间的猜忌"④。马来西亚各族群，由于居住地域、宗教文化以及经济发展的明显差距，本来在沟通和融合方面就存在不少障碍，再加上特有的族群地位的结构性不平等，以及特有的异常激烈的族群政治生态，独立的马来西亚面临着族群矛盾和冲突的可能性。

第二节　独立初期马来西亚的族际政治整合（1957—1969 年）

一　独立初期族际政治整合的目标

多民族国家是多个族群共同建立的国家政治共同体，因而生活着多个族群，如何将多个族群维护在统一的国家共同体内，保持国家的统一和稳定是多民族国家必须面对的问题和任务。从这个意义上说，

① 张翰璧、张维安：《东南亚客家族群认同与族群关系》，《台湾东南亚学刊》2005年第 2 卷第 1 期。

② Milton J. Esmen, "Malaysia: Communal Coexistence and Mutual Deterrence," *Racial Tension and National Identity*, ed. Ernest Q. Campbell, Nashville: Vanberbilt University Press, 1972, p. 228.

③ ［日］藏居良造：《马来西亚的政治动向与华侨》，见《马来西亚的华侨与印侨》，亚洲经济研究所1961年版，转引自［日］李国卿《华侨资本的形成与发展》，郭梁、金永勋译，福建人民出版社1985年版，第99页。

④ 林若雩：《马哈迪主政下的马来西亚：国家与社会的关系（1981—2001）》，台北：韦伯文化事业出版社2001年版，第18页。

族际政治整合的目标，就是解决这些问题，维护多民族国家的统一和稳定。这个目标并非单一的和一成不变的。在具体实践过程中，不同的社会历史条件下族际政治整合的具体目标往往不同。根据云南大学周平教授的研究，多民族国家族际政治整合的基础性目标是防止或避免国家的分裂和解体，而高层次目标是构建完整的国族文化和国族精神，提升国族的整体性和自足性，促进国族建设。[①]

　　属于多民族国家的马来西亚，自然也不例外。马来亚独立后面对的根本任务是如何把来源构成复杂、存在巨大差异性的不同族群维持在统一的马来西亚国家共同体内。独立后，以巫统为首的联盟政府，肩负着全面建设自己国家的重要任务。但它一开始就面临着许多重大的困难，其中包括如何深入巩固自己初步取得的政治上的支配地位，如何改善以农村人口居多数的马来人的整体落后状态，如何面对华人等少数族群对于联盟政府的文化教育政策的严重不满，以及如何应对反对党越来越具威胁性的政治挑战等。不仅如此，在将马来亚进一步扩大到马来西亚（即将新加坡、沙捞越和北婆罗洲都包括在一个国家政治实体之中）的过程中，还要面对来自印度尼西亚的"对抗"和菲律宾对北婆罗洲的领土要求，以及新加坡的进入和退出所带来的一系列问题等。

　　独立后，以巫统为首的执政联盟主导了马来亚的族际政治整合。联盟领导人东姑·阿都拉曼关于族际政治整合的理念是："马来人掌权，华人继续在国内建立商业信心，印度人在劳工界加强力量，使马来西亚迈向和平繁荣康庄大道。""马来西亚基本上是马来人的国家，只要维持马来人的政治权威，保持多元社会的多元化性格，而社会会产生互相制衡的作用，大规模有组织的反叛行动自然消弭于无形之中，政府则可安心地以调解人的角色继续执政下去。"[②] 简言之，以拉曼为首的联盟政府的统治哲学的基本原则是促使国家华巫两极化的对立化解成多元化的竞争，产生多角制衡作用，以进行其调解式的统

---

　　① 周平：《多民族国家的族际政治整合》，中央编译出版社 2012 年版，第 88—91 页。

　　② Wang Gungwu, "Malaysia: Contending Elites", *Current Affairs Bulletin*, University of Sydney, Vol. 47, No. 3, Dec. 2, 1970, p. 36.

治。1963 年拉曼排除各种困难合并新加坡、沙巴和沙捞越成立马来西亚，使国家由以华巫两族为主的两极化多元社会基础扩大成多族群的多元社会基础，是这种统治哲学的最具体表现。在此理念的指导下，马来西亚开始了其族际政治整合。

二 政治上由"协和式民主"向马来人优势的转变

（一）独立初期"协和式民主"体制的运作与政权的巩固

独立后的马来亚面对的是多元族群分歧的社会，要想缓和族群间的紧张和冲突，构建一个稳定和谐的国内环境以有利于族际政治整合，政治制度的设计就相当重要。正如学者江宜桦所言："政治制度的设计对族群政治的意义不仅是衡量国家认同的重要指标，同时也是政治稳定与国家整合的重要关键因素。"[①] 另一位学者 Huntington 认为，政治不稳定的主要关键因素在于政治参与和政治制度化的差距过大。[②] 所以对马来西亚来说，要有一个符合多元族群的制度设计，由此制度设计而建立的国家才能制定出合理公正的公共政策，达到对多元族群社会的族际政治整合工作，以强化国家稳定发展的基础。

马来亚独立后，基本上沿袭了英国殖民统治的遗产，继承了原先的政治制度和框架，并结合马来亚自己的国情，实行资产阶级代议制——君主立宪制。对马来亚独立初期的政治体制，有学者称为"协和式民主"（consociational democracy）。"协和式民主"是学者 Arend Lijphart 提出来的特殊民主体制。Lijphart 用"协和式民主"模型对奥地利、荷兰、比利时、瑞士、马来西亚等多族群国家进行研究。研究表明，这些国家的社会结构虽呈现出高度的多元分歧，但通过"组合主义协议"（corporatist compromise），在"协和主义"和"和平的协定"（amicable agreement）的原则下，提供诸多制度的诱因来达成广泛的权力分享，使各对立的种族团体彼此间能形成妥协与共识，而朝

---

① 江宜桦：《自由主义、民族主义与国家认同》，台北：扬智文化事业股份有限公司 1997 年版，第 87 页。

② Samuel P. Huntington, *Political Order in Changing Society*, New Haven: Yale University Press, 1968, p. 79.

向一个兼容并蓄的民主政体发展。① 协和式运作模式主要有四项原则：巨型联合内阁、比例代表制、各族群间的相互否决权、各族群的自主权。② 用 Lijphart 的协和式运作模式的四项原则来看马来西亚，除联合内阁的结构象征性符合外，其余三项与马来西亚实际的族群运作有一定的差别。所以也有学者在 Lijphart "协和式民主" 概念的基础上提出了修正，把马来西亚的政治运作模式修正为 "准协和式民主"（quasi - consociational democracy）。③

独立后的执政联盟是三大族群政党形成的执政联盟。独立初期，联盟三党达成的默契和处世的基本原则是 "马来人保持政治优势，非马来人保持经济优势"④。东姑·拉曼政府注重联盟政府的组织平衡性。与其后的首相相比，东姑·拉曼并未给予马来支持者特别大的让步，甚至马哈迪当时公开批评了东姑对非马来人的礼遇，未将其他族群视为 "被征服者"。在东姑·拉曼掌政的十五年间，马华公会在财政部、劳工与社会福利部及贸易工业部，以及印度人国大党在卫生部门，皆具有领导权力。

独立初期执政联盟在各族群间发挥了协商功能，因此有 "圆桌会议" 的美誉。其运作包括安排各党轮流担任会议主席，不要求运用多数表决制，而是采用协商的方式。虽然三大政党有内部的矛盾争议，但是为了确保执政，三大政党仍然紧密联盟，对内互相合作与妥协。独立后，联盟党连续取得了几次大选的胜利，以此进一步巩固自己的执政地位。独立后两次大选的胜利，说明各族群的广大选民对联盟党这个多元族群的政治运作方式的认可、支持与期待，而联盟本身也因此获得了极大的巩固。

早期联盟组织的运作较依赖马华公会提供的竞选经费与行政开支

---

① Arend Lijphart, "Typologies of Democratic Systems", *Comparative Political Studies*, Vol. 1, 1968, pp. 3 - 44.

② Arend Lijphart, *Democracy in Plural Societies: A Comparative Exploration*, New Haven: Yale University Press, 1977, p. 25.

③ Ho Khai Leong, *Indigenizing the State: The New Economic Policy and the Bumiputra State in Peninsular Malaysia*, Ph. D. Diss. , The Ohio State University, 1988, p. 70.

④ ［英］巴素：《东南亚之华侨》上册，郭湘章译，"国立" 编译馆1966年版，第591页。

等财政援助，彼此间拥有各自在政经不同领域的发挥空间，而获得彼此平等的地位，或地位平等的协商功能。联盟党初期为什么能保持长久持续合作呢？主要原因可能在于各党合作能获得选举上的互利。除此之外，领导精英阶层也是一个主要因素。各政党领袖具有同质性，联盟内部不论是巫统、马华公会或国大党的政党领袖基本上都接受过西方英文教育背景，都属于资产阶级精英，即便在政见上偶然有不同意见，但比较容易取得妥协或共识。①

巫统领导人东姑的领导风格与政治运作方式，对于联盟内各党合作关系的维系也有相当的影响。学者 Lucian Pye 认为，东姑·拉曼本身的温和式家长作风反映了受英国教育的马来贵族的政治理想。他本身的作为并不努力去消泯或同化各族群间的族群界限，反而期待各族群依其传统文化规范来管理族群内部各自事务，而他本人则是居于在上位者的协调仲裁者角色，以相对中庸的态度调和联盟内各成员党的争议。②

（二）联盟政党结构与支配地位的变化——马来人优势的确立与巩固

马来西亚独立初期，执政联盟虽施行协作运作模式，但几大政党的地位并不是一样的，巫统在执政联盟中的地位逐渐加强。巫统是以维护和实现马来人利益为立党宗旨而组建的政治组织。无论是反对1946 年的"马来亚联盟计划"，还是独立前后为维护马来人特权而与英国政府、华人政党的讨价还价，巫统都充分地显示了本党的族群性质和所代表的族群利益。维护马来人特殊地位，始终是以巫统为首的马来西亚政府的重要任务。巫统在执政联盟中地位的逐渐加强，为其维护马来人的利益和实现马来人的意志提供了条件。

1. 马来人优势地位的确立

（1）马华公会内部分裂

马华公会在联盟政府影响力的衰弱，基本和马华公会内部的领导层结构出现变化有关，而这种变化的结果，代表马华公会内部力量的

---

① Anthony S. K. Shome, *Malay Political Leadership*, London：Routledge, 2002, pp. 84 – 85.

② Lucian Pye, *Asian Power and Politics：The Cultural Dimensions of Authority*, Cambridge, Mass：Harvard University Press, 1985, p. 261.

分裂，也致使族群讨价还价能力下降，破坏族群合作基础的原本结构，也同时伤害马华公会原本的协商议价能力。

1958年3月马华公会举行大选，以林苍祐为首的少壮派赢得了中央领导权，希望能提高马华在国家政治中的地位。1959年大选前夕，林苍祐向东姑提出要求，希望联盟依据人口增加比例，提高马华公会在国会的议席，分配40个席位给马华公会。40个议席数刚好超过全部国会议席的1/3，以保证宪法不至于随意被修改从而侵害华裔族群的权益。东姑·拉曼面对巫统内部的激进派与伊斯兰党等多重政治势力，要求继续维持马来优势地位的压力下，强硬地拒绝马华公会的请求，只肯同意分配28席给马华公会，并表示如果马华公会不接受此条件，巫统将不与马华合作而单独参加此次大选，并宣布他个人将全权决定联盟三党的候选人名单，以取代联盟全国理事会的协商职权。经过马华公会内部协商，因为不愿退出联盟而冒着单独参选失利的风险，因此决定最后接受东姑·拉曼所开出的条件，林苍祐在这之后也迫于压力辞去马华公会总会长职务。

这一事件使巫统领导地位正式被确立，马、华、印联盟就逐渐变成以巫统领导人——东姑·拉曼为中心的政治联合团体，而马华公会作为华裔族群权益代表的威信也因此降低了。马华公会在1959年的分裂所导致其威信与影响力下降，亦显示了马华公会在联盟内部将居于从属地位的前景，以及华裔社会在马来亚地位的弱势象征。[①] 这当然也代表联盟原先三党平等分享权力的创始精神已经一点一点地流失，也相对反映巫统在此联盟集团的族群政党结构中之优势支配地位。

（2）宪法修正

1962年，联盟在国会通过马来亚宪法修正案，其中包括公民权取得方式的修改，以及选区划分权责的归属。新的宪法修正规定将原先出生地主义的公民权，修改为一个在马来亚出生的人民，如果想要成为该国公民，其父母其中一人必须是马来西亚公民或永久居留者，

---

① ［马］陈剑红：《战后大马华人的政治发展》，林水檺、骆静山编《马来西亚华人史》，马来西亚留台校友会联合总会1984年版，第120页。

以此来限制公民人数的增加。另外，也将选举委员会的选区修改权力移交至国会，而选区划分大小的差距，也从 1957 年宪法中规定的选区大小的人口差距由 15% 修改为 50%。原本选举委员会是个独立的机构，拥有选区划分的职权，但经此修改后，选举委员会只能建议选区划分，而由国会最后决定。

由于联盟控制了国会，而选区划分之职权改归于国会，并且将选区大小的人口差距增修为 50%，城乡之间选区大小的调整，将有利于巫统控制更多的议席，由于当时马来人多居住在乡村，一人一票同值的民主原则也因此受损。而就此次修宪来看，基本上是首先限制公民人数，其次控制选举委员会将选区大小差距拉大，以便巫统在整个环境结构中有效地支配国家机关中的立法机构，也等同于巫统在国家统治结构中相对占有优势地位。

（3）地方议会选举的取消

马来亚在英国殖民时期，1951 年在槟城举行首次市议会议员选举，这也是马来亚地方自治的开始。1965 年 3 月，联盟政府基于当时印尼"对抗"安全威胁，无限期地延迟地方政府县市议会的选举。当时的东姑首相曾表示："当和平已经恢复，我向国会保证将举行（地方政府的县市议会）选举。"① 但自此之后地方自治的选举一直没有恢复。1972 年政府决定废除民选地方政府的县市议会，而地方首长及议会主席、议员等职缺都由政府官派代表来担任。地方选举停止后，反对党及少数族群的参政资源大为萎缩，全国各地的管委产生的地方议员大都由国阵各成员党垄断分配，并未依照比例分配方式让反对党占有任何席位，也因此地方议席成为执政党笼络党内地方政治人士施恩的手法，同时少数族群也无法利用地方选举凝聚其政治资源，如此限制政治参与的做法，有利于巩固执政当局在地方上的基础，加强了巫统的政治支配权。

2. 马来优势地位挑战的失败

1963 年，马来亚联合新加坡、沙巴和沙捞越组成了马来西亚联

---

① Lim Kit Siang, "Time Bombs in Malaysia: Problems of Nation—Building in Malaysia", *Petaling Jaya*: *DAP*, 1978, p. 29.

邦。马来西亚联邦成立后不久，却对联盟政权产生新的冲击。这次冲击是由李光耀与其人民行动党（People's Action Party，PAP）势力的扩张引起的。李光耀的政治理念是建立一个不分族群界限的马来西亚，而且他个人具有相当大的政治抱负。马来西亚联邦成立后，李光耀想要将人民行动党的势力扩展到马来半岛，他领导人民行动党在马来西亚迅速扩张，除吸收华人之外，也同时吸收马来人及印度人，这开始引发与巫统及马来族群间的政治紧张及冲突。

李光耀的政治理念与马来西亚联盟政府的理念是不相容的，对马来族群的优势地位提出了挑战。因此，当李光耀提出"马来西亚人的马来西亚"（Malaysian Malaysia）的口号，并召开"马来西亚人民团结大会"（Malaysian Solidarity Convention）的多党联合阵线，用以主张争取各族群平等权利时，缺乏自信心的马来人认为"马来西亚人的马来西亚"概念模糊了"马来人"的边界，从而消除了在"马来人"边界内独有的"特权"与"支配权"。对马来族群而言，这一口号是要重新界定马来西亚人的特殊权利，也是对马来人的政治支配性挑战。虽然"马来西亚人的马来西亚"口号深得非马来人的支持，但却引起了马来人的大力反对，以东姑·拉曼为首的马来政治人物，决定将新加坡于 1965 年 8 月 9 日正式逐出马来西亚联邦。新马分离使马来人继续保持在马来西亚的特权及支配权。这个事件表明，在马来西亚只要有对马来人主权的威胁，就会引发马来族群的抗争，如此的发展结果，说明在马来西亚基本上将不可能出现族群共治的环境和机会。

三　经济上实行自由放任经济政策

英国殖民统治时期，马来亚奉行的是经济自由发展政策，开放市场，鼓励竞争，坚持以出口型经济作为基本发展方向，以锡采和橡胶、油棕等商品作物种植及其商品为出口大宗，将华人、印度人等移民族群作为经济发展的重要依靠力量，把殖民地经济完全融入国际经济，以此建立起了相对完善的马来亚殖民经济体系。马来西亚独立后，推动经济的发展便成为政府的首要任务之一。

（一）推行自由放任的经济政策

独立后的马来西亚基本沿袭自由市场经济的模式发展，它采取了开放、自由的经济政策，保护前殖民政权在本国的经济利益，同时鼓励更多的外资流入。基本的做法为："以农业为基础、工业为主导、经济多元化为原则"，在保留旧的所有制结构的基础上，对产业结构、产品结构进行一些改造，减少对胶、锡的依赖，改种新的经济作物等。

在自由放任的经济政策下，马来西亚政府出于政治和经济上的考虑，基本维持独立前让华人在中下层经济中自由发展的原则。当时是三党联盟执政，初掌政权的马来人靠着同马华公会保持合作关系才得以维持其政治势力，加上独立前两族政党协议的约束，马来人要集中力量加强马来人在教育和政治上的优势，以及解决马来西亚建立前后所引起的诸多内外问题而对经济问题还无暇顾及等原因的影响，马来人主导的政府没有对华人经济采取过多的限制政策。

在工业方面，马来西亚由于受多年殖民统治的影响，经济结构片面发展，高度依赖橡胶和锡的生产，制造业十分落后，高度依赖进口。为了改变旧的经济结构，政府提出"进口替代政策"。1958年，政府颁布《先导工业法》。该法规定对于新成立的、主要从事进口替代品生产的企业按投资额、雇工数、投资地点、工业类别，分别给予2—5年的减免40%的所得税优惠，保证不把私人企业收归国有，允许私人资本自由流动，自由汇出利润。在《先导工业法》提供的优惠条件的刺激之下，进口替代工业得到了迅速发展。1958—1968年，西马来西亚新兴工业部门发展了140家，投资总额为4.45亿马元。[1]政府公布的新兴工业产业有174类之多，包括啤酒、维生素、饲料、化妆品、牙膏、自行车等，很多都适合华人资本投资。[2] 在此过程中，华人经济进一步发展。

在确立自由放任经济政策的过程中，联盟政府曾遇到来自马来民

---

① 魏达志编：《东盟十国经济发展史》，海天出版社2010年版，第64页。

② 黄滋生、温北炎主编：《战后东南亚华人经济》，广东人民出版社1999年版，第55—56页。

族主义者的极大阻碍。1955 年巫统选举备忘录就反映了他们的许多要求，如要求政府直接介入教育、农业、工商业，以确保马来人能够迅速参与国家经济生活；要求只有各州所有的合作组织才可以加工、运输、买卖马来人的农业产品；同时还要求采取具体措施落实独立宪法给予马来人的各种特权等。马华公会则本着宪法中关于马来人享受特权时不得损害其他族群利益的精神，力主自由企业、公平竞争，力求维护华人利益。马华公会领导人如陈修信更是利用其出任联盟政府的工商部长（1957—1959 年）和财政部长（1959—1974 年）的有利条件，促使联盟政府采取有限的经济干预和维护马来人特权政策，而执行一种基本上以自由经济为主的经济发展政策。①

（二）扶持马来人经济发展，缩小马来人与非马来人的贫富差距

针对马来西亚长期存在的族群经济发展不平衡现象，在独立以前，殖民当局也曾采取了各种干预措施，试图纠正族群经济不平衡现象。早在 1952 年，Templer 将军出任马来亚联合邦最高专员，英国政府在给他的指令中讲道："实现统一的马来亚国家的理想，不能牺牲任何族群的传统文化和习俗，但是，在这个理想完全实现前，应该鼓励和帮助马来人在这个国家的经济生活中发挥全面的作用，这样才能令当前的经济不平衡有所扭转。"② 为了贯彻殖民政府关于扶持马来人经济发展的指导方针，殖民当局在这一时期还专门设立了相应的扶持机构。比如 1950 年设立了农村和工业开发局，该机构的主要任务是扶持马来人的工商业发展。1952 年建立联邦农业市场局，改善市场条件，管理市场秩序，主要目标是保证农产品的合理价格，保护马来人农民的权益。1956 年成立了联邦土地开发局，负责土地开发和安置工程。联邦土地开发局主要为马来人开垦高产橡胶和油棕园而设立，并安置他们来此耕种而设立。

独立后，东姑·拉曼政府沿袭了英国殖民者"自由放任"的经济

① Lee Kam Hing and Tan Chee Beng, *The Chiese in Malaysia*, Oxford University Press, 2000, pp. 129－132.

② Leon Comber, *13 May 1969: A Historical Survey of Sino－Malay Relation*, Kuala Lumpur: Heinemann Educational Books (Asia) Ltd, 1983, p. 53.

发展政策，虽然没有采取直接干预政策，没有公开声称要纠正族群经济不平衡，但是实际上已经采取了改善马来人经济地位的种种政策和措施。这一时期，政府扶持马来人的重点在农村和农业，至少在20世纪60年代中后期才逐渐转向城市和工商业。在此思想指导下，马来西亚政府先后出台三个五年计划：第一个马来亚计划（1956—1960年）、第二个马来亚计划（1961—1965年）和第一个马来西亚计划（1966—1970年）。前两者以发展交通、水利和农业为重点，后者为加强基本设施的建设，改变农村落后状况[①]。

第一个马来亚计划（1956—1960年）是在马来西亚独立前夕颁布的第一个五年计划。该计划的主要目标是注重农村农业发展和基础设施建设，农村投资占总开支的24%。政府采取了诸多政策措施促进农村的发展，建立市场机制，成立农村合作社等。政府还投资改善农村交通、通信、公共设施等基础设施等。在第二个马来亚计划（1961—1965年）时期，国家出台了一个专门的《国家农村开发计划》。这一时期，政府增加了对农村农业投资开支，总投资额达到4.68亿零吉，约占总开支的18%。这些开支中约有50%用来支持马来人改种橡胶计划和土地开发计划；大约有25%用于建立农村合作社、信用贷款等[②]。

第一个马来西亚计划（1966—1970年）的政策重心发生了变化，主要由原来对农村的支持转向了对马来人的扶持和帮助。如果说前几个计划重点在于通过农村的发展来提高马来人的经济地位，那么这一时期则开始转向工商业领域。政府开始注重工业化，建立了国家企业机构和各州经济开发公司等重要的国有企业。

1965年，政府将乡村和工业开发局并入了原住民信托委员会。1966—1970年，原住民信托委员会总共发放了4800笔价值3100万零吉的贷款，主要用于支持马来人的各种工商业项目。在这些贷款的支

① 丘立本：《马来西亚现代化与民族问题》，载罗荣渠、董正华编《东亚现代化：新模式与新经验》，北京大学出版社1997年版，第206页。

② George Cho, *The Malaysian Economy: Spatial Perspective*, London and New York: Routledge, 1990, pp. 55 – 57.

持下，马来人建立了许多成衣、木薯粉、橡胶等产品的加工企业，开办了许多批发和零售商店。另外还组建和经营了国有巴士公司，到1970年，原住民信托委员会拥有的巴士数量达到了360辆，所提供的运输服务达到了2000英里。此时原住民信托委员会已经基本上垄断了国内的运输公司，并且将6家巴士公司转让给了马来人。[①]为推动马来农村发展，联盟政府在原来相关部门基础上，还设立了农业与国家发展部以及联邦土地巩固与复兴局、小型橡胶业经营者发展局、土著银行、农业银行等。其中，小型橡胶业经营者发展局为这些经营者所提供的资金主要用于推广高产抗病橡胶树。巫统还于1965年和1968年召开土著经济大会，以探讨工商业方面马来人发展落后的问题。

（三）对自由放任经济政策的评价

独立前夕，马华两族执政党高层已达成谅解和协议，即马来人的特权不得质疑，马来人政治不得挑战，华人则被允许从事传统的工商活动，并同意马来人可以利用政治优势改善其经济的落后，以达到种族平衡。[②]独立以后，根据这一协议，联盟政府总体上采取了自由放任的经济政策，允许华人和印度人经济的自由发展。但是，对于族群间经济发展不平衡问题，联盟政府对马来人经济发展给予了大力扶持，并根据形势发展的需要有不同的侧重。1957—1969年，由于马来人主要居住于乡村和从事农业工作，政府对马来人的经济扶持重点放在乡村发展。

但这一时期政府对马来人经济的扶持更多的是象征意义，实质上并没有太多的作为。由于当时农业仍是马来亚的经济命脉，与其说是偏向马来人，不如说是针对农村。在自由放任的经济体制下，联盟政府虽然在经济上面临族群间经济发展不平衡的压力，但在经济发展方面，以经济增长为主要目标。在为此制订的马来亚第一、第二个五年

---

① Leon Comber, *13 May 1969*: *A Historical Survey of Sino – Malay Relation*, Kuala Lumpur Heinemann Asia, 1983, pp. 53 – 54.

② Leon Comber, *13 May 1969*: *A Historical Survey of Sino – Malay Relations*, Kuala Lumpur Heinemann Asia, 1983, p. 53.

计划（1956—1965 年）和马来西亚第一个五年计划（1966—1970年）中，尽管确立的主要目标除经济增长外，还有消除族群间的经济不公平，以及提供更多的就业机会等，但是，"经济增长目标仍旧获得最大的关注，因为人们认为这是实现其他两大目标的关键"。[①]

独立后到 20 世纪 60 年代末，马来西亚实现了经济增长目标，如从 1957 年到 1970 年，国内 GDP 增长平均高达 6%。[②] 在此期间，国内的族群就业结构尚没有发生根本的改变，这就使得华人还像以往一样，是经济增长的主要受益者之一。而以英国为首的欧洲资本也仍控制着采矿、园丘经营、进出口金融等部门。总之，到 20 世纪 60 年代末，马来西亚的现代商品经济，还基本上和殖民地时期一样被外国资本与华人资本共同垄断，马来等土著的经济领域仍旧局限于传统的农业。

四 单元教育文化政策的确立

马来西亚独立建国之初，面对的是一个多元的族群文化环境和一个多元的族群教育体系。就多元的族群教育体系而言，除马来人外，华人和印度人都已建立了自己的族群教育体系，还存在一个英国的殖民主义教育体系。如何整合多元文化和多元教育体系而实现国家认同，是独立初期马来西亚族际政治整合绕不开的一个话题。

（一）殖民统治教育政策的遗产

"二战"之前，英殖民政府对华人和印度人的教育没有太多的管制，基本态度是任其自生自灭。"二战"后，英殖民政府的态度开始发生变化。1949 年 9 月，英殖民政府成立马来亚联合邦中央教育咨询委员会。该委员会的成立标志着英殖民政府教育政策的改变。马来亚联合邦中央教育咨询委员会提出了两项目标，即"统一教育制度"和"共同的国民意识"。1950 年 5 月，该委员会又提出扩张英语教育以解决族群间的教育问题。

[①] 陈鸿瑜：《马来西亚史》，台北：兰台出版社 2012 年版，第 293、294 页。

[②] ［马］潘永强：《马华政治散论》，吉隆坡：燧人氏出版社 2005 年版，第 199 页。

1. 《1951 年巴恩报告书》和《1952 年教育法令》

因以拿督翁为首的一批马来民族主义者不满马来亚联合邦巫文教育状况，英殖民政府在 1950 年成立了一个由 5 名白人和 9 名马来人组成的马来文教育委员会，牛津大学教授巴恩任主席。巴恩委员会原本的任务和权限是调查马来亚马来人巫文教育现状，并在此基础上对如何改善巫文教育提出建议。[①] 但巴恩委员会并没有局限于原来给定的任务和权限，而是建议政府终止现行的族群语文学校系统，以单一的"国民学校"代之，主张政府应把所有的教育款项都用在国民学校身上，以吸引各族群学生。该报告书首次提出了国民学校的概念。华校和印校在新教育系统中没有任何地位，因为他们认为那些把马来亚当作故乡的非巫统人应该放弃他们的语文教育，即其所谓的"放弃对本族语文狭隘的偏护"，以达到国家与社会的团结。[②]

《1951 年巴恩报告书》出台后，遭到华人等非马来人的强烈反对，他们希望殖民政府能够采取多元的教育政策。但殖民政府最终还是以《1951 年巴恩报告书》为蓝本制定了《1952 年教育法令》，并认为只有通过单一的媒介语——英语或巫语，才能促进族群间的融合及对国家的认同。

2. 《1954 年教育白皮书》

《1952 年教育法令》主张实施国民教育，建议将华校一律改为国民学校。但该法令通过后，却因政府财政问题不得不搁置。《1954 年教育白皮书》就是针对《1952 年教育法令》由于缺乏经费无法实施而提出的解决方案。1953 年 11 月 17 日，以教育部长都莱星甘为主席的十人委员会受联邦行政议会的委任，研究探讨确保《1952 年教育法令》得以实施的办法。

1954 年 9 月 29 日，报界披露了《1954 年教育白皮书》的部分内容。教育白皮书委员会一致认为，"在朝向建国的马来亚联合邦中，

① Tan Liok Eo, *The Politics of Education in Malaya（1945 – 1961）*, Kuala Lumpur: Oxford University Press, 1997, pp. 49 – 50.

② Tan Liok Eo, *The Politics of Education in Malaya（1945 – 1961）*, Kuala Lumpur: Oxford University Press, 1997, p. 58.

教育政策必须遵循以下三个原则：第一，对于团结一致的马来亚未来公民的教育，各族群混合的学校最为重要；第二，必须兼授英、巫两种官方语文；第三，所有学校应有一共同的教育制度及共同的教授内容"①。10 月 7 日，白皮书提交给立法会议，并讨论通过。

"二战"后英殖民政府教育政策的特点可以归纳为三个方面。第一，认为多元族群的学校对一个团结的马来西亚国家的公民是重要的；第二，英文和巫文作为官方语文，两者都需要教导；第三，必须建立单元的教育系统并教导相同的学校课程。从中我们可以看出，政府在承认多元族群的多元教育系统的同时，定英文和巫文为官方语文，并认为国家需要单元化的教育制度，而相同的学校课程是迈向单元教育制度的第一步。这也就决定了这一时期政府教育政策的走向。

（二）独立前夕各族群在教育问题上的妥协

《1951 年巴恩报告书》《1952 年教育法令》《1954 年教育白皮书》自然遭到了华人等非马来人的反对。华人社会展开了各种反对活动。《1952 年教育法令》最终因殖民政府财力有限而搁浅，《1954 年教育白皮书》更是在华社的坚决抵制下宣告结束。

大选前，在教育问题上各方并没有达成一致意见。1951 年，华校教师联合会总会（简称"教总"）成立。1954 年，各地的华校董事会联合起来，成立了华校董事会总会（简称"董总"）。"董总"与"教总"合成"董教总"，致力于捍卫华人社会的语言教育权益。在大选前夕，巫统也急需华人的支持。在这种情况下，1955 年，巫统、马华公会、董教总就国家的语言政策问题在马六甲举行了会谈。

在会谈中，三方达成了谅解，决定在联邦选举之前暂时搁置这个议题，达成了几点协议："第一，如果获得执政，联盟政府承诺将修改不利华教的法令条文，包括《1952 年教育法令》及白皮书，甚至于改写，使华人得以保存其学校、语言及文化；第二，在联盟的选举纲领中，将列明联盟'决不消灭任何民族学校、语言及文化'的政

---

① 马来西亚《南洋商报》，1954 年 9 月 29 日。

策；第三，1955 年将拨 200 万元予华校，作为津贴及发展之用。最后会议发表文告决议：'联盟政府决不摧残任何民族文化、方言与学校；至于华校教师方面，鉴于本日会议之决定，决不提出华文应列为官方语文的要求。'"①

总之，各方为了各自利益，暂时搁置了一些问题，达成共识，为联盟赢得大选奠定了基础，但是这并不意味着该问题得到了解决，问题只是暂时被搁置了。

（三）单元同化教育政策的确立

大选过后，1956 年自治政府成立了以教育部长阿都拉萨为首的"15 人教育政策委员会"，以检讨《1952 年教育法令》和《1954 年教育白皮书》，并提出改革或修正的建议。最后该委员会提出了《拉萨报告书》。《拉萨报告书》关于小学教育是这样规定的："我们承认各种小学的存在，应被划分为两大类型：（1）标准小学，所使用的教学媒介语为马来亚的国语；（2）标准型小学，其主要教学媒介语为华语、淡米尔语或英语。"② 同时《拉萨报告书》也指出了教育的最终目标："本邦教育政策之最后目标，必须集中各族儿童在一个国家教育制度之下，而在此制度之下，本邦国语成为主要教学媒介语，唯本委员会承认，欲达此项目标，不能操之过急，必须逐步推行。"③ 从中我们可以看出《拉萨报告书》虽然把所有媒介的小学教育都纳入了国家教育体系里，但在最终目标里却也提出了"一种语言、一个源流"的教育政策。

1957 年国家独立后出台了《1957 年教育法令》。该法令以《拉萨报告书》为蓝本，其中第三条明确规定："联合邦的教育政策是建立一个为全体联合邦人民所接受的国民教育体系来满足他们的需求和促进他们的文化、社会、经济及政治发展，目的在于使马来语成为国

---

① 马来西亚《星洲日报》，1955 年 1 月 13 日。
② 林开忠：《建构中的"华人文化"：族群属性、国家与华教运动》，吉隆坡：马来西亚华社研究中心 1999 年版，第 82 页。
③ ［马］莫顺生：《马来西亚教育史》，马来西亚华校教师会总会 2000 年版，第 63 页。

语，同时也维护及扶持我国其他族群语文和文化的发展。"① 在此法令下，马来文小学被称为标准小学，英文小学、华文小学和淡米尔文小学被称为标准型小学，都获得政府的全部津贴。马来文中学被称为国民中学，华文中学和英文中学被称为国民型中学。国民中学和国民型英文中学都获得全部津贴。国民型华文中学也可获得部分津贴，但是要获得全部津贴则必须改为以英文为主要教学媒介语。

1960 年，政府开始检讨《1957 年教育法令》，以便使其更能配合国家的发展。2 月，由教育部长拉曼·达立（Rahman Talib）为主席组织委员会。委员会 8 月正式公布教育报告书，称《达立报告书》。《达立报告书》认为国家只能容忍至小学阶段的"家庭用语"教学或母语教育，小学之后的教育应该在团结国民、培养国家意识的大前提下，采用统一的语言，即国语。所以该报告建议政府进行资源重新分配，即对非国语中学提出津贴的各种条件，以使这些中学减少。随后各地教育局就发函到各华文中学，催促它们从速申请政府的财政津贴，以成为国民型中学。1961 年，根据《达立报告书》所拟定的教育法令，华文中学被一分为二：国民型中学或华文独立中学。

国会在《达立报告书》的基础上，通过了《1961 年教育法令》。该法令指出，国民中学是指完全接受政府津贴的学校。成为这种中学的最重要条件有：五年制课程、使用国语为教学媒介语、英语为必修科目，必须参加政府考试，来自其他源流的小学毕业生若要进入国民学校就读，就必须先进入为期一年的预备班。法令还规定，1963 年起马来西亚只有两种中学——"全津贴中学"和"独立中学"。法令要求过去接受部分津贴的华文独立学校，如要继续接受政府的津贴，就必须改制为以英语为教学媒介语的"全津贴学校"，迫使中学教授华文的时间大幅缩短。从上述变化可以看出，政府企图以断绝办学资源的方式，使华文中学改制，使得华人进入国家所掌控的教育体系。

---

① 《教总 33 年》，吉隆坡：马来西亚华校教师会总会 1987 年版，第 203 页。

1957 年马来亚独立后，初掌政权的马来人没有急于在经济上限制非马来人，而是着手削弱非马来人教育，致力于建立统一的马来化教育体系。这表明马来西亚联合邦的联盟政府秉持了英国殖民统治者遗留下来的族群同化政策，即把文化（教育）同化——马来化作为实现政治认同—国家认同的根本手段。联盟政府单元文化教育政策主张取消多元教育，实现以马来语为唯一教学媒介语的国民教育，即所谓"一种语言，一个源流"，对其他非马来人进行同化。

五 "五一三"事件——独立初期族际政治整合的失败

马来西亚独立后，其政治、经济、文化等方面都在殖民时期的基础上向前发展，"五一三"事件发生前，马来西亚的族群关系总体上还是比较和谐的，特别是联合政府里各族群精英合作执政形式，有效地维护了族群关系和平发展。但是族群间的差异与矛盾并没有从根本上解决。马哈蒂尔对东姑·拉曼联合政府时期的族际政治整合这样评价："政府一开始就立下一个错误的前提。它以为过去是有种族和谐，华巫合作争取独立，就是种族和谐的例子。它相信华人只热衷于做生意和取得财富，而马来人只希望成为政府公务员。"[1] 马哈蒂尔认为这种"可笑的假设"不但无法解释造成两族冲突的深层原因，还使得彼此仇恨越来越深，最后才会发生 1969 年的种族暴动。

（一）族际政治整合的不足：族群矛盾的激化

马来西亚独立之初，联盟党内部虽然也存在一些不同意见，但整体政治观点仍属一致，主张维护马来西亚的主权与独立，尊重宪法与捍卫宪法原则，采取族群平衡的政策，使多元族群的人民在相互容忍的基础上和谐相处，在种族纷争上尽量采取温和手段，避免因族群矛盾激化而影响政治稳定。在独立后马来西亚联盟执政的 12 年中，马来西亚族际政治整合的实施，取得了一定的成果，一直保持了比较和

---

① ［马］马哈蒂尔：《马来人的困境》，叶钟铃译，吉隆坡：皇冠出版公司 1981 年版，第 8 页。

谐的族群关系,但关键是原有的族群矛盾并没有解决。20 世纪 60 年代中期以后,随着各族群反对党势力的增加,以及它们各自对经济权利和政治权利的争夺,族群矛盾上升,1969 年大选前夕,族群课题被炒作,族群矛盾尖锐。

1. 经济上族群贫富不均没有发生改变

对于族群间经济发展不平衡问题,联盟政府采取多种措施减少马来人与非马来人之间的经济发展差距。东姑·拉曼执政后,联盟政府财政支出的 37% 用于农业与乡村开发,然而马来族的贫穷状态依然没能获得根本改善。根据马来西亚财政部之统计,最低收入阶层(绝大部分为马来族)的人均月收入,由 1957 年的 48 马元下降至 1970年的 33 马元,下降幅度为 31%。①

1970 年,华人家庭的平均月收入为 394 元,而马来家庭仅为 172元,有 1/3 的马来族人口处于贫穷线下。马来人的城市化程度仍旧很低,如在 1970 年,城市总人口中,马来人只占 28%,华人则占58%,印度人为 13%。② 独立后,华人家庭收入一直保持着远远高于马来人的水平,1957—1958 年华人家庭收入是马来家庭收入的 2.06倍,1960 年达到 2.72 倍,1967—1968 年降为 2.45 倍,1970 年再降为 2.29 倍。③

商业与工业部门中,马来族的落后情况更加明显。根据 1970 年的资料显示,因殖民时期经济结构在建国后持续运作,其中外资与华商仍为马来西亚的经济主体,在马来半岛内的有限公司股权资产各分别掌握约 60% 与 22.5%,而马来人仅掌握 1.9%,马来人仍然停留在贫穷的边缘(见表 3 – 13)。④

---

① 马来西亚财政部:《1974—1975 年度经济报告书》,第 85 页。

② Leon Comber, *13 May 1969: A Historical Survey of Sino – Malay Relation*, Kuala Lumpur Heinemann Asia, 1983, p. 56.

③ [马]林水檺、何启良、何国忠、赖观福编:《马来西亚华人史新编》(第二册),吉隆坡:马来西亚中华大会堂总会 1998 年版,第 329 页。

④ 刘文荣:《马来西亚华人经济地位之演变》,台北:世华经济出版社 1988 年版,第105 页。

表 3 - 13 1970 年马来半岛地区族群与产业在有限公司
股权资产的分配比例 单位：%

部门	马来人	华人	印度人	外资
农林牧渔	0.9	22.4	0.1	75.3
矿产业	0.7	16.8	0.4	72.4
制造业	2.5	22.0	0.7	59.6
建筑业	2.2	52.8	0.8	24.1
运输通信业	13.3	43.4	2.3	12.0
商业	0.8	30.4	0.7	63.5
金融业	3.3	24.3	0.6	52.5
其他	2.3	37.8	2.3	31.4

资料来源：引自 Edmund Terence Gomez and Jomo K. S. , *Malaysia's Political Economy*：*Politics*，*Patronage and Profits*，Cambridge：Cambridge University Press，1997，p. 20。

马来西亚独立建国后，经济上处于劣势的族群，恰是这块土地上人口比例最高的马来族群，作为政治生活的主体，他们要求社会财富的平均分配，以他们的角度来思考，这是十分合理与自然的。

2. 1969 年大选与族群矛盾的政治化

马来西亚政治、经济、社会发展的不平衡和不公正现象，长期以来一直是维护和发展该国和谐族群关系中的消极因素，由此而导致的马来人和华人之间的矛盾和对立无时无处不在，虽然平时一般不会被激化，但却难逃选战竞争中被各政党利用的命运，1969 年大选就是这样一种情况。从当时的情况看，联盟党和反对党激烈竞争的结果，马来人与华人之间的族群问题实际上遭到了无原则的夸大和渲染，族群关系也因此变得越来越紧张。

大选前夕，马来西亚族群问题突出，如马来人的特权问题、马来人的经济社会发展相对落后问题、华人的语言和教育问题。在大选前的竞选活动中，国内族群问题被各党派进行炒作。竞选中，联盟党涉及的种族课题是为马来人的特权做辩护，在其竞选宣言中，指出马来人拥有政治权，华人和印度人拥有经济权，只要他们本着完全的善意和谅解，两相结合，就会为国家带来和平、和谐和繁荣。伊斯兰党在竞选中明确声明，如果能够执政，就要把马来西亚建成一个伊斯兰国，并修改宪法，使之马来化，而不是马来西亚化，它的口号是：种族、宗教和马来人土地。其余三个反对党虽都声称自己为非族基党，是代表多元族群的，但其成员却主要以华人为主，竞选中也都把矛头指向马华公会。民主行动党反对种族霸权，主张建立一个多元种族、多元语言、多元宗教的马来西亚社会，其竞选宣言是"实现马来西亚人的马来西亚"。民政党在接受马来语作为国家语言的地位和政策的基础上，主张"合法使用所有语言"，支持保留华文和淡米尔文中学，建立大学，令马来人、华人、印度人等能够接受高等教育。人民进步党的竞选口号是"马来西亚是马来西亚人的马来西亚"。在竞选活动中，各党以族群话题相互抨击。伊斯兰党批评联盟党偏向华人，出卖国家和马来人给华人。联盟党针对该批评，指责伊斯兰党与非法的马来亚共产党和新加坡的人民行动党有联系，并接受后者的基金。

东姑·拉曼政府未能杜绝反对党与执政党之间的不同意见与主张。在新马分离后，在民主行动党申请注册登记的问题上，政府坚持宪法原则，允许持不同政见的政党注册，引起了马来族极端分子的强烈反对，指责东姑·拉曼政府对非马来人的让步过多。在1969年大选之前，马来西亚处于各种矛盾一触即发、星星之火可以燎原的局面。1969年5月5日，西马各地开始进行大选。在许多州，在野的民主行动党、伊斯兰党和人民行动党都获得大量选票。长期压抑的族群间、政党间、宗教间矛盾都借大选的机会表现出来。

总之，华、巫、印各族群对自己的处境都不满，对农村马来族而言，独立之后教育事业的发展与政治意识的萌芽，使马来族农民对自身贫穷感到不满；城市地区的马来人，面临非马来族的激烈竞争，不满情绪也相当严重；印度族因人口比例较少，一直处于边缘地带，对现状也感到不满；华人与印度人对于政府明显偏向马来族的政治与经济政策也相当不满。这种不满在民主选举过程中受到了不应有的刺激，以致被利用，最终爆发出来，从而成了1969年马来西亚"五一三"事件的导火索。

（二）"五一三"事件的爆发

尽管大选前各种矛盾交织，一触即发，马来西亚大选还是在 1969 年 5 月 10 日照常举行。这是新加坡于 1965 年 8 月脱离马来西亚联邦之后，举行的第一次全国大选。大选的结果是联盟党虽然保住了联合邦议会中的多数席位，但却由 1964 年的 89 席降为 66 席，获得的选民票数比例也相应地从 58.4% 降为 48.5%，失去了三分之二的多数席位，反对党以 38 个席位获得大胜，赢得 51.5% 的得票率。[①]

表 3－14　1969 年大选西马各党国、州议席数及国会选举得票率

政党	州议席（个）	国会议席（个）	国会得票率（个）
联盟党	167	66	48.4
民主行动党	31	13	13.7
伊斯兰党	40	12	23.8
民政运动党	26	8	8.6
人民进步党	12	4	3.9
人民社会主义党	3	0	1.2
马来西亚华人统一机构	0	0	0.1
独立候选人	3	0	0.3

资料来源：王国璋：《马来西亚的族群政党政治（1955—1995）》，台北：唐山出版社 1997 年版，第 103 页。

大选结束后，人们在选战中被激发起来的亢奋情绪并没有平静下来，反而因为出人预料的选举结果，局势变得更加紧张不安。最紧张的当然是联盟党，尤其是在其中占支配地位的巫统。所以，在选举结果逐渐被披露后，该党领袖们就赶紧聚集在一起，以图对选举后的政

---

① Barbara Watson Andaya and Leonard Y. Andaya, A History of Malaysia, Palgrave Macmillan, 2001, p. 297.

治形势做出及时反应。巫统党内出现了右倾化的发展迹象，其中包括要求组建一个更加马来化的内阁，即要马来人接管由马华公会代表担任的工商和财政等部长。而被认为是支持华人的巫统领袖东姑·拉曼则成了被批评的对象，地位和影响力受到了极大的影响。

这次的国会大选中变动最大的是代表华人的政党。身为执政联盟的马华公会，其席次由 27 席下滑到 13 席；可是首次参加大选的民主行动党却得到 13 席，另外一个反对党民政党也获得 8 席。这两个反对党都是首次参加国会议员选举，都主张建立一个多族群、多宗教及多语言的马来西亚，认为每一个公民都应该拥有平等的权利。民主行动党与民政党的主要支持群体都是华人，所以，这次选举反对党的胜利在很大程度上被认为是华人政治势力的胜利。当 5 月 10 日的投票结果公布之后，华人感到相当兴奋，认为总算可以在国会有较多的发言空间及影响力，反对党甚至认为有机会进入内阁政府；事实上反对党亦认为执政的联盟应邀请反对人士进入内阁政府，因为民主行动党及民政党所获得的席次及得票率都远远超过马华公会，它们已经拥有代表华人的正当性。然而，首相东姑·拉曼 5 月 12 日公开宣布，不会邀请民主行动党及民政党加入政府，将继续与马华公会合作，这对于支持反对党的华人而言是一个刺激，也是一个挑战。

取得 1969 年大选胜利的反对党中，尽管有马来人的伊斯兰党，但是，这场胜利在当时实际上被理解为华人反对党的胜利。相反，联盟党的失利，尽管其成员中也有代表华人的马华公会，以及代表印度人的印度人国大党的存在，但是被理解为作为马来人执政党的巫统的失利。也就是说，1969 年大选的结果，完全在族群独立的角度上被诠释了，甚至被有意利用了，这就是正常的政治选举最后却演变成了一场大规模的族群冲突的直接原因所在。

选举结果公布后，5 月 11—12 日，民主行动党和民政党在吉隆坡组织了一场"胜利游行"，它们的一部分活动事前并未征得警察部门的同意，游行队伍来到雪兰莪州务大臣的住处，要求他辞职。游行队伍经由吉隆坡最大的马来人居住区时，还发生了一些不当行为，宣泄了不好的情绪。当华人走上街头庆祝选举胜利及抒发悲愤情感时，马来人却感受到越来越大的危机，因为他们没有经济优势，如今的政治统治又受到挑战，其内心的不安和惶恐可想而知。华人的欢欣鼓舞与马来人的挫折愤恨形成强烈对比，双方的领导人非但未约束及抑制这股不安的情绪，反而有意地激化这种对立的情绪，于是爆发了两大族群的冲突事件。

5月13日晚，巫统的支持者也到雪兰莪州务大臣住处外聚集，以示对抗，导致马来人与华人之间的冲突。随后在吉隆坡的其他地区也发生了骚乱，杀人、抢劫、纵火都有发生。很快，仅靠警察已无力控制局面，直至动用军队，并于当晚8时宣布宵禁。14日，一些地方的枪击时有发生，人数达几百人的马来人和华人群体出现在街上，相互之间展开血斗。流血事件一直持续到15日，冲突事件在后来的两个月内亦时有发生。这次事件到底有多少人死伤，很难有准确的答案。根据马来西亚官方报告，自5月13日到6月底，共有196人死亡，其中华人有143人，马来人25人，印度人13人，其他族群则有15人，至于受伤的人就更多，约有千人以上。[1]

（三）"五一三"事件对族际政治整合的影响

有些学者认为，"五一三"事件爆发的原因在于东姑政府实施的自由放任的经济政策。这种经济政策只关注国家经济的整体发展，而对族群间经济差距问题关注不够，没有采取相应的措施来缩小族群间经济发展的差距。因而在国家经济发展的同时，并没有缩小马华两族的经济差距，华人与马来人之间的经济差距进一步扩大了。[2] 也有学者认为，造成马来西亚族群冲突的原因也不仅仅局限于经济方面。克劳齐认为："马来西亚族群冲突的根源，并不仅仅在于经济的不平衡或者政治的对抗，也包括为保留和突出各自族群身份的斗争——马来人以原住民自居，意欲将自己的文化和价值观念强加于整个国家；而

---

① 顾长永：《马来西亚：独立五十年》，台北：台湾商务印书馆2009年版，第207页。

② Just Faaland, J. R. Parkinson and Rais Saniman, *Growth and Ethnic Inequality：Malaysia's New Econimic Policy*, Dewan Bahasa Dan Pustaka, 1980, p. 89.

非马来人也决心保护他们的独特文化身份。"① 无论如何，"五一三"事件是马来西亚族际政治整合的分水岭，影响深远。

首先，"五一三"事件后，马来西亚族际政治整合的取向发生了转变。"五一三"事件使巫统意识到，独立后实行的政治体制不便于马来人精英控制政权，因此在随后的20世纪70年代和80年代采取了在巫统领导下，马来人权力更加集中的政治安排。②"五一三"事件成为马来西亚政府全面推行马来人优先的族群保护政策的最好时机和借口。从此以后，巫统领导人总是以"族群暴乱的威胁"作为维护其统治的常用借口。

其次，"五一三"事件对马来西亚的族群关系造成了严重破坏，要想再将族群关系恢复到1969年以前几乎是不可能的了。东姑时期所形成的族群之间和谐相处的政治气氛，此时似乎已经消失殆尽。从这一时期巫统领导人的言行中可以看出，他们再也不会在族群相互信任、互相理解和友好相处的基础上，建立一个新的团结的国家。在他们看来，国家必须由马来人所统治。敦·阿布都拉·拉扎克曾经说过："（马来西亚的）这个政府是以巫统为基础的。我认为巫统有责任决定政府的形式——政府必须遵从巫统的意愿和目标——政府也必须执行巫统制定的政策。"③

最后，"五一三"事件后，马来西亚族际政治整合的政策发生了改变。其中最重要的变化是抛弃原来的"自由放任"的经济政策，施行新经济政策。"五一三"事件以后，马来西亚政府希望通过两大目标，即不分族群身份地消除一切贫困以及重建社会，逐渐减少并最终消除族群经济差别，从而实现国民的团结。重建目标的实质，就是加速催生马来人工商业群体，并"在20年时间内，使马来人及

---

① Harold Crouch, *Government and Society in Malaysia*, Ithaca and London: Cornell University Press, 1988, p. 156.

② In – Won Hwang, *Personalized Politics: The Malaysian State under Mahathir*, Singapore: Institute of Southeast Sian Studies, 2003, p. 134.

③ In – Won Hwang, *Personalized Politics: The Malaysian State under Mahathir*, Singapore: Institute of Southeast Sian Studies, 2003, p. 91.

其他原住民至少在所有权和经营权方面，参与 30% 的商业和工业活动"①。

在谈及新经济政策与"五一三"事件的关系时，新经济政策的主要策划者敦·阿布都拉·拉扎克认为："从我们过去的经验，我们完全认识到了仅仅加强经济基础设施建设是不够的。1969 年'五一三'事件就很清楚地说明了这一点。这次事件几乎导致了国家的分裂，从中要汲取教训，迫使我们所有人要加强国民团结，重建和巩固族群和谐关系，但是现在各族群不仅生活方式和文化价值各不相同，而且更为重要的是，今天各族群的经济状况存在不平衡的现象。"② 这就意味着，对于在 1969 年大选中遭到失败的巫统及其竞选伙伴来说，显然"五一三"事件促使它们更加急于重建社会，培植一个马来人的工商业群体，而不是不分族群身份地消除贫困。

第三节　新经济政策时期马来西亚的族际
政治整合（1970—1990 年）

一　对"五一三"事件的反思——族际政治整合取向的转变

"五一三"事件后，阿都拉萨领导的民族行动委员会对骚乱事件进行了正式反思，并于同年 10 月出台了一份报告。报告认为事件爆发的原因是：马来亚共产党和华人私会党的问题、马来人与非马来人在宪法解释上的分歧、移民族群对宪法有关马来人特权等规定的不满、竞选活动中执政党和反对党对种族情绪的激化，以及反对党在胜利游行中所表现出来的种族侮辱和威胁行为等。不过，它们后来又逐渐认识到更为根本的原因是，马来人的经济地位相对低下及其不满情

---

① *Malaysia*, *Mid – Term Review of the Second Malaysia Plan*, 1971 – 1975, p. 1.

② Tun Abdul Razak, *National Unity through Development and the Second Malaysia Plan*, *1971 – 1975*, A PAMPHLET, Information Department, Malaysian July 12 1971, from Chandra Muzaffar, *The Nep*, *Development and Alternative Consciousness*, Penang: Aliran Kesedaran Negara (Aliran), p. 1.

绪，以及由此而导致的"种族分化和敌意"。① 这些政治上的反思，仍然是马来人领袖主要站在本族群的立场上做出的，它缺乏理解其他族群地位、要求及感受的公平视角。

1970 年 1 月 27 日，马来西亚成立国家咨询委员会，由副首相阿都拉萨主持，成员共 65 人，包括政党、专业团体、宗教团体、教育团体、工会和新闻媒体等的代表。该委员会的目的是建立跨族群合作和社会整合的纲领，以建立马来西亚国族认同。政府希望通过该机构内部的讨论以达成共识，坦率地讨论新经济政策、国家原则、国语和马来人特权等问题。

在政治上，鉴于局势失控，国家元首宣布全国进入紧急状态，宪法和立法议会被终止。原定沙巴和沙捞越的选举也被不定期地推迟。两天后，东姑·拉曼成立了由 10 人组成并以副首相阿都拉萨为首的全国行动委员会，负责紧急时期的行政事务。同时还任命一个新内阁，其地位高于行动委员会。东姑·拉曼仍担任首相，控制着整个国家，行动委员会需向他负责。

1970 年 8 月 12 日，马来西亚公布反煽动令，三天后，国家行动委员会通过法令禁止人民在公开场合谈论敏感问题，包括苏丹特权、马来人特权、公民权及语言制度等问题，讨论这些问题的人将以内安法加以逮捕。

国家行动委员会认为马来人与华人的经济差距就是两大族群的问题症结所在，若要建立两大族群的和谐及互信关系，就必须要缩小族群间的经济差距；而缩小两大族群的经济差距，就必须要靠政府力量的介入及指导。因此，国家行动委员会建议政府采取干预的手段，实施"新经济政策"。

1971 年 2 月国会恢复，2 月 23 日讨论修宪议案并获通过。7 月，国会通过新经济政策。国家行动委员会改为国家安全委员会，由阿都拉萨担任主席。国家咨询委员会和国家爱善意委员会合并为国家统一委员

---

① Leon Comber, *13 May 1969: A Historical Survey of Sino-Malay Relations*, Kuala Lumpur Heinemann Asia, 1983, pp. 73 – 74.

会，将对敏感的族群问题向首相提供咨询意见，并对族群问题进行研究。

发生了"五一三"事件后，马来西亚华人不仅付出了最大的牺牲，其社会地位也在很长时期内受到了严重的影响。马来人领袖则借助强有力的国家机器，支配了整个善后过程，以及有关马来西亚未来发展的一系列的重大安排。由于事件的发生，证明马来西亚的族群团结出了问题，所以，一系列重大的善后工作主要就是围绕着如何维护和巩固族群团结这一目标进行的。

二　政治上加强马来人优势地位

1969 年的"五一三"事件表现了非马来人的焦虑与马来人的恐惧。非马来人的焦虑来自马来人的特殊地位所造成的不平等；而马来人的恐惧则来自非马来人可以借由合法的民主程序，威胁他们的政治特殊地位。经济上的阶层化与严重落差，加上族群间的摩擦冲突，对马来西亚的社会和谐造成了严重的打击。"五一三"事件成为马来西亚政府全面推行马来人优先族际政治整合的最好时机和借口。新上台的巫统领导人利用这次事件，极力煽动马来人对非马来人的"恐惧感"，以此为其完全摒弃拉曼时期温和的族群政策和"自由放任"经济政策寻找借口，建立完全由马来人执掌政权的政治体制。[①]

（一）国家行动委员会的成立

"五一三"事件爆发后，东姑·拉曼在巫统激进强硬派的压力下，咨请最高元首成立国家行动委员会，由当时的副首相阿都拉萨负责，任命新的内阁成员。警方当天逮捕了 93 名共产党嫌疑分子。5 月 16 日，宣布宵禁。17 日，阿都拉萨公布国家行动委员会的组成名单：包括 6 名马来人，2 名非马来人。由于当时国会被解散，国家行动委员会成为全国最高行政机构。

1. 恢复社会秩序

"五一三"事件发生后，巫统党内激进民族主义兴起，主张马来

---

① R. K. Vasil, *Ethnic Politics in Malaysia*, New Delhi: Radiant Publishers, 1980, p. 2.

西亚应由马来人的代表——巫统一党执政。除了党内的激进分子外，马来民族主义分子有一个号称"青年土耳其"的组织，该组织和巫统中的激进分子联合发威，要求该党放弃与华人和印度人政党的联盟，实行一党专政，对非马来人持不妥协立场，尤其充满敌视华人情绪。这些个人和组织的活动，已对恢复社会秩序的努力构成严重威胁，迫使阿都拉萨政府在获取军方支持下，采取了严厉打击措施，马哈蒂尔被开除出党。其他马来民族主义激进分子和马来激进学生的活动逐渐得到有效控制。

1970 年 8 月 12 日，马来西亚公布反煽动令，其内容主要包括：(1) 新闻、国会和民众之批评，禁止讨论马来族特权、国语、公民权和苏丹的特权；(2) 任何人鼓动、印刷或出版任何企图质疑上述四项主题之问题、权利、地位主权或特权，将被处以最高 5000 马币或三年有期徒刑，或二者并罚；(3) 任何人违反该命令者，不能担任国会议员 5 年，假如已是国会议员，则应辞去议员。8 月 15 日，国家行动委员会通过法令禁止人民在公开场合谈论敏感问题，讨论这些问题的人将以内安法予以逮捕。

2. 成立国家团结机构

国家行动委员会和新内阁组成后，尽管国家仍处于"紧急状态时期"，但是，"五一三"事件之后实行的一些重大措施，还需要广泛听取民意，尤其是各族群的民意。于是，1969 年 7 月，成立了以东姑为主席的国民亲善委员会，其目的是推动马来人与华人之间开展对话，以达成谅解，并在马来西亚各地设有分支委员会。1970 年 1 月，又成立了国民团结局和国民顾问委员会两个政府机构。后者几乎扮演了临时国会的角色，其作用是"为族群合作和社会整合制定积极实用的指导原则，以推动马来西亚的国民认同"。其成员包括国民行动委员会的各部长，也有来自各州、各政党、沙巴、沙捞越、宗教团体、职业机构、公共服务部门、工会、雇主协会、媒体、教师、少数群体等的代表，以期在一些重大决策上通过这些代表来达成广泛的一致。①

---

① Leon Comber, *13 May 1969: A Historical Survey of Sino-Malay Relations*, Kuala Lumpur Heinemann Asia, 1983, p. 78.

（二）马来人政治支配地位的进一步提高

1. 公布国家原则

1970 年 8 月 31 日，国庆庆祝仪式上，最高元首宣读了 5 项国家原则以团结国民。该建国五项原则，类似印尼的建国五项原则，包括：（1）信仰上苍；（2）对国家元首和国家效忠；（3）维护宪法；（4）崇尚法治；（5）培养良好行为与道德。这一政策的目标是重新整合出现裂痕的族群社会、团结公民、统一思想、实现国家共识。国家原则的内涵是坚决但含蓄地肯定了"马来西亚就是马来人的国家"。[①]

2. 修改宪法

由于独立宪法是在特殊历史条件下马来人与非马来人之间相互妥协的产物，是巫统主席东姑·拉曼与马华公会主席陈祯禄等老一代温和派领导人一手促成的，这不仅很早就招致激进马来民族主义者的不满，也招致华裔人士的不满。更重要的是，随着巫统在国内政治支配地位的巩固，宪法反而成了束缚其统治的力量。因此，修宪在所难免。由于以巫统为代表的国阵在联合邦议会中占据有 2/3 以上的多数席位，这就使得修改宪法成了一件非常容易的事。所以，独立以来，马来西亚宪法修改的频度是少见的，如从 1958 年到 1985 年的 27 年间，共修宪 29 次，其中 1969 年后修宪 18 次。[②] 执政党修宪历来都是为了在一定程度上巩固和维护其统治，从族群问题方面看，修宪的结果使马来人的特权地位得到了巩固，并把它们全部列入"敏感"问题，而不允许公开讨论。

"五一三"事件发生后，国家行动委员会在国家顾问委员会的支持下，于 11 月 20 日修改了《1948 年反煽动法》，该法令的第三条第一款在 1971 年 2 月 23 日国会复会后经进一步修改作为宪法修正案内容的一部分通过，即变为宪法第十条第四款。该款将国家元首或各州

---

① 杨建成：《马来西亚华人的困境：西马来西亚华巫政治关系之探讨（1957—1978）》，台北：文史哲出版社 1982 年版，第 243—244 页。

② 《马来西亚联合邦宪法》（华文译本），［马］黄士春译，香港：信达雅法律翻译出版社 1986 年版，第 3 页。

统治者的主权、公民身份法、马来语规定为唯一的国家和官方语言、土著的特殊地位和权利以及伊斯兰教作为国教的地位等，都列为"敏感"的种族问题，禁止进行公开讨论、质问，尤其是取消了国会讨论这些问题的特权。该宪法修正案还特别授权国家元首指示有关高等教育部门，按一定比例为马来学生保留医学、工程和科学等课程名额。[①] 通过修改宪法，全面巩固了马来人的特权地位。

3. 成立国民统一阵线

"五一三"事件后，阿都拉萨正式接替东姑·拉曼，成为巫统主席和内阁首相。阿都拉萨政府认为以往族群政党协商的做法是错误的，必须订立更实际的政治模式，促进族群融合、维护政治稳定和国家发展。这一新的政治模式就是将各种类型的政党纳入联盟党。1972年8月，阿都拉萨首次公开提出国民阵线简称"国阵"的概念，1974年5月开始实践。

20世纪70年代初，经过不断努力，阿都拉萨说服非马来人政党领袖同意加入新的政治同盟——国阵。最初组成国阵的成员党除巫统、马华公会和印度国大党外，还有伊斯兰党、人民进步党、民政党、沙捞越人联党、沙捞越土著党以及沙巴联盟党。1974年，国阵正式以一个政党的身份获得注册，到2000年，已发展成员党14个。

国阵的核心组织是国阵最高理事会，由每个成员党派出3名代表组成。每个成员党的主席都是国阵最高理事会副主席，而巫统主席为国阵最高理事会主席。最高理事会的决策是建立在取得共识的基础上，目的是使各政党，不论大小都能平等地参与决策。国阵建立在族群主义的基础上，然后通过权力分享和合作的方式主政。

但是，实际上各政党的地位并不平等。该政治模式的主要架构是各党须先承认巫统在该联盟中居于领导地位，然后再谈权力分配和分享。对其他政党来说，加入国阵就有机会得到联邦政府的相关职位，但同时也有利于巫统借由国阵操纵其他政党。

---

① Leon Comber, *13 May 1969: A Historical Survey of Sino-Malay Relations*, Kuala Lumpur Heinemann Asia, 1983, p. 82.

4. 建立威权化政府体制

第一，《内部安全法》。马来西亚 1960 年制定了《内部安全法》，赋予内政部长不经由正当法律程序而有权逮捕嫌疑犯人，扣留嫌疑犯 2 年的权力。当时制定该法的目的主要有两个：一是对抗全国各地的颠覆活动；二是在边界地区采取必要措施，以对抗恐怖主义分子。1965 年以来，《内部安全法》被修改了多次，每次修改它的范围都会扩大，而所规定的处罚也更加苛刻。该法原来是用来对付嫌疑分子，但后来则将被认为扰乱治安的人都包括在内，甚至包括伊斯兰激进分子、伪造货币文件者、偷渡者等。1987 年，言论激越、批评族群问题的人均因违反内安法被逮捕入狱。

第二，管制新闻自由。马来西亚管制新闻自由，目的在钳制言论自由表达权。根据 1984 年的出版及印刷法之规定，马来西亚对新闻媒体采取事后审查制，政府如认为报道内容有偏差，即可以以吊销执照的方式加以处罚。而且马来西亚政府规定新闻媒体的执照需每年换一次。1987 年国会通过新闻与出版法修正案，该修正案授权内政部长禁止或限制被认为有可能造成公共舆论恐慌的出版品的出版或进口。内政部也可基于道德、安全、公共秩序、国家利益和与外国关系的考虑，限制出版作品。

1969 年种族骚乱事件发生后，马来人政治领袖对国家这部暴力专制机器的控制更加牢固了。在此基础上，他们通过族群同化——马来化的手段来实现国民团结和国家认同，以建设繁荣进步的现代民主国家的决心也更加坚定了，所以采取的措施也就更加具有刚性，更带有马来民族主义者所推崇的族群霸权色彩。以上是在政治上层建筑中的表现，至于经济基础方面的类似作为，则体现在"新经济政策"中。

三　经济上实行新经济政策

国家行动委员会认为马来人与非马来人的经济差距就是族群间的问题症结所在，若要建立族群间的和谐及互信关系，就必须缩小族群间的经济差距；而缩小族群间的经济差距，就要靠政府力量的介入及指导。因此，国家行动委员会建议政府采取干预的手段，实施"新经济政策"。1971年2月，马来西亚国会恢复运作以后，就正式开始实施新经济政策。

（一）新经济政策的提出

国家行动委员会经过一年多的讨论及研究，他们认为马来西亚的马来人与非马来人之间存在巨大的经济差距，这种经济差距是马来西亚族群冲突的根本原因。为了消除族群冲突，就必须缩小族群经济差距，因而提出了新经济政策。就实际而言，要缩小族群间的经济差距，最具体的做法就是用政府力量扶助及提升马来人的经济发展。

1969年的"五一三"事件表现出非马来人的焦虑与马来人的恐惧。经济上的阶层化与严重落差，再加上族群间的摩擦冲突，对马来西亚的社会和谐造成严重的打击。因而以巫统为首的执政党当局意识到在马来西亚要维持稳定必须要保障马来人的政治权利。当对马来社群特权的照顾成为统治者责无旁贷的任务时，除宪法保障的政治特权范围外，马来人对自身权益的要求逐渐拓展到社经范围，所以在原本特权范围扩大的情况下，更加需要统治者利用威权统治手段及相关行政事务的配合来完成。

"五一三"暴力冲突事件之后，马来社会中普遍感觉到原有的社会发展会将马来人置于愈加不利的地位。根据群体多元主义的社会观念，法律明文规定种族和民族群体在社会中的地位，在公私领域均按照数量定额分配经济和政治的酬赏，定额的标准依照人口的相对数量或由法定程序决定。而这类平等主义基本强调的是结果平等，而非机会平等。马来族群所强调的问题在于法律上的平等是不够的，如果要达到真正的平等，就要使得各族群在社会、经济及政治各领域的比例与族群的人口结构相符合。[1] 马哈蒂尔在《马来人的困境》中也认为援助马来人并不是种族主义而是促进国家稳定的必备条件。[2] 在这种情况下，阿都拉萨提出了新经济政策。

---

[1] Yoshihara Kunio, *The Rise of Ersaiz Capitalism in Southeast Asia*, New York: Oxford University Press, 1988, p. 60.

[2] Mahathir Mohamad, *The Malay Dilemma*, Singapore: Times, 1970, p. 41.

（二）新经济政策的目标和内容

新经济政策从第二个马来西亚计划开始，其要达到的目标主要有以下几方面。

1. 消除贫困。通过提高马来西亚人民的收入水平和增加其就业机会，来减少乃至消灭贫穷。

2. 社会重组。加速马来西亚社会重组的过程，以矫正经济不平衡，从而借由经济功能减少最终消除族群差别。

3. 国民团结。马来西亚的第二个马来西亚计划是这样叙述的："在新经济政策之下，国家应该以这样的方式发展，即在经济增长和扩张的过程中，发展必须首先考虑到国民团结这一目标的实现。"[①]第二个马来西亚计划强调新经济政策的另外两大目标都与国民团结有着密切的联系，"毫无疑问，通过纯经济的方法就可以实现国民团结的目标，但是消除贫困和重建社会经济却是国民团结的必要条件"[②]。政府领导人也认为"如果大多数人民仍处在贫困之中，就无法实现国民团结"[③]。政府是用族群的观点和眼光来衡量和解释马来人贫困的。

所谓消除贫困，即以消除全体马来西亚人的贫困为口号，实际上以完成优先扶助马来人的经济生活为指导原则。由于马来人多居住在农村，在整个马来西亚贫困问题最为突出，所以消除贫困的真正意图在于消除马来人与非马来人之间的经济差距。新经济政策的三大目标中，社会重组是该政策的问题核心。为达到社会重组的目标，政府给予马来人在经济上多项的优惠及特权，如土地发展规划、技术培训计划等，都是试图让马来人在这个国家的经济领域中分享更大的比例。因为1970年马来人在公司的股权只有2%左右，所以政府希望到1990年，马来人在公司股份的占有率能提升到30%。而这些努力的目标，就是扶持一个强而有力的马来工商阶级。

社会重组的核心内容——培育马来人工商业群体的目标由来已久。20世纪20—30年代，由贵族和官僚组成的马来人统治阶级，提

---

① Government of Malaysia: Second Malaysia Plan, 1971 – 1975, pp. 159 – 160.

② Government of Malaysia: Second Malaysia Plan, 1971 – 1975, pp. 159 – 160.

③ Government of Malaysia: Second Malaysia Plan, 1971 – 1975, pp. 159 – 160.

出了要马来人更多地参与商业活动的政策目标。现代巫统的领导人继承了马来人统治阶级的传统，在新的历史时期更加明确地提出了重视培育马来人工商业群体和社会重建。制定了更加具体的目标——20年以内马来人占有全国30%的工商业活动，而且政府也为此制订了许多新的具体战略和计划。新经济政策的第一个阶段，即第二个大马计划（1971—1975年）就承诺，"要专门为迅速培育一个有效的马来人企业家阶层，推行一系列的政策措施"① "政府将专门为马来人和其他原住民设计教育和培训计划，为他们提供经营和管理企业的基本知识，为马来人和其他原住民提供参与工商业机会，为他们提供必要的资金、技术帮助以及其他必要设施。政府还要建立和管理许多企业，同时对马来人及其他原住民进行相关培训，在一段时期之后，再将这些企业移交给马来人及其他原住民个人。政府鼓励非马来人和外国人参与马来人及其他原住民企业的经营和管理，在企业里担任总经理、经理等管理职务"。政府还采取措施"扩大马来人及其他原住民的资产拥有量，尤其是在现代企业里的股权数量。开始时，由原住民信托委员会、国家企业机构以及各州经济开发公司等代理机构，在其与私营企业建立的合资企业中持有股权，这些机构将来再将其股权转为马来人及其他原住民个人的股权"。②

此外，政府还要求制造业和服务业雇用更多的马来人，以使这两个领域的劳动力人口族群结构符合全国人口的族群比例。政府对宪法的第153条（关于马来人特殊地位的规定）做出了修订，以便政府在高等教育机构为马来人保留一定比例的名额。政府期望通过这些措施，使更多马来人有资格进入专业技术领域和工商业的高级管理层。

巫统领导人认为，马来人成功地参与了工商业活动，就意味着马来西亚经济发展成功了。因为在巫统领导人看来，华人相对比较富裕，多数都居住在城市地区从事商业活动，相对于马来人的贫困和落后，华人经济地位要优越得多。巫统领导人就此得出结论：华人从事

---

① Government of Malaysia: Second Malaysia Plan, 1971–1975, pp. 159–160.

② Government of Malaysia: Second Malaysia Plan, 1971–1975, pp. 159–160.

工商业活动是他们成功的关键。因此，巫统所提出来的重要政策措施如公民权问题、宪法中关于马来人特殊地位的规定、马来人政治统治权的巩固和发展、马来人团结的倡议以及马来人标志性特征的强化等，都有一个基本的前提，即华人经济力量超过了马来人。巫统领导人这种态度所蕴含的政治意义也越来越显著，这种思想也明显地体现在新经济政策当中。新经济政策的目标反映出巫统领导人执行的是马来人优先政策。

（三）新经济政策的实施

马来西亚政府的新经济政策是一个庞大且复杂的政策，其主要目的就是扫除马来人的贫穷，因此，各项政策都在扶植马来人及少数民族的经济发展，大致包括以下几个方向。

1. 为马来人增设国营事业

马来西亚政府早期曾通过不同的方式来培养马来资产阶级，比如，通过商业执照的发给、政府部门的雇佣及教育方面规定马来人的比例等来保护马来人；给马来人提供贷款、训练及商业地点的便利等。但因为资金缺乏等因素，这些措施结果并不理想。在此情况下，政府开始直接干涉商业及工业活动。马来西亚政府扩大设立公共机构，扩展国营企业的数量与参与领域。政府设立的国营企业分为三大类：第一类是为有关部门提供公共服务的企业，如饮水供应、电信事业、废物收集业等；第二类是依据联邦或州的法令所建立的机构企业，如马来西亚工业发展局、城市发展局、联邦土地发展局、国家石油公司等；第三类是政府依据1965年的公司法所成立的有限公司，这些公司的股权几乎全部或绝大部分掌握在政府手中，如国家企业公司、国家投资公司、马来西亚食品工业公司等。

这些受到马来西亚政府支持的企业，在各自的经济领域活动中占有相对垄断的地位，如重工业公司几乎垄断一切重工业项目，国内私人资本家完全被排除在外；国家石油公司享有各种探采、加工、出口分销国产石油的专利权等。政府试图通过增加马来人在公共企业中的持股比例，借此增强马来人的经济地位，造就一批具有精英专才的马来工商精英分子。

2. 强制私人企业将股份分配给马来人

为增加马来人的就业机会，1975 年国会通过《工业协调法令》，1976 年开始实施。该法规定资本额 25 万元马币以上，雇用员工 25 人以上的中小型制造商，须让马来人拥有该公司 30% 的股权，企业所雇用的员工中，马来人员工应占 50%。此外，有些产业必须雇用三成的马来人员工，才能在税率上得到优惠。除了雇用员工必须遵照族群比例外，政府还规定，厂商产品的 30% 必须由马来人经销商承销。①

3. 发展马来农村地区

马来西亚政府有计划地开发马来人居住的地区。马来人大都居住在农村地区，大多过着传统的农业生活。为了改善马来人的处境，政府动用国家资源与预算，大力发展马来人居住地区，包括开辟道路、修建水电工程、建筑房屋、兴办学校等。这些开发工程不仅大幅度改善了马来人的社区，同时也给许多马来人提供了就业机会。

4. 给马来人提供各种福利和优惠条件

马来西亚政府设立许多照顾马来人的银行及基金会，提供各种优惠的贷款利率及奖学金，给予马来人及少数民族。只要马来人愿意工作、创业或求学，都有机会获得政府的扶助，或低率贷款，或参加政府主办的训练中心或研习营，以加强他们的工作能力，进而有机会改善及提升他们的经济情况。直到如今，马来西亚各州政府仍有各自设立的"基金会"，专门提供马来人及原住民的各项辅助。

5. 在教育领域照顾马来人

马来西亚政府为了鼓励马来人接受较好的教育提供各种优惠条件，其中最关键的就是进入大学的配额保障——政府规定华人的学生人数不得超过总人数的 10%，其余的配额都属于马来人及少数民族。此外，马来西亚政府亦给马来学生提供许多机会到国外深造，马来人大都有机会获得公费出国求学的机会。华人由于受到配额的限制，只

---

① 骆静山：《大马半岛华人经济的发展》，［马］林水檺、骆静山编《马来西亚华人史》，马来西亚留台校友会联合总会 1984 年版，第 231—282 页。

有非常优秀的 5% —10% 学生，才有机会进入马来西亚的公立大学，其他的华人只能到海外求学。

新经济政策想要解决的问题，就是先前国家结构中族群间财富与资源分配上的不均。而这个政策的实施，本质在于希望从国家政策与法律上保护在经济、文化上居弱势地位的马来族群，利用国家所拥有的强制力量，相对削弱别的族群原先拥有的优势地位，使得马来族群在许多方面都能通过国家的保护而取得特权。

四 文化教育"同化"的加强

"五一三"事件后，政府继续加强单元文化政策的推行力度。巫统在强化马来人特权的同时，期望利用手中的政治权力实现国家文化和教育的马来化，使其他族群的文化逐渐泯灭，以消灭其族群特性，最终实现"马来人的马来西亚"的目标。

（一）国家教育政策单元化倾向的加强

1. 进一步推进以马来语为主要教学媒介语的统一教育制度

在马来政治领袖看来，语言是实现国民团结、国家认同的重要工具。"五一三"事件后，政府认为族群冲突的原因之一是国民统一意识不强。所以，"五一三"事件平息后，为进一步巩固国语地位，早日使马来语成为唯一官方语言，加强教育的马来化就提上了议事日程。1969 年 7 月 30 日，教育部正式推出了一项分阶段推动马来西亚语的计划。根据这项计划，1970 年从小学一年级开始，马来语将分阶段成为马来西亚学校的主要教学媒介语，届时英语只能作为第二语言来教授。根据制定的时间表，到 1982 年，所有中学都要用马来语教学；然后，从 1983 年开始，所有大学一年级课程都要用马来语讲授，直到逐渐推广到所有年级的课程为止，外语教学则除外。[1]

经过实施一系列的措施，马来语教育在各级学校占的比重与日俱增，马来语在教育上的重要地位越来越突出。比如用各族母语作教学

---

[1] Leon Comber, *13 May 1969：A Historical Survey of Sino-Malay Relations*, Kuala Lumpur Heinemann Asia, 1983, p. 76.

媒介语的国民型小学，除了有 33%、21% 的母语课程之外，亦必须在第一、第二阶段加授 20% 与 10% 的马来语课程，使国民型小学的语言课程的上课时数比例分别占总上课时数的 53% 与 31%。国民型小学毕业的学生如果要到国民中学就读，必须参加培训班学习马来语。到了中等教育阶段，接受政府津贴的中学教学媒介语全部是马来语。而在高等教育入学时，马来语成绩是基本条件之一。[①]

2. 对初、中等教育采取强硬的同化政策

马来西亚政府在第二个马来西亚计划中指出了国家发展目标，并指出达成目标最有效的方法是教育，从整合国家教育制度开始，使国家朝向统一的方向发展。马来西亚为了促进族际政治整合，对教育制度进行了改革。新经济政策时期，政府提出了不少非马来人族群教育的改革政策和措施。

（1）《1979 年内阁教育报告书》

1974 年 10 月 9 日，政府成立"检讨教育政策内阁委员会"，对现行的教育制度进行检讨。该委员会的主席是教育部长马哈蒂尔，成员包括 7 名内阁部长。该委员会在 5 年的时间里，收到了 302 份备忘录，主持召开了近百次会议，最终于 1979 年递交了《1979 年内阁教育报告书》。1979 年 12 月 14 日，报告书公布，共提出了 173 项建议。该报告书提出学校及教育机构的所有课程、学科内容，以及课外活动等必须达致教育目标，使国家能获得足够的人力资源，培育团结的国民，建立有纪律的社会。

（2）"3M 制"

1983 年，马来西亚政府开始在全国各小学实施 3M 课程。3M 指的是阅读（membaca）、书写（menulis）、算术（mengira）三种基本能力，其主要目的是希望马来西亚学生在完成小学课程后，能掌握上述三种基本能力。在此制度下，华文小学除了华文、数学是用华语来编写外，其他科目包括音乐等的教材及教学指南一律要用马来文编

---

① 叶玉贤：《语言政策与教育——马来西亚与新加坡之比较》，台北：前卫出版社 2002 年版，第 135—136 页。

写。新课程对华文发展影响甚大，引起了华人社会的强烈反对，他们认为使用单一媒介语教学将会使华文小学变质。华人社会发起强烈反抗，于是政府公开保证不动用法令使华、印小学变质，并强调新制度的推行仅是改变课程纲要，并非为了消灭任何族群的文化。

（3）综合学校事件

1986 年，马来半岛的马来教师公会与国民大学教育系联合举办了国家教育法令及政策研讨会，其会议的主旨在于强调教育一元化政策。研讨会结束时向政府提出呼吁：在所有新兴发展地区仅建立单一源流的学校，采用马来文为教学媒介语，将各族群的学生集中在一所学校，一起学习及参与各种活动来增加接触机会，以促进国民团结和减少族群两极化问题。[①] 随后教育部提出了综合学校计划，将三大族群的小学结合在一起，促进它们之间的了解、合作，培养相互容忍的精神。该计划也遭到了非马来人的强烈反对，最后政府在众多压力下决定暂缓执行。

3. 在高等教育领域实行向马来人倾斜的"固打制"（quota system）

"五一三"事件后，马来西亚政府对高等教育进行了反思和检讨。检讨委员会得出的结论是马来大学生入学率太低，学理工科专业的人数少，因此该委员会向国家建议，大学招生要在人数和专业选择方面与社会人口结构挂钩。从 1971 年起，政府开始采纳高等教育委员会的主张，即大学入学资格除学业成绩外，还必须严格依照国内族群人口比例来分配，以提高马来学生的录取保障名额，即所谓的"固打制"。

"固打制"开始后，马来西亚各大专院校的族群结构有了很大的改变。1967—1985 年，国内各大学和学院的学位或文凭课程的族群比例发生变化，华人学生比例从 56.1% 降到 29.7%，而马来族学生比例则从 30.7% 提高到 63.0%（学位课程）。在文凭或证言课程上，华人学生比例也从 24.9% 降至 10.7%，相反地，马来族学生比例则

---

① 马来西亚《星洲日报》，1986 年 11 月 3 日。

从 71.5% 上升到 88.0%。①

不仅如此，政府还提供大量优惠的海外升学奖学金，鼓励全国成绩优良的马来学生出国深造。高等教育如此不公平，使得非马来族群在受教育权上受到强大的压抑。

（二）国家文化政策的推行

"五一三"事件前，政府基本承认多元文化存在的事实，并不阻碍其他族群发展自己的文化。"五一三"事件暴露了马来西亚各族群间的不信任，表明族群间的裂痕相当深刻，以致演化到暴乱冲突。因此，政府为了团结国民、统一思想、维持国家的长久稳定，1979 年 7 月成立族群团结部，制定适用于全国人民的意识形态和新的社会经济政策。1970 年 8 月 31 日，国庆庆祝仪式上，最高元首宣读了五项国家原则以团结国民。该建国五项原则包括：（1）信仰上苍；（2）对国家元首和国家效忠；（3）维护宪法；（4）崇尚法治；（5）培养良好行为与道德。这一政策的目标是重新整合出现裂痕的族群社会，团结公民，统一思想，形成国家共识。国家原则的内涵是坚决但含蓄地肯定了"马来西亚就是马来人的国家"。②

在文化领域，1971 年 8 月马来西亚全国马来学术精英在马来亚大学召开了一次国家文化大会。大会界定了国家文化的三大概念：（1）马来西亚的国家文化必须以本地区的原住民文化为核心；（2）其他适合或恰当的文化元素可被接受为国家文化的元素，但是必须符合第一项及第三项概念才会被考虑；（3）回教为塑造国家文化的重要元素。国家文化原则强调唯有在第一及第三原则被接受的条件下才考虑第二原则。③ 观之国家文化原则，其内容从根本上排除了非马来人的文化，有成为国家文化主流的可能性；而其所谓的国家文

---

① 杨建成：《马来西亚华人的困境：西马来西亚华巫政治关系之探讨（1957—1978）》，台北：文史哲出版社 1982 年版，第 44—46、149—150 页。

② 杨建成：《马来西亚华人的困境：西马来西亚华巫政治关系之探讨（1957—1978）》，台北：文史哲出版社 1982 年版，第 243—244 页。

③ ［马］林水檺、何启良、何国忠、赖观福编：《马来西亚华人史新编》（第二册），吉隆坡：马来西亚中华大会堂总会 1998 年版，第 85—86 页。

化，就是以马来族群及其信仰——伊斯兰教为主体的文化。

五　新经济政策时期族际政治整合的评价

新经济政策的提出是族群冲突所造成的，其主要目的就是借助政治的手段消除马来人与非马来人的经济差距，从而缓和族群关系。新经济政策最大的特征就是政府直接介入，政府采取强制性的手段，实施专门照顾及提升马来人的经济发展的政策。新经济政策的主要内容是资源的重组，其他内容还包括文化、教育等。可以说，新经济政策是政府在诸多层面上进行的资源分配与再分配的扶弱政策。

（一）族际政治整合取得的成效

1. 新经济政策促进了国家经济的增长，有利于族际关系的缓和和改善经济增长，这也是新经济政策顺利实施的前提和基础

只有保持持续快速的经济增长，不断做大经济蛋糕，新经济政策才有可能实现重建社会和消除贫困的两大目标。20 世纪 70 年代马来西亚的 GDP 增长率达到了 7.8%，80 年代中期尽管出现了经济衰退和低增长，但 GDP 增长率仍维持在 5.98%，高于其他东盟国家的同期水平；在 80 年代的最后三年，更是实现了 8.9%（1988 年）、8.7%（1989 年）和 9.8%（1990 年）的高速增长，增长速度远远高于其他国家，一度被誉为经济发展中的奇迹，被认为是呼之欲出的亚洲第五条龙。[①]

在农业方面，政府一方面继续致力于提高橡胶业的产量和质量，使马来西亚橡胶业的产量和出口量在世界上一直保持领先地位；另一方面，政府注重多元化，对于油棕、可可、胡椒、水稻等作物的重视程度不断增强。到 1980 年，主要经济作物产量在世界总产量中所占的比重，橡胶为 41%，油棕为 57%，胡椒为 33%，均占第一位。制造业方面，马来西亚的制造业在政府的大力扶持下，成为发展最快和最重要的经济部门。1971—1990 年平均每年增长 10.3%，占国内生

---

① The Economist Intelligence Unit, Country Report, Malaysia, 1ˢᵗ Quarter 1999, 1ˢᵗ Quarter 2000，转引自廖小健《世纪之交：马来西亚》，世界知识出版社 2000 年版。

产总值的比重也从 1970 年的 13.4% 提高到 1990 年的 26.6%。[1] 其他的如交通运输业、对外贸易等都得到了发展。

在经济发展的同时,马来西亚产业结构也出现了大的转变。第一产业在马来西亚 GDP 中所占的比重从 1970 年的 37% 降至 1975 年的 32%;第二产业从 1970 年的 17% 增至 1975 年的 20%,1980 年上升到 25%;第三产业从 1970 年的 42% 上升到 1975 年的 45%。[2] 20 世纪 80 年代中期经过经济调整后,制造业的发展最快,1987—1989 年的年增长率分别为 12.8%、17.6% 和 12%,从 1987 年开始,制造业占国内生产总值的比重达 22.2%,超过农业(21.9%),1989 年又上升到 25.1%,1990 年达到 26.9%。[3]

2. 新经济政策一定程度上纠正了族群间经济不平衡,缓和了族群矛盾

(1) 马来人收入的增加与贫困率的降低

根据马来西亚政府官方统计,马来人收入的绝对值由 1970 年的 172 马元提升到 2004 年的 2711 马元,增幅高达 14.76 倍。华人的收入虽然仍为最高的 4437 马元,但仅增长 10.26 倍。华人与马来人收入的差距已从 1970 年的 1∶2.29,缩小到 1990 年的 1∶1.74。[4]

新经济政策的实施使马来西亚的贫困率进一步下降。如表 3 - 15 所示,总体来看,马来亚地区的贫困率在新经济政策期间大幅下降,由原来的 49.3% 下降到 15.0%,下降了 34.3%;农村和城市的贫困率分别下降了 39.4% 和 14%。从三大族群的贫困率变化来看,马来人的贫困率降低了 44.2%,华人的贫困率降低了 20.3%,而印度人的贫困率降低了 31%。可见,马来人的贫困率下降得最多。

---

① 魏达志编:《东盟十国经济发展史》,海天出版社 2010 年版,第 76 页。
② 魏达志编:《东盟十国经济发展史》,海天出版社 2010 年版,第 71 页。
③ 魏达志编:《东盟十国经济发展史》,海天出版社 2010 年版,第 75 页。
④ 廖小健:《战后马来西亚族群关系:华人与马来人关系研究》,暨南大学出版社 2012 年版,第 128 页。

表 3 - 15　　　1970—1990 年西马地区三大族群贫困率变化比较　　　单位:%

	1970 年	1990 年	原预计目标
西马地区	49.3	15.0	16.7
农村	58.7	19.3	23.0
城市	21.3	7.3	9.1
马来人	65.0	20.8	—
华人	26.0	5.7	—
印度人	39.0	8.0	—

资料来源: Kuala Lumpur, *Government of Malaysia*: *Second Outline Plan* , *1991 - 2000*, Government Press, Chapter 4, 1991。转引自林勇《马来西亚华人与马来人经济地位变化比较研究（1957—2005）》, 厦门大学出版社 2008 年版, 第 156 页。

（2）马来人股权占有率的提高

第一个马来西亚远景规划（1971—1990 年）明确提出了新经济政策的财富重组目标, 即到 1990 年底, 马来人公司股权增加到 30%。该规划还制定了增加马来人股权的阶段性目标, 即 1975 年达到 9%, 1980 年为 16%, 1985 年为 23%, 1990 年达到 30%。[1] 根据官方公布的统计数据, 新经济政策关于重组社会的目标取得了成功。就股权占有率来看, 马来人股权占有率在 1970 年仅为 2.4%, 而 1990 年上升到了 19.3%。[2] 虽然马来人股权的占有率还没有达到新经济政策设定的 30% 的目标, 与华人相比也还存在一定的差距, 但由于得到政府强有力的支持, 马来人股权占有率发展速度快, 1970—1988 年的年增长率高达 32.20%, 远远超过华人股权增长率的 18.70%; 进入 20 世纪 90 年代后, 马来人股权增长速度略为放慢, 但年均也取得 12.10% 的增长, 超过同期平均增长率的 10.70% 和华人股权增长率的 8.316%。[3]

---

[1]　Government of Malaysia: First Outline Perspective Plan, 1970 - 1990, Kuala Lumpur: Government Press, 1970, Table 3 - 1.

[2]　廖小健:《战后马来西亚族群关系: 华人与马来人关系研究》, 暨南大学出版社 2012 年版, 第 123 页。

[3]　廖小健:《战后马来西亚族群关系: 华人与马来人关系研究》, 暨南大学出版社 2012 年版, 第 123 页。

3. 对马来人教育的倾斜从长期来看有利于族群关系和解

新经济政策对马来人的保护，并不局限于经济方面，还表现在教育等方面。在教育领域，这一时期马来西亚政府的教育指导方针是统一教育制度，加速国语马来语的推行，以达到"创造以马来文化为主要精华的国家文化"的目的，政府出台了一系列扶持马来人教育、打压非马来人教育的政策和措施，提升马来人的教育水平。政府对马来人教育的扶持和倾斜，使马来人的教育水平得到提高。

在教育领域，从小学到大学，政府对马来人均采取了不少扶持政策。马来西亚小学分为以马来语为教学媒介语的国民小学和非马来语为教学媒介语的国民型小学。政府加大对国民小学的投入，扩建学校，增加招生人数。据统计，"西马的国民小学从 1970 年的 4277 所增加到 1990 年的 4994 所，增加了 717 所，学生人数也从 104.7 万人增加到 177 万人，增长了 72 万多人"[1]。在中学方面，政府加大对国民中学的投入，对华文中学和泰米尔中学进行改制，改成以马来文为教学媒介语的国民中学。高等教育方面，政府采用"固打制"，使马来学生的入学比例与马来人所占的人口比例一致。在获取奖学金和贷款方面也给予马来人一定的特权。不仅如此，针对马来学生在理、工、科等应用学科领域人数少的情况，教育部积极采取措施努力保证每个专业的学生构成与整个族群人口构成的比例一致。1971 年，政府修正教育法案，把强制性权力渗透到每一个具体的系科、专业里面，要求各高等学校在各个专业学生的族群成分配置保持比例平衡，特别是要保留理、工、医系位置给马来人。这项政策大大提高了高等教育领域马来人的入学比例。根据统计，高等院校马来学生的比例"从 1970 年的 53.7%，上升到 1975 年的 71.3%、1980 年的 73.3% 和 1985 年的 75.5%"。[2]

政府在教育领域采取的对马来人优惠的政策有效提升了马来人的

---

① 廖小健：《战后马来西亚族群关系：华人与马来人关系研究》，暨南大学出版社 2012 年版，第 131 页。

② 廖小健：《战后马来西亚族群关系：华人与马来人关系研究》，暨南大学出版社 2012 年版，第 132 页。

教育水平。就入学率来说，1970—1975 年马来小学生在全国小学生中所占的比例由 53.4% 增加到 55.2%；初中从 51% 升至 54.4%；高中从 48.8% 升至 60.7%；大学预科或先修班从 49.7% 升到 65.1%；证书课程班从 82.9% 增至 85.4%；大学学位文凭从 39.7% 增至 57.2%。[1] 教育的发展使马来人的识字率不断上升。根据统计数字，马来人的识字率已经从 1970 年的 62% 提高到 1980 的 77%，增加了 15 个百分点（见表 3 - 16）。

表 3 - 16　　　　　　西马各族群识字率（1970 年和 1980 年）　　　　单位:%

年份	马来人	华人	印度人	其他	平均
1970	62	58	64	67	61
1980	77	74	74	68	75

资料来源: 1970/1980 Population and Housing Census of Malaysia。［马］林水檺、骆静山编：《马来西亚华人史》，马来西亚留台校友会联合总会 1984 年版，第 468 页。

（二）族际政治整合的局限性

实施二十年后，新经济政策确实一定程度上缓和了族群矛盾，可是这种马来人优先的刚性的族际政治整合不能从根本上解决马来西亚的族群问题。

1. 新经济政策在纠正族群经济发展不平衡的同时，也带来资源分配不公的问题

在经济领域，政府采取了一系列强制性的手段帮马来人发展经济，提高经济地位。政府强行规定"所有的工商机构拥有权必须保留 30% 给马来人，联合邦奖学金、公共服务职位、马来人保留地及工商执照与准证都以肤色为考虑"[2]。这些优惠政策和手段体现在各个方

---

① ［马］赛·胡先·阿里：《马来人的问题与未来》，赖顺吉译，吉隆坡：策略资讯研究中心 2010 年版，第 128 页。

② ［马］丘光耀：《马来西亚华人政策：愈开放化的导因》，《华侨华人历史研究》1995 年第 2 期。

面，比如马来人大都居住在农村地区，为了改善马来人居住的处境，政府动用国家资源和预算，大力开发马来人居住的地区，包括开辟道路、修建水电工程、建筑房屋、兴办学校等。再比如，马来西亚政府设立许多照顾马来人的银行及基金会，提供各种优惠的贷款条件及奖学金，给予马来人。只要他们愿意工作、创业或求学，都有机会获得政府的辅助，或低息贷款，或参加政府主办的训练中心或研习营，以加强他们的工作能力，进而有机会改善及提升他们的经营情况。又比如，马来西亚政府在1975年通过《工业协调法令》，规定所有的企业及厂家的股权，都必须至少要有30%属于马来人，而且工厂及企业都要雇佣至少30%的马来人。

这些政策实行后，有效提升了马来人的经济水平，也提升了马来人的自信心和安全感。但是这项政策也面临诸多的问题与挑战。有些华人认为马来人提升经济优势，有助于加强其自信心，因而就会降低对华人的歧视与仇恨，所以他们认为新经济政策有助于缓和紧张的族群关系。然而，有些华人认为，华人也是马来西亚的公民，就应该享有平等的权利，况且平等是普世的价值；因此，这些华人（以反对党为代表）就主张应争取与马来人相对等的权利，进而主张废止新经济政策，他们认为新经济政策歧视华人及印度人，非但不会缓和族群关系，反而会加深族群间的芥蒂。

2. 新经济政策易造成族群边界固化，不利于族群融合

新经济政策过分偏向马来人的做法恶化了族群关系，加剧了族群分化。"马来人受到的优先照顾强化了其族群身份认同，从而加深了其与非马来人的族群界限。"[①]

为了解决族群冲突的问题，Horowitz指出："在多族群社会里实行优惠政策是很普遍的。不过，这些政策所包含的范围、是否正式颁布、内容是否清晰则各有不同。有些政策局限于国营企业或政府部门的就业机会，有些政策扩展到私营机构。有些不仅仅涉及就业，还延伸到商业活动和教育系统之中，有些政策只在特定的范围内实施，如

---

① Hing Hung Yong, *Strategy in Nation Building*, Pelanduk Publications, 1998, pp. 65 – 66.

高等教育和政府行政部门；有些政策是正式颁布并公开执行，而另一些政策的实施则是静悄悄的。"①

　　马来西亚的新经济政策可以说是其中一个极具雄心的族群优惠政策，几乎是深入社会生活各个层面。这些政策，首先强调的是族群属性（马来人/非马来人），然后根据这些属性作为国家财富再分配的标准。在这里，非马来人对获取社会酬赏的能力大为削弱，这些社会酬赏政策包括了大学教育学位、奖学金、对文化文学成就的肯定、支持中小企业的成长等，使得非马来人成为新经济政策下的失意群体。

　　根据族群属性进行再分配的过程，必然会使族群边界政策化，这种族群边界，不同于语言或文化的软边界，可以通过语言或文化的改变，互为渗透。族群定义如果成为再分配的标准，那么这种边界一定会出现防卫的现象，既得利益的群体不会轻易地容许外沿群体随意改变族群的边界，因为改变边界就意味着利益的重新洗牌。所以，除非公共政策改变分配标准，否则一项政策会衍生更多的政策以彼此支持和补充，从而使得族群边界越来越难以改变。

　　3. 新经济政策在促进经济发展的同时，带来了诸多问题

　　新经济政策在缩小了马来人与华人之间经济差距的同时，给国家经济社会带来了许多弊端。

　　马来人方面，新经济政策的实施确实提高了马来人的经济条件。政府规定企业要有 30% 的股权属于马来人，他们的资产和财富确实因此而有所增加，但是许多马来人只是坐领工资及分红，并没有实际参与企业的经营。另外，新经济政策带来的经济条件的改善并没有平等惠及每个马来人。虽然马来人和非马来人之间的经济发展差距缩小了，但马来人内部贫富分化扩大了，变富有的只是一少部分人，农村的马来人并没有变富有。新经济政策的核心是实行社会重组，改变族群跟职业挂钩的状况，但是，政府选择不全盘推行，只是集中在限定的目标，只求增加马来人在工商业和某些专业领域的数量，想要做的

---

　　①　马戎：《民族平等与优惠政策》，《中南民族大学学报》（人文社会科学版）2015 年第 6 期。

是马来人和非马来人在这些领域的资本和职位达到平衡。政府制定了各种奖励、拨款、贷款、训练、教育和固打来提升马来人的经济地位。但只有一小部分有权力和影响力的马来人获得大量资产和财富。"马来族政府官员，上到总理，下到各部长及各州务大臣，无不亲自担任几家到几十家国营企业的董事会主席，并且成为企业的重要股东。"[①] 但是下层马来人在新经济政策实行过程中获益不多，依然处于社会的底层，这导致他们的不满。

国营企业的弊病也层出不穷，致使国家背上沉重的债务。马来西亚政府为了扶持马来人，20 世纪 70 年代广设国营企业，凭借操作这些国营企业介入经济运作，达到资源重新分配的目的。但这种违反经济规律的做法造成了国营企业严重的亏损。1984 年，国营事业部的年度报告指出，全马来西亚 900 家国营企业中的 269 家，自创立以来亏损累计达 13730 万林吉特，是马来西亚政府沉重的财政负担。[②]

非马来人尤其是华人方面。有能力的华人，尤其是经营一些规模大的企业的华人仍然能够生存及发展他们的企业与产业。一些有小资产的华人或居住在乡村地区的华人受到影响较大。许多华人进行经营转向，把资金转向国外。华人资本外流一定程度上影响了马来西亚经济的发展。马来西亚"从 20 世纪 80 年代起经济增长减慢，1985 年甚至出现负增长。其主要原因是 1980—1982 年世界经济危机的影响，但与新经济政策的实施不无关系"。[③]

（三）新经济政策的调整

新经济政策的执行带来了诸多的负面影响，如对非马来商人资本的抑制，对中小企业发展产生阻碍，造成"金钱政治"的泛滥等。新经济政策在执行过程中刚性的族际政治整合政策明显偏袒马来人的做法，引起了非马来人的强烈不满。马来西亚国内的非马来族群尤其

---

① 贺圣达：《战后东南亚历史发展》，云南大学出版社 1995 年版，第 234 页。

② 梁忠：《马来西亚华人政策研究——从东姑拉赫曼到马哈蒂尔》，博士学位论文，复旦大学，2006 年，第 117 页。

③ 王望波：《马来西亚"新经济政策"的调整及其对华人经济的影响》，《南洋问题研究》1996 年第 2 期，第 29 页。

是华人，明显感受到政府对他们的歧视与压制，产生"二等公民"之感。马来人与非马来人之间，并未因新经济政策的实施而产生团结的结果，新经济政策反而再度拉开马来西亚社会族群间的距离，背离社会融合的目标，不利于族际政治整合。

到第三个大马计划时期（1976—1980年），巫统领导人意识到了政策措施的一些缺陷。因此，政府开始确立不分族群身份地消除贫困的目标。政府对贫困率做了比较细致的界定和计算，对贫困群体进行了确认。同样地，重建社会的目标，也包括了诸如让更多的华人参与农业、公共事业和服务业，以及让更多的印度人参与制造业、商业以及服务业等新的内容。[①]

20世纪80年代初期，世界经济出现衰退。随着全球经济不景气的扩散，马来西亚主要出口的初级产品价格大幅下跌，使马来西亚经济受到打击。1985年，马来西亚所有出口原料价格，如石油、棕榈油、橡胶、原木、锡和可可等价格都直线下降，制造业产品也因西方国家实行保护主义而影响销路，1984—1986年主要的出口商品价值下跌了1/4。整个马来西亚的经济遭受重创，经济在1985年出现负增长。

面对这样的情况，马来西亚政府不得不暂缓实施新经济政策的一些方针。1986年之后，政府致力于缩减外债，以及鼓励外国直接投资于出口导向型工业。马来西亚政府修正相关投资法令，提出在达到某些外销条件下，企业可享有100%的股权与免税等相关优惠；另外也放宽投资者在人员雇佣方面的限制等。通过这些经济策略的调整，1987年马来西亚经济增长率达到了5.4%。除此之外，马来西亚政府摆脱经济危机的另一措施，就是实施私有化政策。借由私有化政策来减轻政府的经济负担，缩小具有垄断性质的公共企业的执行规模，促进市场的自由竞争，提高企业运作效率，从而加速经济的发展。

---

① Government of Malaysia: Third Malaysia Plan, 1976 - 1980, Kuala Lumpur: Government Press, 1976, Chapters 3, 4, 5, 9.

在教育和文化政策上，政府虽然仍坚持同化的政策，但原本强硬的同化政策开始出现松动。1987年底，在华人的一致抗争下，马哈蒂尔公开表示"不打算取消华文教育，政府将资助华小"，逐渐消除了华人对教育的忧虑。大专教育政策也有所调整，20世纪80年代末进入大专院校的非马来学生与马来学生的比例已升到45∶55，接近人口比例。

当然，这些政策调整并没有从根本上改变巫统的政策导向。巫统领导人对于马来人进步的观念以及对国民团结的态度没有发生根本的变化。马哈蒂尔只不过是通过对新经济政策在执行过程中遇到的问题进行修正、执行私营化政策，继续对马来土著、亲信集团和新兴马来资产阶级等予以政治、经济方面的施惠，来完成扩大马来族群的普遍性财富，以及建构一批马来中产阶级的理想。

总之，新经济政策及其体现的高度土著至上主义，对马来西亚族群关系，尤其是马来人与华人之间的关系的影响及其所带来的马来西亚族群制衡格局的变化，是根本性和绝对性的。"五一三"事件发生后，以巫统为代表的马来人的政治支配地位变得更加巩固，华人等非马来族群则沦为被支配地位，在政治上丧失了应有的政治参与权和决策权。此后，马来西亚虽然还保留着原有的族群政治格局（即族群政党还存在），但是，族群协商（所谓的"协和式"民主政治）已基本不复存在，所有重大决策以马来人政党——巫统的意志为转移。在这种背景下，对族群政治协商感到非常失望的华裔族群被迫尝试民间参政及反对政治渠道，并通过反对巫统一党独裁和实现民主政治来维护本族群的利益，从而一度推动了马来西亚两线制的发展。然而，这并未改变控制国家政权的巫统利用对其有利的政治形势，进一步采取所谓的"扶弱政策"，制定并实施新经济政策。新经济政策实施后，马来人的地位得到了全面的提升，形成了支配地位。

第四节 20世纪90年代以来马来西亚的族际政治整合（1990年至今）

一 族际政治整合取向的转变

在整个新经济政策时期，政府认为马来人与非马来人的经济差距就是族群间问题的症结所在，若要建立族群间的和谐及互信关系，就必须要缩小族群间的经济差距。而缩小族群间的经济差距，就必须要靠政府力量的介入及指导。因此，这一时期的族际政治整合最大的特征就是政府直接介入，采取强制性的手段，实施专门照顾及提升马来人及少数民族的经济发展的政策。这种以野蛮推进、直接干预的手段扶持马来人的经济、打压非马来人经济发展的行为实质上是"弱异求同"的体现。

到了20世纪90年代，随着国内外环境的不断变化，巫统政府开始转变原来族际政治整合的方向。从原来注重纠正族群间经济不平衡转向到注重所有族群经济的发展，以经济发展为主轴，利用经济发展来消弭国内的族群竞逐与冲突。在坚持消除贫困和在各个民族间重新分配财富的同时，注重经济增长与利益分配的均衡发展，尤其强调通过迅速发展经济来重新分配财富，在稳定增长中获得经济的公平。"建立一个统一的、命运与共的马来西亚，减少族群政治、加强经济建设、建成发达国家成为马哈蒂尔政府施政的基本方针。"[①]

在此思想的指导下，马来西亚政府开始逐渐重视马来西亚作为多元族群国家的社会现实。20世纪90年代以后，马哈蒂尔政府在2020年宏愿里提出了马来西亚国族的概念，"马来西亚国家，必须由一个忠心耿耿、献身国家的马来西亚民族所组成。……伙伴关系全面而公正"。[②]1993年马哈蒂尔在国庆献词中说："国人要达到的宏愿，各族人民必须团结一致，只有这样，才能确保没有其他人可以挫败我们成

---

① 贺圣达等：《战后东南亚历史发展》，云南大学出版社1995年版，第375页。
② 王锦发：《我们都是一家人》，马来西亚《南洋商报》国庆37周年纪念特辑，1994年8月31日，第2版。

为先进国家和自由国家的意愿。"① 1994 年，在召开党代会时，马哈蒂尔强调族群团结与和谐的重要性，认为族群团结与和谐是马来西亚成功的秘诀。他呼吁"马来西亚人民远离冲突与纷争，彼此之间不要有政治区分，或者族群仇视"。② 1995 年巫统召开大会时马哈蒂尔承认马来西亚是一个由多元族群人口构成的社会。1996 年，马哈蒂尔在接受采访时表示："以前的观念是人民应该 100% 马来化才可以成为马来西亚人。我们现在接受这是一个多元民族的国家。我们应在把我们分隔开来的各种隔阂之间立起桥梁，而不是试图将这些隔阂完全去除。我们不想使所有的华人改信回教，我们告诉我们的回教同胞，不应该强迫别人改信回教。"③ 纳吉在上任之初就提出"一个马来西亚"的政策，"在这个国家，不同种族人民的地位和权益是公正平等的，彼此之间能够同沾惠益，团结一致。同时他也呼吁内阁、政府部门及公务员们以促进种族和谐与国家团结，并提升工作效率为目标"。④

　　这一时期政府重视改善同非马来人尤其是同华人的关系。主要表现就是开始承认华人在国家发展中所起的作用，华人整体被看作马来西亚共荣社会的组成部分。巫统领导人纷纷赞扬华人对建国的贡献，视华人为"马来西亚民族"的一员；并宣称儒家思想与伊斯兰文化要互相融合交流。著名的马来种族主义激进分子前政府副总理安华，这一时期经常出现在华人社区，用话语向华人问好，更以"我们都是一家人"的口号赢得个人空前的开明形象。⑤ 国阵其他领导人也在各种公开场合发表开明言论，营造"我们都是一家人"的良好氛围。马哈蒂尔还亲自出席了 1993 年和 1995 年的华人文化节。此外，许多马来政治人物和官员也开始用毛笔写华文，提倡"我们都是一家人"。

---

① 《亚洲周刊》中文版，1993 年 9 月 12 日。
② 韦红：《东南亚五国族群问题研究》，民族出版社 2003 年版，第 134 页。
③ 《时代周刊》，1996 年 12 月 6 日。
④ 胡春艳：《抗争与妥协：马来西亚华社对华族母语教育政策制定的影响》，暨南大学出版社 2012 年版，第 169 页。
⑤ ［马］丘光耀：《马来西亚华人政策日益开放化的导因》，《华侨华人历史研究》1995 年第 2 期，第 54 页。

在经济方面，政府为非马来族群的经济活动与发展提供更为"自由"的空间，努力调动占人口 1/3 的华人的积极性。修改《工业协调法》，规定资本少于 250 万马币、雇员少于 75 人的工厂，不必遵照《工业协调法》的相关规定。这样一来，占有华人企业 95% 以上的中小企业获得了较大的发展空间，并与其他族群一样，享受到政府的优惠贷款。1993 年，政府重新界定土著企业的定义，亦即土著占有 35% 及以上的股权（以前是 51% 以上）的企业就属于土著企业。这样有利于非马来族群和土著合作创办企业，非马来族群就算拥有过半数的股权，也可享受土著企业的许多优惠，包括优先贷款和特殊的经营范围。马来西亚政府还鼓励企业开拓海外市场，取消马来西亚公民到中国进行投资的限制，这对许多拥有国际属性及国际化经验的华人企业是项重要政策。

总之，马来西亚政府对国家发展政策执行方式做了调整，将国家的经济发展策略由原本只重视马来族群的利益，逐渐开放到给予非马来族群更多平等的竞争空间。它们对非马来族群的整合工作日趋缓和，在政治上逐步淡化意识形态色彩，放宽华人到中国旅游探亲的限制。经济上鼓励华巫合作，华商到中国投资不再被视为是对国家不忠的表现。在文化教育领域，国家调整单元化同化政策，允许保持文化的多样性。它们还为了推动国家认同进一步提出了超种族主义的"马来西亚族"概念。这些都表明巫统政府的族际政治整合取向发生了转变，由新经济政策时期的"弱异求同"转向"求同存异"。

二　国家发展政策的施行

（一）国家发展政策的出台

20 世纪 80 年代中期，"新经济政策"即将结束，对于新经济政策要不要继续执行，马来西亚国内掀起了广泛的讨论。反对或赞成"新经济政策"的利益团体都希望在 1990 年"新经济政策"结束后，政府能推出利于自己的长期计划。1986 年的国会大选，"新经济政策"相关议题被高度政治化。由于检讨"新经济政策"的声浪高涨，政府为避免事态扩大，1987 年 10 月以违反《内安法》的罪名逮捕了

106 名反对党政治人物、利益团体人士。为解决"新经济政策"结束后如何接续的问题,马哈蒂尔表示,将集合民意成立"国民经济咨询委员会",以期"用真诚的努力集合尽可能多数人民,一同决定马来西亚的命运"。

1989 年 1 月 19 日,国民经济咨询委员会(National Economical Cumulative Committee,NECC)成立,主要任务为评价"新经济政策",并草拟 1990 年后的国家发展政策。咨询委员会成员来自社会各领域,包括反对党在内的各政党、商会、公司首脑、政府官员、专业人士和少数民族群体,其中马来人与非马来人所占的比例相同。1990 年 2 月,国民经济咨询委员会就国家发展政策的制定提出一份建议书。1990 年 6 月,内阁经济委员会(Cabinet Economic Committee)接管了起草新政策的任务。马哈蒂尔宣称内阁原则上不会原封不动地采纳咨询委员会的建议,只会采纳其主要"思路"。[①] 国会于 7 月 30 日通过了第二个远景规划和第六个大马计划。随后 1991 年 2 月 28 日,马哈蒂尔在马来西亚工商委员会成立大会上提出名为《马来西亚迈向前路》(*the way forward*)、"2020 年宏愿"的纲领性文件。"2020 年宏愿"的目标是在 30 年内,即到 2020 年把马来西亚建成一个"完全发达的国家,人均收入达到 1.2 万美元"。1991 年 6 月,政府通过了"新发展政策"即"国家发展政策"。

(二) 国家发展政策的实施

1. 国家发展政策的政策目标

促进经济的发展。第六个五年计划(1991—1995 年),目标是保持经济增长,增强马来西亚经济的竞争力,要求经济达到的平均增长率为 7.5%,人均收入 1995 年达到 3500 美元。"2020 年宏愿"提出的目标是到 2020 年,把马来西亚建成发达国家。马哈蒂尔表示,马来西亚争取 1990—2020 年达到每 10 年实现国内生产总值翻一倍的目标。如果此目标能够完成,那么 2020 年马来西亚的 GDP 将是 1990

---

① Ho Khai Leong, "Dynamics of Policy – Making in Malaysia: The Formulation of the New Economic Policy and the National Development Policy", *Asian Journal of Public Administration*, Vol. 4, No. 2 (DEC 1992), pp. 204 – 227.

年的 8 倍。为达到这个目标，马来西亚这 30 年间需要维持每年实际经济增长率 7%，若再考虑人口以每年 2.5% 的速度增长，2020 年时马来西亚财富将会比 1990 年时增加 4 倍。[①]

消灭社会贫困。国家发展政策时期反贫的目标是将绝对贫困率由 1990 年的 15% 减少到 2000 年的 5.3%，这就意味着每年将减少 199 户贫困家庭，减少的幅度与新经济政策时期大体相当。就农村而言，贫困率由 1990 年的 19.3% 减少到 8%，城市地区将由 7.3% 减少到 3%。[②]

社会重建。马来西亚政府在其第二个远景规划里非常明确地表示，国家发展政策时期，社会重建的最终目标依然是消除族群经济差别。为减少经济不平衡现象、增加基本设施投资、加强制造业基础、支持中小型工业，政府将继续给予马来人经济援助。其中，首要目标是继续提升马来人的经济地位。在第二个远景规划里，政府没有明确设定马来人股本持有比率目标，而是将培养马来人工商业群体、提高马来人的企业经营能力作为这一时期社会重建战略的重点。马来西亚政府在第二个远景规划里虽然没有特定的股权目标和时间表，但仍同新经济政策时期一样，致力于提高马来人的经济水平。

2. 国家发展政策的主要措施

持续发展工业。20 世纪 80 年代初期，马哈蒂尔上台后提出"东望"（Look East）政策，希望在经济上能向日本、韩国或中国台湾地区学习。主要目的是通过学习东亚国家的先进科技，使马来西亚经济得到提高和发展。在该政策之下，马来西亚政府派遣学生和工人到日、韩两国去学习，同时也鼓励日、韩等国的大企业到马来西亚投资。这时期马来西亚发展的重工业主要包括汽车制造业、钢铁业、石油化工、水泥制造、造纸业与化学肥料制造等。马来西亚政府专门成

---

① 梁忠：《马来西亚华人政策研究——从东姑拉赫曼到马哈蒂尔》，博士学位论文，复旦大学，2006 年，第 142 页。

② Government of Malaysia: Second Outline Perspective Plan, 1991 - 2000, Kuala Lumpur: Government Press, 1991, Table 4 - 2. 转引自林勇《马来西亚华人与马来人经济地位变化比较研究（1957—2005）》，厦门大学出版社 2008 年版，第 244 页。

立了马来西亚重工业公司，对重工业发展过程实施有效的管理、监督与协调。国家发展政策时期，马来西亚继续发展工业。为了达成2020年把国家建成发达国家的目标，马来西亚政府优先发展制造业。20世纪90年代中期，政府规划集中发展电力、电子设备、纺织、服装、化工等工业。

着重发展高新技术产业。马来西亚政府重视和鼓励科技开发、投资建设及提高国内的科学和技术开发基本设施，陆续设立马来西亚科学和工艺资讯中心、国家科学中心、工艺园等。鼓励建立资本技术密集型企业，限制劳动密集型企业，特别注重资讯工业、电子工业、宇航工业以及环保设备等领域的技术发展。为了鼓励投资上述工业，政府推出一系列的税收优惠，如规定凡获得多媒体发展局推荐，到多媒体超级走廊投资的公司，均可获得多种税收优惠，包括减免税10年、预备器材免税等。

通过私有化调整族群间的经济差距。在新经济政策实施的过程中，政府扶持建立了一大批国营企业。马来西亚政府投入大量预算来扶持这些企业的发展，政府给这些公共企业的投入占整个发展预算的大部分，如在1971—1975年约为40%，在1976—1980年约为48%，在1981—1985年约为56%。[1] 但这些公共企业却出现连年亏损的情况，加重了国家财政负担。在这种情况下，马来西亚政府提出了私有化概念。私有化就是政府鼓励私人企业更大程度地参与公共计划及公共服务的拥有、操作与管理。1991年，国阵政府颁布了《私有化总体规划》，从总体上指导私有化计划的实施。该计划指出了马来西亚私有化计划的五大目标，即促进经济增长、减少政府的财政负担和管理负担、改善和提高管理水平和生产效率、缩小国有企业的规模，以及协助完成社会重建目标。[2] 国家发展政策时期，私有化活动涉及诸多行业，其手段也复杂多样，主要有出售的方式、承包契约、发行执

① Supian Haji Ali, "Malaysia", in G. Edgren, ed., *The Growing Sector: Studies of Public Sector Employment in Asia*, New Delhi: ILO – ARTEP, 1988, p.121.
② 林勇：《马来西亚华人与马来人经济地位变化的比较（1957—2005）》，厦门大学出版社2008年版，第199页。

照、管理层的收购、建设—运作—移转等方式。

培养马来人工商业群体。培养马来人工商业群体，是这一时期社会重建战略的重点目标。新经济政策时期，已经培养了大批马来人企业和企业家，马来人就业地位已经得到了非常大的改善，但是政府认为还远远不够。在新时期，政府将继续构建一个更加有效的政策平台，以培养更多马来人工商业群体。主要的措施有加强对马来人企业家的专业培训、加强对马来人的就业培训、制订专门计划扶持马来人中小企业的发展等。

对非马来人在经济领域实行若干程度的开放，如为鼓励华巫联营、促进马中贸易等，政府采取许多正面的干预及扶植性步骤。为非马来族群的经济活动与发展，提供更为自由的空间，主要表现为下列这几方面。（1）修改《工业协调法》，规定资本少于 250 万马币、雇员少于 75 人的工厂，不必遵照《工业协调法》的相关规定。这样一来，占有华人企业 95% 以上的中小企业获得了较大的发展空间，并与其他族群企业一样，享受到政府的优惠贷款。（2）1993 年，政府对土著企业进行重新的定义，认定土著占有 35% 及以上的股权（先前是 51% 以上）的企业就属于土著企业，这样有利于非马来族群和土著合作创办企业，非马来族群就算拥有过半数的股权，也可以享受土著企业的许多优惠，包括优先贷款和特殊的经营范围。（3）鼓励企业开拓海外市场，向海外转移密集型企业，包括取消马来西亚公民到中国投资的限制，这对许多拥有国际属性及国际化经验的华人企业是非常有利的。

（三）国家发展政策与新经济政策的比较

1. 二者的联系

国家发展政策并不是一个全新的经济政策，一定程度上可以说是对新经济政策的修正，二者有着密切的联系。国家发展政策在政策的主体部分仍旧持续推行消除贫穷、重组社会的政策目标，但在观念与实践方式方面有所改变，比如在致力消除贫穷时，将会设法提高贫穷者的收入；在推行各种计划来纠正马来人在经济领域的不平衡时，也同时给予其他族群适当的照顾。马来西亚政府实行国家发展政策，从表面上看，巩固了 20 世纪 80 年代中期以后推行的经济增长、工业化、自由化和私有化政策，但仍继承了新经济政策时期的重组股权的目标。国家发展政策重组的重点在于如何增加马来人在现代化领域中就业和参与管理决策的机会，以便塑造更有适应力的马来人工商业群体，在这方面公共机构仍扮演积极干预的角色。所以，从本质上讲，国家发展政策与新经济政策的目标是一样的。

　　从价值取向来看，国家发展政策与新经济政策的价值取向是一致的，都是马来人优先的价值取向。虽然国家发展政策在某些方面显得"开明"，但实际上巫统领导集团并没有放弃捍卫马来人的特权。这主要表现在几个方面：（1）巫统领导人在某些场合所发表的某些言论，虽然与新经济政策时期相比较，体现出了一定的开明和宽容，但是在另一些场合，所发表的另一些言论，又暴露了其顽固的族群主义本质。前巫统署理主席暨政府副总理嘉化在接受记者采访时直截了当地指出："这个国家原本就是马来人的国家。我想看到政治权力牢固地掌握在马来人领导的手中。我没有说马来政治权力，而是说马来领导；意思是说华人和印度人参与由马来人领导的政治。"① （2）巫统领导人的"开明"与"宽容"仅仅停留在口头上，马来人优先的政策无论是在政治、经济、文化或者教育领域都没有本质上的转变。（3）高等教育机构和大学的录取标准还是以族群"固打制"为依据。各类奖学金、助学金的发放也纯粹以族群身份为标准，公共廉价屋也强行保留给马来人。（4）这一时期，政府口头上鼓励华人与马来人企业联营合作，但在具体行动上，仍然不愿意彻底废除《工业调整法》。不仅如此，这一时期政府还加强和巩固了国有垄断性企业，同时政府还加紧培训通晓华文的马来人企业家，以取代华人在马来西亚与中国贸易中的地位。②

---

　　① 李万千：《反对种族支配主义》，《知难而进》，大马东方企业，第 109 页。转引自［马］丘光耀《马来西亚华人政策日益开放化的导因》，《华侨华人历史研究》1995 年第 2期，第 55 页。

　　② ［马］丘光耀：《马来西亚华人政策日益开放化的导因》，《华侨华人历史研究》1995 年第 2 期，第 55 页。

2. 二者的区别

国家发展政策与新经济政策之间的区别也是明显的。从二者的目标来看，新经济政策的首要目标是社会的重组，然后才是经济发展与增长，在低度经济增长的基础下强调公平分配，并不能有效地提高全体国民的生活水平。国家发展政策将发展问题置于首位，强调经济成长与利益分配之间的均衡发展，鼓励不同族群间的经济合作，而不再坚持执着于股权结构的调整。国家发展政策除了延续新经济政策的马来人股权增长原则外，更加强调各族群都能够有机会获得更公平的资源分配。

两者实现目标的方式不同。新经济政策强调通过直接剥夺华人及其他非马来人财富从而缩小族群间经济差距的方式来改变整个社会的经济不平衡现象，采取政府直接干预经济的方式，在手段上体现出强制、野蛮、刚性的特点。而国家发展政策强调的则是经济增长，减少政府对经济的直接干预，在纠正族群间经济不平衡问题上，手段温和。国家发展政策重申 30% 的目标，但是却没有制定具体时限，国家发展政策减少了国有企业在重建社会中的作用。国家发展政策至少在形式上体现了民主决策的思想，新经济政策则完全是巫统赤裸裸的专权独断。国家发展政策时期，政府一定程度上放松了《工业协调法》的管制范围，减少了直接干预的力度，至少表面上表现出了对华人的友好，减少了对华人及其他非马来人的直接伤害。

三 单元文化教育政策的调整和国族概念的提出

（一）单元文化教育政策的调整

新经济政策期间，马来西亚政府采取刚性单一的单元文化教育政策，希望把马来西亚塑造为一个以马来文化为中心的国家。1967 年马来西亚政府宣布除语言课程外，其他科目均将逐年实施以马来语为唯一的教学媒介语。马来西亚政府企图以马来语强制同化华人和印度人，以达到国家团结的族际政治整合的目的。新经济政策时期，马来西亚政府对非马来文教育继续采取严格措施，比如 1983 年推行 "3M制"，使小学生在读、写、算方面都能运用马来文，因此，除了语文科目外，其他的课程全部以马来文编写。再比如，1987年，政府以华文小学部分教师资格不合格为由，指派100多名不懂中文的教师到华文小学担任高级助理，引起华人不满。在高等教育方面，政府推行"固打制"，使得华人子女在马来西亚接受大专教育的机会大为减少。华人被迫将子女送到国外接受大专教育。根据一项统计资料，在1990年毕业于华文中学和独立中学的毕业生中，只有0.9%的学生进入马来西亚政府办的大专院校，44.2%的学生进入私立学院或专科学校，另外有55%的学生到国外就读大专院校。[①] 马来西亚对非马来人教育的压迫和歧视，不仅没有造成国家团结，反而加深了族群间的敌视。

20世纪90年代，随着马来西亚政府在经济领域战略的调整，在文化教育领域，政府也开始对原来刚性单一的单元文化教育政策进行调整。在新经济政策时期，马来西亚政府文化教育领域的族际政治整合含有强烈的族群色彩，贯彻以马来族群为核心的"一种语言、一种文化、一个民族"单元化政策。而在国家发展战略时期，随着国家经济发展战略的转变，政府对教育文化政策进行调整，允许保持文化的多元性，提出了文化、宗教多元化发展的战略目标。

20世纪90年代以来，全球化在国际社会中成为一个突出的现象。90年代，马来西亚政府提出了2020年宏愿，并制定了新的经济发展纲领，其核心就是要进一步推动马来西亚经济的发展，提高国际竞争力，建设先进工业国，实行更大范围的对外开放。亚洲金融危机的爆发使正在处于上升阶段的马来西亚经济遭到重创，金融危机后，马来西亚，一方面，加强对本国经济秩序的调整，更加强烈地意识到必须勇敢面对经济全球化的挑战，必须加强区域经济合作才能推动马来西亚经济不断发展，因而在区域合作和全球化中，马来西亚采取了更加积极的心态和开放的态度；另一方面，中国自1978年改革开放以来，经济建设取得了举世瞩目的成就。在马来西亚走向国际化、全球化的

---

① 顾长永：《东南亚各国政府与政治：持续与变迁》，台北：台湾商务印书馆2012年版，第78页。

过程中，华人族群无疑扮演重要的角色，尤其在发展与中国的关系方面。从马来西亚在中国的投资情况来看，华人族群不但是马来西亚到中国投资的先驱，而且占有主体地位。据报道，马来西亚在中国的投资项目近90%属于华商的投资项目。2020年宏愿提出之后，国际环境发生了变化。亚太地区的经贸发展日益繁荣，中国大陆及中国台湾地区的经济吸引力，也同时成为促使马来西亚政府重视华文教育，不再严重排斥华语，反而鼓励加强国内人民学习华语，增强国际竞争力。

为了提高马来西亚国家竞争力，就需要让非马来人享有更大的参与空间，这样才能充分结合各族群的优势，参与国际竞争。所以，在发展主义的政治基调下，政府大幅调整民族主义主张，在对待华人等非马来人问题上采取一系列较为宽松的政策。

巫统领导人纷纷肯定华人对建国的贡献，把华人当作"马来西亚民族"的一员。华商到中国投资不仅不再被认为是对国家的不忠，政府反而进行鼓励。1993年，为鼓励华商到中国投资，马哈蒂尔访华时特地带领大批华商到中国寻找投资机会。1992年1月，第三届马来西亚土著经济大会召开，首次邀请华人企业参加，共商经济合作事宜。马哈蒂尔到会致辞表示：20年来所形成的土著、非土著的两个经济体，将在新合作情况下整合为单一体。[1] 马来人工商联合会总秘书指出：从商业角度来看，我们不能把生产范围局限在土著社会的圈子里，与非土著建立经济合作联系将有助于开拓更大的市场。[2]

华文教育方面，提倡回儒交流，鼓励马来人学习中文，对华文教育和华人文化采取灵活措施。鉴于华文经济价值提升，政府鼓励他族学习华文，导致华文小学人数增加。根据资料显示，华人儿童进入华文小学就读比例逐年增加，到1998年已经超过90%，比起1980年的85%提高了5%。非华裔的儿童进入华文小学就读人数在2000年已经超过65000人，占总入学数的10%—12%。这表明华文在马来西亚逐

---

[1]　马来西亚《工商世界月刊》，第2期，1992年2月，第4页。
[2]　马来西亚《工商世界月刊》，第8期，1992年8月，第11页。

渐受到重视。① 马来西亚政府也考虑到将儒家思想的伦理道德观纳入小学课程内，以配合马来西亚 2020 年达到工业先进国的目标，提升下一代人民的道德水平，从而建造具有崇高道德观念的社会。②

1995 年马来西亚政府对教育法令进行修改，删除华人社会最在意的第 21 条第 2 项，即有关将华小改为以马来文传授的国民小学条文。因马、印族群进入华小就读人数逐年增加，政府 1999 年批准兴建 4 所新的华文小学。第六个大马计划内，华小获得的政府拨款也在增加。1995 年政府预算中，政府首度宣布 800 多所半津贴华小享有拨款。在高等教育领域，政府通过大专教育私营化和自由化政策，允许成立私立大专。截至 1997 年，全国共有 335 所私立高等教育机构成立。华文高等教育机构方面，南方学院、韩江国际学院和新纪元学院先后成立，缓解了华人社会对高等教育要求的压力。③

从 1990 年开始，马来西亚政府逐步开放大专院校对华文的学习，政府承认拉曼学院的大部分文凭，并批准拉曼学院另建两所分校，由政府负担一半经费。1997 年 2 月，政府批准新山的南方学院可以开办中文系，同年 3 月，政府批准设立新纪元学院，并同意该学院设立中文系。1999 年 7 月，教育部正式批准韩江国际学院成立，该学院是一所非营利学院，宗旨在于为华人子弟提供更多修读中文的机会。吉隆坡的拉隆大学将承认华文独立中学的统考文凭，成为首家正式承认统考文凭的马来西亚大学。

华人文化方面，非马来人文化被多数马来学者和文化机构看作国家文化的一部分。舞狮准证获批，马哈蒂尔亲临华人文化节开幕礼，安华挥毫泼墨，"我们都是一家人"的问候与 2020 年宏愿相契合，显示出国家正朝向多元文化发展，建构团结一致的马来西亚国族。④

① 李悦肇：《马哈迪时期马来西亚之国家整合（1981—2003）》，博士学位论文，台湾中国文化大学，2004 年，第 281 页。

② 新加坡《南洋星洲联合早报》，1991 年 12 月 18 日，第 16 版。

③ In - Won Hwang, Personalized Politics, "The Malaysian State under Mathair", *Institute of Southeast Asian Studies*, 2003, pp. 246 - 249.

④ R. S. Milne and Diane K. Mauzy, *Malaysian Politics under Mahathir*, London：Routledge, 1999, p. 96.

　　虽然华人的地位在马来西亚政府的政策调整下，依然比不上马来族群的优势地位，但20世纪90年代以来的政策调整，确实呈现出宽容与开放的一面，被称为是属于"小开放"时期。随着开放政策的实施，马、华两族群间的关系是属于相对融洽的，国家是属于较为整合的状态，过去那种互相冲突、排斥、猜疑的状态已经有缓解的情形，马、华族群在各方面的合作也增多。经济及文教地位的改善，有效地改变了广大华人对国家认同的心态，以往限制政策所带来的压抑获得部分释放，加上国家经济连年发展所带来的实惠，致使他们对执政当局产生向心力，对国阵政府也增加了信任与支持，有利于政权的稳定发展。

（二）马来西亚国族概念的提出

　　马哈蒂尔在提出"2020年宏愿"时，还提出了"马来西亚国族"的概念。"2020年宏愿"的最终目标是将马来西亚建设成一个全面发展的工业化国家。马哈蒂尔称要完成这个宏愿，马来西亚必须面对九项挑战，其中第一项挑战就是"建立一个团结、具有共同目标的马来西亚。国家和平、领土完整、族群融合、生活和谐、充分合作，塑造一个忠于君国和为国献身的马来西亚国族（Bangsa Malaysia）"[1]。到时候，"任何肤色和宗教信仰的人们都能自由地保持和享受个人的习惯、文化、宗教、信仰"。[2] 马哈蒂尔对"马来西亚国族"的解释是："华人可以在家中讲华语，马来人可以在家里讲马来语，各自的语言文化、宗教信仰不会改变。不同的只是大家要想到这是同一个国家，不要再分彼此，而要相互容忍和接纳。"[3] 同时他还声明："过去，我们尝试塑造单一的实体，然而人民之间的紧张情绪和猜疑之心却因此而起……他们担心必须放弃自己的文化、价值体系和宗教信仰。这是

---

　　① ［马］马哈蒂尔：《迈向前路（2020年宏愿）》，载［马］曾庆豹《与2020共舞——新马来人思潮与文化霸权》，陈亚才等译，吉隆坡：马来西亚华社研究中心1996年版，第92—93页。

　　② ［日］原不二夫：《马来西亚华人眼中的"马来西亚族群"》，刘晓民译，《南洋问题译丛》2001年第2期。

　　③ 马来西亚《南洋商报》，1995年8月31日。

不可行的，而我们相信马来西亚国族是解决问题之道。"①

马哈蒂尔曾在 1992 年出席的一次由哈佛俱乐部主办的晚宴中表示："为了巩固一个团结一致的'马来西亚国族'，我们（指政府）在过去的 30 年间，除了实施新经济政策与国家发展政策外，尚引介了许多政策与计划。它们包括国家教育政策、国家语文政策与国家文化政策。在上述的政策与计划中，国家团结都是首要的目标。全部政策与计划都能为成为一个关系良好的多元社会做出贡献，（这一社会包含）共同的价值与观念、身为马来西亚人民的一致认同感及得以巩固民族传统的文化。"②

"马来西亚国族"概念的基石是承认多元文化可以并存，因此可以称得上是一个颇具吸引力的全新概念。这个概念成为 20 世纪 90 年代马来西亚国家意识形态的核心论述，一出台就受到非马来人的热捧，因为这一概念为非马来人建立了新的身份认同，不再有马来人、印度人、华人，只有团结一致的"马来西亚人"。为什么马来西亚政府要提出"马来西亚国族"的概念呢？

马来西亚脱离英国殖民统治而独立后，在马来族群主导的政府控制下，在政治、经济、社会文化各方面，都积极地直接或间接进行干预。尤其在马来民族意识的驱使下，马来国族的建构成为马来统治精英国家族际政治整合的远大目标。而马来国族的建构具有强烈的"复国主义"，认为复国就是要恢复以往马六甲王朝在马来半岛的"荣景"，除要恢复马来人在马来半岛的"主人"身份及其传统外，对于外来族群想要成为其中之一分子，就必须接受"一个国家、一个民族、一个文化、一个语言"的概念。③ 他们的目标就是以马来人和马来文化为基础，在此基础上进行国族的建构。

---

① The Star 11 September 1995，转引自何国忠《马哈迪的族群政策与华人社会》，马来亚大学中国研究所，http://www2. nsysu. edu. tw/cseas/paper0520/paper12. doc。
② 转引自［马］丘光耀《第三条道路——马来西亚华人政治选择批判》，八打灵：地球村网络有限公司 1997 年版，第 44 页。
③ ［马］许子根：《我国教育政策的检讨》，董教出版组编《董总 30 年》（中册），吉隆坡：马来西亚华校董事联合会总会 1985 年版，第 499 页。

　　虽然马来政治领导者努力推动国族的建构，但面对拥有强大文化传统的少数族群，国家认同与族群认同间经常出现冲突。虽然政府努力提升马来优势族群的地位以压制少数族群的反抗，但面对持续不断的族群间冲突，马来统治精英认为唯有"改造"或"同化"的方式，将马来西亚建构成"一个国家，一个民族"，才是一劳永逸解决族群间冲突的办法。

　　面对如华裔等少数族群长久的文化传统，马来西亚政府将教育变为一种可利用的工具，希望通过国家教育政策及文化传播等方式，来进行族际政治整合，进行国族的塑造。马哈蒂尔将国族的建构融合在国家发展之中，让许多原本紧守族群传统文化的非马来族群精英在政治经济环境的改变下，忽略国家对其族群传统文化的侵蚀，以建构国族。2020年宏愿的推出，以马哈蒂尔为首的政府希望以此为蓝图，除希望马来西亚能顺利进入现代化工业国家外，更希望完成族际政治整合的目标，达到马来族群优势地位的长期保持和巩固。

　　当马哈蒂尔在结束"新经济政策"后，希望以另一种方式来继续获取人民的支持，尤其是获取具有影响其政权支配能力的族群——马来人的支持。在不伤害或引起别族群强烈反弹的前提下，马哈蒂尔所运用的新理念及策略，就是发表宏愿计划。其计划的表面是将带领马来西亚迈入一个发展国家的新纪元，与此同时，又可维持多族群社会的"共识"，并可维持群众对其政权继续的支持。然而宏愿计划并非仅止于表面的经济议题和发展目的，马哈蒂尔是想利用此一宏愿计划的宣示达到其主要目的，也就是建立一个以马来人或马来文化为主体的民族国家。

　　20世纪90年代以后，在马哈蒂尔到处致力于推动马来优先政策的主轴下，也在其族群政策的规划中，逐步增加对非马来族群包容的"开放"政策，并提出"2020年宏愿"计划。马哈蒂尔希望提出一种通往现代化的理想，成为马来西亚各阶层主要推崇的口号与目标，以便造就成一种人民的"集体意志"，从而有利于族际政治整合工作的推进。

　　20世纪90年代，马哈蒂尔政府所提出的2020年宏愿计划，其本身乃是继新经济政策后，为马来西亚国家寻求一个国内民众新的发展共识政策，借此政策整合马来西亚各族群在不同面向的需求。基本上该计划乃是借以经济发展为表体，以把马来西亚建设为一个发达国家为理想，除提升各族群对这个国家的认同外，也同时持续扩展马来族群在大马国内的政治经济方面的特权，并利用计划目标项目完成巩固马来西亚国族（Bangsa Malaysia）的理念，进一步合法地将马来西亚建构为以马来文化为主体的马来民族国家，从而完成马来西亚族际政治整合的目的。

第四章　马来西亚的政党与
族际政治整合

多民族国家的政党及政党制度往往与族群现象和族际关系相联系，因此政党也必然在族际政治整合中发挥作用。周平教授认为："多民族国家的政党是族际政治整合的重要主体，对多民族国家的族际政治整合产生重要影响。"[①] 马来西亚的政党制度具有典型性、马来西亚执政党基于族群模式和发展取向，较好地维护了社会政治稳定。马来西亚政党制度能够有效控制冲突并达成基本共识，族际政治整合能力较强，从而使社会积聚的张力得到理性释放，避免了很多发展中国家出现的政治衰败甚至碎片化现象。本章拟从政党的角度对马来西亚的族际政治整合进行研究。

第一节　政党、政党制度与族际政治整合

一　政党与族群

（一）政党的族群性

政党首先产生于西方，与资产阶级和资产阶级的政治制度不可分割地联系在一起。有学者指出："从本源上讲，西方政党是工业革命在社会经济系统内造成新阶级分裂后所产生的阶级组织，政党与阶级之间存在密切的'亲缘关系'。"[②] 政党这种政治组织产生以后，适应

[①]　周平：《多民族国家的政党与族际政治整合》，《西南民族大学学报》（人文社会科学版）2011 年第 5 期。

[②]　林勋健主编：《西方政党是如何执政的》，中共中央党校出版社2001年版，第5页。

了国家政治斗争的需要，又经不断的发展与完善，在社会政治生活中的作用日益突出，成为现代政治中最普遍、最有效的政治组织和政治手段。在今天的200多个国家和地区中，除了20多个国家和地区外，都有政党组织，全世界共有1000多个政党。①

如果从17世纪后期英国最早出现的托利党和辉格党算起，政党的发展已经有300多年的历史。如今，政党已构成现代民主政体重要的组成部分和标志，"政党政治是现代民主制的基本运行方式"。② 政党政治是当今民族国家政治活动的重要内容。"政党是政治必不可少的一个构成要素，离开政党，政治过程将变得无法理解。"③

在当今世界，族群的重要性也不言而喻，所有社会问题的讨论和解决，都无法回避族群现象。在多民族国家这个共同体内，政党与族群就不可避免地有了交叉与联系。政党这种政治形式与多民族国家的族群因素结合在一起，使政党获得了新的属性——族群属性。多民族国家的政党成立后，不可避免地与国内的族群和族际关系长期地、紧密地联系在一起，从而获得族群内涵，具有了族群属性。王希恩指出："在相当多的国家和地区，政党的族群色彩超过了阶级和阶层色彩，或者说掩盖了其阶级和阶层性。当代非洲国家的各政党大都有族群背景，因而这些国家的政党竞争和斗争也便成为族群斗争的集中反映。"④ 族际关系越是复杂、族群斗争越是突出的多民族国家，政党的族群性也就越突出。有的学者甚至提出了"民族政党化"⑤ 的概念，用以描述族群与政党结合的现象。

政党与族群相互联系、相互结合，从而使原本属于文化和社会实体范畴的族群被赋予浓重的政治含义，而原本具有政治含义的政党具有了族群属性。现代多民族国家政党的族群属性表现在多个方面：

---

① 周平：《民族政治学》，高等教育出版社2007年版，第162页。
② ［美］乔瓦尼·萨托利：《民主新论》，冯克利等译，东方出版社1993年版，第155页。
③ ［美］莱斯利·利普森：《政治学的重大问题》，刘晓等译，华夏出版社2001年版，第203页。
④ 王希恩：《全球化中的民族进程》，社会科学文献出版社2009年版，第135页。
⑤ 朱伦：《民族政党化制度、民族社团化制度和民族公民化制度》，《中国民族报》2006年8月25日。

1. 政党社会基础的族群性。一般来说，政党的分野要么以社会阶级为基础，要么以政治意识形态为基础，而在当代多民族国家，族群成为政党分野的另一个标准。在多民族国家中，族群身份往往成为重要的社会身份，有的国家还将人们的族属身份确定为基本的社会身份，将族性作为社会成员的基本属性。在这样的背景下，多民族国家政党的族群属性十分明显。

2. 政党政治运作的族群性。在多民族国家，族群问题是国家政治的重要内容，对族群问题处理得好坏决定了国内各政党的竞选成败。族际关系、族群问题是影响国家政治的最主要社会因素，如何解决族群问题，处理族际关系不仅决定了国内各政党在竞选中的胜败，更决定了国家的稳定。因此，多民族国家政党政治的运作必然无法回避族群问题。各政党争夺选民选票时，经常打族群牌。比如在马来西亚，各政党在选战中进行社会动员的话语充斥着族群色彩，如强调各族群的政治边界，利用族群的悲情话语、族群历史与现实中的悲愤和仇恨来煽动选民的族群情绪，以期获得族群的支持。

3. 政党政策的族群性。多民族国家的政党，不仅要对族群关系或族群问题表明自己的立场，亮明自己的主张，而且要在自己的政策中加以贯彻。具体来说，一是政党要提出明确的族群政策；二是一般性政策要顾及对族群和族群关系的影响。执政的族群政党往往制定有利于本族群的政策。比如，巫统控制的政府所制定、实施的法律和公共政策具有很强的族群倾向性。马来西亚宪法规定了"马来人特权"，以宪法的形式确认并维护了马来人在马来西亚社会所享有的政治优势地位。在公共政策的制定中，这样的族群倾向政策随处可见。

4. 政党文化与价值取向的族群性。由于政党成员与组织自身的族群属性，族群文化与价值观无疑会影响政党的文化和价值取向，在某种程度上会严重影响甚至决定一个政党的意识形态。多民族国家的政党为了进行有效的社会动员和组织动员，凝聚族群和社会的力量，往往将某种形式的民族主义或具有深厚民族主义底蕴的思想作为自己的意识形态，用以整合政党和社会的力量，甚至将政党的行动引向某种民族主义的价值目标。在马来西亚，在巫统主导一切的族群政治格局下,"马来人优先"的原则贯穿了马来西亚的政治、经济、社会生活的方方面面。

(二) 族群政党

霍洛威兹认为,族群政治中的政党有三种常见的类型:族群政党、跨族群政党和非族群政党。

"族群政党"是指只有某一特定族群的成员方可加入的政党,即特定的族群身份是入党的前提条件。一个族群可以有多个族群政党或其他类型的政党,但一个族群政党仅限于某一特定族群集团。族群政党的典型是那些在党章中明确规定非本族群的成员不得加入的政党。但某些公开声称入党没有族群身份限制、实际上却基本倚靠某特定族群集团支持的政党也应归类为族群政党。

"跨族群政党"从字面意思来看,必然包括多个族群,而非局限于某一特定的族群。但多个族群并不足以保证政党具有"跨族群性"。只有当各党容纳了冲突中的主要族群且成员是以族群为基础加入该党、各族群的组织动员体系在党内保持相对独立时,包括多个族群的政党才是真正意义上的跨族群政党。① 由于内部包含着多个相互冲突的族群,且这些族群在组织动员上保持一定的独立性,"跨族群政党"容易瓦解分化为多个单一的"族群政党"。

"非族群政党"是与"族群政党""跨族群政党"相对立的政党类型。"族群政党"与"跨族群政党"都是以族群身份为基础的,而在"非族群政党"中,族群身份没有任何政治意义。在意识形态、价值目标、组织形态、选民基础等方面,"非族群政党"都应当与特定的一个或几个族群集团没有实质的联系。

周平认为:"族群政党是以某个族群为基础,代表某个族群利益,并以实现本族群利益为根本目标的政党,是一种族体化的政党。"② 族群政党的主要特征有:族群政党所追求的族群利益是某个特定族群的利益,在利益追求上具有突出的排他性;它的民族主义是代表某个

---

① Donald L. Horowitz, *Ethnic Groups in Conflict*, University of California, 1985, p. 300.
② 周平:《多民族国家的族际政治整合》,中央编译出版社 2012 年版,第 133 页。

具体族群利益的民族主义；它的成员是以某个特定的族群为基础的。

目前，族群政党并不是一种稀有的政治现象，在许多国家和地区都存在或者曾经存在过。在亚洲，大多数多民族国家都存在族群政党，如印度有代表锡克教徒利益的阿卡利亚党、代表泰米尔人利益的德拉维达进步联盟和代表泰卢固人利益的泰卢固之乡党；成立于1972 年的斯里兰卡"泰米尔联合解放阵线"和成立于 1977 年的土耳其"库尔德工人党"等，也是族群政党。在非洲，族群政党不仅普遍存在，而且对国内政治产生着重要的影响，如安哥拉的"争取安哥拉彻底独立全国联盟"（简称"安盟"）、"安哥拉人民解放运动"和"安哥拉民族解放阵线"，就分别是奥文本杜族、姆本杜族和巴刚果族三个不同族群的政党，分别代表着各自族群的利益，相互间展开激烈的政治斗争和政治较量，并因此而导致国内族群关系和政治局势的复杂和动荡不安。尼日利亚在独立之初的情况也是如此。尼日利亚于1960 年获得独立，建立了独立的民族国家。当时有"尼日利亚和喀麦隆国民会议""尼日利亚北方人民大会党""行动派"三个政党，分别代表着伊格博族、豪萨—富拉尼穆斯林和约鲁巴族三个族群。

族群政党在族群政治生活中扮演着组织者和领导者的角色，它们集中本族群的利益要求，动员族群的成员，为争取和捍卫族群的利益而奋斗。族群政党的出现，不仅提高了族群在政治上的组织化程度，而且提高了族群政治斗争的水平和层次，改变了族群社会或多族群社会的政治生活机制与面貌。但是，在一个多民族国家内，族群政党率领所属的族群或以族体为政治资源，与其他族群进行激烈的政治争斗，会导致多民族国家内的族群关系和政治形势复杂化，增大将国内各个较小的族群在民族独立国家的范围内整合为一个更大民族单位的难度，并且常常使国内的政治局势处于动荡之中。

二 政党、政党制度与族际政治整合

多民族国家政党政治的凸显、族际关系及族际政治的突出，将多民族国家的政党推向了族际政治的前台。这不仅使政党成为多民族国家族际政治整合的主角，也为政党在族际政治整合实践中扮演重要角色提供了条件。

(一) 政党在族际政治整合中的角色与作用

"多民族国家的政党是族际政治整合的重要主体,对多民族国家的族际政治整合产生重要影响。"[1] 族际政治整合的主体就是族际政治整合活动的领导者、组织者、实施者、参与者。[2] 多民族国家的政党由于政党性质、类型、地位等的不同,在族际政治整合中发挥的作用是不同的。

从政党性质的角度来看,政党有阶级性政党和族群性政党之分,二者在族际政治整合中发挥的作用也存在不同。一般来讲,阶级性政党其政策的出发点是阶级利益和国家利益。在族群问题和族际政治整合问题上,阶级性政党大都追求国家的统一和各个族群的团结,采取各种积极措施促进国家的族际政治整合。

在国家获得独立后,各个族群为了与其他族群进行政治互动,争取、实现和维护自己的利益,便以族群为基础组建了政党。这样的族群政党在族群政治生活中扮演着族群的组织者和领导者的角色,它们集中本族群的利益要求,动员族群的成员,整合族群政治力量,为争取和捍卫族群的利益而奋斗。此类政党对多民族国家族际政治的影响也最为显著。"20 世纪 80、90 年代在西方鼓动下发生的所谓'多党民主'热潮因各国政党的部族化而大大加剧了非洲的动荡,一些国家至今仍陷在部族内战之中。在阿富汗和伊拉克的重建过程中,各部族也都通过自己的政党和其他组织明争暗斗,努力在新的国家政坛中争得更大的地盘。而在民族矛盾突出的西方国家的政治纷争中各党派和其他政治组织的民族背景也常常可见。"[3]

从政党与政权的关系来看,政党可分为执政党与在野党。根据周平的观点:"那些掌握了政权或有可能执掌政权的族群政党,往往在

---

① 周平:《多民族国家的政党与族际政治整合》,《西南民族大学学报》(人文社会科学版) 2011 年第 5 期。

② 张会龙:《当代中国族际政治整合:结构、过程与发展》,北京大学出版社 2013 年版,第 57 页。

③ 王希恩:《全球化中的民族进程》,社会科学文献出版社 2009 年版,第 135 页。

族际政治整合中采取了积极态度，甚至会直接推动多民族国家的族际政治整合。完全处于在野地位的族群政党，往往难以从国家整体利益的角度来看待族际政治整合，只是从本族群的个别利益和眼前利益的角度来看待族际政治互动，对多民族国家的族际政治整合关注不多。"①

多民族国家的政党，尤其是执政党在国家的族际政治整合中扮演着领导者、组织者、实施者、参与者的角色。苏联多民族国家的族际政治整合就是通过执政党——苏联共产党来领导和实施的，列宁要求："任何一个国家机关没有党中央的指示，都不得决定任何一个重大的政治问题或组织问题"② "国家政权的一切政治经济工作都由工人阶级觉悟的先锋队共产党领导"③。苏联的族际政治整合中，共产党不仅是领导者，还是组织者和实施者。苏联共产党确定了苏联族际政治整合的基本价值取向，提出了联邦制和民族自决权原则，最终要建立一个同质化的苏联民族。

中国这个多民族国家的族际政治整合与苏联存在相似性。新中国成立后，中国共产党成为执政党，中国共产党不仅是中国族际政治整合的领导者，还是中国族际政治整合的组织者和推动者。"因此，当代中国的族际政治整合，从根本上说，就是中国共产党推动和实施的，即党的族际政治整合。"④

多民族国家中还存在分离主义政党，这种政党代表本民族的利益，往往形成持有强烈的民族主义思想，要求从现有的国家中分离出去，另建本族群的国家。土耳其的库尔德工人党、英国的北爱尔兰新芬党、加拿大的魁北克人党等，都是这样的政党。

（二）政党、政党制度对族际政治整合的影响

在政党与族群相结合的条件下，政党介入了族际政治，成为处于某种族际政治关系中的族群用以争取、实现和维护族群利益的工具。

---

① 周平：《多民族国家的族际政治整合》，中央编译出版社 2012 年版，第 147 页。
② 《列宁选集》第 39 卷，人民出版社 1986 年版，第 27 页。
③ 《列宁选集》第 4 卷，人民出版社 1986 年版，第 624 页。
④ 周平：《多民族国家的族际政治整合》，中央编译出版社 2012 年版，第 144 页。

政党成为族际政治的工具，族际政治与政党政治紧密地结合在一起。随着政党嵌入族际政治中，政党和政党制度必将对多民族国家的族际政治整合产生影响，在族际政治整合中的价值将会得到进一步凸显。在这样的条件下，族际政治整合不仅离不开政党和政党政治，相反，在相当大程度上还须依赖于政党和政党政治的发展。

多民族国家的政党和政党制度的形成与发展也必然会对族际政治整合产生影响。从政党在族际政治整合中发挥的作用来看，有的政党会在族际政治整合中发挥积极且重要的作用，而有的政党则会挑战现行的族际政治整合，给族际政治整合带来危机。因此，我们应该以辩证思维来看待政党、政党制度对族际政治整合的影响。

一方面，随着多民族国家民主政治的发展，政党与政党制度的制度化、民主化也会得到发展。政党与政党制度的发展无疑在一定程度上有利于推动族际政治整合。因为在多民族国家"政党正是维系各种社会力量的纽带。在横向上，政党可以把不同的利益聚合起来，融合不同的利益集团；在纵向上，政党在宪政框架内，通过合法的选举而树立起政治体系的权威，为不同的利益集团超越狭隘的地方观念与利益诉求，形成统一的政治效忠和政治认同奠定基础"。[1]

政治稳定是反映一国治理水平的基本维度，它离不开有效的制度支撑，其中政党制度的作用尤为突出。政党作为沟通国家与社会的桥梁，是政治体系中最为活跃的组织类型。有效的政党制度通常能够对社会变动作出及时反应，并将这种变动以较温和的方式传导到制度内，同时自身也作出相应变革，这样，社会积聚的张力得到释放的同时，政治稳定也得以延续。

以马来西亚为例，在马来亚独立初期，执政党就已经开始探索民族国家建构道路。通过其政党制度，马来西亚的国家建设基本解决了渗透和统一问题，实现了中央集权的官僚化、专门化、一体化以及对

---

① 王邦佐：《执政党与社会整合——中国共产党与新中国社会整合实例分析》，上海人民出版社 2007 年版，第 13 页。

基层的渗透、贯彻与控制。[①] 马来西亚属于典型的异质性社会共同体，其集中表现就是多元族群集团的竞争与共存。由于各社会集团的具体利益存在差异，政党制度实际上是一种有效的利益协调机制，使有关竞争或冲突不至于失控，从而维持了共同体的稳定。从这个意义上说，政党制度对于克服狭隘的族群认同、建设民族国家具有极其重要的意义。

另一方面，一些族群政党建立在某一族群基础上，其价值取向以本族群的利益为导向，不可避免地具有狭隘性。甚至有些极端的族群性政党为了本族群的利益同国家、其他族群发生矛盾和冲突，有的还发起族群分离主义运动，造成族群关系紧张，诱发族群矛盾，甚至严重影响国家的统一和稳定。这样的例子比比皆是，在相当多的国家和地区，政党的族群色彩超过了阶级和阶层色彩，或者说掩盖了其阶级性和阶层性。当代非洲国家的各政党大都有族群背景，因而这些国家的政党竞争和斗争也成为族群斗争的集中反映。20 世纪八九十年代在西方鼓动下发生的所谓"多党民主"热潮因各国政党的部族化而大大加剧了非洲的动荡，一些国家至今仍陷在部族内战的泥沼之中。

第二节 马来西亚政党、政党制度的形成与发展

一 非殖民化时期政党、政党制度的雏形

（一）族群政党的产生

马来西亚政党的产生与英国的马来亚政策直接相关，其生成机制属于典型的刺激—反应模式（unpact - response model）。"二战"后，马来亚的前途并不明确，政治局势很不稳定，各种意识形态激荡，政治冲突错综复杂。在当时的历史背景下，巫统、马华公会等政党组织先后成立。

1945 年 8 月，日本宣布无条件投降后，英国殖民当局又卷土重

---

① ［美］加布里埃尔·阿尔蒙德、小 G. 宾厄姆·鲍威尔：《比较政治学：体系、过程和政策》，曹沛霖等译，上海译文出版社 1987 年版，第 27 页。

来。同年 10 月 10 日，英国议会下院发表了关于"马来亚联盟计划"的简短政策声明。1946 年 1 月 12 日，英国政府以白皮书的形式公布了"联盟计划"的详细内容。"联盟计划"最终目标是在英联邦体制下实现马来亚自治。英国政府认为，实现这个目标的关键在于改革政府体制和公民权制度。改革政府体制的措施是将原"马来联邦""马来属邦"以及"海峡殖民地"的槟州和马六甲合并起来，建立统一的中央政府，扩大中央政府的权力。就公民权制度而言，主要的措施是根据"属地原则"或规定的居住年限，赋予马来人、非马来人平等的公民权。"任何人皆不得死抱昔日的特权不放，也不得仅把马来亚当作获得物质财富的来源。"[1]

根据 1946 年白皮书，战前马来亚的三分局面被取消，海峡殖民地（新加坡除外）、马来联邦和马来属邦合并在一起组成马来亚联盟。联盟设中央政府、总督、立法和行政委员会。马来苏丹仍保留原有地位，但各州主权须移交至英国国王。白皮书还规定，在马来亚联盟内，所有公民都享有平等权利，其中包括进入政府各部门的权利，所有在马来亚的人不分种族和宗教，都享有公民权。概括地讲，白皮书的两大要点是：取消马来人的国家主权和给予非马来人以广泛的公民权。这显然极大地伤害了马来人原来享有的政治独立性，它体现出英国政府对待马来人的态度与战前"亲马来人"的做法大相径庭。

"联盟计划"对马来人社会各阶层的利益都构成了严重侵害。首先，英国迫使各土邦的马来苏丹将全部主权让渡给英国国王，背弃了原先的殖民政策，也违背了英国与苏丹签订的条约，严重侵害了以苏丹为代表的传统贵族的利益。由于苏丹依然是马来人效忠的对象，而且英国在谈判新约的过程中使用了胁迫手段，"联盟计划"引起了马来人社会的普遍反感。其次，"联盟计划"试图在吉隆坡建立英国总督领导下的高度集权的中央政府，并要求槟州、马六甲及各马来土邦

① Victor, Mar, Purcell, "A Malayan Union：The Proposed New Constitution", *Pacific Affairs* 19 (1), pp. 20 - 40.

将政府资产全部移交中央政府。对于长期以土邦为最高政治认同单位的马来人而言，这种侵害地方特性的变革是难以接受的。最后，"联盟计划"试图建立普遍公民权计划，取消对马来人的特别照顾，实现各族群权利的完全平等，这将同时侵害马来人官僚及普通民众的利益。自20世纪二三十年代以来，马来民族主义者就鼓吹马来半岛属于马来人，只有马来人适合保卫、控制和管理这片土地，[①] 试图将政府官职独占。一旦"联盟计划"落实，文官体系向华人、印度人全面开放，这些官僚将面临受英式教育的华人和印度人的竞争压力。对普通马来民众而言，"联盟计划"的落实意味着此前的"马来保留地"制度将可能被废除，安身立命的最后屏障随时可能被日益扩张的近代工商业所击破。

"联盟计划"遭到了马来人的反对，在以拿督翁为代表的贵族官僚派民族主义者领导下，各土邦的马来人掀起了前所未有的抗议浪潮，抵制"联盟计划"。1946年3月1日，在风起云涌的抗议浪潮中，41个马来人团体应拿督翁的呼吁在吉隆坡召开第一次"泛马来亚大会"。大会通过决议，反对"联盟计划"，并讨论成立全国性政治组织，任命了五人小组起草章程。4月1日，"联盟计划"正式生效。马来苏丹聚首吉隆坡，准备参加新总督的就任仪式。"泛马来亚大会"领导人召开特别会议，决定全面抵制"联盟计划"。拿督翁受特别会议委托前去劝说苏丹不出席总督就任仪式。5月11—12日，第二次"泛马来亚大会"在新山召开。与会代表签署章程，"马来民族统一机构"（简称"巫统"）正式成立，拿督翁当选为主席。巫统的成立，"是一个十分重要的事件。它首次把马来人团结在一个政治运动之下，并实际上获得了马来社会所有重要力量的支持，从官僚阶层和政府职员，到激进分子和伊斯兰领导人"。[②]

马来亚联邦政策规定马来人继续享有特权，华人获得该国公民权

---

① Leon Comber, *13 May 1969: A Historical Survey of Sino - Malay Relations*, Kuala Lumpur: HEINEMANN ASIA, 1983, p. 15.

② Barbara Watson Andaya and Leonard Y. Andaya, *A History of Malaysia*, Palgrave Macmillan, 2001, p. 267.

的难度加大，所以遭到了华人的强烈反对。马来亚共产党组织的联合
行动委员会和华人的其他左翼团体开展了罢工、罢市等抗议活动。
1948 年 6 月，马共决定通过武装斗争的形式夺取该国的政权。随后
英国殖民政府宣布马来西亚进入"紧急状态"，马公及其他反对马来
亚联合邦政策的团体被列为非法组织，殖民政府还调集英国的装甲部
队、炮兵团，驻澳洲、新西兰的部队以及马来亚军警围剿马共人员。
由于马共的多数成员是华人，所以英国殖民政府在该时期对华人采取
猜忌和防范的态度，"华人在马来社会的教育、住房以及就业都受到
歧视，由于在政治上公民权和公民身份的限制，华人随时都有受到人
身伤害的现象存在"①。很多无辜的华人在证据不足的情况下被逮捕、
杀害，也有大量的华人被逐出马来亚。英国殖民政府还认为居住在森
林边缘和较远农村的华人为马共人员提供了人力、物力和情报，所以
为隔绝居住在这些地区的华人与马共人员的联系，殖民政府从 1950
年起将这些华人迁移到了远离马共人员活动范围的"新村"安置。
居住在"新村"的华人几乎与外界隔绝，他们的生活过得很艰难，
也经常与监视他们的马来人军警产生各种矛盾和冲突。

面对在马来亚的严重生存危机，华人的商界人士意识到必须组建
一个新的政治团体解决华人的民生问题，增强华人效忠马来亚的意
识，尽快结束"紧急状态"，恢复国家的安全秩序。陈祯禄早在 1948
年就开始筹建"马来亚华人联合会"，呼吁华人转变政治认同，主张
保护华人利益、促进族群和谐、争取马来亚自治。为了遏制马来亚共
产党日益增长的影响力，英国殖民当局也需要这些头面人物出来为殖
民当局争取华人的支持。同年 7 月，拿督翁也明确表示，"遵纪守法
的华人应组建政党，帮助政府抗击共产主义"②。英国当局和马来人
领袖的支持消除了陈祯禄的顾虑，组建华人政党的条件日益成熟。

1949 年 2 月 27 日，马来亚各地华人代表齐聚吉隆坡中华大会堂，

---

① Stanley S. Bedlington, *Malaysia and Singapore: The Building of New States*, Ithaca: Cornell University Press, 1978, p. 77.

② Heng Pek Koon, *Chinese Politics in Malaysia: A History of the Malaysian in Chinese Association*, Singapore: Oxford University Press, 1988, p. 59.

共商成立"马来亚华人公会",获得一致同意,马华公会于是得以顺利诞生。马华公会成立后,作为代表马来亚华人利益的政党,一直活跃于马来西亚政坛。它在处理与马来人政党——马来人全国统一机构等的关系方面、在争取维护华人族群利益方面,更主要的是在维护马来西亚的社会稳定和发展方面扮演着重要的角色。马华公会作为马来亚庞大华人族群的政党,其建立也同样具有非常重要的意义,它作为后来马来亚乃至马来西亚政坛上仅次于巫统的族群政党,在马来亚的族群政治中同样是不可取代的。

马来半岛的印度人在英国殖民统治时期就有了一定的民族意识和政治意识,曾经建立了不少印度人协会,维护印度人的权益,加强内部团结。不过这时他们的政治效忠对象依旧是自己的母国——印度。日据时期,马来亚的印度人仍心系母国,为了争取印度的独立,他们选择了与日本合作来共同反抗英军。"二战"结束后,印度于1947年独立,马来亚的印度人政治认同开始发生转变。马来亚印度人国大党的目标,开始转向与马来人及华人合作,共同争取马来半岛的独立。

(二) 族群政党产生的原因

马来西亚主要政党大都带有明显的族群特征。执政联盟实质上是族群政治的主要载体,巫统、马华公会和印度国大党分别对应着三大族群。马哈蒂尔曾说过,尽管大多数政党都标榜自己的非族群性,但真正的非族群性政党在马来西亚并不存在。族群性在政党的社会动员中不断强化,无论在观念层面还是在制度层面上,族群政治模式几乎完全掩盖了阶级分化的重要性,一般马来人难以超越对本族群的忠诚。[①] 为什么会出现这种状况呢?

1. 族群政党可以说是马来半岛历史发展的必然产物。自华人、印度人大量涌入马来半岛,华人就形成了自己的社会组织,如秘密会党、宗亲会社、行业协会;聚集在种植园中的印度人则在相当长的一

---

① Syed Husin Ali, *Ethnic Conflic Relations in Malaysia*: *Harmony & Conflict*, Kuala Lumpur: Strategic Information and Research Development Center, 2008, pp. 1 – 2.

段时间内依然生活在种姓制度的阴影之下。华人、印度人无法进入马来人的世界，同样，马来人也无法加入华人或印度人的各种社会组织。政党并不是在真空中产生的，而是社会的一部分。当其他类型的社会组织都沿着族群界限建立起来的时候，又怎能期盼政党会跨越或超越族群界限呢；当其他领域的公共生活都局限于族群集团之内时，又怎能期盼人们在政治领域就能够跳出狭隘的族群圈子，站在全民的角度去思考和行动呢。更重要的是，直到"二战"结束，大部分的华人、印度人都没有期望有一天成为马来西亚公民，与马来人同呼吸共命运。他们魂牵梦萦的依然是中国或印度，马来半岛只不过是临时栖居之地而非安身立命之所。马来人——无论是传统贵族还是各派的民族主义者——也只把他们视为匆匆过客，从未认真思考日后在政治上如何与华人和印度人相处。由此看来，族群政党的出现可以说是一个十分正常的现象。

2. 族群政党本身具有示范效应。由于族群政党具有排他性，若没有非族群或跨族群政党能够同时代表各族群集团的利益，并强大到足以制衡或挑战族群政党，那么，其他族群集团也会尝试建立自己的族群政党。20世纪四五十年代，马来人约占半岛人口的一半，但经济实力比较弱，华人约占四成，经济实力较强。在这种情况下，两个族群集团都产生了不安全感，唯恐遭到对方的压迫或迫害，马来人在这方面尤为明显。如果说马来人社团聚首吉隆坡成立巫统是历史发展的自然结果，那么巫统坚决反对华人、印度人的利益时，华人、印度人也就别无选择，只能建立自己的族群政党。当然，并不是要将政党族群化的责任完全推给巫统。事实上，华人社会也有同样的不安全感，马华公会也反对向其他族群开放党籍。换言之，在马来西亚，族群政党的示范效应是相互的，而非单向的。恰如陈修信指出的，"只要巫统和国大党存在一天，马华就应继续代表华社的合法权益"①。

---

① 转引自张应龙《马来西亚国民阵线的组成与华人政党的分化》，《华侨华人历史研究》2002年第2期，第15—22页。

3. 跨族群政党尝试的失败经验。抵制"联盟计划"的运动成功后，拿督翁便开始联络其他族群集团的领袖，试图将巫统改造为全国性的跨族群政党。考虑到拿督翁的威望，巫统最高理事会原则上同意了向其他族群集团开放党籍的建议，但在 1950 年 5 月的巫统特别大会上，拿督翁的建议遭到了大多数与会代表的反对，他们认为，开放巫统党籍将威胁马来人的权利和地位。拿督翁以退为进，宣布辞职。由于没有合适的主席人选，巫统不得不极力挽留。拿督翁复任后，继续推行其主张，并声称如果其主张得不到支持，他将退出亲手缔造的巫统。但拿督翁依然无法说服巫统党员，1951 年 8 月 21 日，拿督翁正式辞职，巫统主席由东姑·拉曼继任。拿督翁作为巫统的缔造者、"促成马来人团结的第一人"、"第一个获得显赫政治地位的马来领导人"①，其威望和地位当时无人可望其项背，但他即使以辞职相威胁也无法说服巫统向其他种族开放党籍。自拿督翁之后，巫统内再也无人敢重提开放党籍之事，巫统成为纯粹的马来人政党。

马来人无法信任跨族群政党，担心在同一个政党中与华人竞争，得不到有效的保护。马来人拒绝了独立党，选择了宣称只为马来人而奋斗的巫统。巫统以马来人的利益为目标，积极地争夺国家权力。其他族群基于共同利益也迅速整合。三大政党组建联盟政府后，按照"予取"政策以及"公平交易"原则对国家资源进行分配。族群意识成为最有效的政治动员资源，族群政治随之出现。

（三）族群政党结盟与国家的独立

按照霍洛威兹的说法，在马来西亚这样的族群分裂社会，政党族群化既是铁律也是首要的倾向。战后初期，英国当局试图推行以普遍公民权为基础的"联盟计划"，引起马来人社会的强烈反对，马来人政党巫统应运而生。此后，拿督翁、陈祯禄等领导人试图扭转政党族群化的趋势，但回天乏力，建立非族群或跨族群政党的努力连遭失败，最终蜕化成族群政党。

① Tunku Abdul Rahman Putra, *Look Back: The Early Years of Malaya and Malaysia*, Kuala Lumpur: Pustaka Antara, 1977, p. 37.

20 世纪 50 年代初，马来半岛一半的人口是华人和印度人，而且以华人为主的马来亚共产党还有着强大的影响力，当时已经转入地下发起了武装斗争。在这样的背景下，英国当局明确表示，如果各族群集团不能达成和平相处的政治妥协，英国不会允许马来亚独立。英国殖民当局的外在压力促使各族群政党寻找能够妥善处理族际关系的政治框架。

1948 年 2 月，英国政府与马来苏丹在伦敦签订《马来亚联邦协定》正式取代遭到马来人社会激烈反对的"联盟计划"。为了实现《马来亚联邦协定》所规定的自治目标，马来半岛各地在 20 世纪 50 年代初举行了市政和地方议会选举。1952 年 2 月，吉隆坡举行市政选举。当时吉隆坡居民中华人约占 62%，马来人约占 15%，印度人、巴基斯坦人、锡兰人及其他欧亚人约占 23%。但由于公民权的限制，华人选民只占 37.7%，马来选民占 33.8%，印度人及其他总共占约 28.5%。在选区划分上，整个吉隆坡划分为四个选区，每个选区产生三名代表。其中两个选区是华人占多数，马来人占多数的选区只有一个，另一个则印度人占多数。这种局势对于巫统而言尤为不利。

无论从政党的政策立场、领导人间的个人关系，或获取选举胜利的政治理性来看，马华公会与独立党携手合作无疑是最好的选择。由于拉曼与拿督翁之间的关系已经僵化，巫统和独立党领导人联手几乎毫无可能。若三个政党各自独立作战，在各选区形成三角竞争，那么，每一个政党都没有获胜的把握。但政治发展往往以出乎意料的方式发生转折。在这次选举过程中，马华公会与巫统两个不太可能联合的政党却结成了竞选联盟，并在 12 个席位中夺得 9 席，其中马华公会 6 席，巫统 3 席。拿督翁阵营虽然也赢得了两个席位，但两人都是印度国大党党员，而独立党本身的候选人却一败涂地。

吉隆坡市政选举之后，跨族群政党联盟的有效性又在其他的市政选举和地方选举中不断得到验证。1955 年 7 月 27 日，马来亚举行第一次联邦大选。大选前夕，印度国大党加入，形成由三个族群政党组成的联盟，简称为"联盟党"。在联邦选举中，"联盟党"再次大获全胜，在 52 个席位中赢得了 51 席，另外一席则为伊斯兰党所得。拿督翁的国家党则全军覆灭，一无所得。"联盟党"由此掌握了独立运动的领导权。1957 年 8 月 31 日，东姑·拉曼宣布马来亚联邦独立。

二 联盟执政时期的多党竞争

虽然三大政党有内部的矛盾争议，但是为了确保执政，三大政党仍然紧密联合，对内互相合作与妥协。独立后，联盟党连续取得了几次大选的胜利，进一步巩固了自己的执政地位。独立后两次大选的胜利，说明了各族群的广大选民对联盟党这个多元族群的政治运作方式的认可、支持与期待，而联盟本身也因此获得了极大的巩固。

（一）联盟内部的冲突与整合

马来西亚的国情决定了跨族群政党联盟是一种更加有效的争夺国家政权的方式。一方面，深刻分裂的社会、浓厚的族群意识无情地压缩了非族群或跨族群政党的生存空间，族群政党成为最有力的政治动员机制；另一方面，马来人、华人、印度人的人口比例又使得任何一个族群政党都难以仅仅依靠本族群选民的支持上台执政。而跨族群政党联盟则恰好在这两方面的国情之间达成了某种平衡，既倚靠族群政党动员了本族群的支持，又凭借联盟关系争取了其他族群部分选民的支持，由此夺得并牢牢掌控了国家政权。这种夺取国家政权的方式也就决定了联盟内的族群政党既要相互斗争，又要相互妥协，和而不同、斗而不破。

1. 联盟党内部主导权与平等权之争

联盟开始执政之后，尽管各族群在联盟党内地位不同，但差别不大，大体平等，曾有"圆桌会议"的协商功能。马华和巫统领导人轮流担任会议主席，在表决方式上主要运用协商方式，而不运用多数制。早期联盟组织的运作较依赖马华提供的竞选经费与行政开支等财政援助，彼此间拥有各自在政经不同领域的发挥空间，而获得彼此立足平等的地位或地位平等的协商功能。在王国璋看来，"联盟党在合作的最初阶段，曾经有过一段'相敬如宾'、地位大致平等的时光。……然而至 1955 年大选时，谁是联盟的'老大'其实已初露端倪"。①

巫统与马华公会在吉隆坡市政选举中结成联盟，但联盟最初并没有共同的政策纲领，对族群议题更是避而不谈。1955 年大选以后，联盟为加速推进独立进程开始进行全面的政策协调。李特委员会进行立宪考察前夕，联盟举行闭门会谈，协调立场，共同提交了备忘录。尽管学界至今对联盟在立宪过程中的协调机制和过程知之不多，但可以确定的是，马华公会、印度国大党在这场"交易"中为华人、印度人争得了更宽松的公民资格，而巫统则为马来人争得了"特权"。陈祯禄希望"马来人特权"只是一种对弱势族群的保护性措施，不至于造成公民权的不平等，但巫统则坚持认为，只有当华人、印度人认可"马来人特权"时，才能表明他们与马来人平等相处的愿望。②从联盟党备忘录来看，联盟所认可的马来人特权是以"土著资格"及"条约权利"为基础的，而不仅仅是对弱势族群的保护。当时的宪法起草委员会建议把"马来人特权"写入过渡性条款，但在联盟党的坚持下，"马来人特权"被写入宪法正文，回教也获得了国教地位。由此看来，虽然独立宪法在很大程度上是联盟成员党相互妥协的结果，但各党在协商过程中的影响力并不平等，巫统明显处于强势地位。

1958 年 3 月，林苍祐击败陈祯禄当选为马华公会总会长。同年11 月，林苍祐提出了华人社会三个方面的要求：一要争取族群平等；二要确保原有的生活方式、语言及教育机构；三要争取经济发展与经济平等。1959 年 6 月，林苍祐给巫统主席拉曼写信，要求在语言、教育和经济活动方面平等对待华人，并以华人选民已经在 39 个国会选区超过了马来选民为由，要求联盟分配 40 个国会席位（总共 104 席）供马华公会候选人竞选，这是执政党联盟内的华人政党首次明确要求按"比例"分配可供竞选的国会席位。为达到这个目的，马华

① 王国璋：《马来西亚的族群政党政治（1955—1995）》，台北：唐山出版社 1997 年版，第 70 页。

② Heng Pek Koon, *Chinese Politics in Malaysia: A History of the Malaysian Association*, Singapore: Oxford University Press, 1988, pp. 153 – 154.

公会宣传主任杨邦孝还放出风声，以退出联盟相威胁。他表示，"马华脱离巫统是非常严重的问题，因为它牵涉到国家问题。这是我们最后所采取的【手段】。如果马华留在联盟内只获得少数华人的支持，整个局面将迥然不同"。① 拉曼勃然大怒，认为林苍祐的信件简直就是背后捅刀子，要求马华公会无条件撤销所有要求，由他个人分配席位和甄选候选人。7月，马华公会中央以89票对80票接受了拉曼的条件，林苍祐失势。全国大选之后，拿督翁违背政党政治准则，任命在1958年马华公会党内选举中失利的陈修信、翁毓麟担任内阁部长，而将总会长林苍祐晾在一边。林苍祐不堪其辱，辞去总会长职务，不久退出马华公会。"林苍祐事件"说明，作为巫统领袖，拉曼可以"优厚对待"华人及马华公会，但他不可能接受按"比例"分配的原则。巫统甚至还能干预马华公会的内部事务，表明"巫统最高层对马华公会最高领导人的选择有了事实上的否决权"②。巫统与马华公会在联盟内的不平等关系也彰显无遗。

"五一三"事件之后，民政党加入执政党联盟，但华人政党在国民阵线中的地位并未得到提高。华人政党地位的弱化也导致了执政党联盟决策机制的调整。Gordon Means认为，"五一三"事件之后，联盟党时代的精英多边磋商机制事实上被抛弃了，取而代之的是首相与国民阵线其他成员党领导人之间一系列碎片化的双边磋商机制。国民阵线理事会名义上是最高决策机关，但其功能只不过在形式上确认双边磋商所达成的共识。内阁不再是讨论重大政策倡议的场所，而变成了首相发号施令或部长们协调行政事务的地方。③ 换言之，网状决策形态转变为以首相（即巫统主席）为轴心的辐辏决策形态。当出现具有争议的课题或者需要为本族群争取权利或政策支持时，华人部长

---

　　① ［马］谢诗坚：《马来西亚华人政治思潮演变》，槟城：友达企业有限公司1984年版，第66页。

　　② Karl von Vorys, *Democracy without Consensus*: *Communalism and Political Stability in Malaysia*, New Jersey：Princeton University Press, 1975, p. 165.

　　③ Gordon P. Means, *Malaysian Politics*：*The Second Generation*, New Haven：Oxford University Press, 1991, p. 286.

不是在内阁会议上提出要求，而是偷偷地拜会首相。如果这些要求得到了满足，双方便约定保密，以免引起不愉快，尤其要避免造成首相在华人的压力下做出让步的印象。

2. 联盟党内部的妥协与合作

在马来西亚的族群政治中，执政党联盟成员党之间的关系是不平等的，但这些族群政党却长期维持了牢固的伙伴关系。维持这种不平等的合作关系的原因是什么呢？

当时联盟各成员党之所以能够长久持续合作至少需要有这样的共识：各方认识到，单一族群政党执掌政权是不可能的，或者是不可取的；不平等合作关系必然充斥着紧张和争执，对于友党之间的争执或某个伙伴的"挑衅"的性质应有基本共识，即争取更大支持以维护和巩固联盟的执政地位，或者是争取在现存体制内分享更多利益，而不是颠覆这种体制。①

在共识的基础上，联盟党在一些具有重大争议的问题上达成了最低限度的妥协和让步。在马来西亚，三大族群集团之间的利益冲突主要存在于公民权、语言、宗教以及马来人特权四个方面。华人、印度人的公民权问题在独立前后得以妥善解决，但语言、宗教、马来人特权等三方面的争议则一直持续至今，成为马来西亚族群政治的核心议题。尽管这三个议题历经半个多世纪仍未妥善解决，但幸运的是，在独立过程中，三大族群集团在某种程度上达成了政治妥协，并将这些妥协写入宪法。宪法在公民权、语言、宗教、马来人特权四方面的规定几乎都遵照了巫统、马华公会、印度人国大党等三个族群政党之间达成的妥协。伊斯兰党、民主行动党、董教总等政党或组织虽然对执政党联盟的政治妥协各有不满，但再提出族群利益要求时却又一直跳不出依照这些妥协设立的宪法框架。当反对党联合起来时，又无法就这些具有争议的问题达成新的协议。正是在这种背景下，以巫统、马华公会、印度人国大党为核心的跨族群政党联盟一直保持团结，牢牢

---

① 雷衍华：《准霸权合作：马来西亚种族政党的稳定之路》，载北京大学亚洲—太平洋研究院主编《亚太研究论丛》第四辑，北京大学出版社 2007 年版，第 243—270 页。

控制着国家政权，扮演着宪法守护者的角色。处于反对党地位的族群政党对执政党联盟内代表本族群集团利益的政党进行猛烈抨击，但一直无力动摇执政党联盟的根基。

当时联盟各成员党之所以能够长久持续合作，除了族群政党之间就一些具有重大争议的问题达成最低限度的妥协，尤其是在语言、宗教、种族身份等带有浓厚感情色彩的问题上做出了相互让步外，领导人的妥协合作也是重要的因素。联盟内部不论是巫统、马华或国大党，其领导阶层当时基本上都是出身于英文教育背景的资产阶级精英，因此在政见上或偶有分歧，但他们共同的保守的阶级利益却使他们比较容易取得妥协或共识。①

在马来西亚，各族群政党的领导人无疑都具有相当程度的妥协合作精神。其中有些领导人曾持有比较激进的立场，但随着政治地位的提高却逐步树立了温和妥协的形象。20世纪60年代末，马哈蒂尔是巫统内著名的"极端分子"，他曾公开谴责拉曼"对华人是要什么给什么。马来人憎恨你太给华人面子"，并因此被开除出党。重归巫统并担任要职之后，他在几年内得到了不少宝贵经验，"深切认识到在多元种族、宗教信仰和阶级等问题的国家的政治现实，政府不能仅靠马来人的力量来统治这个国家，需要获得全国人民的合作与支持"。对于马哈蒂尔的变化，拉曼评价说："马哈蒂尔过去对他本人及他的政见，持有不同的见解。现在他会了解到，当时我为什么要这样做。"② 长期担任首相之后，马哈蒂尔更深刻地认识到，作为多元族群国家，马来西亚不可能令每一个族群都完全满意，各族群都必须做出一些牺牲。即便当巫统能够赢得过半席位单独执政时，巫统仍愿意与其他族群的政党分享政权。

20世纪50年代末，林苍祐在党内少壮派势力支持下当选马华公会总会长，提出更多的利益要求，结果在巫统领袖及党内元老派势力的压力下辞职出走，另建民政党。作为民政党领袖，林苍祐又在70

---

① Anthony S. K. Shome, *Malay Political Leadership*, London: Routledge, 2002, pp. 84 - 85.
② 宋哲美主编：《东南亚年鉴（1981）》，香港：东南亚研究所1981年版，第131—132页。

年代初加入国民阵线，甚至不惜与党内其他力量分道扬镳。林敬益曾经被认为是马华公会内的激进分子，但后来又加入民政党并接任主席。从这些例子可以看出，尽管这些领导人的家庭出身、教育背景、性格政见可能迥异不同，但作为党的领导核心，他们都具有类似的妥协合作精神。

巫统领导人东姑·拉曼的领导风格与政治运作方式，对于联盟内各党合作关系的维系也有其相当的影响。Lucian Pye 认为，东姑·拉曼本身的温和式家长作风是反映了受英国教育的马来贵族的政治理想。他本身并不努力去消泯或同化各族群间的族群界限，反而期待各族群依其传统文化规范来管理族群内部各自事务，而他本人则是居于在上位者的协调仲裁者角色，以相对中庸的态度调和联盟内各成员党的争议。①

（二）在野党的挑战

联盟执政时期的政党政治是较有活力和多元的，政党制度的竞争性较高。随着越来越多的华人获得公民权，他们的政治参与热情不断高涨。在议会民主下，为了参与公共资源的分配，马来亚年轻的政党政治异常活跃。仅在 20 世纪 50 年代，就有左翼的马来亚劳工党、霹雳进步党、马来亚人民党、马来亚党、沙捞越人民联合党等一大批政党建立起来。当时政治体制的包容性较强，社会政治思潮尤其是非马来人政治思潮比较激进，政党的意识形态十分复杂。1957 年，马来亚劳工党和马来亚人民党共同组成了马来亚人民社会主义阵线，社会主义青年同盟和国民议会党先后于 1958 年和 1963 年加入，组成了一个反对党联合阵线。

各在野党积极参与 1959 年大选，挑战执政联盟的地位。1959 年各政党参选结果如表 4-1 所示，大选共有 104 席国会议席，联盟党以 74 席的绝对优势继续执政，但若进一步来看其得票率（51.8%），则可知它其实赢得一点也不轻松。伊斯兰党拿下了国会约 1/5 的选

---

① Lucian Pye, *Asian Power and Politics*：*The Cultural Dimensions of Authority*，*Cambridge*，Mass：Harvard University Press，1985，p. 261.

票，并在执政的丁加奴与吉兰丹两州的国会选举中，分别获得近五成与超过2/3的选票。另外，华基政党也各有其势力范围，人进党成功地在吡州建立其地盘，此后并于整个60年代牢牢掌控了该州以怡保为中心的华人聚集区。社阵则在槟州与雪州实力坚强。总之，这一时期各族群的政治参与空间较大，政治动员在竞争性选举下得到加强，尤其是非马来人的政治期望值逐渐升高。受国际及地区形势的影响，体制内的左翼政党比较活跃，与马华印联盟党的竞争也比较激烈。

表 4 - 1　　　　1959 年大选各党国、州议席数及国会选举得票率

政党	州议席（个）	国会议席（个）	国会得票率（%）
联盟党	206	74	51.8
伊斯兰党	43	13	21.3
人民社会主义阵线	16	8	12.9
人民进步党	8	4	6.3
国家党	4	1	2.1
马来亚党	0	1	0.9
独立候选人	5	3	4.8

资料来源：王国璋：《马来西亚的族群政党政治（1955—1995）》，台北：唐山出版社1997 年版，第 77 页。

　　联盟执政时期，新生的政治共同体经历了由马来亚到马来西亚的转变。马来亚独立时，英国的殖民地——新加坡、沙巴、沙捞越与文莱都还没独立。拉曼提出马来西亚联邦计划，得到英国和新加坡的支持。1963 年，除文莱外的其他四方共同组建马来西亚联邦，仍为英联邦成员，并继续执行亲西方政策。在马来西亚联邦问题上，执政党与在野党的斗争也很激烈，劳工党等左翼政党反对成立马来西亚联邦，认为它是新殖民主义的产物。新加坡人民行动党也因与马华印联盟党存在严重分歧，最终导致新加坡脱离联邦。

　　独立初期，在维持政治稳定的名义下，执政联盟采取各种强硬措

施压制反动派，从而使统治精英牢牢控制着政权。同时，执政联盟又向集权方向发展。执政党控制的联邦政府不断加强中央集权，20世纪70年代废除了市镇地方选举，联邦制特征受到削弱。执政党通过《选举法》修正案把选区划分权交给众议院，并逐渐改变了过去以选民人数为主要依据的划分方法，使选举机制更有利于巫统。最明显的变化是马来人占多数的乡村选区数量增加，而华人聚居的城镇选区相对减少。华人选民的投票影响力相对下降，马来人选票足以保证巫统在国会中的多数席位，为巫统独大地位的确立创造了条件。[1]

表4－2　　　　1959年大选各州国会选举联盟与得票最高
反对党之得票情形

州属	联盟得票率（%）	得票最高反对党之得票率（%）
吉打	65.1	26.8（伊斯兰党）
玻璃市	59.6	40.4（伊斯兰党）
槟城	44.0	38.2（人民社会主义阵线）
吡叻	49.6	26.9（人民进步党）
雪兰莪	44.3	30.4（人民社会主义阵线）
马六甲	58.9	16.1（伊斯兰党）
森美兰	51.9	16.7（伊斯兰党）
柔佛	65.7	14.2（人民社会主义阵线）
丁加奴	37.4	47.6（伊斯兰党）
吉兰丹	31.4	68.3（伊斯兰党）
彭亨	66.9	21.4（人民社会主义阵线）

资料来源：王国璋：《马来西亚的族群政党政治（1955—1995）》，台北：唐山出版社1997年版，第77页。

---

[1]　向文华：《马来西亚民主行动党的发展及其制约因素》，《当代世界社会主义问题》2005年第2期，第75页。

　　执政联盟成立后，先后经历 1959 年和 1964 年大选，在这两届大选中均取得 2/3 国会多数议席，一直处于执政地位。但是在 1969 年 5 月举行的第三届大选中，执政联盟成绩不佳。国会 103 个议席中，执政联盟仅赢得 66 席，占议席总数的 64%，失去了 2/3 的多数优势。它的总得票率为 48.5%，低于反对党的 51.5%。在反对党所赢得的 37 席中，华人反对党占了 21 席，其中民主行动党赢得 13 席成为最大的反对党。另一个华人反对党民政党不仅赢得 8 个国会议席，还赢得槟城屿 24 个州议席中的 16 席，成为马来西亚历史上第一个通过选举掌握多数席位组建政府的华人政党。[①]

　　选举结果使马来人群情激昂，反对党的崛起被认为是华人的政治胜利，被指是华人不接受马来人在政治上的统治地位，进而引起马来人对本族群政治地位的忧虑。巫统的一些激进分子认为马来政治权力和其他特权已经受到了来自华人的严重挑战。于是，族群对抗情绪迅速集聚和膨胀，谣言四起，最终于 1969 年 5 月 13 日爆发了马来西亚有史以来最大的一次族群暴力冲突，即"五一三"事件。"五一三"事件的发生标志着马来西亚联盟执政时代的终结，是马来西亚政党政治发展的重要转折点，即"由竞争性较高的阶段转向权力趋于集中的威权主义阶段"。[②]

三　国阵时期的一党独大

　　1969 年马来西亚议会民主中止后，在牢牢掌握着国家机器的条件下，巫统第二代统治精英对国家权力进行重构，当议会民主再度恢复时，权力架构已经发生了某种质变。随着执政联盟的扩大，更稳定的权力架构建立起来，多元因素得到整合，一党独大制最终确立。

（一）国民阵线的成立

　　由三大族群政党组成的联盟党领导马来亚于 1957 年实现了独立

---

　　① 廖小健：《马来西亚"513 事件"与"308 政治海啸"的比较——兼论"308 政治海啸"后马来西亚的政治发展》，《东南亚研究》2010 年第 5 期。

　　② Joel Khan and Francis Loh Kok Wab（eds.），*Fragmented Vision：Culture and Politics in Contemporary Malaysia*，Honolulu：University of Hawaii Press，1992，p. 1.

建国的理想。在 1959 年、1964 年的大选中，该联盟也大获全胜，在 104 个国会席位中分别获得了 74 席和 89 席，得票率分别为 51.8% 和 58.4%。1969 年 5 月，马来西亚举行独立后的第三次大选。在这次大选中，由于马华公会表现不佳，在竞选 33 个席位中仅赢得 13 席，联盟党在西马的 104 席中仅得 66 席，得票率也比 1964 年选举下降了 10 个百分点，联盟党首遭重挫。更敏感的是，首都吉隆坡的 4 个国会选区竟然全部落入华人反对党手中。5 月 11—12 日，民政党、民主行动党的支持者在吉隆坡举行大规模游行，庆祝两党在大选中取得前所未有的战绩。13 日傍晚，马来人举行了游行，并携带武器冲击华人居民区。双方爆发有史以来最严重的冲突，也就是"五一三"族群骚乱事件。14 日傍晚，马来西亚全国进入紧急状态，中止宪法，暂停国会。次日，以副首相敦·拉扎克为首的"全国行动理事会"成立，总揽全国军政大权，联盟党时代宣告结束。

在"全国行动理事会"的领导下，马来西亚在意识形态、经济政策、宪法规定等方面都作出了一系列调整。新设立的国民团结部提出的"国家原则"的国家意识形态，被确立为任何个人或组织参与政治生活的前提。官方报告认为马来人经济地位低下是族群冲突的根源，提出了"新经济政策"的发展纲领，其核心内容就是通过国家干预提高马来人的经济地位，同时保障非马来人的合法利益。在宪法规定方面，1971 年 2 月恢复的国会于当年 3 月通过了马来西亚历史上最重要也最具争议的宪法修正案，禁止公开讨论、批评或质疑"国家原则"以及"敏感问题"，[①] 议员就二者在国会发言的豁免权也被剥夺。由于这些调整涉及宪法的修改，摆在"全国行动理事会"面前的有两种选择：一种是以自我政变的方式废立宪法，另一种是恢复既有的宪政程序，进行合法修宪。

尽管部分马来人极端势力鼓吹第一种方式，但三方面的因素决定了阿都拉萨只会选择以合法的程序修改宪法，调整政策。首先，联盟

---

① "敏感问题"包括：马来人的特权、非马来人的公民权、马来统治者的地位与权力、伊斯兰教的国语地位、马来语作为唯一国语的地位。

党在 1969 年大选中虽然遭遇挫折，丧失了 2/3 多数，但联盟党仍赢得了一半以上的席位，巫统仍是国会中的第一大党，这意味着以巫统为首的联盟党仍能够借助宪政程序控制局势，用自我政变的方式废立宪法是得不偿失的。其次，当时主流的政治家都亲历了马来西亚独立建国的过程，对国内各族群集团的力量对比有着比较清醒的认识，他们知道，在一个非马来人占一半人口，而且在政治上已经组织动员起来的国家，完全排斥非马来人、建立马来人统治的国家不仅是不现实的，并且对马来人而言也将是灾难性的；亲历建国过程的领导人也深知，在马来西亚这样的国家，要达成能够为各族群集团接受的妥协非常不容易，任何一个族群的愿望都不可能完全得到满足。最后，就政治领导人本身而言，一方面，他们大都受到英国议会民主制度的深刻影响，在理念上很难接受专制统治；另一方面，当时也没有哪位领导人或哪股政治力量有足够的威望或暴力建立专制统治。由于在选举中遭遇重大挫折，通过何种方式恢复执政党联盟在国会 2/3 多数、削弱反对党的势力便成了亟待解决的问题。

由于族群骚乱后全国进入紧急状态，沙巴、沙捞越的选举被迫推迟。两地悬而未决的选举为破解 1969 年大选造成的政治僵局提供了契机。1970 年 7 月，沙巴、沙捞越举行国会、州议会选举。在沙捞越的州议会选举中，由三个政党组成的沙捞越联盟获得了 23 个席位，两个反对党各获得 12 个席位。沙捞越的局势也变得微妙起来。幸运的是，沙捞越反对党人联党最终被说服加入沙捞越联盟，携手组建联合政府，政治僵局一夕之间化于无形。1970 年大选是马来西亚成立后东马举行的第一次选举，沙捞越人联党与沙捞越联盟在选举之后携手合作，为化解当时西马的政治僵局提供了一条可行的思路。

恢复国会之后，阿都拉萨开始着手推广沙捞越的合作模式。以阿都拉萨为首的领导人希望建立以巫统为主导的、尽量吸收其他政党参与的执政联盟，最大限度地减少反对党的数量，增强执政联盟的社会统治基础，进一步稳固该国在族群冲突事件后的政治局势。1974 年 4 月，国民阵线成立。最初国民阵线的成员有巫统、马华公会、印度人国大党、泛马来亚伊斯兰党、人民进步党、民政党、沙捞越人联党、

沙捞越土著党以及沙巴联盟党。成立后，国民阵线又不断发展，到
2000 年，成员党已包括 14 个。① 从此，马来西亚从 1969 年之前的三
大党联盟执政时期进入国民阵线时期。这也是马来西亚政治发展的重
要转折点，即由竞争性较高的阶段转向权力趋向于集中的威权主义阶
段。② 在某种意义上，竞争性民主对于尚不具备必要社会条件的马来
西亚来说是一种奢侈品，矛盾错综复杂的政治条件难以满足新生国家
对于政治稳定的迫切需要。两年后议会民主得到恢复，但执政党内部
的权力结构已经发生了重大变化，更为强硬的第二代政治精英取得了
领导地位，巫统在执政联盟内的支配地位得到加强。

（二）一党独大制的形成

一党独大制又称一党优势制或一党多元制。"一党独大制是竞争
性多党制中的一种特殊情况，即在一些国家中，进入议会的政党不止
一个，但政权却长期为一个强势政党或政党联盟所垄断。从理论上
看，其他政党都有执政的可能，但是实际上其他政党处于弱势，很难
打破执政党一党长期独占政权的局面。"③ 马来西亚的政党制度即为
一党独大制。

"五一三"事件后，执政党成立了以阿都拉萨为首的国家行动理
事会，以强制手段恢复政治秩序。巫统的最高权力由以拉曼为代表的
温和的传统的贵族精英转移到以阿都拉萨为代表的更为自主的新兴统
治精英手中，温和的族群协商主义遭受挫折。这也是马来西亚政治发
展的重要转折点，即由竞争性较高的阶段转向权力趋于集中的威权主
义阶段。④

在执政联盟内，马华公会与印度人国大党日益沦为巫统的依附性
角色。巫统则逐渐确立起在整个政党体系中的支配地位。1969 年马

---

① 孙振玉：《马来西亚的马来人与华人及其关系研究》，甘肃民主出版社 2007 年版，
第 153 页。

② Joel Khan and Francis Loh Kok Wah（eds.），*Fragmented Vision：Culture and Politics in
Contemporary Malaysia*，Honolulu：University of Hawaii Press，1992，p. 1.

③ 叶富春：《新加坡与马来西亚一党独大制比较分析》，《学术界》2013 年第 2 期。

④ Joel Khan and Francis Loh Kok Wah（eds.），*Fragmented Vision：Culture and Politics in
Contemporary Malaysia*，Honolulu：University of Hawaii Press，1992，p. 1.

来西亚议会民主中止后，在牢牢掌握着国家暴力机器的条件下，巫统
第二代统治精英对国家权力进行重构，当议会民主再度恢复时，权力
架构已经发生了某种质变。随着执政联盟的扩大，更稳定的权力架构
建立起来，多元因素得到整合，一党独大制最终确立。

从 20 世纪 70 年代的阿都拉萨到八九十年代的马哈蒂尔，巫统以
党治国模式的官僚威权主义不断发展，甚至政府任何政策的制定，都
必须得到巫统的首肯。在意识形态层面上，阿都拉萨时期曾提出"国
家原则"，马哈蒂尔则是"亚洲价值观"的倡导者。在权力架构层
面，正如阿都拉萨所说："联邦政府是基于巫统之上的，巫统能够决
定联邦政府的形式，而联邦政府则应贯彻巫统的意志。"[①] 执政联盟
原有的协商精神受到极大挤压，并迅速蜕变为巫统的准霸权统治。

对于威权政体而言，控制族群冲突从而实现政治稳定的合法性
意义远远大于信守民主规则的意义。族群骚乱事件反证了建立威权
统治的合法性——唯有通过相对集权的统治方式来控制过于活跃甚
至超过制度容纳力的政治参与，有序的社会重构才能得到保障。在
巫统控制着几乎全部政治资源的条件下，重组社会实质上就是对族
群利益关系进行调整。在当时的条件下，巫统甚至能够建立更为集
权的统治形式。尽管在族群问题上承受着激进分子的巨大压力，温
和派的回旋余地受到限制，但以阿都拉萨为首的巫统决策层并未采
纳极端马来主义者建立一党专政的主张。[②] 巫统领导人认识到，在
权力架构中完全排除非马来人政党的做法会导致族群关系持续紧
张，并不符合马来人的根本利益。因此巫统领袖决定建立由巫统主
导但并不完全垄断的权力架构，尽可能地吸纳盟友和减少对抗，扩
大执政联盟的社会基础。议会民主恢复后的第二年，阿都拉萨正式
提出组建国民阵线。"国阵"在某种意义上是利益交换的产物，巫
统统治集团利用自己所垄断的资源，部分满足其他政治力量的要

---

① 张应龙：《马来西亚"国民阵线"的组成与华人政党的分化》，《华侨华人历史研究》2002 年第 2 期，第 16 页。

② ［英］黛安·K. 莫齐编：《东盟国家政治》，季国兴等译，中国社会科学出版社1990 年版，第 192 页。

求，以换取后者对于权力重组的支持。这种联合缔造战略取得了巨大成功，巫统对于政治资源的整合能力大大加强，族际关系、中央与地方关系、执政党与在野党关系得到了调整，甚至连伊斯兰党也一度被纳入执政联盟。

在整合后的执政联盟内，成员党之间的相互牵制有利于巫统保持盟主地位。马华公会和印度国大党在新联盟内的重要性相对下降，与巫统的力量对比严重失衡，讨价还价的余地大为缩小。各成员党在保持相对独立的同时，也要受国阵最高理事会的领导，凡重大问题首先要在国阵内部协商解决。巫统在联盟内拥有主导地位；巫统主席是当然的国阵最高理事会主席，当其他成员党发生矛盾时，往往由巫统进行调解；巫统甚至能够影响其他成员党的内部事务，尤其当后者发生派系斗争时。讨价还价是国阵内部一种非正式的张力释放机制，它能够避免因竞争而导致的不稳定，从而降低政治运作成本。这种相对集权的政治架构能够有效整合政治冲突，它标志着马来西亚政党制度的基本形态最终确定。

（三）在野党势力的没落

随着许多在野党加入国阵，不仅族群性反对党变得驯服，以往由一些左翼反对党领导的群众运动也进入低潮。

1974 年大选是国阵成立后的首次大选，在这次大选中，在野党遭遇重大挫折。在野党除了民主行动党（简称民行党）和砂国民党得以保留其根基外，其他反对党皆输得一塌糊涂。尤其国阵在提名截至之日就已有 47 个国会议席及 43 个州议席在无对手的情况下获得，赢得实在轻松。大选成绩如表 4-3 所示。

1974 年大选反对党的重大挫败，是预料之中的事。1971 年中央政府宣布废除市镇地方选举，联邦制特征受到削弱，对于在野党来说，无疑削减了其政治活动的舞台。与此同时，不公的选区划分对在野党来说，更是雪上加霜。执政党通过《选举法》修正案把选区划分权交给众议院，并逐渐改变了过去以选民人数为主要依据的划分方法，使选举机制更有利于巫统。最明显的变化是马来人占多数的乡村选区数量增加，而华人聚居的城镇选区相对减少。华人选民的投票影响力相对下降，马来人选票足以保证巫统在国会中的多数席位，为巫统独大地位的确立创造了条件。①

表 4 - 3　　　　1974 年大选各党国、州议席及国会选票得票率

政党	州议席（个）	国会议席（个）	国会得票率（%）
国民阵线	313	135	60.7
民主行动党	23	9	18.3
沙捞越国民党	18	9	5.5
社会正义党	1	1	5.1
马来亚人民社会主义党	0	0	4.0
祖国觉醒党	0	0	0.3
独立人进党	0	0	0.1
独立候选人	5	0	6.0

资料来源：王国璋：《马来西亚的族群政党政治（1955—1995）》，台北：唐山出版社 1997 年版，第 131 页。

在整个 20 世纪 70—80 年代，国阵都保持了其独大的地位。在接下来的 1978 年大选、1982 年大选、1986 年大选中，无疑都展现了国阵的强大。在野党中，除了民行党与伊斯兰党外，社正党、人社党、社民党及其他区域性反对党皆一蹶不振。

四　社会转型时期的"两线制"

（一）"两线制"的倡议与实践

20 世纪 70—80 年代华团在各项马来人优先政策的冲击下，有了较高的觉醒，遂在董教总、雪华堂等华团领导机构的带领下，开展了争取民权的抗争运动。华团在 1985 年成立"华社资料研究中心"，组

---

① 向文华：《马来西亚民主行动党的发展及其制约因素》，《当代世界社会主义问题》2005 年第 2 期，第 75 页。

织专家学者，草拟《全国华团宣言》，提出华社对政治、经济、文化、教育和社会福利等各个领域的主张和总要求。为了贯彻和实现《全国华团宣言》的目标，还在 1985 年 12 月 28 日成立了"全国华团民权委员会"。

1986 年，全国华团民权委员会为了贯彻《全国华团宣言》九大目标，开始提倡和宣扬"两线制"。全国华团民权委员会署理主席林晃昇先生曾经指出："全国华团民权委员会所倡议的两个阵线的概念，目的是促使我国的民主制度更加健全地发展。因为只有当形成两个足以互相取代的阵线时，当权的一方才会表现得比现在更加民主、更加开明，人民的意愿才会更加受到尊重。"①

另外，伊斯兰党也在 1986 年 4 月 4 日成立"华社咨询委员会"，主动向华社伸出友谊之手。该党副主席 Ustaz Nakhaie 还开明地淡化它的回教国理想。他表明："我们的最终目标是建立一个回教国，但在目前，延续现行世俗制度，在一段期间内进行改革，已经很足够了。"②

但当时最大的反对党民行党却以伊斯兰党要实现回教国为理由拒绝加入反对党阵线。结果在 1986 年加入反对阵线的只有伊斯兰党、社民党、人社党、国家主义党等。民行党独当一面，参选 64 国议席和 127 州议席，结果获得了 24 国议席和 37 州议席。反阵则一败涂地，伊斯兰党仅胜 1 国议席和 15 州议席。

1987 年，巫统内部发生分裂，四六精神党成立，对反对党的壮大产生重要影响。这次危机源于贸工部长东姑·沙拉里向巫统主席马哈蒂尔的挑战，二人在政策和权力的分配上产生了分歧。1987 年 4 月，巫统进行党选，马哈蒂尔仅以微弱的 43 票多数保住主席职位。之后，由于党组织内部存在的问题，巫统被宣布为非法而遭到取缔，原巫统党员分裂为以马哈蒂尔为首的新巫统和以沙拉里为首的四六精神党。从巫统分裂出来后，四六精神党同伊斯兰党和其他几个小党，

---

① 孙和声、唐南发：《风云五十年：马来西亚政党政治》，吉隆坡：燧人氏出版社 2007 年版，第 70 页。
② 孙和声、唐南发：《风云五十年：马来西亚政党政治》，吉隆坡：燧人氏出版社 2007 年版，第 70 页。

组成"回教徒团结阵线"（Angkatan Perpaduan Ummah，简称APU，Angkatan或回阵）。

与此同时，林晃昇等华人领袖在1987年"茅草行动"中被捕入狱，出狱后与一批华团人士决定为实践"两线制"的政治理想，集体加入行动党。在这种情况下，四六精神党一方面先与伊斯兰党、伊斯兰阵线党及哈民党组成"回教徒团结阵线"，另一方面则在1990年10月大选前，与民行党、人民党、泛马印人进步阵线及马来西亚统一党组成"人民阵线"（Gagasan Rakyat，简称Gagasan或人阵）。四六精神党横跨两个阵线，从中协调。在"改朝换代"声中，沙巴团结党最终也宣布脱离国阵，加入反对党阵线，使它一时声势大振。

1990年大选结果国阵仅获得52%的选票，反阵和独立人士则获得45.4%的选票。由于不公平的选区划分，国阵赢得180个国会选区中的127个议席，勉强保住超过2/3的国会多数议席。反阵方面取得49席，即行动党20席，团结党14席，四六精神党8席，伊斯兰党7席，独立人士则获得4席。

1990年大选后，两线政治已初步形成。1992年4月，由四六精神党、行动党、人民党、泛马印人进步阵线、马来西亚统一党、哈民党和印裔回教徒国大党（KIMMA）7党组成的"人民阵线"（简称人阵）获准注册。

从1952年的吉隆坡市议会选举至1990年大选之前，马来西亚只存在执政党的族群政党联盟，反对党在该国的议会选举中各自与执政党联盟争夺选民的选票和议会的议席。回阵和人阵的建立开创了该国反对党建立政党联盟的先例，该国从1990年大选起，不只存在执政党联盟，也存在竞选实力较强的反对党联盟，有利于该国族群政党联盟的互相竞争与发展。马来西亚反对党联盟在1990年选举中开展的合作为该国其他反对党联盟在以后的议会选举合作提供了有益的借鉴。

（二）"替代阵线"的出现

"人民阵线"成立后，由于内部矛盾重重，后继无力，两线政治最终偃旗息鼓。从1990年开始，马来西亚进入前所未有的经济繁荣时期，1995 年 4 月举行第 9 届全国大选，国阵取得有史以来的重大胜利，赢得国会 192 个议席中的 161 席与 394 个州议席中的 338 个议席。其中除吉兰丹州和沙巴州之外，国阵在各州的胜利是绝对的优势。但好景不长，1997 年下半年开始席卷东南亚的金融风暴，加剧了首相马哈蒂尔和副首相兼财长安华之间的矛盾。马哈蒂尔在 1998 年 5 月决定委任达因出任特别任务部长，以削弱安华财长的权力。1998 年 9 月 4 日，巫统最高理事会以安华"道德败坏"等罪名把安华开除出党，引爆了巫统另一场影响深远的权力斗争。9 月 20 日，安华在夫人旺阿兹莎的陪同下，出席了国家伊斯兰党号称 10 万人的历史性大集会，以非凡的魅力和声势掀开了"烈火莫熄"（Reformasi）运动的序幕。

"烈火莫熄"是以马来人为主体，以街头政治为特色的革新运动。在此运动中，数以千计的人民不断涌向街头，反对暴政，要求马哈蒂尔下台。许多革新网站先后出现，另类媒体也脱颖而出。这一切都显示了人民的积极支持和主动参与。可惜运动未能持续和深化，当主要活动分子在《内部安全法令》下被捕后，运动就逐渐被当局镇压下去了。

在"烈火莫熄"运动的影响下，1999 年 4 月 4 日，以革新为号召的多元主义国民公正党（Parti KeADILan Nasional，简称公正党）成立，由安华的夫人旺阿兹莎担任主席，该党与安华关系密切。在"烈火莫熄"运动的带动下，由公正党、人民党、民主行动党及伊斯兰党组成替代阵线（Barisan Alternatif，简称替阵），在 1999 年 10 月 24 日正式成立。替代阵线在成立当天，发布了大选共同宣言《迈向一个公正的马来西亚》，列明强化国家经济、提高政府的透明度和公信力、缔造一个新的社会契约、促进国民团结、建构一个公正的马来西亚及恢复马来西亚在世界舞台的良好声誉和地位六大策略目标。

1999 年第十届全国大选中，行动党参选 44 国 86 州议席，只赢得 10 国 11 州议席。公正党方面，参选 60 国 69 州议席，结果只赢得 5 国 4 州议席，可谓"雷声大，雨点小"，让支持者士气大跌。伊斯兰党则取得大突破，参选 62 国 236 州议席，除了执政吉兰丹与丁加奴外，国会议席还由 7 席猛增至 27 席，州议席则由 36 席增至 98 席。①
伊斯兰党获胜后，开始自我膨胀，在"回教国"课题和回教化施政
方面一意孤行，2001 年坚持世俗民主的行动党退出替代阵线。

20 世纪 90 年代末出现的替代阵线，首次囊括了所有主要反对党，
致力于打破国阵的政治霸权，恢复马来西亚的公正、自由、民主以及
良好施政。它虽然无法通过选举对国阵带来太大的挑战，并且最后在
行动党和伊斯兰党就回教国的争执之下无疾而终，但它是真正意义上
的"两线制"的开创者。替阵虽然失败，但组成替阵的政党和组成
民联的政党，却是一样的，可以说民联就是替阵的再生体。

（三）"人民联盟"的兴起

2004 年大选，国民阵线取得有史以来的最大胜利，获得 199 个席
位，占国会总议席的 90%。而反对联盟则走向分裂，成绩惨败。到
了 2008 年，马来西亚第 12 届大选成为马来西亚政治发展的分水岭。
在这次选举中，国民阵线惨败，仅夺得议席 140 席，反对党夺得 82
席，这是马来西亚有史以来反对党赢得的最好战绩，三个反对党都表
现出色，公正党赢得 31 席，成为议会中第一反对党，民行党赢得 26
席，伊斯兰党赢得 23 席。在地方议会选举中，反对党还赢得了槟城、
吉打、霹雳、雪兰莪和吉兰丹 5 个州的执政权。国民阵线第一次失去
控制议会 2/3 议席的能力，这次大选被称为"政治大海啸"。

在反对党方面，"政治大海啸"鼓舞了反对党重新结盟，2008 年
大选后，由三个主要反对党即公正党、民行党和伊斯兰党组成"人民
联盟"，谋求推翻国民阵线，实现政权轮替。三党在宪法、公正、自
由、廉洁、民生等议题上达成共识，同时，民众更加渴望改变族群政
治的弊端，改变国民阵线长期执政的积弊。

2013 年大选就是在这种反风日盛的形势下进行的，选民以极大
的热情参加投票，投票率高达 80%，是历届大选之最。大选结果，
执政党国民阵线与反对党人民联盟分别赢得国会 222 个议席中的 133

---

① 孙和声、唐南发：《风云五十年：马来西亚政党政治》，吉隆坡：燧人氏出版社
2007 年版，第 75 页。

席和 89 席。国民阵线虽然继续执政，但没有实现取得 2/3 多数议席的目标，所得议席比上届大选还少了 7 席。对人民联盟来说，从选票来看，赢得了全国 51.4% 选民的支持，多于国阵的 48.6%，但在马来西亚的选举制度下，它所得的国会议席却远远少于国民阵线，只比上次大选增加了 7 席。

从 2008 年和 2013 年大选结果来看，马来西亚的民主转型已清晰可见。马来西亚中产阶级已经发展和壮大，他们有知识、有思想，要求社会正义，要求民主和稳定的社会秩序，渴望改变威权政治和族群政治，建立民主政治，关注人权、公正和廉洁。两次大选极大地动摇了马来西亚威权统治的基础，打破了国民阵线对政权的长期垄断，2008 年"政治大海啸"促成了"人民联盟"的成立，而 2013 年大选反对党的竞选佳绩加强了它们的团结，增加了政权轮替的可能性。

"两线制"从理念的提出到经历过两次大选得到某种程度的落实，已经得到了许多人的拥护和认同。两线制也有局限性，比如民联没有共同纲领，民行党和伊斯兰党始终是无法合作的伙伴，它们的结盟是机会主义等。但即便如此，由于国阵过于强大，无法制衡，成立一支实力不相上下的反对党统一战线，铸成两线制，成为实现民主化一个最容易实践、最具可操作性的手段。总之，从 2008 年大选到 2013 年大选，表明马来西亚选民存在抛弃族群威权主义、迈向多元主义和两线制的趋向。毫无疑问，两线制的发展，是马来西亚政治史的一个进步。两线制有其局限，但是它对马来西亚民主化的催化作用，却是毋庸置疑的。

（四）希盟的建立与政权的轮替

2013 年马来西亚第 13 届大选后，马来西亚各个政党力量经历了内斗、分裂、游离、重组，政党联盟内的斗争最终导致"国民阵线—人民联盟"两线制的瓦解。随后，执政党与反对党内部均发生了分裂，在一系列游离和重组后，最终在 2018 年大选前，形成了由国民阵线、希望联盟和伊斯兰党领导的"和谐阵线"三方角力的政治格局。最终，在第 14 届全国大选中，希望联盟推翻执政 60 余载的国民阵线，实现了马来西亚历史上的首次执政党轮替。

人民联盟中的第三党派马来西亚伊斯兰党长期主张将马来西亚建成神权国家。但 2008 年第 11 届大选后，伊斯兰党搁置宗教议题，通过与其他反对党合作，在大选中取得了较好成绩。然而，从 2014 年开始，伊斯兰党试图在全国范围内推行伊斯兰刑法，引起华人社会的担忧。2015 年，伊斯兰党党首哈迪·阿旺向下议院提呈的《1965 年伊斯兰法庭（刑事权限）法令修正案》，主张在全国范围内实行伊斯兰刑法，此举遭到民主行动党的激烈反对，最终导致两党断交，人民联盟解散。

执政党内部因党内斗争也发生了分裂。巫统的主席纳吉布涉嫌贪污受贿，造成了该党人员的再次分裂。美国《华尔街日报》在 2015 年 7 月披露，马来西亚国家投资公司"一个马来西亚有限公司"（简称"一马公司"）有 7 亿美元资产流入了总理纳吉布的个人账户。该事件引起了巫统内部人员及马来西亚社会的广泛关注。时任副总理慕尤丁要求纳吉布说明一马公司汇款的原因，但是纳吉布否认存在贪污受贿行为，随后还革除了包括慕尤丁、马哈蒂尔的儿子慕克力兹在内的多名巫统党员的职务，并且开除他们的巫统党籍。面对纳吉布的涉嫌受贿及不公正的党内清洗行为，马哈蒂尔要求他对一马公司的债务亏损及他的贪腐丑闻负责，并且要求他辞职，但是巫统内部没有其他人支持他的提议。于是马哈蒂尔 2016 年 2 月宣布退出巫统，"正在发生的一切令我感到耻辱。我决定，我不能与这些事情扯上关系，因此，我至少可以做到离开这个党"①。退出巫统后，2016 年 9 月马哈蒂尔携手慕尤丁、慕克力兹等人组建了土著团结党。

伊斯兰党退出人民联盟后，国家诚信党积极谋求取代伊斯兰党在反对党联盟中的地位。马来西亚三大反对党——人民公正党、民主行动党及国家诚信党于 2016 年 1 月 9 日正式签署"希望联盟协议"，寄望于新成立的反对党阵营能整合成一个强大的政治联盟。② 2016 年 12

---

① 《马哈蒂尔退出马来西亚执政党，要求纳吉布下台》，新华社，2016 年 3 月 2 日，http：//www. xinhuanet. com/world/2016 – 03/02/c – 128766383. htm。

② 《三大反对党组成，马国"希望联盟"成立》，新加坡《联合早报》，2016 年 1 月 10 日，http：//www. zaobao. com. sg/sea/politic/story20160110 – 569095。

月，希望联盟与土著团结党在人民公正党总部签署 7 点大选合作协议，共同合作以对抗执政联盟国阵。

2016 年 3 月，伊斯兰党与民族联系党谋求组建新的政党联盟"和谐阵线"，形成大选中的"第三势力"。2017 年 5 月，和谐阵线的成员最终确定，除伊斯兰党和民族联系党外，还包括伊斯兰阵线、爱国党和希望党。

2018 年 5 月马来西亚举行第 14 届全国大选，执政党联盟"国民阵线"失去联邦政权。马来西亚出现了独立以后首次执政党轮替。马哈蒂尔二度出任内阁总理，其领导的政党联盟"希望联盟"赢得了议会下议院 222 个席位中的 114 席，以简单多数夺得联邦执政权。

第三节　马来西亚的政党、政党制度与族际政治整合

一　马来西亚政党、政党制度的特点

马来西亚的政党政治非常具有特点，主要包括三个方面：一是政党具有族群性；二是政党进行联盟，以政党联盟的方式参与议会竞争和国家权力的分配；三是威权与民主并存。这种政党政治既不同于一党制、两党制，也不是传统意义上的多党制，而是采取政党联盟的方式。

（一）政党的族群性

马来西亚的政党成员多以某一族群为基础，并明确代表着某一族群的利益。巫统、马华公会、印度人国大党分别为马来人、华人和印度人的利益代表，其他一些小党也是以族群为划分基础。

巫统成立时就规定只有马来人才能加入该党。20 世纪五六十年代，马华公会两次修订党章，完全排斥了其他族群的成员，变成了纯粹的华人政党，直到 1994 年才修改党章，允许父亲或母亲为华人的混血华裔加入。[①] 印度人国大党是纯粹的印度人政党。伊斯兰党从不

---

① Amy L. Freedman, *Political Participation and Ethnic Minorities: Chinese Overseas in Malaysia*, Indonesia and the United States, New York & London: Routledge, 2000, p. 60.

掩饰浓烈的族群色彩。民行党、民政党虽自认是非族群政党，但在实际运作中，主要还是以华人利益为诉求，也以城市华人选票为基础。① 族群利益自然也成为政治动员的纲领与口号。恰如巫青团副团长凯利所说："我们会捍卫马来人的权益，因为我们是族群政党……就如马华和国大党一样，国阵各成员党捍卫本身族群利益是天经地义的事情。"②

马来西亚政党政治是典型的族群政治③。族群身份成为争夺国家权力的意识形态基础，塑造了政治结盟的形态，决定了各种机制的结构和功能，确定了公共政策优先考虑的问题。④ 马来人宣称，"马来半岛属于马来人。我们的权利无可置疑，将来也是如此，只有我们适合包围、控制和管理这片土地。"⑤ 华人则认为，"谁说这是马来人的国家？……我们已经和这个国家不可分离了。它是我们的，我们的国家。"⑥ 独立过程中，以"土著资格"及马来苏丹传统主权为基础的"马来人"特权被写进宪法。20 世纪 70 年代，这些宪法条文被列为敏感问题，成为不可讨论、不可更改的"天条"。而华人、印度人则在"马来西亚人的马来西亚"的口号下长期坚持不懈地追求"阳光下的平等"。

（二）政党联盟

在马来西亚这样的族群分裂社会，族群政党的成立基本上是必然的。

---

① 曾少聪：《漂泊与根植：当代东南亚华人族群关系研究》，中国社会科学出版社2004 年版，第 128 页。

② 黄凌风：《凯里坚持巫统提种族课题没错 希山否认马来人为合约加入巫统》，ht-tp：//www. zaobao. com/yx/yx061115_ 504. html。

③ 从学理上说，把马来人、印度人、华人称为"种族"并不十分妥当，但种族仍然是马来西亚国内最常用的概念。学者们也常用诸如民族或族群之类的概念，本书对此不做细致的区分，直接使用最常用的概念。除特别指出之外，书中种族、民族、族群等概念将一体通用。

④ Gordon Means, *Malaysian Politics：The Second Generation*, New Haven：Oxford University Press, 1991, p. 310.

⑤ Leon Comber, *13 May 1969：A Historical Survey of Sino – Malay Relations*, Kuala Lumpur：HEINEMANN ASIA, 1983, pp. 15 – 16.

⑥ Firdaus Haji Abdullah, *Radical Malay Politics：Its Origins and Early Development*, Pelanduk Publications, 1985, pp. 58 – 60.

马来西亚的主要政党都是族群政党。巫统、马华公会、印度国大党、伊斯兰党都明确规定只有特定族群集团的成员才能加入，民政党、民主行动党虽然一直反对政党族群化，并至今仍自认为是非族群政党，但其民众基础、领导阶层都毫无疑问是华人，关注的也大体是华人利益。非族群政党的实践，如历史上曾经颇有声望的马来亚国民党、马来亚共产党、马来亚社会主义阵线的成员党，都以失败告终。

三大族群政党建立后，当时三大族群人口大致相当，不存在明显的人口优势。再加上三大族群在宗教、文化、语言和风俗等方面差异巨大，族群信任感和族群利益决定了没有任何一个族群可以借助自身力量控制其他族群并能单独控制国家权力。所以，在议会制政治制度下，任何一个政党若想赢得中央执政权，就必须与其他政党合作。

在1951年吉隆坡市政选举中，巫统与马华公会结成竞选联盟，在马来西亚历史上开创了族群政党结盟之先河。1955年联邦立法会选举前夕，印度国大党加入进来，三个族群政党结成了联盟。在立宪过程中，三个族群政党相互妥协让步，最终领导马来西亚实现了独立。经历1969年的选举失利和族群骚乱之后，三党联盟扩大成包括十多个政党的国民阵线，并长期执掌国家政权。

这种联盟式的权力分配和运行机制在马来西亚可以说是成功的，马来西亚为什么会形成这种独特的政党联盟体制呢？马来西亚有一种特殊的族际环境和政治生态，在这种特定的政治环境中，"执政党或想取得政权的大党都要设法维护种族和谐，或者说要维护马来人的主流地位，又要在相当程度设法维护各族和睦，这可能在一定程度上促进了各主要政党意识形态的兼容性发展主义的路线"。三大政党为了取得和巩固执政地位，必须结成联盟，同时又必须放弃或调整狭隘的民族主义立场，从国家利益或维护各个民族和谐的立场出发，进行族际政治整合，不然的话，"就很可能丧失某一种族的所有阶层或群众的支持"，破坏执政联盟，失去执政地位。在马来西亚的族际环境下，"一个政党不但要争取获得本族的所有阶层的人的支持，也要争取获得其他种族的所有阶层的人的支持，否则就很可能丧失某一种族的所有支持"①。

马来西亚的执政政党联盟实际上是"各族群、主要政党实行协商一致的合作组织，国民阵线的组织形式和运作形式其实就是对政治权力进行争夺、妥协、分配的有效机制。马来西亚独立以来的政治实践表明，政党联盟的权力分配和运作机制是维持马来西亚社会稳定和政治稳定的重要一环，对于马来西亚的政治发展具有深远影响"②。

（三）一党独大

关于一党独大制，G. Sartori 的定义是："一个政党在选举中持续获得绝对多数的支持，没有政权交替，同时单独肩负统治任务。"③ G. Sartori 认为，一党独大制需要具备两个前提条件：（1）需要政权交替的可能性经常存在的"竞争型多党制"；（2）不仅允许主要政党以外的政党存在，也允许它成为"独大政党"的合法兼正当竞争者。也就是说，小政党保有真正独立的地位，与敌对者"独大政党"互相对立。④ 黄明来认为，马来西亚政党制的特征不在于政党的数量，而在于政治权力的"一党集中"。陈元中认为，一党独大制属于多党制的特殊形式，是多党制由于政党力量分布的不同而产生的，其中一个政党因其实力远远超于其他政党之上，在政党竞争中占有绝对优势而长期执政。从以上观点来看，在马来西亚 1955 年到 2013 年的 13 次选举中，持续占领政权核心位置的马来人政党巫统，从未失去手中的政治权力。不仅如此，巫统所控制的执政联盟基本上都能获得 80% 以上的议席。可以说马来西亚就是一党独大制。

马来西亚的一党独大制从政党间关系来看，长期执政的一党并非严格意义上的单个政党，而是由多个政党以联盟形式出现、带有实体

---

① 李路曲：《当代东亚政党政治的发展》，学林出版社 2005 年版，第 265—266 页。

② 郭伟伟、徐晓全：《独具特色的马来西亚政党政治》，《学习时报》，2013 年 9 月 16 日。

③ G. Sartori, *Parties and Party Systems: A Framework for Analysis*, Cambridge, Cambridge University Press, 1976, p. 8.

④ ［马］黄明来：《一党独大：日本和马来西亚政党政治比较研究》，吉隆坡：大将出版社 2003 年版，第 39 页。

性质的跨族群政党联盟——20 世纪 70 年代以前是"联盟党",以后是"国民阵线"。从政党联盟本身来看,联盟内各政党力量十分不均衡,其中有一个长期处于主导和支配地位的政党——巫统,属于巫统一党独大。从反对党的角度来看,一党独大的国民阵线对马来西亚政治具有绝对的控制权,但反对党仍有生存的空间。反对党在国会的议席不多、影响力也不显著,但数目较多,其中重要的反对党包括民主行动党、伊斯兰党等。

在马来西亚的国民阵线中,巫统的政党实力最强,该党代表的群众人数最多,也掌握着内阁多个重要部门的领导职务,然而该联盟的其他成员党的实力相对较弱,代表的群众人数较少,掌握的内阁部门的领导职务也较少,所以巫统经常主导着国阵的协商过程,也深刻影响着协商决策的性质,巫统与联盟的其他成员党之间的协商具有非对称的特点。国阵的最高理事会的决策制定不采用少数服从多数的民主原则,而是以说服、协商、讨价还价,最后达成妥协的方式,这一过程巫统起着重要的主导和协商作用。如果最高理事会的成员意见无法达成一致,则由巫统的主席做出最后的决断,该理事会的其他成员必须服从巫统主席做出的决定。由此可见,在最高理事会的利益分歧化解过程中,巫统的主席发挥着关键作用。

二 马来西亚政党进行族际政治整合的价值取向

独立后,以巫统为首的政党联盟一直执掌国家政权,是马来西亚的执政党。以巫统为首的政党联盟执掌国家政权,是族际政治整合的主体。马来西亚执政党联盟通过国家政权进行的一系列族际政治整合实践蕴含了其独有的价值取向,深刻影响了马来西亚的族际政治整合。

(一) 马来人优先价值取向

马来人优先的价值取向是执政党联盟在族际政治整合过程中采取的主要价值取向。马来人优先的形成建立在特定的历史基础之上,英国对马来亚的占领和统治是建立在同马来上层苏丹合作的基础上的,在"马来人是马来西亚的主人"思想意识的指导下,英国殖民统治者为马来人创设了一些"特权"。1913 年，当局为"马来联邦"制定了《马来人保留地法案》，规定各土邦的驻扎官有权宣布无主土地及现属马来人的土地为"马来人保留地"。在此前后，英国殖民者在教育、政府公职等方面也给予马来人以特殊照顾，如提供奖学金、建立马来文学校、招募贵族子弟充当中下级官吏等。

在此过程中，马来人的族群意识逐渐形成。马来人坚信马来半岛的真正主人是马来人，华人、印度人只是"客人"。早在 20 世纪 30 年代，《马来邮报》一篇文章就声称，"马来半岛属于马来人，我们的权利无可置疑，将来亦是如此，只有我们适合保卫、控制和管理这片土地"[1]。在 1947 年 2 月的一次演讲中，拿督翁声称，无论华人、印度人怎样努力，"我们都坚定地认为这片土地属于我们。我之所以这样说，是因为我注意到半岛的其他种族宣称有要求平等对待的权利。这是我们决不可以接受的。我们希望他们明白，他们只是房客而不是房东"[2]。1956 年发表的文件《巫统斗争的基础》也明确宣称，"巫统的民族主义是一个宽泛的概念……那就是：为马来人作为国家主人而享有的特权、主权、优先权而奋斗，同时巫统也承认其他种族……应享有马来亚公民的特定权利"。[3] 左派的马来国民党在党报创刊号上宣布："马来国民党及其政治斗争是以马来亚属于马来人这一不言而喻的公理为基础的。"[4]

在实现国家独立的过程中，巫统、马华公会、印度人国大党之间达成了妥协，"马来人"特权被正式写入宪法。1971 年宪法修正案将"马来人特权"列为不允许公开讨论或质疑的敏感问题之一，甚至连议员在国会中针对该问题的发言都不享有豁免权。"马来人特权"条

---

① Leon Comber, *13 May 1969：A Historical Survey of Sino - Malay Relations*, Kuala Lumpur：HEIMEMANN ASIA, 1983, pp. 15 - 16.

② John Funston, *Malay Politics in Malaysia：A Study of the United Malay National Organization and Party Islam*, Kuala Lumpur：Heinemann Educational Books（Aisa）Ltd, 1980, p. 137.

③ John Funston, *Malay Politics in Malaysia：A Study of the United Malay National Organization and Party Islam*, Kuala Lumpur：Heinemann Educational Books（Aisa）Ltd, 1980, p. 139.

④ Firdaus Haji Abdullah, *Radical Malay Politics：Its Origins and Early Development*, Pelanduk Publications, 1985, p. 83.

款连同华人、印度人公民权及其他合法权利的条款一道被称为"族群交易""独立合约"或"社会契约"。

独立后，巫统逐渐取得了在执政党联盟里的优势和主导支配地位。马来人优先的价值取向也开始占主导地位。在马来人优先价值取向的引领下，马来人在马来西亚政经文教各个领域逐渐形成一种霸权。祝家华认为，随着马来人进一步控制国家机关，确立并加强了马来人的"主人"身份，因而产生一种支配情结，即"马来支配主义情结"。① 从1957年马来亚获得独立到1969年发生"五一三"族群冲突事件为止，马来人通过巫统在联盟及政府的主导地位，逐渐地建立起他们在政治上的优势及支配性地位。

"五一三"事件后，马来人优先的价值取向进一步发展。东姑·拉曼辞职后，阿都拉萨在就职时宣称，"这个国家是基于巫统组成的，我把这个责任交给巫统，以使巫统能决定其形式——政府应跟随巫统的愿望和需求——并实施由巫统决定的政策"②。这表明阿都拉萨汲取了其前任东姑·拉曼因实行"妥协政治"而下野的教训，为此他宣布建立一个"马来人的马来西亚"，重申马来西亚由马来人统治的原则。③ 这项原则通过宪法修正案而被提升到神圣不可侵犯的高度，马来人在政治上的优势因而发展为拥有完全的统治权。④ 何启良评析："'五一三'事件是定型马国政治文化意识取向大转变的标志，是马国政治发展的'典范转移'"。"1970年后种种的政策出台皆是以对'五一三'事件的解释为政策依据，而这一些政策的先后落实，对马国的政治体制运作影响极大。1970年后，马国政治发展的'新秩序'里专制的、土著主义至上的政治体制已经与独立初期多元体制的'协

---

① ［马］祝家华：《解构政治神话——大马两线政治的评析（1985—1992）》，吉隆坡：马来西亚华社研究中心1994年版，第67页。

② ［马］谢诗坚：《马来西亚华人政治思潮演变》，槟城：友达企业有限公司1984年版，第17页。

③ 赵永茂：《马来西亚族群政治与政党政治的特质》，《东南亚季刊》1996年第1期，第26页。

④ 李一平：《自由与权利：在马来西亚华人与马来人之间》，载梁志明主编《面向新世纪的中国东南亚学研究：回顾与展望》，（香港）社会科学出版社2002年版，第669页。

和民主'作了意识上的决裂。"①

"五一三"事件导致的政治变化影响至今。阿都拉萨政权通过种种的政策与法令正式将马来人的特权地位与族群之间的不平等结构化。② 在阿都拉萨施政期间，有三大政策的实行反映了"马来至上"意识形态及政治结构的强化。这三大政策分别是国家原则、国家文化政策及新经济政策。这三项政策强化了马来人在政治、经济、社会及文化上的优势及支配，甚至达到了一种霸权。

齐顺利指出，"国家原则"的导言中特别阐述了第三条原则，即"维护宪法"。他认为，国家原则重申支持宪法意味着将体现了"马来人的马来西亚"的宪法赋予了显著的位置，从而把宪法里"空洞"的"马来人的马来西亚"理念落实为国家的意识形态。③ 杨建成则论述，"国家原则"对非马来人强调了宪法中有关君主立宪制度及马来人特殊地位条文是决不可侵犯的，换言之，"国家原则"坚决而含蓄地肯定了马来西亚就是马来人的国家这一政治原则，或更露骨的意思——华人等外来移民必须在"国家原则"的指引下向这个马来人国家效忠认同，别无选择余地。④

文化分歧被执政党认为是"五一三"事件发生的一个原因。因此，"五一三"事件后国家团结局主席丹斯里·加沙里认为国家必须拥有自己的思想形态，以免"五一三"事件重复。依循此思路，文化、青年、体育部于1971年8月16日至20日在马来西亚大学举办了"国家文化大会"。这一次的大会共讨论了60篇论文，内容包括文学、音乐、舞蹈等，制定了"国家文化"的三大原则。

---

① ［马］何启良：《独立后西马华人政治演变》，载［马］林水檺、何启良、何国忠、赖观福编《马来西亚华人史新编》（第二册），吉隆坡：马来西亚中华大会堂总会1998年版，第84—85页。
② 王国璋：《马来西亚的族群政党政治（1955—1995）》，台北：唐山出版社1997年版，第106—107页。
③ 齐顺利：《马来西亚民族建构和马来文化强势地位的形成》，《河南师范大学学报》2008年第4期，第80页。
④ 杨建成：《华人与马来亚之建国》，中国学术著作奖助委员会1972年版，第243—249页。

　　国家文化政策意味着土著文化运作的官方化，这使得政策更加彻底和执着。① 许德发从马来西亚建国的角度出发，认为真正的马来国家主义乃是在"五一三"事件后崛起，因此，一个在文化、经济上企图将"马来色彩"国家化的过程出现，而"国家文化"正是在这样的意识形态下被正式地提上国家议程之中。② 祝家华则认为，国家文化政策的出现，只是为了巩固国家机关在诸多权力及功能上反映马来色彩的独占和领导的正当性。③ 国家文化政策的实行，使得20世纪七八十年代马来西亚的官方活动受到了马来文化的宰制。④

　　新经济政策实施之后，马来人逐渐掌握了国家经济的控制权，并且建立起一个政治权与经济权皆握在马来人手中的马来西亚。⑤ 尽管新经济政策号称是一个双管齐下解决贫穷问题和重组社会结构的政策，但是政府在执行此政策时表现出"土著之上"的观念，实际做法乃在于全面扩大马来人的经济势力及通过培养马来资产阶级建立一个马来工商社会，使得此政策与"土著至上主义"画上了等号。⑥ 有学者认为，新经济政策是马国宪法之外最重要的政治文件。⑦ 作为一个实际上涵盖经济、社会、政治与文化的政策，学者 R. S. Milne 认为它是巫统利用国阵取得全面政治控制后另一个用以加强经济控制的杰作，而 James Morgan 甚至认为新经济政策是"五一三"事件后马来西

---

　　① ［马］林水檺、何启良、何国忠、赖观福编：《马来西亚华人史新编》（第二册），吉隆坡：马来西亚中华大会堂总会1998年版，第86—87页。

　　② ［马］许德发：《国家文化：建构与解构之间》，《人文杂志》2000年第11期，第2页。

　　③ ［马］祝家华：《解构政治神话——大马两线政治的评析（1985—1992）》，吉隆坡：马来西亚华社研究中心1994年版，第65页。

　　④ 齐顺利：《马来西亚民族建构和马来文化强势地位的形成》，《河南师范大学学报》2008年第4期，第80页。

　　⑤ 顾长永、林伯生：《从"新经济政策"论马来西亚的种族关系》，《东南亚季刊》1996年第1期，第31页。

　　⑥ ［马］祝家华：《解构政治神话——大马两线政治的评析（1985—1992）》，吉隆坡：马来西亚华社研究中心1994年版，第19页。

　　⑦ ［马］何启良：《独立后西马华人政治演变》，载林水檺、何启良、何国忠、赖观福编《马来西亚华人史新编》（第二册），吉隆坡：马来西亚中华大会堂总会1998年版，第87页。

亚真正的国家理念。①

　　巫统以马来代言人和保护者的身份，不断强化以下观念：马来人特权是确保土著在自己的国家内生存和发展所必需的，它能够为马来人提供安全感；只要通过政治手段保障马来人特权，就会得到大多数马来人的拥护；只要马来人能够保持团结，巫统的执政地位便可以继续。② 在路径依赖作用下，为了确保对政权的控制，巫统精英集团不惜采取一切必要措施。③ 而惨痛的历史记忆也使非马来人不得不接受马来人主导政权的现实。在执政联盟内，马华公会与印度国大党日益沦为巫统的依附。巫统则逐渐确立起在整个政党体系中的支配地位，尽管它没有完全垄断权力，但却掌握着政府几乎所有要害部门。

　　（二）国家发展主义取向

　　马来西亚执政党在推动族际政治整合的过程中，除了诉诸族群主义外，也比较务实，致力于推动经济发展和维持社会稳定，具有强烈的发展主义取向。独立后，在发展主义取向的指导下，执政党推行了一系列经济发展政策，并取得了不凡的成就，这也是执政党获得合法性的重要来源。

　　早期发展主义的核心观点是"以经济增长为中心，认为经济发展是社会进步与政治发展的先决条件，它预设了工业化和民主化的先后发展顺序，认为随着经济增长和民主制度的巩固，所有社会矛盾与问题将迎刃而解"。④ 第二次世界大战后，发展主义对广大新独立的后发民族国家的建构产生了重大影响。虽然经过几次修正，但其核心观点基本没变，"强调经济增长是国家发展与现代化的先决条件；政府是强政府，对经济可以进行干预和指导；国家对公民自由与公民社会

---

　　① 江炳伦：《亚洲政治文化个案研究》，台北：五南图书出版公司1989年版，第179—180页。

　　② ［新］黄大志：《从〈李光耀回忆录〉谈国际政治与民族主义》，《联合早报》1998年10月19日。

　　③ Harold Crouch, *Government and Society in Malaysia*, Ithaca：Cornell University Press, 1996, p. 97.

　　④ 郁建兴：《发展主义意识形态的反思与批判》，《人大复印资料》（政治学）2009年第3期，第62页。

进行严格限制；政府的合法性主要来源于其维持社会稳定、经济增长的有效性"①。1957 年，独立后上台执政的马来西亚执政联盟显然受到这种发展主义理论的影响。

马来西亚独立前和独立初期主要依赖农业和矿业。20 世纪 50 年代末政府把改造殖民地时期遗留的畸形单一经济结构作为重要任务，决定加快制造业发展，逐步实现工业化，推动经济的全面发展。1958 年，政府颁布了《先导工业法》，走出了马来西亚工业发展的第一步。在先导工业法提供的优惠条件的刺激之下，进口替代工业得到了迅速的发展。1958—1968 年，西马地区新兴工业部门发展了 140 家，投资总额为 4.45 亿林吉特。② 1968 年，马来西亚颁布《投资激励法》，标志着马来西亚从进口替代战略转向出口导向。1971 年，颁布《自由贸易区法》，鼓励建立自由贸易区和出口加工区。出口导向战略吸引了大量外资投资劳动密集型产业，如电子、服装、纺织、玩具等工业，在增加就业、扩大出口方面卓有成效，促进了马来西亚的工业化和经济增长。马来西亚 1970—1980 年平均增长率为 7.7%。80 年代马来西亚重点吸引外资和发展出口导向工业，1980—1990 年经济增长率为 5.2%。③ 20 世纪 90 年代初，马来西亚提出"2020 年宏愿"构想，计划到 21 世纪把马来西亚建成全面发达的工业国。90 年代中期，马来西亚经济发展迅猛，在 1991—1995 年的第六个"五年计划"期间，经济年均增长率为 8.7%，通货率控制在 4% 以内。④ 1997 年亚洲金融危机爆发后，马来西亚经济受到沉重打击，政府采取积极应对措施，21 世纪马来西亚经济得以恢复与发展。

在马来西亚经济发展的过程中，为了纠正族群间经济发展的不平衡，马来西亚政府运用国家力量来干预经济，这也是马来西亚国家发

---

① 徐瑞彬：《转型中的发展主义与马来西亚威权体制》，硕士学位论文，上海师范大学，2010 年，第 23 页。

② 魏达志编：《东盟十国经济发展史》，海天出版社 2010 年版，第 64 页。

③ 范若兰：《新海丝路上的马来西亚与中国》，世界知识出版社 2017 年版，第 103 页。

④ 马燕冰等编：《马来西亚》，社会科学文献出版社 2011 年版，第 238 页。

展主义的一个显著特征。马来西亚独立初期，各族群经济发展并不平衡。独立后，马来西亚政府采取马来人优先的政策，给予马来人许多优势，特别是政治上的优势，颁布相关的马来人特权的法令与政策。但在国家的经济结构与生活中，与非马来人特别是华人相比，作为国家主体族群的马来族群，却长期处于相对贫困状态。虽然独立初期政府通过土地开发、贷款补贴等手段推动农业及农村经济建设的发展，但从 1957 年独立到 20 世纪 60 年代末的十多年之间，马来人的贫困状况并没有得到明显改善。所以到 20 世纪 60 年代末，国内的马来族群已经出现强烈诉求经济结构能重整的期望，他们要求政府能展现统治权威，来提升马来族群的经济地位与利益。在此背景下，政府推出了新经济政策。新经济政策两大目标是消除贫困和重组社会，其中以重组社会为核心。重组社会是为了让马来人掌握国内工商领域 30% 以上的财富，从而达到加强马来人经济地位的目的。新经济政策的实施有效提高了马来人的经济地位。

马来西亚政府以政治推动发展作为社会经济问题的解决之道，引发了关于政府干预和自由市场之优劣的争论。无论如何，马来西亚经济发展所取得的成就是有目共睹的。马来西亚经济的总体发展离不开执政党强烈的国家发展主义取向。在国家经济发展的过程中，因族群因素的考量，马来西亚运用公权力干涉经济、纠正族群经济不平衡发展，这其中也孕育了诸多不公平，造成资源分配的不均，引起各种问题。但不可否认的是，马来西亚从一个殖民地转型为一个"崛起中"的经济体，其进程是相对和平的。在族群及文化多元混杂的国家当中马来西亚的社会经济发展被视为"典范"。

三　马来西亚政党族际政治整合的目标和实现机制
（一）马来西亚政党族际政治整合的目标

任何一个多民族国家的族际政治整合都是围绕特定的目标而展开的。"族际政治整合的具体实现为一个不断展开的过程，这是一个目的性很强的过程，整个的族际政治整合实践，都是追求和实现特定目标的过程。"① "族际政治整合的目标从纵向来讲，就是维护国家主权统一和领土完整；从横向上来讲，就是促进族际和谐与协调发展。"② "族际政治整合的基础性目标是防止或避免国家的分裂和解体，维护和巩固业已存在的多民族国家政治共同体。族际政治整合的高层次目标是，构建完整的国族文化和国族精神，提升国族的整体性和自足性，促进国族建设，杜绝民族分离。"③ 纵观马来西亚的族际政治整合实践过程，实质上就是追求和实现特定目标的过程。具体来说，马来西亚族际政治整合的目标主要有以下几点。

1. 保持国家的稳定，维护国家的完整和统一

后殖民时代的马来西亚面临着民族国家建构与现代化的双重任务，由于族群关系错综复杂，几大族群为了国家认同的文化要素、权力分享以及财富分配而彼此竞争。④ 这种社会结构很容易造成族群间的对抗，因此，马来亚一开始就面临着冲突与暴力的风险。马来西亚政党精英们竭力在狭隘的族群认同与普遍的国家认同之间寻求平衡，维护社会的稳定发展。

族群问题几乎是影响马来西亚政治稳定的常量，甚至可以说，政治稳定在某种意义上就是族群之间相互牵制而达成的理性结果。族群性与阶级性、宗教性与世俗性缠结在一起，增加了马来西亚社会生态的复杂性。族群问题是各种社会矛盾的爆发点，新兴的马来西亚为了进行族际政治整合，往往使族群界限制度化，并在此基础上进行族群支配，即一个族群对另一个族群的政治能力、文化再生产和生活方式加以控制。巫统始终没有放弃以马来文化为基础同化和融合其他族群，以创造一个想象的共同体——马来西亚民族的目标。

2. 减少族群差异和矛盾，促进族际关系的和谐

在马来西亚这个族群差异和矛盾明显的社会中，执政党推动族际

---

① 周平：《多民族国家的族际政治整合》，中央编译出版社 2012 年版，第 88 页。

② 朱碧波：《苏联族际政治整合模式研究》，博士学位论文，云南大学，2011 年，第 79 页。

③ 周平：《多民族国家的族际政治整合》，中央编译出版社 2012 年版，第 88—90 页。

④ Lee Hock Guan, Ethnic Relations in Peninsular Malaysia: The Culture and Economic Dimensions, p. 2, http://www.iseas.edu.sg/sc12000.pdf, 2008 - 12 - 21.

政治整合的目标之一就是对族群利益关系进行调整，减少族群差异和矛盾，促进族际关系的和谐发展。在巫统控制着几乎全部政治资源的背景下，"执政党的发展战略能否在财富分配与经济增长之间取得平衡，对这个新生国家的社会整合与政治稳定具有重大影响"①。阿都拉萨政府积极介入社会结构重组，改变各族群经济上的不平衡，在不剥夺非马来人财富的情况下扶助马来人。重组马来西亚社会必须诉诸强有力的公共政策，这就是新经济政策。在新经济政策实施前，马来西亚各族群经济发展严重不平衡。根据统计，1970 年，在半岛地区的股份公司中，马来人的股权比例仅为 2.4%。新经济政策的核心目标是实现社会的重组，通过国家干预经济，实现 1990 年把马来人的股权比例提高到 30%，非土著 40%，外资则降为 30%。② 马来西亚先后制定《石油发展法令》《工业协调法令》等法规，把新兴的石油工业置于国营公司的垄断之下，并加强了政府对制造业的干预，规定土著可优先进入。

20 世纪七八十年代以来，在经济快速增长的同时，执政党基本完成了族群间的财富再分配。1975—1985 年，马来人（包括国家）参与的制造业项目增长迅速，其参股比例平均在 40% 以上，其中有两年大大超过 50%。③ 1970 年，马来西亚人均国内生产总值为 383 美元，1980 年则升至 1785 美元，经济增长率高达 8%。1991 年，马哈蒂尔提出 "2020 年宏愿"，要在一代人的时间内将马来西亚建成一个充分发达的工业化国家。在 90 年代大部分时间里，马来西亚经济增长保持在较高水平上，1998 年人均国民生产总值达到 3600 美元，成为亚洲最有活力的新兴经济体之一。④ 在国民财富大大增加的前提下，

---

① G. Shabbir Cheema, "Malaysia's Development Strategy: The Dilemma of Redistribution with Growth", *Studies in Comparative International Development*, Vol. 13, No. 2, 1978, pp. 40 – 55.

② Mahar Mangahas, "Measurement of Poverty and Equity: Some Asean Social Indicators Experience", *Social Indicators Research*, Vol. 13, No. 3, 1983, p. 266.

③ ［日］青木昌彦等编：《政府在东亚经济发展中的作用——比较制度分析》，张春霖等译，中国经济出版社 1998 年版，第 425 页。

④ ［英］迈克尔·利弗：《当代东南亚政治研究指南》，向来译，《南洋资料译丛》2002 年第 4 期，第 27 页。

尽管马来人的经济地位提升相对较快，非马来人也并没有强烈的被剥夺感。在某种意义上，各族群都能从经济发展中获益，紧张的族群关系得到缓解。

3. 促进马来西亚国族的建设

对马来西亚而言，"多民族国家在族际政治整合实践中要想根除国家解体的威胁，必须把国族和国族建设放在一个十分重要的位置上。只要建立一个统一、稳定的国族，国族的价值得到彰显和广泛认可，国家才能从根本上消除多民族国家解体的威胁"。①

马来西亚在脱离英国殖民统治而独立后，在马来人主导的政府的控制下，在政治、经济、社会文化各方面都积极地直接或间接进行干预。尤其在马来族群主义意识的支配下，马来西亚国族的建构成为马来统治精英族际政治整合的远大目标。这项远大目标是马哈蒂尔在统治时期提出来的。马哈蒂尔在1992年出席一次晚宴时表示："为了巩固一个团结一致的'马来西亚国族'，我们在过去的30年间，除了实施新经济政策与国家发展政策外，还引介了许多政策与计划。在上述的政策与计划中，国家团结都是首要的目标。全部政策与计划都能为朝向一个关系良好的多元社会作出贡献，共同的价值与观念，身为马来西亚的人民的一致认同感及得以巩固民族传统的文化。"② 这是马来西亚国族的概念首次被提出，后又将马来西亚国族建构作为"2020年宏愿"的第一项挑战。纳吉布出任马来西亚第六任首相后，提出"一个马来西亚"的口号，宣布他将一视同仁地对待各族，誓做全民首相，以塑造一个马来西亚民族，从而让马来西亚跻身于世界先进国行列。③

（二）马来西亚政党进行族际政治整合实现的机制

1. 政党制度机制

族群政党是为本族群争夺利益、依靠本族群选民的支持才可能上

---

① 周平：《多民族国家的族际政治整合》，中央编译出版社2012年版，第91页。

② 李悦肇：《马哈迪时期马来西亚之国家整合（1981—2003）》，博士学位论文，台湾中国文化大学，2004年，第292页。

③ ［马］纳吉布：《公平对待各族，一个大马实现社会正义》，2009年10月19日，参见 http：//tech. sinchew－i. com/cp/node/134759。

台执政的政治组织。仅就此而言，不同族群的政党相互让步、达成妥协相当困难，而相互间的冲突却常常一触即发。对于马来西亚这样的族群分裂社会而言，如果不同族群的政党无法达成妥协，或者达成妥协的政党内部缺乏足够强大的温和力量，国家就很可能陷入延绵不绝的族群冲突乃至仇杀之中。

"民族政党是最典型的民族政治组织""扮演着民族的组织者和领导者的角色"①。可以想象，如果一个国家的主要族群政党能够携手合作，建立一个权力共享的跨族群政党联盟，那么，族群冲突即便不能根除，至少在很大程度上能够缓和或遏制。相反，如果不同族群的政党之间无法达成妥协，不愿意共享权力，反而试图以更加激进的立场压倒其竞争对手，将其他族群完全排除在国家权力之外，那么不同族群之间就很可能会爆发难以收拾的冲突。

马来西亚建国后，巫统通过联盟党和国民阵线将各族上层的部分政治精英整合在一起。各族群的政治领袖通过政党联盟分享权力和利益，在族群问题上相互协商和妥协，追寻各族群利益的平衡。这个"政治精英阶层达至某种程度的共识、依赖和融合，互利互补，致力促进一个有效的、稳定的政治秩序。他们之间，存有足够的适应力和同情心，彼此沟通……虽然大马公民文化缺乏共识，这个缺陷却因政治精英阶层的凝聚被填补了。大马各族群各自为政、针锋相对的张力，依赖着上层的政治精英在相应的对话里一一松解"②。建国至今，在族群主义盛行的马来西亚，除了 1969 年发生过大规模的族群冲突外，一直保持着政治稳定，马来西亚的族际政治整合不能不说是一个奇迹。

在马来西亚政治整合的过程中，巫统通过其主导下的联盟党和国民阵线为各族群提供了一个沟通和竞争的平台。这个平台尽管有着诸多的局限，但其包容性的积极意义却不容忽视。在马来西亚族群政治中，依靠着各族群上层政治精英的团结和合作，族群间不时出现的针

---

① 周平：《民族政治学》，高等教育出版社 2007 年版，第 167—168 页。

② ［马］何启良：《政治动员与官僚参与——大马华人政治论述》，吉隆坡：马来西亚华社研究中心 1995 年版，第 26—27 页。

锋相对局面都得到一一化解。

2. 国家制度机制

制度是为了促成和维持社会生活的稳定运行而构建起来的权威性的行为模式。而通过国家制度的安排实现和促进国内族际政治整合，即是族际政治整合中的制度机制。[①] 在多民族国家的族际政治整合中，国家制度机制是最重要的方式之一，马来西亚也不例外。

（1）国家宪法。宪法是国家的根本大法。马来亚独立后，1957年颁布的马来亚宪法，在马来西亚联邦成立后改名为马来西亚宪法。其政治架构基本上是仿照英国的君主立宪政体，但在宪法中存有相当浓厚的马来主义色彩。[②] 其中对马来人的特别优待部分包括：最高元首由传统的马来苏丹组成的统治者会议选出（宪法第 32 条）；回教被定为国家宗教（宪法第 3 条）；马来语为国家语言（宪法第 152 条）；马来人具有特权，包括公务员、教育设施、奖学金及贸易与商业准证、执照等的优先权（宪法第 153 条）。

马来西亚宪法的内容体现了对特定族群和宗教信仰上的偏袒，逐渐成为马来支配主权的基础保护的根基。联合邦宪法反映了马来亚是"马来人的马来西亚"理念，意味着这种理念开始获得权力的支持，也表明了未来的马来亚社会理论上将会以马来族群的文化作为整合的基础，这是巫统主导的马来西亚族际政治整合的开始。

（2）联邦制。1957 年独立后，马来西亚实行联邦制，目前全国由 13 个州及两个联邦直辖区所组成。虽然马来西亚宪法对中央和各州的权限分配有明确规定，但在具体的族际政治整合过程中，马来西亚中央政府不断扩大中央政府权限。尤其是马哈蒂尔上台后，为增强中央政府的行政能力，推动族际政治整合工作，利用掌握国会超过 2/3 的多数席位，进行多次修宪，限制地方的权限，加强对地方政府的影响力。在立法层面，联邦宪法第 75 条规定，如果任何一州之法律与联邦法律不一致时，联邦法律必须有效，而州法律不一致部分必

---

① 周平：《多民族国家的族际政治整合》，中央编译出版社 2012 年版，第 101—102 页。

② R. S. Milne, *Government and Politics in Malaysia*, Boston: Houghton Mifflin, 1967, p. 38.

须无效。联邦政府也获得授权，为统一对外事权，可以对原属州之权限事务进行立法，在颁布紧急状态时，联邦更对任何州统辖的事务均有立法权。

3. 国族机制

1991 年马哈蒂尔首先提出"2020 年宏愿"，该宏愿提及未来的九大挑战，其中第一项挑战和国族建设有关，"建立一个团结的马来西亚，塑造一个有政治忠诚和为国献身的马来西亚族"。他声称要在 2020 年前将马来西亚建设成发达工业国的同时，要建立一个由生存于族群团结、协调、公正的全面合作关系下的"马来西亚族"组成的马来西亚国家。到时候，"任何肤色和宗教信仰的人们都能自由地保持和享受个人的习惯、文化、宗教、信仰"。[①] "2020 年宏愿"提出了要建立一个团结的马来西亚，塑造一个有政治忠诚和为国献身的马来西亚族。至于"马来西亚族"的定义与内涵则没有进一步说明。国族概念的提出立即引起了不同族群的关注和回应。尽管对于如何构建新国族，不同的族群有不同的想象与期待，马来西亚的族际政治整合之路仍在继续前行。

4. 政策机制

"政策机制是多民族国家族际政治整合的重要内容，多民族国家能够通过族群政策对族际关系进行调整、改善。"[②] 一般来说，多民族国家的执政党会将党的政策上升为国家意志，通过政府的政策实现自己在族际政治整合中的意图。

马来西亚执政党在族际政治整合的过程中推行的最著名的就是"马来人优先政策"或者"马来人特权政策"。马来西亚宪法的第 153 条规定了马来人在教育、经济和公共服务领域的"特权"，并且

---

① ［日］原不二夫：《马来西亚华人眼中的"马来西亚族群"》，刘晓民译，《南洋问题译丛》2001 年第 2 期。

② 周平、贺琳凯：《论多民族国家的族际政治整合》，《思想战线》2010 年第 4 期第 36 卷。

规定这些特权将由国家的最高统治者（国家元首）给予保障。① 在宣布 1957 年宪法修正案的时候，阿都拉萨总理强调，马来人特权将成为马来西亚文化和马来西亚国家特征的一部分。② "马来人优先政策"包含了政治、经济、文化、教育、宗教等领域的一系列具体政策。比如在政治和行政权力安排领域，独立以后，有利于马来人的政府部门就业族群比例制度（族群固打制），被迅速地推广到各个领域，成为新经济政策时期用以改变马来人与华人及其他非马来人经济地位的主要手段之一。尤其是在宪法第 153 条的基础上，政府对马来人与非马来人的族群就业比例做了更为细致的规定：内政部门为 4∶1，外交、海关以及司法和法律服务部门为 3∶1，同时对专业技术部门没有做出具体的族群比例规定。事实上，随着将上述部门合并为单一的行政外交部门，族群比例也统一为 4∶1。因此，这种族群优先政策导致马来人垄断了几乎所有的政治和行政的高级职位，使马来人完全控制了主要的权力机构，包括立法、内阁、军队、警察、司法等部门。

马来西亚在经济领域同样也实施了族群优先政策。就土地所有权而言，在殖民统治以前，只有马来人才有权占有土地。英国殖民统治时期允许英国人和华人矿主购买和转让土地。由于这种土地制度引起了马来人的不满，英国殖民者推行了《马来人保留地法案》，划定了马来人的专属土地区域，规定马来人可以自由地拥有、出租和抵押这些土地。独立以后，马来西亚政府在经济领域推行了更加广泛和严格的族群优先政策。第一个远景规划制订了马来人拥有和参与工商业活动的 30% 的远景目标。1975 年颁布了《工业调整法》，要求任何资本额超过 25 万马币、雇员超过 25 人的非马来人企业，马来人股权必须至少达到 30% 的比例才能够取得或者继续保留营业许可证。此外，马来西亚政府不仅成立了原住民信托委员会、土著银行以及国家经济

① Government of Malaysia: The Federal Constitution, Kuala Lumpur, Malaysia: Government Printer, 1977.

② Puthucheary, M., *The Politics of Administration: The Malaysian Experience*, Kuala Lumpur, Malaysia: Oxford University Press, 1978.

开发公司等机构，为马来人企业提供贷款和技术援助，还要求大公司和大企业要优先将马来人提升到高级管理职位。

5. 意识形态机制

意识形态是一种强大的精神力量，执政党在族际政治整合的过程中，往往通过倡导和宣传某种意识形态，将其上升为国家主流的或主导的意识形态。"执政党通过对意识形态的引导而发挥意识形态在族际政治整合中的作用，就是族际政治整合中的意识形态机制。"[①] 意识形态整合是执政党族际政治整合能力的重要内涵，它体现了统治精英把自身利益同其他社会集团的利益相联系的能力。[②] 意识形态认同是一种稳定的合法性来源，执政党对某种意识形态进行倡导鼓吹，并通过政治话语、公共教育、舆论机构等进行意识形态灌输与再生产，保持有利于统治集团的政治秩序，并对族际政治整合产生影响。

"五一三"事件爆发后，在 8 月 31 日的国庆庆祝仪式上，最高元首宣读了五项国家原则以团结国民。该建国五项原则包括：（1）信仰上苍；（2）对国家元首和国家效忠；（3）维护宪法；（4）崇尚法治；（5）培养良好行为与道德。此政策的目标是要重新整合出现裂痕的族群社会。

齐顺利指出，"国家原则"的导言中特别阐述了第三条原则，即"维护宪法"。他认为，国家原则重申支持宪法意味着将体现了"马来人的马来西亚"的宪法赋予了显著的位置，从而把宪法里"空洞"的"马来人的马来西亚"理念落实为国家的意识形态。[③] 杨建成则论述，"国家原则"对非马来人强调了宪法中有关君主立宪制度及马来人特殊地位条文是决不可侵犯的，换言之，"国家原则"坚决而含蓄地肯定了马来西亚就是马来人的国家这一政治原则：华人等外来移民

---

① 周平：《多民族国家的族际政治整合》，中央编译出版社 2012 年版，第 111 页。

② ［美］丹尼斯·K. 姆贝：《组织中的传播和权力：话语、意识形态和统治》，藤德民等译，中国社会科学出版社 2001 年版，第 80—81 页。

③ 齐顺利：《马来西亚民族建构和马来文化强势地位的形成》，《河南师范大学学报》2008 年第 4 期，第 80 页。

必须在"国家原则"的指引下向这个马来人国家效忠认同，别无选择余地。①

6. 国家教育文化机制

独立之后，执政党一直致力于推进教育的同质化发展。但这种同质化发展的取向是逐渐地用马来语作为教学媒介语的统一的教育制度，代替马来语、华文、泰米尔语和英语四种媒介语并存的教育体制，以马来文化同化其他的文化。恰如 Syed Nasir bin Syed Ismail 声称的那样，"马来语作为本国唯一的国语及官方语言是符合逻辑的事实，是该语言本身的权利"②。华人、印度人的母语教育权利在一定程度上得到认可只能是出于政治需要的现实考虑和马来人的宽容精神。

独立初期，政府发布了不少有关教学媒介语问题的文件，比如1956 年的阿都拉萨报告提议以马来语和英语的双语教学媒介语为基础统一全国的教育制度，1957 年教育条令则试图在华文中学的考试中用英语代替华文。1960 年达立报告也建议将所有的华文中学全部改制为英文中学，并在此基础上出台了 1961 年教育法案。1967 年，马来西亚颁布了《国家语言法案》，同时宪法修正案的通过，也使得马来语成为马来西亚正式的官方语言，虽然学校里仍然在使用华文和英语，但是国家的语言政策变得更加苛刻。20 世纪 70 年代到 80 年代初，政府逐渐地将英语学校转为马来语学校，而华文学校要么转为马来语学校，要么就继续作为私立学校，不能被纳入国家教育体系。结果全国 71 所华文中学中有 54 所被强制改制，剩余的 17 所成为独立中学。③

早在独立初期，执政党就曾试图确立某种国家认同，以便为不同

---

① 杨建成：《华人与马来亚之建国》，中国学术著作奖助委员会 1972 年版，第 243—249 页。

② Karl von Vorys, *Democracy without Consensus: Communalism and Political Stability in Malaysia*, New Jersey: Princeton University Press, 1975, p. 204.

③ 林勇：《马来西亚华人与马来人经济地位变化比较研究（1957—2005）》，厦门大学出版社 2008 年版，第 327 页。

源流的公民提供黏合，这集中反映在官方的文化政策上。[①] 巫统政府几乎在制定新经济政策的同时推出了国家文化政策，以"使文化和政体一致，努力让文化拥有自己的政治屋顶"。[②] 该政策明确规定，"国家文化必须以马来文化为基础，适当吸收其他文化的成分，并强调伊斯兰教是国家文化的构成要素。巫统统治精英认为，如果其他族群认同马来文化，就不会有族群问题"[③]。尽管这体现了一种单元化的文化发展取向，但与华人文化长期受到压制的印尼不同，马来西亚华社可以拥有相对独立和完整的文教体系。教育是话语权斗争的重要场域，巫统政府鼓励各族学生到以马来语授课的国民学校就读。马来西亚高校更是高度政治化和族群化，例如公立大学实行"固打制"。国家教育体系向年轻人灌输马来西亚是一个以马来文化为中心的国家，从而使民族国家朝着马来民族主义者希望的方向发展。[④]

不同源流的学校常常成为各族群及其政党博弈的工具——马华公会、民政党、印度国大党以及伊斯兰党都控制着一些不同类型的学校，巫统政府试图通过文教政策来整合各族群的国家认同，但文化特征的变化必将是一个漫长的过程。非马来人为了保持自己的文化属性而不懈斗争，这使族群间的文化关系长期处于紧张之中。

第四节　马来西亚政党在族际政治整合中取得的成效及存在的问题

由执政党推动的马来西亚族际政治整合，在实践过程中取得了较为明显的成效。独立后整个社会沿着族群界线深刻分裂、族群政治盛

---

① Christina M. Desai, "National Identity in a Multicultural Society: Malaysian Children's Literature in English", *Children's Literature in Education*, Vol. 37, No. 2, 2006, p. 163.

② ［英］厄内斯特·盖尔纳：《民族与民族主义》，韩红译，中央编译出版社 2002 年版，第 57 页。

③ ［马］何国忠：《马来西亚华人：身份认同、文化与族群政治》，吉隆坡：马来西亚华社研究中心 2002 年版，第 103 页。

④ 齐顺利：《马来西亚民族建构和马来文化强势地位的形成》，《河南师范大学学报》（哲学社会科学版）2008 年第 4 期，第 82 页。

行的马来西亚没有陷入持续不断的族群冲突之中，没有发生过军事政变，没有废除宪法，甚至连政党轮换执政都是 2018 年才实现的。但另一方面，马来西亚执政党也存在诸多问题，其推动的族际政治整合也面临着挑战。

一 马来西亚政党在族际政治整合中取得的成效

马来西亚的族际政治整合无疑是富有成效的。马来西亚作为一个族裔成分多元、族际关系复杂的国家，除了爆发过一次"五一三"种族冲突事件之外，就极少爆发大规模的族群冲突，以政治稳定和经济持续增长而著称。

（一） 维持了族际政治整合的连续性和稳定性

在马来亚独立初期，执政党就已开始探索族际政治整合的道路，通过独特的政党制度，马来西亚进行了富有成效的族际政治整合，保持了政治的稳定。

在马来西亚，目前经内政部注册并在选举委员会登记的政党有 27 个，其中总部设在马来半岛的有 15 个，设在沙巴和沙捞越两州的有 12 个。其中，执政联盟国民阵线共有 13 个成员党。按照意识形态，这些政党可分为族群型政党、宗教型政党和左翼政党；按照活动地域，可分为全国性政党与地区性政党，但显然后者居多。它们占有的政治资源相差悬殊，不仅巫统占有独大地位，执政的国民阵线相对于在野党的优势也很明显。国阵在很大程度上是巫统支配权的工具，在这个意义上，马来西亚政党制度实质上就是巫统一党独大。

巫统一党独大的执政联盟一直是马来西亚政治稳定的有力保证。马来西亚独立至今，一共举行了十三届全国大选，尽管在每届大选时期，朝野政党都展开了激烈的竞争，执政党面临的形势有时还相当严峻，但以巫统为首的执政联盟自始至终保有 23 席以上的国会议席，并组建了强势政府。

马来西亚执政党之所以能够长期执政，其中一个因素是其独特的政党政治适合了马来西亚的国情。马来西亚无疑是一个族群多元的国家，但各族群都建立了自己的政党，代表自己的利益，参与国家政治。可以想象，如果一个国家的主要族群政党能够携手合作，建立一个权力共享的跨族群政党联盟，那么族群冲突即便不能根除，也能在很大程度上缓和或遏制。

在马来西亚族际政治整合的过程中，巫统通过其主导下的联盟党和国民阵线为各族群提供了一个沟通和竞争的平台。这个平台尽管有着诸多的局限，但其积极意义却不容忽视。在马来西亚族群政治中，依靠着各族上层政治精英的团结和合作，族群间不时出现的摩擦都得到了一一化解。从政治稳定的角度来看，马来西亚执政党的族际政治整合无疑是相当成功和出色的。

不仅政党制度本身，马来西亚政党制度在运行过程中，执政党把政治稳定和经济发展作为一种支配性取向。"五一三"事件爆发后，马来西亚执政党逐渐确立了其威权政治统治。这种统治首先重视的是国家政权的稳定，巫统领导人马哈蒂尔认为政治稳定是社会和经济发展的前提条件。他说"为了在现代化过程中实施追赶型发展战略，马来西亚应首先重视政治稳定"[1]。在执政党威权统治下，马来西亚取得了政治和社会的稳定。不仅如此，马来西亚执政党采取了国家发展主义策略，重视国家经济的发展。马哈蒂尔认为，"经济发展比政治民主更重要，因为经济发展符合人民的首要利益和长远利益，人民的生活水平是衡量政治制度是否合理的最重要的标准"[2]。马来西亚独立后，从执政联盟到国阵长期执掌国家政权，保证了族际政治整合的连续性和稳定性，促进了马来西亚经济的发展，保持了国家的稳定。

（二）取得一定的经济绩效

马来西亚执政党注重经济发展，把经济发展作为一系列制度的出发点之一。迄今马来西亚已经实施了十余个"五年计划"。20世纪70年代以前，马来西亚现代化进程已经启动，并且在经济多元化以及进

---

① Mahathir Bin Mohamad, *Maintaining Economic and Political Stability Amidst Regional Turbulence & Global Uncertainties：The Malaysia Experience*, Malaysian Prime Minister's Office, April 2, 2002.

② 赵海英：《现代化进程中东南亚国家建构研究——基于族际整合视角》，中国政法大学出版社2016年版，第153页。

口替代工业化方面取得了一定的进展，从那时开始，执政党相继推出新经济政策、国家发展政策和国家宏愿政策等。

在执政党发展取向的推动下，马来西亚经济发展取得了令人瞩目的成效。马来西亚从一个落后的农业国家到位居"亚洲四小虎"之一，只用了短短几十年。20 世纪 70 年代，马来西亚国内生产总值年均增长达 7.8%。80 年代前期，受世界经济衰退和原料产品出口价格下跌的影响，马来西亚经济发展速度放缓。1987 年后经济持续高速发展，年均增长率一直保持在 8% 以上。1990 年经济增长率达到 9.4%。1995 年，人均国民收入已经达到 5000 美元。[①] 1997 年的亚洲金融危机重创了马来西亚经济，马来西亚政府积极采取应对措施，慢慢走出困境。随着国际经济形势好转，2002—2007 年马来西亚经济增长率为 6% 左右，制造业和服务业发展势头良好。2010 年，马来西亚经济增长率为 7.4%，2011 年经济增长率有所下降，为 5.3%，2012 年为 5.5%，2013 年马来西亚经济增长放缓，为 4.7%。2014 年经济增长较快，达到 6%，2015 年为 5%。[②]

经济持续高增长使马来西亚经济实力大大增强，国内生产总值从 1966 年的 96.23 亿马元增加到 2005 年的 4952.4 亿马元，40 年增幅超过 50 倍；国民生产总值从 1966 年的 93.44 亿马元增加到 2000 年的 3121.52 亿马元，35 年增长了 32 倍多，人均国民收入也从 1966 年的 960 马元增加到 2000 年的 13418 马元，增长了 12 倍多，而 2005 年的国民生产总值再增加到 4713.31 亿马元，人均国民收入为 18039 马元，按当年 3.8 马元∶1 美元的汇率，约为 4747 美元。马来西亚的人均国民收入处于上中等收入国家水平，在东南亚诸国中仅次于文莱和新加坡，排名第三。马来西亚的综合国力也随着经济发展而不断提高。[③]

经济发展与政治稳定是相互依存的，政治稳定是经济增长的保

---

① 马燕冰等编：《马来西亚》，社会科学文献出版社 2011 年版，第 238—244 页。

② 范若兰：《新海丝路上的马来西亚与中国》，世界知识出版社 2017 年版，第 148 页。

③ 廖小健：《战后马来西亚族群关系——华人与马来人关系研究》，暨南大学出版社 2012 年版，第 205 页。

障，而经济增长则有助于巩固政治稳定。政治稳定与经济发展使马来西亚公民对马来西亚的政治制度、经济制度以及政府的治国能力抱有信心，因而支持有利于维持和促进族群和谐的执政联盟。执政联盟因得到人民的支持而组建强势政府，保持政治稳定和施政连续，进而可以较有效地促进经济发展，保持社会稳定。政府因为取得政治和经济发展的成绩而继续得到各族人民的支持。如此一来，马来西亚族际关系的相对和谐，实际上已经与社会稳定、经济发展形成了一个积极互动的良性循环。

在一党独大格局下，马来西亚呈现出"巫统统治下的和平"。政党制度的竞争性较低，执政党在威权架构下实施发展主义，并主导了经济与社会的重组。在这一过程中，社会各阶层都能从经济增长中受益，国阵政府获得了执政合法性，民主化压力大大减少。

二　马来西亚政党在族际政治整合中存在的问题与挑战

由马来西亚执政党推动的族际政治整合，在实践过程中取得了较为明显的成效，保持了国家和社会的稳定，取得了较大的经济绩效，改善了族际关系。但事实表明，当前马来西亚的族际关系还很脆弱，各个族群之间的已有原生差异难以消除，族群差异和族群矛盾明显。以巫统为首的原执政党在推进族际政治整合的过程中，威权政治色彩浓厚，政治民主程度有限。马来西亚的政党主要是族群政党，族群政治盛行等是马来西亚政党在族际政治整合中存在的问题。

（一）民主化不足

首先，执政联盟中各政党的地位不同。马来西亚的执政党是由各政党组成的一个执政联盟，最早由巫统、马华公会和印度人国大党三大族群政党组成。国民阵线时期，执政党的成员数目进一步扩大，最多时是 14 个。2018 年反对党希望联盟党赢得选举胜利，成为执政党，其成员也由多个政党组成。联盟党和国阵时期，虽然联盟强调各成员党地位平等，但在实际的运行中，各族群的地位并不一样。其中马来人政党巫统的地位最高，占据主导地位，非马来人政党如华人的马华公会、印度人的国大党在联盟中处于从属地位。各政党在联盟中的地位的不同决定了它们所享受的权力的不同以及所获利益的不同。巫统协调各成员党，决定权益的分配。

其次，原执政党长期把持政权，在野党势力弱。总体上讲，原执政党与在野党竞争平台偏颇不公。2018 年以前，马来西亚没有进行过中央政权的轮替，政党政治的竞争程度偏低。原执政党能长期执掌政权一方面与马来西亚族群政治环境有关，另一方面也因为原执政党为既得利益者，为维护自己的统治地位，利用掌握的国家政权，打压在野党。牢固的执政背景，加上六十多年的持续掌权，很难想象国阵会在缺乏监督、制衡的背景下，甘心去维护一个公正的政党竞争环境。这种不公平的政党政治竞争环境主要有以下几方面。第一，不公的选举制度。国阵对选区划分不公，并不是按"一人一票，票票等值"的原则进行划分，选区人口比重差异失衡。原执政党通过在马来人地区制造大量的小（人口少）选区，并在华人地区制造少量的大（人口多）选区，使马来人占多数的选区大增。第二，由于内安法、印刷与出版法、官方机密法和煽动法等诸多钳制，反动党动辄得咎，即便最基本的言论自由与集会游行权利，都无法充分获得保障，遑论与执政党公平对阵。第三，原执政党完全掌握解散国会的时间，大幅缩减选举的竞选期，往往十日内，在野党还在打锣敲鼓热身，大选已结束。

最后，原执政党长期进行威权统治。在政治上主要表现为建立了高度集权的中央政府，不仅掌控行政权，还操纵立法权等，缺少监督与制衡。从中央与地方的关系来看，中央政府采取行政集权方式及高压法令等来对地方政府进行控制。对国内民众来讲，马来西亚政府利用其行政权威加上国会多数的优势，配合制定相关法令与策略，加强对市民社会的控制。

作为后发现代化国家，马来西亚的政治发展需要解决合法性赤字与现代性不足问题，而其政党制度对于规范各社会集团的政治要求起到了关键作用。正如塞缪尔·亨廷顿所言，现代性产生稳定而现代化却引起不稳定。那些发展中政治体系的稳定与否取决于政党的力量，即能否广泛和制度化地获取大众的支持。① 通常统治者都希望保持制度的稳定性，这意味着社会变化会受到某种限制，以使制度能够保持一种相对稳定的平衡状态，或者说可容忍的不平衡。②

但这种平衡只能说是一种相对稳定的平衡，随着社会的发展，这种平衡将随之被打破。社会变迁过程中，传统性与现代性的博弈也反映在马来西亚政党制度中，族群政治模式日益受到质疑。无论在观念层面上还是在制度层面上，原执政党的改革压力加大，反对党、市民社会组织以及独立的新媒体成为民主化的主力军。

（二）族群色彩浓厚

马来西亚的政党政治是世界上独一无二的按族群的组成划分政党的政党政治。这种政党政治的显著特征就在于它的族群性。一国的政党政治特质，往往取决于该社会的主要裂痕。譬如西欧诸国，基本的路线分歧在左、右两种意识形态。美国两大党之争，则主要围绕资本主义框架下的自由主义与保守主义意识形态。马来西亚社会的主要裂痕在于族群。如果再具体一点，这道裂痕主要是落在马来人与非马来人之间。

马来西亚的政党大多数是族群政党，像巫统、马华公会、印度人国大党都是旗帜鲜明的族群性政党。即便是一些自诩的多元政党，比如民政党、民行党和东马一些政党都难逃族群政党的本质。族群政党无疑代表本族群的利益，在参与政治活动中都以追求本族群的利益为目标。所以这无疑使马来西亚的政党政治打上了族群的烙印。

马来西亚族群政党政治的形成大致有以下几个因素。其一，族群成员因文化上的相近，共享原始情感与信赖。其二，殖民时期的特殊历史背景，尤其是英殖民者引入特定族群从事特定行业，并进行分而治之的管治。其三，也是最重要的一点是国家宪法及法律中明确规范的族群权利差异，多年来不断地强化了几大对峙群体间的族群意识。

---

① ［美］塞缪尔·亨廷顿：《变革社会中的政治秩序》，李盛平等译，华夏出版社1988 年版，第396—397 页。

② ［美］杰弗里·庞顿、彼得·吉尔：《政治学导论》，张定淮等译，社会科学文献出版社2003 年版，第90 页。

马来西亚族群政治盛行，原执政党脱不了干系。以巫统为首的原执政联盟长期以来秉承马来人优先的价值取向，在马来人与非马来人之间塑造了一条边界。原执政联盟内多是族群政党，缺乏阶级与意识形态立场的多元辩论。由于巫统在政治上占主导地位，又是单一族群政党，故在族群管理上很少遇到杂音，也能超越甚至排除执政联盟内其他政党的缠绊，自主掌握族群政策及其节奏。在此优势条件下，以巫统为首的原执政联盟往往利用族群话题为其政治服务。

以巫统为首的原执政党在执政地位受到压力时，往往会运用族群手段克服困境。在族群政治的游戏规则中，族群意识成为最有效的政治动员资源，族群归属往往决定公民的政治行为。巫统通常会在马来社会的政治经济形势需要时，挑动族群意识，利用族群之间松紧不一的浮动情绪，制造他者与假想敌。基于对族群政治进行宏观调控的考虑，当巫统觉察到族群关系将抵触到社会容忍底线时，就会运用各种姿态、策略或政策工具，适时对非马来族群进行安抚，或施放政治恩惠，力图修补，进而在族群之间维持和而不谐、斗而不破的关系。总之，巫统会按照它的政治目标和时机需要，利用手中的资源、策略和工具，在族群间营造一种既不会太祥和，但也难以导致矛盾对抗的局面。

巫统对族群关系的利用和操纵从长远来看是无益的。族群政治在马来西亚已经被制度化、行政化，马来西亚族群意识盛行。巫统以族群身份为意识形态基础，在马来人与非马来人间塑造出了一条边界，基本上所有的社会冲突都沿着马来人与非马来人之间进行。在笔者看来，这是马来西亚政治发展面临的最大问题。

（三）执政党面临的挑战

在 2018 年马来西亚第 14 届大选中，马来西亚政坛首次实现"变天"——"两线制"首次轮替。由巫统领衔、曾长期执政的国民阵线第一次失去了执政联盟的地位，而马哈蒂尔领衔的反对党阵营——希望联盟赢得大选，在国会下议院的 222 个席位中取得 113 席，成为新的执政联盟。

希盟联盟在竞选宣言中提出："我们向所有公民承诺希望，无论种族和宗教信仰如何"，"将推行各项政策和计划团结国民、创造社会包容，并维护马来西亚多种族、多宗教的和谐"。希盟还计划围绕缓解民困、民主革新、全民共享、平等自主和兼容并蓄五大主题开展施政，从多方面提出了族际政治整合的主张，并对印度族群做出特别承诺。希盟上台后在人员任用上也展现出多元族群的色彩，内阁成员中非马来人的比例达到38%，来自民主行动党的林冠英成为华人财政部长，刘镇东被任命为首位华人国防副部长，总理署法律部长则由沙巴民兴党的刘伟强出任。联邦政府还首次在财政预算案中向华文独中拨款，实现了历史性突破。

但是，总体上看，希望联盟政府在执政一年多的时间里，族际政治整合成效不大。在马来西亚的族际环境下，新上台执政的希望联盟也难逃族群政治的窠臼。希望联盟以公正党、民主行动党及土著团结党等为构成政党，但从族群的角度来看，其同样是由以马来人为主体的政党和以华人为主体的政党联合而成。这就意味着，"马来人优先"和文化多元主义之间的矛盾与摇摆依然是希望联盟政府无法解决的难题。一方面，希盟的政策体现出多元色彩，对非马来人做出承诺，体现其开明的一面；另一方面，希盟在施政计划中表面上也要维护马来人特权和伊斯兰教地位、强化马来文、保护马来保留地、增加土著在特定官联公司的股权比例，为此，政府召开了"土著与国家未来大会"，又宣布在东铁计划中预留土著企业的名额，还维持了大学预科班90%土著名额的固打制。

在经济方面，族群间的经济关系一直是马来西亚的一个微妙话题，扶助马来人与建立全民共享经济间的取舍或平衡对前执政党——国阵而言极具困难，对希望联盟政府也不可避免地产生巨大挑战。在希望联盟政府的竞选政纲中，建立"全民共享"的公平正义经济发展体制与环境是一项极为核心的内容，但扶助土著政策——提升土著的经济能力在"马来人优先"的观念作用下依旧是新政府重要的经济内容。

相比希望联盟轰轰烈烈地在马来西亚第14届大选中胜出，其在执政后的情况却让人略显失望，这也导致希望联盟在国内选民中的支持率一再下滑。默迪卡中心于2019年6—7月开展的民调显示，华人对希盟的满意度已从2018年5月的91%跌至51%。同期印度人对希盟的满意度也从84%降至59%。①

2020年，马来西亚爆发政治危机。2月，马哈蒂尔总理向最高元首递交辞呈，内阁随之解散。同时希盟内部也发生分裂，土著团结党宣布退出希盟，公正党的阿兹敏派系也宣布退党。希盟在国会下议院的议席由此跌至半数以下，执政不到两年便失去了政权。3月，土著团结党主席慕尤丁出任总理，并领导"国民联盟"组建新的联合政府。

国盟执政正值马来西亚受新冠肺炎疫情冲击之际，面临安全、经济和民生困境，国盟政府出台了首个重要经济政策——"关怀人民振兴经济配套"计划以应对相关的社会问题；通过2021年财政预算案与第十二大马计划落实马来西亚循环经济发展。此外，在2021年2月2日宣布，将首批到达的新冠疫苗分配至各州，分三个阶段依次为国民以及外籍劳工免费接种。

作为由最高元首任命而非民选出的总理，慕尤丁领导的国盟政府被反对者称为"后门政府"，民意上显得"先天不足"，因此国盟政府积极将抗击疫情、发放红利作为增加民率的重要途径。目前来看，马来西亚政局仍不完全稳定，慕尤丁隶属的土著团结党并非国盟中的最大党，除了利益分配与立场会受到其盟党的牵制之外，也面对拥有90席以上议席的强势在野党监督。抗击疫情、恢复市场信心、安抚支持者与非马来人仍是国盟政府面临的挑战。

---

① Merdeka Center for Opinion Research, "National Public Opinion Survery Perception Towards Direction, Leadership & Current Issues," Jul, 10, 2019, p. 14, http://merdeka.org/v4/index.phd/downloads/category/2-researches? download = 193: july-2019-poll-tracking-and-issues-politics-vl-2-excerpts.

第五章　马来西亚族际政治整合的
总结与思考

第一节　马来西亚族际政治整合模式

周平教授认为，族际政治整合实践过程中构建起来的稳定结构，就是族际政治整合模式。一国的族际政治整合模式会涉及几个因素：一是族际政治整合主要通过什么力量推行，即族际整合的根本力量；二是族际政治整合朝着什么方向发展，即族际政治整合的价值取向；三是族际政治整合主要通过什么方式进行，即族际政治整合的基本方式；四是是否通过有效的国族建设推进族际政治整合的发展，即族际政治整合的国族机制。① 通过对这些因素的分析，本章对马来西亚具体的族际政治整合模式进行概括和总结。

一　马来西亚族际政治整合的主体

族际政治整合的主体就是族际政治整合活动的领导者、组织者、实施者和参与者。不同时代、不同国家、不同时期，族际政治整合的主体是不同的，存在一定的差异和变化。马来西亚族际政治整合的主体主要包括联邦政府、州政府、国家元首、政党、社会团体等。马来西亚基本上是国家机关主导的威权国家，在政治、经济、文化领域内，政府一直扮演着主导的关键性角色。继政治、经济方面的整合后，国家机关也推出社会层面的相关政策，用以整合马来西亚这个多元族群的社会。

---

① 周平：《多民族国家的族际政治整合》，中央编译出版社 2012 年版，第 117 页。

（一）联邦政府

马来西亚是个联邦制国家，由联邦政府和东马及西马的各州州政府联合组成。其中联邦政府即为中央政府，是马来西亚的行政及政治中心。联邦政府总理是最高负责人，由下议院多数党领袖担任，总理负责组阁，内阁成员来自议会中的执政党议员。

联邦政府是马来西亚权力最大的机构之一，负责向议会提出法案和预算并具体实施。联邦政府的行政范围涉及国计民生各个方面，主要由总理署和各部组成。联邦政府在 2018 年前一直由巫统主导的国民阵线组成，内阁成员为来自巫统、马华公会、民政党、印度国大党等政党的议员，由于巫统是国民阵线的"老大"，所以马来人担任内阁部长的人数最多，而且包揽了总理、副总理、国防、教育、内政、外交、财政、国贸等职。

马来西亚联邦政府最重要的部门是经济部门和内政部门。经济事务方面最重要的部门有：（1）经济计划处，负责编制马来西亚中长期发展规划，为发展项目制定预算，规划和协调企业和项目；（2）财政部，负责制定财政政策；（3）国际贸易和工业部，负责管理国际贸易和外商投资；（4）内政部，主要负责国内稳定，控制警察，执行各种约束政治活动的法律，如《内部安全法》和《印刷与出版法》，前者可以不经司法审讯，逮捕和监禁政治犯，后者要求所有报刊和出版机构每年都需要获得经营许可，内政部长有权拒绝批准申请，在这个法令下，批评政府的报刊会被吊销许可证，反对党的报刊很难出版。

理论上讲，联邦制的国家大都强调及尊重各地方政府的特色及自主性的发展。中央联邦政府大都负责全国性的事务，中央与地方自有权力及事务的划分，中央不干预地方政府的事务，因此联邦政府并不是一个强势的政府。可是，马来西亚的联邦政府却不同，总体而言，马来西亚的联邦政府是一个强势的联邦政府，不仅拥有庞大的行政权，还拥有立法权。

（二）州政府

马来西亚联邦政府之下，共有 13 个州和 3 个联邦直辖区。其中西马地区共有 11 个州和 2 个联邦直辖区，东马地区共有 2 个州和 1 个联邦直辖区。

各州都有一个虚位的领导者，最主要及实际的领导人就是各州政府的首席部长。首席部长需要通过选举产生，各州议会选举之后，获得多数席位的政党就可出任该州的执政党，多数党领袖出任首席部长。根据宪法规定，首席部长需要经过该州的统治者的任命。然后，首席部长就组织该州的政府，即该州的行政权力最高机构。马来西亚自独立到 2018 年，中央联邦政府都是由巫统领导的政党联盟担任执政党，可是各州的执政党情况却并非如此。吉兰丹是传统及保守的马来回教州，1959 年以来，其执政党都是伊斯兰党，其他各州的统治权则属于国民阵线。因此，在 2008 年以前，除了吉兰丹州外，国民阵线不仅是联邦政府的执政党，也是各州政府的执政党。2008 年选举之后，反对党人民阵线共获得 5 个州的选举胜利，包括吉兰丹、槟城、吉打、霹雳、雪兰莪。

各州的地方政府大都受中央政府的控制，没有完整及独立的赋税权力。马来西亚的联邦制与一般联邦制国家的不同之处在于，宪法虽然赋予各州自主性，但是这种自主性却很有限，中央政府对各州仍拥有较大控制权，这种控制权主要表现在立法控制、行政控制、财政控制三方面。按照马来西亚宪法规定，联邦议会有制约州议会的权力，州的宪法与法律，凡是与联邦宪法和法律相抵触者，一律无效。在行政方面，内阁设有区域发展部、地方政府部等，统一领导和协调各州、中央直辖区和地方政府的工作。各州的财政及预算经费，大多需要联邦政府的辅助。

（三）国家元首

马来西亚宪法规定马来苏丹是国家的元首，是联邦的最高领导人，是行政、立法、司法三大权力中心，是武装部队的最高司令。

马来半岛的马来苏丹自 1895 年就开始定期举行马来统治者会议，其主要任务就是选举产生一个最高的统治者，其方式是由各州的马来苏丹选举最资深的苏丹担任最高统治者，而且是由各州的苏丹轮流担任，不得连任。1957 年马来亚独立时，为了保障马来人的统治地位，这项条款就被写入了宪法。1957 年宪法规定马来苏丹是国家的元首，产生方式是由 9 个马来州的苏丹选举产生，任期五年，不得连任。

元首不享有实权，在大多数问题上根据内阁的建议行事。他也有一些可自由行使的权力，如任命总理，但必须确保候选人得到议会内绝大多数人的支持，而且他有权解散议会。若要对有族群敏感性的宪法问题（如第 153 条）进行某些修改，必须事先征求最高统治者会议的意见。

（四）政党

马来亚独立后，特别是马来西亚成立后，政党纷纷涌现。根据 1987 年法令规定，欲竞选参政的政党必须在选举委员会登记方为合法政党。1995 年注册登记的大小政党有 40 多个，目前注册的有近 50 个。

1. 前执政党

国民阵线（National Front），简称"国阵"，成立于 1974 年，其前身是"马来西亚联盟党"。国阵的成员党不是固定的。国民阵线刚成立时，包括巫统、马华公会、印度国大党等 9 个政党。后来吸收了其他政党，使成员党在 1988—1989 年一度增至 13 个。1990 年大选后，成员党减至 11 个。1995 年大选后，国阵成员党又增至 14 个。

国阵不是一个临时性的政党联盟，而是一个有严密组织形式的统一政治实体。国阵一方面具有统一性，有着严格纪律和议事程序，但另一方面各成员党又保持相对的独立性。国阵设有中央一级的组织机构，在州和区一级也设有国民阵线协调委员会。最高执行委员会是国阵的最高领导机关，其成员由各成员党派代表组成，根据规定，每个成员党至少指派 3 名代表参加。最高执行委员会负责研究国内外形势及政策，协调各成员党的利益，处理各成员党之间的关系，提出竞选纲领和策略等。一旦最高执行委员会作出了决策，各成员党必须遵循。最高执行委员会的成员虽由各成员党组成，但大家的地位并不平等，巫统在其中起关键主导作用。各政党通过协商和讨价还价进行权力分配和利益交换。巫统掌握权力攸关部门，马华公会和其他政党掌握次要部门和出任副职。最高执行委员会主席和秘书长一直由巫统主席和署理主席分别担任。

"国阵"各成员党在大选中一致行动,各党采用统一的竞选标志和宣言,候选人议席内部协商分配。马来西亚成立以来的历次大选,"国阵"及其前身"马来西亚联盟党"都获得大部分的议席,2018 年一直是马来西亚的执政党。

2. 反对党

马来西亚各个时期反对党盛衰不一。独立之初,主要的反对党有劳工党和伊斯兰党。联盟党时代有民主行动党、民政党、人民进步党、伊斯兰党。国民阵线时代,主要有民主行动党、沙巴团结党、伊斯兰党、四六精神党。1998 年以后主要的反对党有三党:民主行动党、国民公正党、伊斯兰党。有两个反对党已成了长期性政党:伊斯兰党和民主行动党。

"两线制"是在野政党精英的主流思想。在不同的时期,为了与以巫统为首的执政联盟对抗,反对党也组成了反对党联盟。独立之初,以劳工党为主组成了马来亚人民社会主义阵线。1990 年印度人进步阵线、四六精神党、哈民党、人民党、民主行动党、大马印裔回教徒大会、大马统一党 7 个反对党组成了"人民团结阵线"(1992 年改名为"人民阵线")。1999 年 4 个反对党即民主行动党、国民公正党、伊斯兰党、马来西亚人党组成了"替代阵线"。2008 年,民主行动党、国民公正党、伊斯兰党三大反对党结盟,组成"人民联盟"。

3. 执政党

由于民联成员之一的伊斯兰党执意推行伊斯兰法,直接导致了人民联盟的分裂,伊斯兰党中的开明派出走,另组国家诚信党。2015年 9 月 22 日,人民公正党、民主行动党和国家诚信党在吉隆坡组成新阵营,正式成立希望联盟。2016 年 11 月 12 日,由原总理马哈蒂尔一手组建的土著团结党宣布加入希望联盟。2018 年 5 月 9 日,希望联盟及其盟友在第 14 届全国大选中取得国会 222 席中的 122 席——马来西亚的联邦政权首次实现政党轮替,希望联盟由反对党成为执政党。

（五）社会团体

马来西亚社团注册局大致把注册社团分为 13 类，即（1）宗教团体；（2）社会福利团体；（3）联谊与休闲团体；（4）妇女团体；（5）文化团体；（6）互助团体；（7）商业团体；（8）体育团体；（9）青年团体；（10）教育团体；（11）政党；（12）职业团体；（13）一般性团体。①

马来西亚社团尤其是华人社团在政治生活中扮演了重要的角色。华人民间社团一直是马来西亚华人社会的重要组成部分之一，可谓自有华人社会以来，就有华人社团的存在。历史上有早期的宗祠、会馆、行团等，在华人社会生活中扮演了非常重要的角色。马来西亚独立后，华人社团作为民间的组织，"在公民参政方面（虽不参选），由于利益和权力的独立性，可以是一个重要'压力集团'，但不应因而被视为与政府对抗。另一方面，华团也可以通过与政府的'合作活动'推展联系，目的仍然在于影响政府，以维护社群之权益"②。印度人也成立了各种类型的社会团体来维护自己的利益。华人的中华大会堂总会、中华工商联合会、董教总等，印度人的"印度教徒权益委员会"等社团，通过各种方式对损害族群利益的政策提出批评，进行抗争，维护自己的权益。

二 马来西亚族际政治整合的价值取向

马来西亚在族际政治整合过程中采取的是马来人优先的价值取向。马来人优先的价值取向在"二战"前已经萌芽，在制宪时期确立，并在 1969 年后强化。马来人优先的价值取向贯穿于马来西亚族际政治整合的全过程，对马来西亚的族际政治整合产生重大影响。在马来人优先价值取向的引领下，马来人在马来西亚政治、经济、文教各个领域逐渐形成一种霸权。祝家华认为，随着马来人进一步控制国

---

① ［马］刘崇汉：《华团整合：机制与互动》，载何国忠编《百年回眸：马华社会与政治》，吉隆坡：马来西亚华社研究中心 2005 年版，第 276 页。

② ［马］刘崇汉：《华团整合：机制与互动》，载何国忠编《百年回眸：马华社会与政治》，吉隆坡：马来西亚华社研究中心 2005 年版，第 276 页。

家机关，马来人确立并加强了"主人"身份，因而产生一种支配情结，即"马来支配主义情结"。① 张应龙从独立后马来西亚历史的发展切入，认为联盟时期是马来人确立政治霸权的时期，新经济政策时期是马来人确立经济主导地位的时期，而 20 世纪 90 年代则是马来人试图建立文化霸权的时期。② 他同时也认为，巫统通过联盟政府推行各种种族主义政策，通过国会不断修改法律和宪法，从而使马来人越来越强大，而这种政治上的强大则进一步刺激了种族主义情绪。③

（一）马来人优先价值取向的奠定（1945—1957 年）

马来人优先价值取向的奠定直接影响马来西亚国家的根本性质、不同族群的政治和法律地位以及现实生活中的利益再分配过程。马来人优先无疑是最具有争议的问题，甚至可以说是所有族群问题争议的集中体现。这种价值取向的形成经历了一个复杂的过程。

1. 英国殖民统治与马来主权

英国殖民统治之前，马来人已经在马来半岛上建立了多个马来王朝或政权，如柔佛、霹雳、雪兰莪等。在马来人的政治制度下，苏丹是各邦或各个封建王朝的最高统治者，同时也是最高的伊斯兰教领袖。与此同时，马来苏丹也被视为马来人的象征。在 19 世纪初，各邦基本上都是相对独立的，因此马来苏丹被认为拥有对其统治地区的主权，即不可被质疑的统治权威及权力。

马来苏丹的这种"主权"也受到英殖民者的承认。在 20 世纪初，英国殖民统治者控制了半岛上的 9 个马来土邦及海峡殖民地，他们声称马来苏丹仍然是这些土邦的君主，而英国的角色只是一个保护者。例如，马来联邦的最高专员休·克利福指出，"这是一个马来国家，

① ［马］祝家华：《解构政治神话——大马两线政治的评析（1985—1992）》，吉隆坡：华社研究中心 1994 年版，第 67 页。
② 张应龙：《战后马来西亚华人政治的特点》，载张存武、汤熙勇主编《海外华族研究论集》，台北：华侨协会总会 2002 年版，第 196 页。
③ 张应龙：《战后马来西亚华人政治的特点》，载张存武、汤熙勇主编《海外华族研究论集》，台北：华侨协会总会 2002 年版，第 196 页。

我们英国被他们的统治者邀请而来到此，因此帮助马来人统治他们的国家是我们的责任"。① 一位负责殖民地事务的国会官员在报告中写道，"在每个州，我们的立场都是基于神圣的条约义务……这些州过去是，现在是，将来也必须还是'马来'州。马来原住民的进步必须一直是我们参与当地行政管理的主要目标"②。

在"马来人是马来西亚的主人"的意识形态的指导下，英国殖民当局为马来人创设了一些"特权"。19 世纪 90 年代，殖民当局仿照澳大利亚的模式推行土地制度改革，宣布土地为马来苏丹所有，个人通过"地契"获得土地。在这个过程中，雪兰莪土邦在 1891 年的土地法中规定，根据社会习俗占有土地的必须是个回教徒，占有的土地不得出售或抵押给非穆斯林。③ 1913 年，英国殖民者为"马来联邦"制定了《马来人保留地法案》，规定各土邦的驻扎官有权宣布无主土地及现属马来人的土地为"马来人保留地"，不能出售或抵押给非马来人。此外，英国殖民者在教育、政府公职等方面也给予马来人特殊照顾，如提供奖学金、建立马来文学校、招募贵族子弟充当中下级官吏等。

20 世纪二三十年代，英国殖民者进一步扶持马来人，打压华人和印度人。1936 年，高级专员申通·托马斯爵士在联邦理事会上宣称："这是我任职的第六个国家，我不知道在哪个国家，我所说的外国人——也就是说，在本地出生的非本国人或非英国人——曾被任命担任行政职务。"④ 高级殖民官员乔治·马科斯韦尔说："将非马来人排斥在行政管理之外的政策的始作俑者是英国官员，而非统治者。"⑤

① 转引自陈贞荣《马来西亚"马来之上"之研究》，硕士学位论文，台湾国立暨南国际大学，2011 年，第 40 页。

② Leon Comber, *13 May 1969: A Historical Survey of Sino - Malay Relations*, Kuala Lumpur: HEIMEMANN ASIA, 1983, pp. 11 - 12.

③ Gordon P. Means, "Special Rights as a Strategy for Development: The Case of Malaysia", *Comparative Politics* 5 (1): 29 -61, Oct., 1972.

④ William R. Roff, *The Origin of Malay Nationalism*, Kuala Lumpur: University of Malaya Press, 1967, pp. 99 -100.

⑤ Charles Hirschman, "The Making of Race in Colonial Malaya: Political Economy and Racial Ideology," *Sociological Forum* 1 (2): 330 -361, Spring, 1986.

2. 日本占领时期

在政治方面，日本沿用了英国亲马来人的政策。1943 年 1 月，日军承认苏丹的宗教首领地位，并且恢复了他们的定额薪金。此外，日军也委任马来苏丹为"顾问"，并任命各团体的代表为咨询委员会的成员。从 1943 年开始，日军为了得到更多马来人的支持，在每一个地方会议中起用马来人为地方行政官员，人数的一半为日本人指派，另一半则从村长中选出。

在马来亚，日军宣扬"马来亚是马来人的马来亚"，并刻意订立马来语为日军统治之下的东南亚地区的共同语言，以获取马来人的支持。此外，日军占领时期马来人的政治意识也发生了改变。他们所资助的泛马运动提倡一个更大、更统一的"马来亚"概念，因而改变了马来人原先对各州的忠诚。而日本人"笼络马来人，培养出马来人个人自尊、权力共享的心理状况，也使马来人之间产生了团结情绪及同类意识"。[①]

随着战争局势对日本人的不利，马来人与华人的关系也变得更加紧张。1945 年 5 月，马来人袭击了柔佛的华人区，迫使数千华人不得不避难大市镇。1945 年 8 月 15 日，日军宣布投降。在英军重返马来亚之前，马来亚人民抗日军率先从丛林中走出来，陆续进驻各地。在大约两周的接管期间，人民抗日军进行了整肃行动，并设立人民法庭公审日据时期的亲日分子。由于警察及行政官员大多数都是马来人，因此敌视他们的人民抗日军对他们采取了严厉的报复行动。马来人将此视为"侵略"，并在村长和宗教领袖的指挥下组织起来，以牙还牙地报复华人。[②] 这段时期，马来人称之为"恐怖时代"，而"刀和手枪统治"成了马来人永远难以遗忘的记忆。[③] 许多马来民族主义

---

① 杨建成：《华人与马来西亚之建国：1946—1957 年》，台北：学术著作奖助委员会 1972 年版，第 103 页。

② ［澳］芭芭拉·沃森·安达娅、伦纳德·安达娅：《马来西亚史》，黄秋迪译，中国大百科全书出版社 2010 年版，第 311 页。

③ ［澳］芭芭拉·沃森·安达娅、伦纳德·安达娅：《马来西亚史》，黄秋迪译，中国大百科全书出版社 2010 年版，第 311 页。

者从此更加敌视华人，日军的"马来人的马来西亚"更因此深植在他们的脑海里。

3. 马来人优先的确立

第二次世界大战结束后，英国重返马来亚，提出了"马来亚联盟计划"。英国殖民当局推行"马来亚联盟计划"，主要是想由此建立一个强大而有效能的中央政府，并统合马来亚的政治、社会和经济体系，以协调并巩固其殖民统治。此计划准备将公民权开放给所有视马来亚为其家乡的人，并希望他们（尤其是指华人及印度人等移民）能因此产生对马来亚的归属感。这一举措也意味着将给予马来亚各族群平等的政治地位。① "马来亚联盟计划"的实施也意味着废除了马来苏丹的统治者地位以及其保留的部分统治权力。因此，"马来亚联盟计划"遭到了马来人的强烈反对。

面对马来民族主义政治动员的热情，英殖民政府决定终止"马来亚联盟计划"。因为英国殖民政府知道，失去马来人的合作将不利于它们的统治，此外，它们也需要马来官僚的支持来削弱马共的政治力量及避免马来左翼民族主义者的壮大。因此，英殖民政府遂决定成立马来亚联合邦来代替原来的马来亚联盟。马来亚联合邦保留了马来人的特权，恢复了马来苏丹的政治地位，并对非马来人取得公民权设置了更为苛刻的条件。

在马来人竭力反对的巨大政治压力之下，英殖民政府不得不以马来亚联合邦计划取代"马来亚联盟计划"。1948年《马来亚联合邦协定》可以说是马来人优先确立的起点。在当时，虽然英殖民政府仍然掌控了国家机关等权力，但是马来人在这一波民族主义运动的高潮中，通过《马来亚联合邦协定》确立了他们在马来亚的主权身份和代表这一身份的特殊地位。② 在这一份宪制文件中，马来人不但恢复

---

① 齐顺利：《马来西亚民族建构和马来文化强势地位的形成》，《河南师范大学学报》（哲学社会科学版）2008年第4期，第80页。
② 祝家丰：《马来特权的制定与其影响》，马来西亚《人文杂志》2001年第3期，第54页。

了统治主权（苏丹们），也为取得日后的政治支配性地位铺好了路。①

1948 年的政治发展对后来马来亚的政治发展具有关键性的影响力。《马来亚联合邦协定》成了日后马来亚宪法的雏形。1957 年马来亚独立时，其宪法几乎完全复制并采纳了 1948 年协定里的马来人主权地位及特权，这导致《马来亚联合邦协定》最终体现出"马来人的马来西亚"的原则，也就是说，马来人至上在宪制发展过程中的第一阶段于 1948 年已然形成。直到 1963 年马来西亚成立时，其相关的宪法条文大体上仍继承了 1948 年协定的精神。

（二）　马来人优先价值取向的发展（1957—1969 年）

从 1957 年马来亚获得独立到 1969 年发生"五一三"种族冲突事件，马来人在这一段的政治发展中，通过巫统在联盟及政府的主导地位，逐渐地建立起他们在政治上的优势及支配地位。

1. 1959 年联盟危机

独立前，马来亚的华人与马来人势力相当，在政治上都没有掌握绝对优势。马来人的政治支配可以从他们主导联盟谈起。事实上，在联盟一开始组建的时候，巫统并非一党独大。例如，在当时的联盟内部会议中，巫统和马华公会领导人曾轮流担任会议主席，而一些重要部门如财政部及工业贸易部向来都由华人出任部长，主要是因为华人在经济上的优势。②另外，由于当时巫统财力不及马华公会，故当时联盟竞选与行政上的开支大部分都是由马华公会来负责。换言之，巫统与马华公会在联盟的地位基本上仍可以说是"平起平坐"。但是，联盟内这种相对平等的协和式精神在 1959 年发生了变化。

1958 年，在马华公会的党选中，少壮派的林苍祐击败了元老派的陈祯禄。党选总会长之后，林苍祐雄心勃勃地欲通过改革积极地捍卫华人的权益。1959 年大选来临前夕，他提出所有马华公会的候选人由马华公会决定，并要联盟分配 40 个国会议席给马华公会，这个数字占当时 104 席国会议席的 1/3 以上。同时，他也要求把华文教育

① 祝家丰：《马来特权的制定与其影响》，马来西亚《人文杂志》2001 年第 3 期，第 55 页。

② 顾长永：《东南亚政府与政治》，台北：五南图书出版公司 1995 年版，第 97 页。

列入联盟的竞选纲领。东姑·拉曼以强硬的态度回绝了这个要求，并宣布他将个人全权决定联盟的候选人名单，取代联盟全国理事会的协商职权。最后，林苍祐无奈接受巫统给予马华32席竞选席位的安排。抗衡巫统失败后，林苍祐后来辞去马华公会总会长一职。

这一次联盟危机是马来人政治支配的一个分水岭。在此之前，各族群在联盟中的地位并不悬殊。但是，林苍祐抗衡巫统失败直接造成华人社会权力结构分解与政治权力的旁落，造成联盟中马华公会地位的衰落，"从此不能再与巫统平起平坐"。[①] 此后，巫统正式确立了在联盟的领导地位，也开始了对联盟的支配。

2. 1962 年修宪案

1962 年，马来西亚国会通过了宪法修正案。这次的宪法修正案有三项改变，即将"出生地主义公民权"改为欲成为公民者，除了本身必须在马来亚出生外，其父或母必须有一人是马来亚公民或永久居留者；选举委员会在选区划分上的最终裁决权力被移交给国会及将各选区的选民数差距由原本的 15% 上调到 50%。[②] 由于当时的马来人多数在农村，因此这项偏重于农村选区的划分规定，被认为是为了降低华人选民投票能力而设计的，目的是让巫统更容易地控制更多的马来议席。针对此事，祝家华指出，1962 年修宪案的整个意义是让巫统有效地支配立法机构（通过增多的马来选区选出更多的马来国会议员），他认为，这是巫统继联盟危机而取得联盟的支配权后，进一步把立法权——国家机关的重要权力也控制支配了。[③]

与此同时，1965 年因为当时与印尼对抗，联盟政府宣布搁置州级以下的地方县市议会的选举。自此，县长、市议会主席、市长、市议员都变成政府的管委议员，而几乎全国的县、市长及市议会主席都

---

① ［马］陈剑红：《战后大马华人的政治发展》，载［马］林水檺、骆静山编《马来西亚华人史》，马来西亚留台校友会联合总会 1984 年版，第 95 页。

② ［马］孙和声、唐南发编：《风云五十年：马来西亚政党政治》，吉隆坡：燧人氏出版社 2007 年版，第 9 页。

③ ［马］祝家华：《解构政治神话——大马两线政治的评析（1985—1992）》，吉隆坡：马来西亚华社研究中心 1994 年版，第 59 页。

由马来人担任，这显示了巫统支配了马来亚地方层次上的政治。

3. 马来官僚及在地方政治影响力的扩张

1957 年马来亚的独立也意味着国家行政机构的建立。独立后，公务员的录取和雇佣开始"马来亚化"，即聘用、提升更多的本地人。① 独立宪法规定，在政府的行政机构里实施"固打制"。独立宪法的第 153 条规定，在内政部、外交部、警察部门及武装部队，马来人与非马来人的比例为 4：1。② 何启良认为，这项政策使得马来亚的官僚体系无论在职权、功能或人数与资源的控制上逐渐"马来化"；独立后的十余年是马来亚行政机构马来化的过渡期，而马来化现象的发展进一步巩固了马来特权。③

（三）马来人优先价值取向的强化（1970—1990 年）

"五一三"事件是马来西亚当代最重要的历史分水岭。何启良认为："1970 年后，马来西亚政治发展的'新秩序'里专制的、土著主义至上的政治体制已经与独立初期多元体制的'协和民主'做了意识上的决裂。"④

东姑·拉曼辞职后，阿都拉萨上台。阿都拉萨在宣布接任首相的致辞中宣称，"这个国家是基于巫统组成的，我把这个责任交给巫统，以使巫统能决定其形式——政府应跟随巫统的愿望和需求——并实施由巫统决定的政策"⑤。这表明他汲取了其前任东姑·拉曼因实行"妥协政治"而下野的教训，他宣布建立一个"马来人的马来西亚"，重申马来西亚由马来人统治的原则。⑥ 这项原则随着宪法修正案的通

① ［马］何启良：《独立后西马华人政治演变》，载 ［马］林水檺、何其良、何国忠等编《马来西亚华人史新编》，吉隆坡：马来西亚中华大会堂总会 1998 年版，第 71 页。

② 顾长永：《东南亚政府与政治》，台北：五南图书出版公司 1989 年版，第 100 页。

③ ［马］何启良：《独立后西马华人政治演变》，载 ［马］林水檺、何其良、何国忠等编《马来西亚华人史新编》，吉隆坡：马来西亚中华大会堂总会 1998 年版，第 55 页。

④ ［马］何启良：《独立后西马华人政治演变》，载 ［马］林水檺、何其良、何国忠等编《马来西亚华人史新编》，吉隆坡：马来西亚中华大会堂总会 1998 年版，第 84—85 页。

⑤ ［马］谢诗坚：《马来西亚华人政治思潮演变》，槟城：友达企业有限公司 1984 年版，第 17 页。

⑥ 赵永茂：《马来西亚族群政治与政党政治的特质》，《东南亚季刊》1996 年第 1 期，第 26 页。

过而被提升到神圣不可侵犯的高度，而马来人在政治上的优势也发展为完全的统治权。[①]"五一三"事件后，马来西亚已经由一个"基本上"的马来人的国家，蜕变成一个公开由马来人支配的国家。[②]

"五一三"事件导致的政治变化影响至今。阿都拉萨政权通过种种政策与法令正式将马来人的特权地位与族群之间的不平等结构化。[③]在阿都拉萨施政期间，有三大政策的实行反映了"马来至上"意识形态及政治结构的强化。这三大政策分别是国家原则、国家文化政策和新经济政策。这三项政策强化了马来人在政治、经济、社会及文化上的优势及支配地位，甚至是霸权地位。

1. 国家原则

齐顺利指出，"国家原则"的导言中特别阐述了第三条原则，即"维护宪法"。他认为，国家原则重申支持宪法意味着，将体现了"马来人的马来西亚"的宪法置于显著的位置，从而把宪法里"空洞"的"马来人的马来西亚"理念落实为国家的意识形态。[④]杨建成则论述，"国家原则"对非马来人强调了宪法中有关君主立宪制度及马来人特殊地位的条文是决不可侵犯的，换言之，"国家原则"坚决而含蓄地肯定了马来西亚就是马来人的国家这一政治原则，甚至更露骨的意思：华人等外来移民必须在"国家原则"的指引下向这个马来人国家效忠认同，没有选择余地。[⑤]

2. 国家文化政策

文化分歧被执政党认为是"五一三"事件的一个诱因。因此，"五一三"事件后国家团结局主席丹斯里·加沙里认为国家必须拥有

---

① 李一平：《自由与权利：在马来西亚华人与马来人之间》，载梁志明主编《面向新世纪的中国东南亚学研究：回顾与展望》，（香港）社会科学出版社2002年版，第669页。

② 王国璋：《反思五一三》，马来西亚《人文杂志》2002年第5期，第10页。

③ 王国璋：《马来西亚的族群政党政治（1955—1995）》，台北：唐山出版社1997年版，第106—107页。

④ 齐顺利：《马来西亚民族建构和马来文化强势地位的形成》，《河南师范大学学报》（哲学社会科学版）2008年第4期，第80页。

⑤ 杨建成：《华人与马来西亚之建国：1946—1957年》，台北：学术著作奖助委员会1972年版，第243—249页。

自己的思想形态，以免"五一三"事件重复。依循此思路，文化部、青年部、体育部于 1971 年 8 月 16—20 日在马来西亚大学举办了"国家文化大会"。这一次的大会共讨论了 60 篇论文，内容包括文学、音乐、舞蹈等。"国家文化大会"制定了"国家文化"的三大原则。[①]

许德发从马来西亚建国的角度出发，认为真正的马来国家主义乃是在"五一三"事件后崛起，因此，一个在文化、经济上企图将"马来色彩"国家化的过程由此出现，而"国家文化"正是在这样的意识形态下被正式地提上国家议程。[②] 祝家华则认为，国家文化政策的出现，只是为了巩固国家机关在诸多权力及功能上反映马来色彩的独占和领导的正当性。[③] 国家文化政策的实行，使得 20 世纪七八十年代马来西亚的官方活动受到了马来文化的宰制。[④]

3. 新经济政策

新经济政策实施之后，马来人逐渐地掌握了国家经济的控制权，并且建立起一个政治权与经济权皆握在马来人手中的马来西亚。[⑤] 尽管新经济政策号称是一个双管齐下解决贫穷问题和重组社会结构的政策，但是马来西亚政府在执行此政策时表现出"马来至上"的观念，实际目的在于全面扩大马来人的经济势力及通过培养马来资产阶级建立一个马来工商社会，使得此政策与"马来至上主义"画上了等号。[⑥]

---

① ［马］何国忠：《马来西亚华人：身份认同、文化与族群政治》，吉隆坡：马来西亚华社研究中心 2002 年版，第 102—103 页。

② 许德发：《国家文化：建构与解构之间》，马来西亚《人文杂志》2000 年第 11 期，第 2 页。

③ ［马］祝家华：《解构政治神话——大马两线政治的评析（1985—1992）》，吉隆坡：马来西亚华社研究中心 1994 年版，第 65 页。

④ 齐顺利：《马来西亚民族建构和马来文化强势地位的形成》，《河南师范大学学报》（哲学社会科学版）2008 年第 4 期，第 80 页。

⑤ 顾长永、林伯生：《从"新经济政策"论马来西亚的种族关系》，《东南亚季刊》1996 年第 1 期，第 31 页。

⑥ ［马］祝家华：《解构政治神话——大马两线政治的评析（1985—1992）》，吉隆坡：马来西亚华社研究中心 1994 年版，第 19 页。

有学者认为，新经济政策是马来西亚宪法之外最重要的政治文件。[①] 作为一个实际上涵盖经济、社会、政治与文化的政策，学者 R. S. Milne 认为它是巫统利用国阵取得全面政治控制后另一个用以加强经济控制的杰作，而有学者甚至认为新经济政策是"五一三"事件后马来西亚真正的国家理念。[②]

（四）马来人优先价值取向的调整（1991 年至今）

20 世纪 70—90 年代，巫统政府采取野蛮推进、直接干预的手段来扶持马来人的经济发展，同为一国公民的非马来人群体则受到不平等的压制。巫统政府对非马来人的压制实质是"弱异求同"的体现。到了 90 年代，随着国内外环境的不断变化，巫统政府开始逐渐重视马来西亚作为多族群国家的社会现实。

1990 年，族际政治整合政策实施的结果不仅使马来人在政治领域而且使之在国家经济领域取得了支配地位。曾经落后的马来人已经全面掌握了政治、经济和文化等各种资源，按照族群身份进行资源分配以照顾落后族群的政治模式在马来西亚日益遭到质疑。以马哈蒂尔为首的政府认识到过分强调族群差别的政策并不利于该国经济的发展，于是在族际政治整合的过程中，开始调整和改变原来刚性、单一的民族主义政策取向。

以巫统为主导的马来西亚联盟和国民阵线政府始终奉行的是马来人优先的族群政策，并在社会政治、经济等领域强制推行同化政策，以期在马来西亚创建一个马来人的国度。进入 20 世纪 90 年代以后，这种激进的马来人优先的族群主义意识逐渐淡化；党的领导人积极提倡族群和谐互助，倡导容忍谅解和友爱的价值取向，呼吁告别极端和骚乱。总体上看，马来西亚已基本上实现了从"马来人支配"到"马来西亚族群"的精神变迁。1988 年，巫统被宣布为非法并分裂，

---

① ［马］何启良：《独立后西马华人政治演变》，载 ［马］林水檺、何其良、何国忠等编《马来西亚华人史新编》（第二册），吉隆坡：马来西亚中华大会堂总会 1998 年版，第 87 页。

② 江炳伦：《亚洲政治文化个案研究》，台北：五南图书出版公司 1989 年版，第 179—180 页。

对以后执政的新巫统造成了重大的打击，虽然新巫统仍作为马来西亚第一大政党重新活跃于马来西亚政坛之上，但已元气大伤。反对党联盟"人民阵线"组成之后，对巫统的执政地位构成了极大的威胁。朝野政党力量的此消彼长促使执政党改变原有治国策略和价值观，调整原有的政策和统治手段，以争取民众及其他社会团体的支持。在经济领域，马来西亚政府结束了"新经济政策"，取而代之的是"国家发展政策"，该政策虽然继续坚持在经济上扶持马来人，但已不再规定土著占有股权的实现时间；政府强调私人资本作用，并积极倡导华巫合作。在社会团体尤其是华人社团方面，马来西亚政府采取了吸收团结的政策。

1996 年，马哈蒂尔接受《时代周刊》的访问时曾说过这样的话："以前的观念是人民应该 100% 马来化才可以成为马来西亚人。我们现在接受这是一个多元族群的国家。我们应在把我们分隔开来的各种隔阂之间立起桥梁，而不是试图将这些隔阂完全去除。我们不想使所有的华人改信回教，我们告诉我们的回教同胞，不应该强迫别人改信回教。"[①] 国阵其他领导人也在各种公开场合发表开明言论，营造"我们都是一家人"的良好氛围。马哈蒂尔还亲自出席了 1993 年和1995 年的华人文化节。此外，许多马来政治人物和官员也开始用毛笔写华文，提倡"我们都是一家人"。这表明巫统政府的族际政治整合取向发生了转变，由新经济政策时期的"弱异求同"转向"求同存异"。

三 马来西亚族际政治整合的方式

马来西亚族际政治整合的基本方式体现在一系列的族群政策上。从殖民地时期开始，马来西亚就是一个典型的多元族群国家。马来西亚独特的族群构成和复杂的族际关系使得族际政治整合十分必要。

从马来西亚族际政治整合的整个过程来看，马来人优先的价值取向无疑是主旋律。马来西亚宪法的第 153 条，规定了马来人在教育、

---

① 《时代周刊》，1996 年 12 月 6 日。

经济和公共服务领域的"特权",并且规定这些特权将由国家的最高统治者（国家元首）给予保障。[1] 在宣布1957年宪法修正案的时候,阿都拉萨总理强调,马来人特权将成为马来西亚文化和马来西亚国家特征的一部分。[2] 但是,得到宪法保障的马来人特权却引发了马来人与非马来人的不满。一方面,马来人认为给予他们的特权还不够多;另一方面,非马来人认为这是对他们的歧视政策。[3] 对于马来人特权政策的不满情绪加剧了族群紧张关系,促进了1969年族群冲突的爆发。

族群冲突爆发后,政府采取了新经济政策,进一步增加了马来人在投资、资本所有权等方面的特权。政府认为马来西亚的主体族群是马来人,采用将马来人作为马来西亚主体族群来扩大其利益的方式而不是通过调节所有族群利益的方式来调控族群紧张关系。政府的这种角色定位,正是马来西亚族际政治整合的基本出发点。马来人的特权几乎体现在社会生活的各个方面,包括政治、政府、经济、教育、语言及宗教等。

（一） 政治和行政权力安排

马来西亚政治力量构成的族群差别十分明显。马来西亚的族群政治起源于殖民地时代。殖民统治者认为马来人在工商业方面的力量比较薄弱,力图通过保留马来人的统治者地位以及在政治和政府行政机构的特权来维持社会的稳定。

早期的联盟政府是以三大族群政党高层领导人之间就政权分配达成的非正式协议为基础组建起来的,即马来人控制政治权力,华人及其他非马来人集中发展经济。族群之间权力和利益的交换包括:政府必须保证华人及其他非马来人的公民权,同时承认马来人在政治、教

---

[1] Government of Malaysia: The Federal Constitution, Kuala Lumpur, Malaysia: Government Printer, 1977.

[2] Puthucheary, M., *The Politics of Administration: The Malaysian Experience*, Kuala Lumpur, Malaysia: Oxford University Press, 1978.

[3] Lee, H. G., *Ethnic Relations in Peninsular Malaysia: The Cultural and Economic Dimensions*, Singapore: Institute of Southeast Asian Studies.

育和语言方面的特殊权利。

以马来人为基础的巫统始终控制着政府权力机构和立法机构。巫统很容易就能够赢得国会选举的简单多数，但是它必须与其他两个大的族群政党联合起来赢得2/3多数才能取得修改宪法的权力。此外，各州的马来人统治者既是行政首脑又是宗教领袖，尤其重要的是，只有他们才有资格当选为国家元首，这更加说明了马来人对国家政权的控制。

在行政机关的权力构成方面，族群化进程也是始于殖民统治时期。殖民统治者通过对马来人官僚后代的教育和培训，安排他们担任政府官员和其他文职人员。普通马来人则无法进入政府工作，同时华人和其他非马来人只允许从事专业技术工作。1952年殖民政府宣布华人及其他非马来人可以进入政府内政部门工作，但是规定马来人与非马来人的比例为4∶1。

独立以后，有利于马来人的政府部门就业族群比例制度（族群固打制）被迅速地推广到各个领域。尤其是在宪法第153条的基础上，政府对马来人与非马来人的族群就业比例做了更为细致的规定：内政部门为4∶1，外交、海关以及司法和法律服务部门为3∶1，同时对专业技术部门没有做出具体的族群比例规定。事实上，随着将上述部门合并为单一的行政外交部门，族群比例也统一为4∶1。因此，这种族群优先政策导致马来人垄断了几乎所有的政治和行政高级职位，使马来人完全控制了主要的权力机构，包括立法、内阁、军队、警察、司法等重要部门。

（二）经济干预

马来西亚在经济领域同样也实施了族群优先政策。就土地所有权而言，在殖民统治以前，只有马来人才有权占有土地。英国殖民统治时期允许英国人和华人矿主购买和转让土地。由于这种土地制度引起了马来人的不满，英国殖民者推行了《马来人保留地法案》，划定了马来人的专属土地区域，规定了马来人对土地的所有权，可以自由地使用、出售和抵押这些土地。

独立以后，马来西亚政府在经济领域推行了新经济政策，这项政策是更加广泛和严格的族群优先政策。新经济政策的主要目的就是要通过政府的干预，来重新分配马来西亚的经济资源。第一个远景规划制定了马来人拥有和参与工商业活动的 30% 的远景目标。

1975 年颁布了《工业调整法》，要求任何资本额超过 25 万马币、雇员超过 25 人的非马来人企业中马来人股权必须至少达到 30% 的比例才能够取得或者继续保留营业许可证。此外，马来西亚政府不仅成立了原住民信托委员会、土著银行以及国家经济开发公司等机构，为马来人企业提供贷款和技术援助，还要求大公司和大企业要优先将马来人提升到高级管理职位。

在房地产市场，政府通常给予马来人最优惠的购买价格。而在企业经营方面，马来人企业也得到了额外的优惠措施，尤其是特殊的减免税措施。20 世纪 70 年代和 80 年代，政府成立了各种国家信托基金，以帮助马来人增加其公司财产。

在 20 世纪 70 年代初以后，政府强化了马来人在经济领域的特权。族群化政策的目的，不仅仅是要"纠正"历史上马来人经济落后的局面。实质上，这种政策的思想基础是"马来人优先主义"，政府力图证明马来人的特殊权力是马来人应当享有的正当权利：马来人具有"原住民"的地位，应当成为国家经济的主人。

（三）文化和教育政策

在逐步取得政治、经济上的优势地位后，马来族群想进一步改造社会，建构一个符合马来统治阶层意识的马来化社会。由马来政治精英所掌控的政治集团，通过政、经等方式，逐步建立起一套以马来人优势为核心的意识形态，继之希望通过各种语言、文化教育等方面的优势控制，来建构一个马来民族国家，以巩固其马来优势族群地位的合法性基础。

"五一三"事件后，为提高宪政共识，降低党派争论的刺激性，马来西亚的统治集团企图塑造新的思想指导，以对国内族群问题寻求一劳永逸的方案，基于此目标提出了一套要求全民共同遵守的国家五项原则：以伊斯兰教为国教、忠于国王及国家、遵守宪法、法律统治及良好道德及行为。这五项原则其实就是实行以伊斯兰教为中心的国家意识。1971 年 8 月 16 日，马来西亚马来学术界精英召开全国文化大会，大会界定了马来西亚国家文化的概念。他们所界定的国家文化是以马来文化为主体。"这群以马来精英为主的知识分子显然认为，如果马来西亚国内的其他族群可以向马来文化认同，就不会产生纠纷。"① 所以政府通过国家文化的规范，来进一步推动加深群众在意识上马来化的方针。

在教育领域，马来族群往往认为其他族群的母语过度发展势必会压抑马来语言，尤其是阻碍长期以来通过马来语正统化马来西亚为马来人国家观念的发展。因此认为在教育中输入过多对多元文化的关注，或强调各族群母语的教育，势必会导致整个国家的崩溃，使国家发生分裂。所以马来西亚政府为求国家族群的统一进行了教育体制的改革。因而在第二个马来西亚计划中提出国家发展目标，并指出达成目标最有效的方法是教育，由推进国家教育制度整合工作开始，使国家朝向统一的方向发展。

从殖民地时期开始，马来西亚在教育和语言领域就出现了族群保护现象。当时马来人在教育方面享有特权。独立以后，马来西亚政府通过为马来人提供大量的奖学金、提高马来人入学比例、降低其入学条件要求以及增加其职业培训机会等措施，强化了马来人在教育领域享有的特殊权利。

阿都拉萨报告强调在与华人及印度人等主要族群协商的基础上逐渐建立一个统一的教育体系。② 马来人的教育特权受到了马来西亚宪法的保护，宪法第 153 条授权国家元首指示相关部门在大学、学院或专科学校或者类似的教育机构为马来学生保留一定比例的名额。1969 年"五一三"事件以后，政府不仅通过修改宪法授权国家元首在高等教育机构保留了这些比例安排，还专门成立了两所大学，即马来西

① ［马］何国忠：《独立后华人文化思想》，载林水檺、何其良、何国忠等编《马来西亚华人史新编》（第三册），吉隆坡：马来西亚中华大会堂总会 1998 年版，第 45—75 页。
② Abraham, S. J. , *National Identity and Ethnicity*: *Malaysian Perspectives*, *Paper Presented at the 2ⁿᵈ International Malaysian Studies Conference*, University of Malaya, Kuala Lumpur, Malaysia, 1999, August 2 – 4.

亚国民大学和伊斯兰大学，主要接收马来学生，只允许少数的非马来学生进入这两所大学学习。

关于教学媒介语的选择问题。独立初期，政府发布了不少有关教学媒介语问题的文件，比如1956年的阿都拉萨报告提议以马来语和英语的双语教学媒介语为基础统一全国的教育制度，1957年教育条令则试图在华文中学的考试中用英语代替华文。1960年拉赫曼·塔里布报告也建议将所有的华文中学全部改制为英文中学，并在此基础上出台了1961年教育法案。教育法案出台后，马来西亚对华文中学进行了改制，其中54所被强制改制，17所变成独立中学，不再有政府津贴。[①]

1967年，马来西亚颁布了《国家语言法案》，同时宪法修正案的通过也使得马来语成为马来西亚的官方语言，虽然学校里仍然在使用华文和英语，但是国家的语言政策变得更加苛刻。20世纪70年代到80年代初，政府逐渐地将英语学校转为马来语学校，而华文学校要么转为马来语学校，要么就继续作为私立学校不被纳入国家教育体系。政府逐渐地用马来语作为教学媒介语的统一的教育制度，代替了马来语、华文、泰米尔语和英语四种媒介语并存的教育体制。

第二节　马来西亚族际政治整合取得的成效及面临的问题与挑战

一　马来西亚族际政治整合取得的成效

马来西亚的族际政治整合无疑是富有成效的。马来西亚作为一个族裔成分多元、族际关系复杂的国家，除了爆发过一次"五一三"族群冲突事件外极少爆发大规模的族群冲突，并以政治稳定和经济持续增长而著称。

---

① 林勇：《马来西亚华人与马来人经济地位变化比较研究（1957—2005）》，厦门大学出版社2008年版，第327页。

（一）国家和社会的稳定发展

马来西亚属于典型的异质性社会共同体，其集中表现就是多元族群集团的竞争与共存。由于各社会集团的具体利益存在差异，族际政治整合首先应该是一种有效的利益协调机制，使有关竞争或冲突不至于失控，从而维持共同体的稳定。从这个意义上说，族际政治整合对于克服狭隘的族群认同、建设民族国家具有极其重要的意义。独立以来，马来西亚进行了富有成效的族际政治整合，保持了国家和社会的稳定。

在马来西亚政治整合的过程中，巫统通过其主导下的联盟党和国民阵线为各族群提供了一个沟通和竞争的平台。这个平台尽管有着诸多的局限，但也有包容性的积极意义。在马来西亚族群政治中，依靠各族上层政治精英的团结和合作，族群间不时出现的冲突都得到了一一化解。从政治稳定的角度来看，马来西亚的政治整合无疑是相当成功和出色的。

马来西亚的政党政治制度是维护马来西亚稳定的重要因素。马来西亚政党政治的特点是族群政治与政党政治的结合。马来西亚每个族群都有自己的政党，而每个族群既有执政党，也有反对党。马来人占据总理、副总理、国防部长、教育部长、内政部长、外交部长、财政部长、国贸部长以及各州州务大臣等要职，控制重要权力，华人出任交通部长、卫生部长、人力资源部长及房屋部长，印度人担任卫生部长，分享次要权力。族群政治和政党政治适应马来西亚国情，其优点是每个族群都有自己的利益代表，有利于社会稳定，因为族群诉求可以通过利益代言人传达给政府，在执政党和政府内部进行协商解决，避免大规模的群众运动引发的暴力冲突。因此，尽管独立后马来西亚各族群矛盾凸显，但马来西亚自1969年族群冲突流血事件以来，基本上保持了国家的稳定发展。

不仅政党制度本身，马来西亚政党制度在运行过程中，执政党把政治稳定作为一种支配性取向。对执政党来说，国家的稳定与否牵涉其执政地位，与其统治的合法性直接相关。因此巫统在执政期间一系列制度设计的出发点是政治稳定与经济发展，在特殊情况下政治稳定需要优于经济增长。巫统领袖认为政治稳定与经济发展是相互依存的：政治稳定是经济增长的保障，而经济增长则有助于巩固政治稳定；为了在现代化过程中实施追赶型发展战略，马来西亚应首先重视政治稳定。[①]

在后殖民时代，马来西亚执政党面临着建立有效政府的重任。作为威权主义的主要载体，长期以来马来西亚政党制度能够适应族群分裂的社会生态，两者之间相互塑造、相互建构，并在合作主义框架下取得了突出的经济绩效。这种政党制度在很大程度上是社会集团博弈的结果，其实质是一种公共资源分配结构。它兼具威权与民主双重特征，在多元文化社会中比独裁体制或者民主体制更有弹性。[②] 正如马哈蒂尔所说，马来西亚执政党知道如何运用民主制度；如果只考虑多数民主，那么马来人就可以利用族群情绪建立纯粹的马来人政府。但巫统宁愿与其他族群合作，这样各族群都能够从马来西亚民主中获益，比如实现长期的稳定。[③]

（二）族群经济的均衡发展

巫统的意识形态具有突出的实用主义特点，把经济发展作为一系列制度设计的出发点之一。独立前和独立初期，马来西亚主要依赖农业和矿业。20 世纪 50 年代末政府把改造殖民地时期遗留的畸形单一经济结构作为重要任务，决定加快制造业发展，逐步实现工业化，推动经济的全面发展。1956 年至今，马来西亚政府先后实行了十余个"五年计划"。每个"五年计划"各有所侧重，总体上又有统一性和连续性。"五一三"事件后，政府先后推出新经济政策、国家发展政策和国家宏愿政策等，三个长期经济规划前后衔接，显示出统治精英们强烈的发展取向。

[①]　Mahathir Bin Mohamad, *Maintaining Economic and Political Stability Amidst Regional Turbulence & Global Uncertainties: The Malaysia Experience*, Malaysian Prime Minister's Office, April 2, 2002.

[②]　陈晓律、陆艳：《在民主与权威之间——马来西亚政治发展特点剖析》，《世界历史》2000 年第 4 期，第 11 页。

[③]　［马］马哈蒂尔：《马来西亚总理马哈蒂尔演讲集》，世界知识出版社 1999 年版，第 280 页。

　　在执政党发展取向的推动下,马来西亚经济发展取得了令人瞩目的成效。马来西亚从一个落后的农业国家到位居"亚洲四小虎"之一,只用了短短几十年。20 世纪 70 年代,马来西亚国内生产总值年均增长达 7.8%。80 年代前期,受世界经济衰退和原料产品出口价格下跌的影响,马来西亚经济发展速度放缓。1987 年后经济持续高速发展,年均增长率一直保持在 8% 以上。1990 年经济增长率达到 9.4%。1995 年,人均国民收入已经达到 5000 美元。① 1997 年的亚洲金融危机重创了马来西亚经济,马来西亚政府积极采取应对措施,慢慢走出困境。随着国际经济形势好转,2002—2007 年马来西亚经济增长率为 6% 左右,制造业和服务业发展势头良好。2010 年,马来西亚经济增长率为 7.4%,2011 年经济增长率有所下降,为 5.3%,2012 年为 5.5%,2013 年马来西亚经济增长放缓,为 4.7%。2014年经济增长较快,达到 6%,2015 年为 5%。②

　　马来西亚经济增长促进了人均国内生产总值的提升。世界银行的数据显示,1997 年马来西亚人均国内生产总值为 4674 美元,2004 年为 4924 美元,2005 年突破 5000 美元,达 5564 美元,超过金融危机之前的水平。2010 年为 8754 美元,2011 年首次突破万元,为 10068美元,以后保持缓慢增长,2012 年为 10440 美元,2013 年为 10538美元,2014 年为 10804 美元,2015 年为 9766.2 美元。③

　　经济发展与政治稳定是相互依存的,除了推进经济的总体发展和提高外,执政党还特别重视缩小族群间经济发展的差距,推进族际政治整合,实现国家的稳定发展。阿都拉萨、马哈蒂尔等领导人认为应该通过经济增长来提升土著的竞争力,改变马来人在经济结构中的弱势地位,并在这一基础上实现政治稳定,为此执政党实行了新经济政策等,调整族群间的经济差距。

　　"五一三"事件爆发后,许多马来人认为马来人与华人的经济发展水平不平衡是冲突的根源。当时的调查数据也显示,土著居民(包

---

① 马燕冰等编:《马来西亚》,社会科学文献出版社 2011 年版,第 238—244 页。

② 范若兰:《新海丝路上的马来西亚与中国》,世界知识出版社 2017 年版,第 148 页。

③ World Bank Statistics:http://data.worldbank.org.cn/topic/economy – and – growth.

括马来人和土著少数民族）的收入远低于华人。1970 年全国贫困率为 49.3%，而土著居民的贫困率高达 64.8%。为扶持马来人发展经济，消除族群经济差距，马来西亚政府从 1971 年开始实行新经济政策。

在新经济政策实施期间，马来西亚的贫困人口降至 15% 以下，土著的经济地位显著提高，经济社会结构得到调整。在第二及第三个马来西亚计划期间（1971—1980 年），巫统确立了以经济增长而非破坏性的再分配来增加马来人财富的发展政策。这十年间，马来西亚城市化率由 28.7% 提高到 37.5%，年均上升 4.3%；其中马来人口占比由 14.9% 提高到 25.4%，年均上升 6.3%。[①] 到 1990 年，贫困率已从 70 年代的 49.3% 下降到 17%，土著股权比例从 1970 年的 2.4% 上升到 20.3%。马哈蒂尔时期进一步推动工业化和产业结构多样化，马来西亚经济保持着近 8% 的年增长率。除了一系列重大工程外，马来西亚还在吉隆坡建设"多媒体超级走廊"，发展面向全球的信息经济。

经济增长在使马来人的经济地位显著提高的同时，客观上也使其他族群得到绝对收益，从而使狭隘的族群主义在很大程度上被淡化。一些经济民族主义性质的行动满足了国民首先是马来人的自豪感，例如马哈蒂尔曾发起购买国货活动，并陆续建成了闻名于世的国家石油公司双峰塔、吉隆坡国际机场等标志性工程。巴达维政府则不惜代价，把一名马来宇航员送入国际空间站。而执政党提出的"2020 年宏愿"更是让人民充满期待，甚至反对党也不得不表示认同。

（三）族际关系的改善

建国之后，马来西亚各个族群各成格局，来往甚少，殖民地时期形成的就业分层致使族群在经济发展中出现较大的差距，以农业经济为主的马来人和以私营经济为主的华人等的贫富差距越来越大。贫富差距的拉大使得族群之间的矛盾更加尖锐化，尖锐的族群矛盾不仅造

---

① George Cho, *The Malaysian Economy：Spatial Perspective*, London：Routledge, 1990, p. 171.

成了族群间的隔阂、猜疑甚至对抗，还严重地影响了马来西亚的稳定和发展，因此，巫统政府的族际政治整合的一个核心目标是改善族际关系，以维持国家的统一、稳定及发展。

经过历届巫统政府的族际政治整合实践，各族群的利益得到不同程度的满足。针对国内族群的贫困问题，特别是马来人的贫困问题，巫统政府通过族际政治整合的政策机制制定了相关的经济政策，扶持各个族群的经济发展。通过国家的强力干预，殖民地时期形成的马来人与华人、印度人的就业差别、收入差距等都发生了巨大的改变，马来人中产阶级、企业家阶级逐渐成为马来人社会经济现代化的中坚力量。马来人经济的改善也使得影响马华族群关系中的经济矛盾逐渐转向文化、语言等方面的矛盾。从马哈蒂尔时期开始，巫统政府的族际政治整合开始强调"公平发展"，并解除了一些对非马来人经济发展的限制，倡导族群之间的合作和共同发展。2001 年颁布的国家宏愿政策对土著民和印度人族群的贫困问题投入了更多的精力，国家宏愿政策中特别规定了以私有化的方式将印度人的股权配比从 1.2% 提升至 3%，而华人的私有资本也得到更多的发展。经济的快速发展、贫困率的降低、居民收入的不断提高也为国家的稳定奠定了基础。

执政党极力模糊族群界限，提倡族群和谐。20 世纪 90 年代以来，国民阵线领导人一反常态，不仅淡化族群色彩而且还积极提倡族群和谐，反复强调族群和谐是马来西亚发展进步的关键。1994 年 11 月，在巫统党代会上，总理马哈蒂尔强调指出，"族群间和谐生活是马来西亚取得卓越成就的关键因素，是马来西亚成功的秘诀"。他呼吁马来西亚人民结束冲突与纷争，彼此之间"不要有政治区分，或族群仇视"。同时，他在他的政府工作报告《2020 年宏愿》（Vision 2020）中提出了"马来西亚民族"的概念。马哈蒂尔解释说，"马来西亚民族"就是指华人可以在家里讲华语，马来人可以在家里讲马来语，各自的语言文化、宗教信仰不会改变。不同的只是大家要想到这是同一个国家，不要再分彼此，而要互相容忍和接纳。副总理安华也指出，马来西亚今日的成就，依靠的就是和平与稳定，而和平与稳定的出现则是由于各族人民相互容忍、谅解、赏识促成的，因此，"我们应把这种容忍、谅解和赏识的精神，继续在回教徒和非回教徒之间发挥"。马来西亚执政党的族群淡化政策直接导致了政党间以往明显的族群特征的丧失。[①]

经过历届巫统政府的族际政治整合实践，各族群的利益得到不同程度的满足，再加上非马来人族群的妥协，因此马来西亚的族际关系总体上在不断好转。1969 年的"五一三"族群冲突事件是马来西亚族际关系最为黑暗的时期，到了 21 世纪，马来西亚的族际关系已经从隔阂对抗走向竞争中的共荣阶段，族群之间的矛盾已能通过对话及相互间的妥协来控制及维持，使其不会走向暴力冲突。

对于马来西亚政府的族群政策的实际效果，马来西亚曾做过调研。在所有受访者中，76% 的人表示政府政策改善了族际互动，10% 的受访者认为恶化了族际关系，另有 7% 的人认为多年来基本不变。在族际关系问题的理解上，马来人、华人和印度人都持积极乐观的态度，在所有受访者中，高达 78% 的人认为当前马来西亚各族群之间的族际关系好或者很好，只有大约 10% 的人认为族际关系不好，其中认为很差的受访者不足 1%。[②]

二 马来西亚族际政治整合面临的问题与挑战

由马来西亚执政党推动的族际政治整合，在实践过程中取得了较为明显的成效，保持了国家和社会的稳定，取得了较大的经济绩效，改善了族际关系。但事实表明，当前马来西亚的族际关系还很脆弱，各个族群之间已有的原生差异难以消除，族群差异和族群矛盾明显。马来西亚的族际政治整合还面临着一系列的问题与挑战。

---

① 朱仁显、王长晖：《90 年代马来西亚政党的变化趋势》，《南洋问题研究》1999 年第 3 期。

② 孔建勋等：《多民族国家的民族政策与族群态度——新加坡、马来西亚和泰国实证研究》，中国社会科学出版社 2010 年版，第 184 页。

（一）马来人优先的价值取向问题

在马来西亚族际政治整合的过程中，马来人优先一直是占据主导地位的价值取向。马来人优先在历史上由马来民族主义者提出，并在随后的政治发展过程中被掌握了权力的马来政治精英集团即巫统利用、建构、操作，以合理化其以马来人为中心的理念、意识形态、政策及实践。

巫统的基本定位是马来人政党和马来人特权的捍卫者。反对赋予非马来人平等公民权是巫统 1946 年成立的主要原因，维持马来人特权是巫统长期以来锲而不舍维护的目标。阿都拉首相在 2006 年 11 月巫统年会上表示"巫统必须团结一致和继续捍卫马来人的利益，这是该党从过去至今一直在扮演的角色"[1]。在"巫统就是马来人，马来人就是巫统"的政治理念指导下，即使在马来人发生分裂、巫统需要华人支持的 1999 年大选中，巫统也没有放弃代表马来人利益的目标，2008 年"308 政治海啸"国阵政府遭受重大挑战，华、印选民出现大规模转向，巫统迫切需要争取马来选民支持，维持固有的政治基础，以巫统为首的中央政府更不可能明确放弃"马来人特殊地位"的价值取向。为了争取马来人的支持，部分巫统领袖还特别强调维护马来人权益的立场，并卷入"华人寄居论""马来人主权"等争论。

宪法有关条款明确了马来人的特殊地位，许多马来人认为是对其经济弱势地位的一种不充分的补偿。[2] 独立后，马来人担心无论他们怎样努力，都无法摆脱在自己的土地上被剥夺的命运。[3] 巫统统治精英利用马来大众的这种心理，在骚乱事件平息后再度强调马来人特权，全面实行马来人优先的公共政策。[4] 巫统精英不断强化这一观念，

---

① 《首相：捍卫马来人利益政府顾及非巫裔感受》，马来西亚《南洋商报》，2006 年 11 月 12 日。

② Gordon P. Means, "'Special Rights' as a Strategy for Development: The Case of Malaysia", *Comparative Politics*, Vol. 5, No. 1, 1972, p. 29.

③ Mahather bin Mohamad, "The Malay Dilemma", Singapore: *Time Books International*, 1970, p. 3.

④ Donald L. Horowitz, *Ethnic Groups in Conflict*, Berkeley: University of California Press, 1985, p. 178.

即与生俱来的马来人特权是确保土著在自己的国家内生存和发展所必需的，它能够为马来人提供安全感；只要通过政治手段保障马来人特权，就会得到大多数马来人的拥护；只要马来人能够保持团结，巫统的执政地位便可以维持。① 在路径依赖作用下，为了确保对政权的控制，巫统精英集团不惜采取一切必要措施。②

在巫统主导一切的族群政治格局下，"马来人优先"的原则贯穿了马来西亚的政治、经济、社会生活的方方面面。在政治上，马来西亚采取"二分法"，对马来人与非马来人进行了区分。二者的政治地位是完全不同的，马来人在政治上享有诸多特权。实际上，世界上许多国家都存在公民权利的不平等，但像马来西亚这样明确在宪法上规定某一族群享有特权的国家极为少见。马来人自视为国家主人，强调"马来人主权"，在他们看来，政府采取政策帮助和扶持马来人是理所应当的，具有合法性和正当性。但是，华人、印度人等非马来人觉得自己在这个国家受到了不公平的待遇，对自己在政治上身为二等公民表示不满。

马来西亚政府为了使在政治上处于优势地位的多数族群——马来人的经济地位迅速提升，不惜采用各种压迫性的高压政策和措施，以牺牲全社会整体的公平发展为代价，实现其"马来人优先"原则下的"族群平等"。马来西亚的公平发展战略强调更多的是政府干预，比较排斥市场机制和公平的市场竞争。在"马来人优先"的原则和前提下，华人及其他非马来人不可能享有与马来人平等的机会。虽然马来西亚政府反复强调要靠做大经济蛋糕，而不会靠剥夺和损害任何人来增加马来人的收入和财富，但是它既没有充分开发和利用华人及其他非马来人的潜在能力来做蛋糕和做大蛋糕，又在给予马来人各种细致、周到、全面保护的同时，培养了马来人对政策严重的依赖性，损害了对其能力的培养。

---

① ［新］黄大志：《从〈李光耀回忆录〉谈国际政治与民族主义》，《联合早报》1998年10月19日。

② Harold Crouch, *Government and Society in Malaysia*, Ithaca：Cornell University Press, 1996, p. 97.

在文化教育上，马来西亚政府采取单元化教育同化政策，即以马来文化和马来语来同化非马来人文化。然而面对国内华人、印度人等非马来人强大的文化传统，马来西亚政府将教育作为一种工具，希望通过国家教育政策及文化传播等方式来改造或同化非马来人的文化，将马来西亚整合为"一个国家，一个民族"。所以，政府一方面出台了一系列改革非马来人教育的计划来推动教育的马来化；另一方面在高等教育领域实行族群配额制度，提高高等教育领域马来学生的录取比率，提供大量优惠的海外升学奖学金，鼓励全国成绩优良的马来学生出国深造。这种单元化教育同化政策自然引起了非马来人的强烈反对，造成族群冲突和族群矛盾不断，反而强化了族群意识，不利于族群融合。

马来西亚在马来人优先价值取向的指引下长期推行马来人优先的政策。这些政策的长期实行带来了一系列弊端。在政治上，非马来人在国家政治生活中长期处于不平等的政治地位，他们对自己的"二等公民"地位不满，希望得到公平的对待。在经济上，马来西亚政府对马来人的扶持政策助长了马来人的依赖性。对非马来人来说，他们的积极性得到了打击，非公平的经济政策不可能调动他们的积极性，影响国家在国际社会中的竞争力。在社会生活中，族群矛盾加深，族群隔阂加深。总之，马来人与非马来人之间的二分法在马来人与非马来人之间着力塑造了一条边界，不利于族际政治整合。

马来人优先的价值取向不仅受到非马来人的诟病，就连马来人也开始产生质疑。马来西亚政府的马来人优先政策在实行过程中所带来的各种弊端也引起了马来人的不满。比如日益严重的马来人内部贫富分化问题，巫统的腐败问题等。马来人对巫统向他们灌输的意识形态——"巫统就是马来人，马来人就是巫统"，"只有巫统才能真正保护马来人"提出了质疑。在此背景下，马来西亚对原来刚性的族际政治整合措施进行调整。马哈蒂尔提出了马来西亚国族的概念，指出要在马来西亚建构一个不分族群、族群融合的马来西亚国族。纳吉布在位时期提出"一个马来西亚"的治国理念，实行了一系列的促进族群平等的措施。但总的来看，马来西亚政府并没有改变马来人优先的族际政治整合价值取向，各族群的发展机会与相对获益的不平等至今仍很明显，一些非马来人社会精英担心本族群在国家议程中被边缘化。马来西亚华人社团最高机构——中华大会堂会长林玉唐强调，任何扶贫政策都不应有族群之分，更不能通过限制或剥夺一个族群的发展机会来扶助另一族群；否则就会引起不满，与政府消除贫困、重组社会的目标背道而驰。①

价值取向是族际政治整合的价值底蕴、精神内涵，指引着族际政治整合的实践活动。后发多民族国家"普遍面临着把诸多语言、文化、种族、宗教等存在差异的族类共同体整合到统一的多民族国家中的任务"。② 为了把存在差异的族群整合在一个统一的政治共同体内，不少国家采取了以同质化为根本要求的"求同"取向。马来西亚在族际政治整合的过程中也采取了"求同"取向，这本是无可厚非的。马来西亚马、华、印三大族群之间不仅存在巨大差异，历史原因使各族群之间还存在互不了解和互不认同的族群和文化偏见。在这种情况下，以巫统为首的政府以马来族群为核心，以马来人的历史、文化和语言来同化华人和印度人。这种马来人和非马来人的"二分法"将一国公民截然划分为权利义务多寡不同的两个范畴。巫统政府根据人们的族群身份来给予其相应的公民权，人们的际遇因此而不同，这强化了人们的原初性忠诚，而无助于马来西亚民族认同的形成。对马来西亚来说，如何跨越族群界限，超越不同利益群体，以提供更好和更多的公共产品仍是不小的挑战。

（二）族群政治的困境

在建国过程中，巫统将不同来源、不同州属的马来人整合在一起，和其他族群讨价还价，最终确立了一部具有浓厚马来色彩的宪法。马来西亚宪法确立了马来亚实施君主立宪的国会民主制度，并反映其多元文化与政治生态。该宪法的内容体现了对特定族群和宗教信

---

① 《大马华总发文告：政府扶贫政策不应分种族和地域》，马来西亚《星洲日报》，2007 年 3 月 20 日。

② 高永久、朱军：《论多民族国家中的民族认同与国家认同》，《民族研究》2010 年第 2 期。

仰上的偏袒，这逐渐成为马来人支配主权的基础保护的根基。马来西亚宪法中除了赋予国家元首及各州君主与苏丹若干特权外，还在宪法第 160 条中对马来人的定义提出一些条件，也就是马来人必须信仰回教、习惯说马来语、奉行马来传统习俗，才能被归类为马来人，而得以享受若干政府所赋予的特权；反之则是必须接受某种程度的差别待遇。简言之，马来西亚就是利用宪法的公权力将国内特定语言（说马来语的族群）、特定的宗教信仰（回教信徒）以及特定风俗习惯的社群（奉行马来习俗的社群）从多元族群组合的社会中分离出来，成为一个独特的政治社群，而借此让马来特权合理化。非马来人地位的界定除了宪法的相关规定外，官方的许多行为或行政程序都强烈限制非马来人皈依到马来族群的领域内。比如说，虽然宪法对马来人的定义有界定，但许多州属对马来人的定义却是以血统为最主要的依据。国家登记局在 1981 年规定，非马来人在皈依回教而改换回教名称之后，也必须同时保留其本名或本姓，借此防止非马来人在皈依回教的过程中取得马来人的身份而分享马来特权。[1] 这种做法能够阻碍非马来人和马来人身份的流通，从而保障马来族群的"隔离性"和"纯正性"[2]，但这种做法，人为地在不同族群间设置界限，不利于族际政治整合。作为当时最大的政党，巫统以族群身份为意识形态基础，在马来人与其他族群间塑造出了一条边界，依靠族群集团内部动员起来的力量争夺权力和向其他族群提出要求，确立了按照族群身份进行资源分配的规则，最终促使族群政治在马来西亚形成。

马来西亚自独立以来，族群政治就是中央政府及地方政府的主要议题，不论是政府的人事安排，或经济发展、教育制度、经济预算的分配，都脱离不了族群政治的因素。在马来西亚，族群政治是实际，亦是阴影；是议题，也是难题；是新的局面，也是难解的困局。

族群因素对马来西亚政治发展影响深远。族群因素不仅影响政府组成、政党政治模式等，也是有效的政治动员工具。在选举过程中，

---

① 陈美萍：《寻找马华文化》，马来西亚《人文杂志》2000 年第 1 期，第 19—20 页。
② 陈美萍：《寻找马华文化》，马来西亚《人文杂志》2000 年第 1 期，第 19—20 页。

公民的投票行为很大程度上是由族群归属因素决定的。巫统是马来人的代言人和保护者，巫统始终没有放弃以马来文化为基础同化和融合其他族群，从而创造一个想象的共同体——马来西亚民族。当代马来西亚政治发展表明，族群冲突不但容易发生在执政党与反对党之间，也会影响执政联盟成员之间的关系。复杂多元的政治亚文化，对马来西亚的政治整合提出了严峻挑战。独立初期，巫统奉行不完全的族群支配政策。这一政策在经济及文化领域的失败，在某种意义上导致了20世纪60年代末族群骚乱的发生。[①]

巫统在政治整合的进程中，首先着眼于马来人利益的捍卫与保护，其次才是马来西亚民族的建构。巫统作为一个为马来人利益而奋斗的政党是十分成功的，它获得了大部分马来人的支持，在1999年之前的历次大选中创造了"巫统等于马来人"和"马来人等于巫统"的神话。巫统在享有马来人支持的背景下，为扩大选举优势和掌握更多的权力，不惜牺牲选举委员会的中立性、司法权的独立性以及马来统治者在马来社会中的传统影响，千方百计地确立自己在政党联盟和国家机关中的支配地位。面对马来人政治上巨大的扩张压力，其他族群基于自身利益也迅速地内聚，不断强化本族群的政治意识，随之而来的是族群之间边界清晰、族群意识盛行。这就为马来西亚族际政治整合带来了巨大的压力和挑战。

族群因素成为政治动员工具，马来人用这一因素动员马来人，唤起马来人对自己的支持；非马来人也以族群之名来动员自己的族群，唤起他们对自己的支持。他们以族群为单位在各个层面进行博弈。马来西亚政治整合的措施不仅倾向于将族群问题政治化，还倾向于将族群问题制度化。

马来西亚的族群政治是历史遗产，从英殖民时期族群分而治之起就已存在，成为族群政治的历史因素。由于族群分化不仅存在于政治领域，也因政策的实施而深入民众生活中，经济、社会、文化、教育

---

① Eugene K. B. Tan, "From Sojourners to Citizens: Managing the Ethnic Chinese Minority in Indonesia and Malaysia", *Ethnic and Racial Studies*, Vol. 24, No. 6, 2001, p. 949.

各生活领域都充斥着族群主义。如此形塑的社会深层结构，局限民众的选择，人们难以逃离族群主义思维，也因此任何生活上的选择，都会非理性地直指族群因素。这是烙印在生活里的思维，民众难以摆脱超越。因此，马来西亚直到今天族群意识仍然盛行，族群边界仍然清晰，族群之间难以融合。马华公会前总会长翁诗杰曾说："大马建国五十年来，各族仍未交融，各族仍然停留在容忍阶段，容忍是被动的、有限度的，不晓得何时会崩溃决堤。"①

马来西亚政治整合的最终目标应在于族群边界消融和族群融合以形成共同的马来西亚民族意识。正如何启良所言："政治统合乃至一国之内超越种族观念，有凝聚力和紧密结合起来的一个政治状态。这样一个社会的组成，能使得人民与政府之间建立起认同感，使之更近似一个民族国家。"② 如果从这个角度来审视，马来西亚的政治整合很难让人信服它是成功的。

第三节　马来西亚族际政治整合的前景与借鉴意义

一　马来西亚族际政治整合的前景

（一）族群政治的影响将长期存在

马来西亚国家为优势的马来族群所掌握及操纵，马来族群运用国家制度性权力，不平等地分配国家资源，造成族群在资源分配上的差异，并强制少数族群服从接受，因而族群政策往往反映了马来族群的利益。因此，马来西亚政治、经济、社会等方面上的政策特色，需要从族群的层面来观察，才能明确看出其中的问题所在，马来西亚多元社会结构中族群政治的影响，无论在之前或今后都是国家族际政治整合中的隐忧与挑战。

---

① ［马］翁诗杰：《大马虽建国五十年，各族仍未真正交融》，2008 年 6 月 11 日，http://www. sinchew. com. my/node/69552。
② ［马］何启良：《政治动员与官僚参与——大马华人政治论述》，吉隆坡：马来西亚华社研究中心 1995 年版，第 25—26 页。

纵观马来西亚历史发展，族群政治的形成离不开如下几项因素。其一，族群成员因文化上的相近，自然共享的原始情感与信赖。其二，殖民时期的特殊历史情境，尤其是英殖民者引入特定族群以从事特定行业，并分而治之的管治传统。其三，也是最重要的一点，是国家宪法及法律中明确规定的族群权利差异，多年来不断地强化了几大对峙群体间的族群意识，以致族群内部原有的许多次级差异，如华人在籍贯、方言和中英教育背景上的歧异，马来社会在阶级、地域上的分化等，都在"他者"的强大压力下，逐渐消融、淡化。

独立前，马来亚各族群彼此接触不频繁，关系淡薄。在经济领域，华人以中小资本图利，集中在新兴镇市；马来人大都维持传统的农村经营形式与方式。他们彼此并没有严重的利害冲突，对未来的政治趋势及目标也有所不同。华人普遍对政治不关心，一部分对政治有兴趣者则倾向于中国政治；马来人较关心本土政治。也就是说，彼此并没有视对方为自己政治、社会、经济上的主要竞争角色。

独立过程中，各族群族群意识兴起，在博弈的过程中建立了一部族群色彩浓厚的宪法。马来西亚建国宪法一方面承认马来族群和伊斯兰教的特殊地位，另一方面也承认其他族群发展自己语文教育的权利，也为其他族群争取各种权利的发展留下了一定的空间。如此一来，这部族群色彩浓厚的宪法给族群政治的发展奠定了基础。

在宪法之外，对族群政治的形成和强化影响更大的是公共政策。这些公共政策反映了国家希望通过什么方式和不希望通过什么方式去影响族群之间的关系。国家的作为和不作为实际上都在影响着族群的互动。在马来西亚，国家通过政策持续地支配族群边界及定义族群成员资格，可以说是独立以来塑造马来西亚不同族群关系和认同的最重要因素。

马来西亚的新经济政策是推动族群政治的形成与强化的最重要的政策，几乎是深入社会生活的各个层面。这些政策首先强调族群属性（马来人与非马来人），然后根据族群属性作为国家财富再分配的标准。族群保护政策实际上是一种资源分配的不平等政策，在不同的国家有不同的方式和体现。像以前的南非，族群保护政策是政治、社会、经济各方面都占有优势的族群（白人）保持自身优势的种族歧视政策。而在另一些国家里，族群保护政策（少数民族优惠政策）则是由占优势的主体族群对其他少数族群采取的优待政策，这种优待体现在政治、经济、教育等方面。在马来西亚，族群保护政策指的是在政治上占有绝对优势地位、经济上占相对弱势地位的主体族群马来人，通过在政治上、经济上、教育上、文化上等各方面对马来人采取优先保护的措施，而同时对非马来人歧视的一种族群政策。

政府认为实施族群保护政策有助于加强社会团结，但事实刚好相反，这些政策反而激化了华人及其他遭到歧视的非马来人的不满情绪，从而使族群关系更加紧张。自 1971 年政府实施了保护马来人语言和文化的国家文化和教育政策以后，马来人与华人的关系一度非常紧张。[1] 如柯定雷所说，马哈蒂尔政府实施了 20 年的族群保护政策以后，马来西亚并没有实现建立多元文化社会的目标；今天的马来西亚族群分裂现象更加严重。[2]

族群保护政策有可能会继续强化族群政治和官商联合。由于马来西亚政府部门的用人制度实行的是族群固打制度，所以政府高官几乎为马来人所垄断。在马来人政党巫统控制政府的情况下，马来人几乎完全控制了政府的决策权和行政权。这种族群问题政治化的做法，完全偏离了政府公共机构在政治上处于中立的威斯敏特模式的初衷。[3]

时至今日，族群政治仍是马来西亚政治最重要的特色之一。马来西亚政治出现了改革浪潮，民主、人权、正义等概念获得了民众极大的关注与发展。族群政治的特色并没有因此在马来西亚的政治领域中逐渐地失去其角色及影响力。

族群政治已被制度化地组织起来，执政联盟内多是族群政党，缺

---

[1]　Lee, H. G., *Ethnic Relations in Peninsular Malaysia: The Cultural and Economic Dimensions*, Singapore: Institute of Southeast Asian Studies, 2000, p. 30.

[2]　P. Cordingley, "Mahathir's Dilemma", *Asiaweek*, 2001, January, 26, p. 18.

[3]　Lim, H. H., "Public Administration and Democracy in Malaysia: The Problem of Executive Dominance", Paper Presented at the 2nd International Malaysian Studies Conference, University of Malaya, Kuala Lumpur, Malaysia, 1999, August 2 - 4.

乏阶级与意识形态立场的多元论辩。2018 年前由于巫统在政治上占主导地位，又是单一族群政党，故在族群管理上很少遇到党内杂音，也能超越联盟内其他政党的缠绊，自主掌握族群政策及其节奏。

族群政治被政党操作和利用。巫统通常会在马来社会的政经形势需要时，挑动族群意识，利用族群之间松紧不一的浮动情绪，制造他者与假想敌人。与此同时，基于对族群政治进行宏观调控的考虑，当巫统察觉到族群关系将抵触到社会容忍底线时，就会运用各种姿态、策略或政策工具，适时对非马来族群进行安抚，或施放政治恩惠，力图修补，进而在族群之间维持和而不谐、斗而不破的关系。在政治的宏观调控下，巫统会按照它的政治目标和时机需要，利用手中的资源、策略和工具，在族群之间营造一种既不会太紧密祥和，但也难以导致矛盾对抗的局面。

在一系列政策和因素的影响下，马来西亚族群关系呈现定型化。根据陈美萍的观点，定型化现象反映在以下几个方面。第一，族群边界泾渭分明，基本上已经难以动摇，内部认同巩固。不同族群的社会生活虽有互动，但穿透认同边界之间的流动较为困难，各族群社会有着自我支持的文化体系。第二，国家资源与价值的分配制度化，导致族群精英阶层的再复制能力增强。马来西亚已出现了一个掌握文化资本、政治资本和经济资本的"总体性资本"的马来精英集团。第三，政治权力不平等已经规范化，族群协商的空间无法扩大，使得各族群在利益与权利的博弈中出现失衡和倾斜。第四，族群利益成了主导性的政治话语，令其他认同群体如"阶级"、"性别"或非政府组织的新兴诉求受到排挤，无法超越以族群为认同的身份政治。①

根据族群属性进行再分配，必然会使族群边界政策化。族群定义如果成为再分配的标准，那么这种边界一定会出现防卫的现象，既得利益群体不会轻易容许外沿群体随意改变族群的边界，因为改变边界就意味着利益的重新洗牌。所以，除非公共政策改变分配标准，否则

① 陈美萍：《大马华人与马来人——族群边界政策化的塑造》，马来西亚《马来西亚华人研究学刊》2007 年第 10 期。

一项政策会再衍生更多的政策以彼此支持及补充，从而使得族群边界越来越难以改变。具体来说，这些阻碍因素主要有以下几方面。

第一，殖民者在历史上所造成的族群隔离现象、马来人特权等历史因素的影响，依然会影响政府的决策。

第二，马来西亚宪法使得政府不可能迅速地改变现有政策。马来西亚宪法规定，马来人特权政策的任何变动，都要经过元首会议（包括各州的马来人元首和首席部长）同意，由于这些马来人领袖的主要任务就是捍卫马来人特权，所以改变政策几乎是不可能做到的。

第三，既得利益集团也不愿改变这种政策。从特权政策获得丰厚利益的马来人高收入家庭、长期担任政府官员的各族群政党成员以及在这种政策下已经谋得稳定市场份额和巨额财富的某些非马来人大企业家等在政治、经济等各方面的既得利益者不愿意对传统的政策做太多改变。

第四，已经取得的成就成为政府继续实施族群保护政策的借口。政府认为，在过去几十年时间里的族群保护政策之下，马来西亚得到了比较好的发展，比如经济的快速增长、贫困的迅速减少、族群经济差距的缩小、政治的稳定等。政府辩称，既然现阶段马来西亚在这些方面都取得了不错的成就，而且还未实现既定的目标，就没有必要完全废除族群保护政策，太过激进的政策变化反而可能会丧失已有成果。

族群身份的政策化实际上已经成为有意义的符号或行为规范，渗入政经文教所有公共政策领域，成为马来西亚发展的主导思想。这些政策形成了一定的惯性，再加上马来官僚阶层的运作，短期内难以改变。

（二）继续施行族群政党联盟模式

马来西亚的政党制度非常有特色，这种政党制度既不是一党制，也不是严格意义上的多党制，而是介于两者之间，结合了两者的特点。这种政党制度既有一党独大的特点，执政党与反对党之间又可以多党竞争。从组织形式上看，马来西亚的政党制度也具有独到的特点，它是由多个政党组成政党联盟进行联合执政，而且执政联盟的组成成员大多是族群性政党，政党的族群性色彩非常浓厚。

早期的联盟以三大族群政党的结合开始，囊括了三个族群的主要精英，以避免出现一个强大的、以单一族群为本位和基础的主要反对党。20 世纪 70 年代重组的国阵，除了收编反对党，扩大其执政集团的社会基础外，同时对自己的经济、社会等政策进行不断调整。国阵的韧性和生命力，固然得益于它对国家暴力机器、宣传管道和公共行政的掌控，但它本身确实有吸收、调整的能力，并在议会民主和选举制度赋予的合法性之下，成为世界范围内一个相当具有独特性的一党独大的族群政党联盟模式。

如何看待这种族群政党政治？许多学者认为这种一党独大的族群政党联盟的模式适合马来西亚的国情，有利于社会稳定。如华人学者 Heng Pek Koon（王碧君）所指出的："所有的华人政党，包括执政党以及在野党都很清楚，在马来人控制的政治体制中，没有马来人联盟，他们是无法获得成功的。族群政党联盟制度是马来西亚政治的基础，任何改变都会极大地加剧族群紧张并威胁到国家的稳定。华人在马来西亚政治里的合作是维持政治稳定和族群和谐所必需的。"[1]

2018 年以前，巫统一党独大的执政联盟一直是马来西亚政治稳定的有力保证。马来西亚独立至今，一共举行了 14 届全国大选。除第 14 届大选外，尽管在每届大选时期，朝野政党都展开了激烈的竞争，执政党面临的形势有时还相当严峻，但以巫统为首的执政联盟自始至终保有 2/3 以上的国会议席，并组建强势政府，连续 60 多年执政，这在实行议会选举制的发展中国家几乎是绝无仅有的。

马来西亚原执政党能长期执政的原因是什么呢？原因可能不止一个，其中最重要的原因在于政党制度。在马来西亚，原执政党是一个由多个政党构成的执政党联盟，巫统在其中居于主导地位。实质上这是一个权力共享的跨族群政党联盟合作机制，各政党在该机制中要实现权力共享，也就是要合理分配政治权力与利益。因此，巫统在制定

---

[1] Heng Pek Koon and Lee Karo Hing, "The Chinese in the Malaysian Political System", in Lee Kam Hing and Tan Chee-Beng, eds., *The Chinese in Malaysia*, *Slangor Darul Ehsan*, Kuala Lumpur: Oxford University Press, 2000, pp. 215–223.

政策时，必须要兼顾其他政党的利益诉求，与其他政党进行某种程度上的协商，达成相互间的利益妥协。"民族政党是最典型的民族政治组织"，"扮演着民族的组织者和领导者的角色"。① 可以想象，如果一个国家的主要族群政党能够携手合作，建立一个权力共享的跨族群政党联盟，那么，族群冲突即便不能根除，至少在很大程度上能够得到缓和或遏制。相反，如果不同族群的政党之间无法达成妥协，不愿意共享权力，反而试图以更加激进的行为压倒其竞争对手，将其他族群完全排除在国家权力之外，那么不同族群之间就很可能会爆发难以收拾的冲突。

马来西亚这种族群政党联盟的模式适合马来西亚的国情，有效调解了各族群的矛盾，维持了马来西亚社会的稳定。马来西亚的选举机制比较健全，选民能通过手中选票表达自己的不满，各政党不仅要尽力争取本族群的选票，还要尽量争取其他族群的选票，因此，各政党在维护自己族群利益的同时，不能过分损害其他族群的利益。各政党在族群关系上要保持适当的"度"：就是不破坏族群关系和睦，促进经济发展。巫统坚持马来人特权，实行亲伊斯兰政策，以争取马来人选票，但这些都要保持在一定的"度"内，当一半马来人支持伊斯兰党时，华人选票就是决定选举结果的关键，这使得巫统想要争取华人支持就不能损害华人的利益。对伊斯兰党来说，华人选票同样重要，它要取得竞选佳绩并最终上台执政，一定要争取华人支持，扭转华人对它是"极端"的印象。伊斯兰党基于伊斯兰的公正原则，提倡各族群平等。为争取非穆斯林支持，该党在 2005 年 6 月召开的党代表大会上强调，要"在民主、平等和尊重人权的大原则下，为各族群、不同信仰的人民谋求福利"。②

可以说，马来西亚的政治机制为各政党和社团提供了有效的利益诉求渠道，虽然各族群利益不平等，但是可以达到平衡，而且约束各政党的极端倾向。不论是原执政党巫统还是反对党伊斯兰党，为了争

---

① 周平：《民族政治学》，高等教育出版社 2007 年版，第 167—168 页。
② 《伊斯兰党大会》，新加坡《联合早报》，2005 年 6 月 4 日。

取其他族群选民的支持，都要维护其他族群的利益。巫统不会过度发展马来人特权和伊斯兰政治化，伊斯兰党也不会过度发展伊斯兰政治化。所以，马来民族主义与伊斯兰的结合限定在一定的度内，没有引起族群冲突。

但是这种族群联盟的模式也面临挑战。政治民主化的不断推进以及公民社会的培育，也要求对其做出变革。马来西亚现有的政党政治格局中族群意识挂帅、结构僵化、游戏规则偏颇不公。政党联盟的运作模式难以克服马来民族主义和多元文化主义之间的矛盾，执政党只能在强制同化与自然融合之间摇摆不定，马来西亚国族构想也只是一种威权主义的产物。

（三）国族建构的长期性和艰巨性

不得不承认，马来西亚这样一个具有高度异质性的社会，进行国族建构是有先天困难的。人们的语言文化不同，传统习惯相异，要培育出心理上的认同，形成共同的民族文化颇为不易。至今，马来西亚的国族建构几乎没有多大进展，马来人与非马来人依然是界限分明、水火不相容。他们具有各自不同的族群认同感，他们也都拥有属于各自族群的政党来保卫各自族群的利益。在笔者看来，马来西亚国族建构的障碍至少有以下几点。

第一，马来西亚多元文化异质性太大，缺乏可同质化的性质。在一个多元社会里，除非其多元元素如语言与文化、宗教信仰甚至饮食与风俗等都具有极大的可同质化的性质，否则，即使在政治层面已达到一定程度的统合，这个多元族群的国家也不一定，甚至在很大程度上不会融合成为一个单一的族群。马来西亚的几大族群的语言、宗教和习俗的差异无疑是巨大的。它们之间的关系直到今天仍类似于"口袋内一个个马铃薯"，独立而缺乏互动。

第二，马来西亚民主不充分、制度不健全。在一个充分民主的国家，人与人之间的关系、个人与社会的关系、公民与国家的关系都应该有一套民主政治制度的规范。因此，整个国民即使没有同化或融合为单一的族群，民主机制都将发挥保障作用，并超出各族群、宗教内部团结所能产生的保护力量，而成为超越族群、宗教等多元元素的全社会共享的规范。马来西亚显然不是一个充分民主的国家。

第三，马来西亚族群政治根深蒂固。族群身份的政策化实际上已经成为有意义的符号或行为规范，渗入政经文教所有公共政策领域，成为马来西亚发展的主导思想。这些政策形成了一定的惯性，再加上马来官僚阶层的运作，短期内难以改变。

对于马来西亚国族的建构，人们存在认识上的差异。正如笔者在《马来西亚国族建构研究》一文中所说："马来人和非马来人对国族抱有两种不同的想象：马来人以民族主义的逻辑来追寻自己的'民族国家'，非马来人则以文化多元主义的思路来期待之。前者以传统一个民族、语言、文化和宗教为出发点，单一和均质化的同化过程是其终极目标；后者认为在一个多元社会中，不同族群保有各自文化独特性，彼此相互尊重且和谐共处的精神与原则。这两种不同的观点，成为独立后国族建构时两股并存却又相互竞争甚至对立的主要力量。也就是说强调单一化国族的'民族主义'和'文化多元主义'，是马来西亚独立后国族建构政治竞争的主旋律。在国族建构的实践过程中，虽然非马来人的文化多元主义对马来民族主义起过一定程度上的制衡作用，但马来人优先的价值取向绝对地主导了和影响了马来西亚国族的建构。"①

在具体的实践过程中，由马来人主导的马来西亚政府基本上采取同化政策，但这种同化主义一定程度上又受到多元主义的影响和制衡，介于同化主义与多元主义之间。

同化主义基本上注重"异中求同"，强调对国家基本价值的共识支持，但仍可维持次级文化或价值的认同。也就是在政治、经济和社会上必须要有共性，但在文化上容许有个性。在新经济政策时期，马来西亚族际政治整合侧重"同化"，采取的政策更具刚性。在政治上，马来西亚政府为了提升马来人的政治地位，压制非马来人的参政机会，加强控制及重构非马来族群的社会，企图改变非马来族群对马来人的认同与忠贞，并接受中央权威和服从领导，来达成维系马来族

---

① 许红艳：《马来西亚国族建构研究》，《广西民族研究》2015 年第 1 期。

群优先的理念。在经济上，马来西亚政府采取新经济政策，希望重组马来西亚社会，改变贫困人口和分工界限与族群界限相重叠的现象。于是，政府采取扶助政策和干预经济等方式，提升马来人的经济地位。文化教育发展上，同化主义相信能够通过教育方式来达到最终同化的目标，而在文化政策上，同化主义最常见的是向少数族群灌输主流社会的价值观。马来西亚政府虽然以马来文化为同化主体，但面对华人文化悠久传统对抗之际，并不采用强迫或强制性的手段来压迫他们放弃自身文化。在国族建构的过程中，马来西亚政府提出了一系列改革非马来人教育的计划和政策，包括3M课程制度、综合学校事件、华校行政高职事件等。但这些政策大都遭到华人的激烈反对，在华人社团和政党的抵抗中，获得部分的舒缓和修正，非马来人能持续保持他们的文化教育及认同发展，使马来西亚依然维持多元化社会的结构。由此可见，马来西亚政府希望采用渐进方式，由教育体制的调整，逐渐达成使非马来人加入马来文化的整合目的。

虽然巫统政府认知到建构一个公正、平等并确立共同政治认同的"马来西亚国"，是国家应该追求的理想，但是要打造这样的政治共同体而不削弱各族群的文化认同与特征，谈何容易。由于宗教信仰和文化习俗的差异，马来人很难视华人和印度人为真正的同胞。

总之，对马来西亚而言，国内多族群的存在及其文化多样性是不争的事实。虽然华人等非马来人口少于马来人，并且还面临人口相对增长率降低等发展趋势，但其人口绝对规模仍不容小觑。华人大都聚居在城市里，文化意识和族群认同都不易被改造，若采取"强迫同化"的方式去塑造新马来国族，将可能引发族群间的直接冲突，完全不利于族际政治整合。政府短期内不会放弃马来人优先的价值取向，在实践过程中越来越倾向于采取逐步、温和式的"整合"政策，依靠多数马来族群在众多方面的优势地位，来促使非马来人等少数族群在自觉或不自觉的过程中，于潜移默化的情形下进行融合同化，接受多数族群马来人的文化，达到族际政治整合的成效。但面对高度异质的多元文化事实，马来西亚国族的塑造，恐怕需要相当长的时间。

二　马来西亚族际政治整合的借鉴意义

"他山之石，可以攻玉。"了解马来西亚族际政治整合，总结其成功经验和失败教训，可以为他国族际政治整合提供借鉴。

（一）协调族群之间不同利益，保持社会稳定

共处于统一多民族国家内的不同族群拥有不同的政治、经济利益，多民族国家的族际政治整合在某种程度上也可以说是协调不同族群政治、经济等利益的过程。在这一过程中，对政府来说，运用国家政权的力量，在不同的族群间分配利益和权力，实现利益的协调和整合就显得十分重要。族群之间不同利益的协调关乎族际政治整合的成败。在一个多民族国家中，如果存在政治、经济利益悬殊的不同族群，这个国家将很难保持社会的稳定。对于族群利益差异显著的马来西亚来说，对族群间不同利益的协调尤为重要。

实际上，马来西亚独立建国的过程就是各族群协调不同利益、彼此妥协合作的过程。三大族群经过多轮的讨价还价后，最终构建政治联盟，并在 1955 年第一届大选中获得大胜，实现了对国家政权的共治。独立初期政府关于族际政治整合的理念是："马来人掌权，华人继续在国内建立商业信心，印度人在劳工界加强力量，使马来西亚迈向和平繁荣康庄大道。"[①] 在此理念的指导下，政府在政治、文化上给了马来人诸多特权。在经济领域实行自由放任经济政策，由于华人和印度人在经济领域尤其是工商业部门占据优势，获益最多。这一时期，由于各族群利益获得了相对的平衡，所以保持了社会的稳定发展。

独立初期具有妥协特征的族际政治整合很快引起了不同族群的不满。对马来人来说，政治上的优势地位并没有改变经济上的贫穷落后局面。对华人等非马来人来说，随着经济实力的增长，开始不满足于政治上的二等公民地位。族群矛盾于是开始尖锐化，不可调和，最终

---

① Wang Gungwu, "Malaysia: Contending Elites", *Current Affairs Bulletin*, University of Sydney, Vol. 47, No. 3, Dec. 24. 1970, p. 36.

于 1969 年爆发了"五一三"族群冲突事件。

"五一三"事件的爆发源于各族群间利益的失衡。马来西亚政府对该事件进行反思，认为各族群间经济差距过大是引起族群冲突的主要原因。于是马来西亚政府制定了新经济政策来对马来人经济发展进行扶持以实现族群间经济的均衡发展。新经济政策的核心目标是推动社会的重组。所谓社会重组，"也就是对社会结构，特别是经济社会结构的调整，通过改善经济状况，改变马来西亚原有的'民族结构分层'结构，纠正马来人、华人和印度人三大族群间经济发展不平衡的状况，打破三大族群分割的经济边界，从而通过经济手段来减少并最终消除族群差别"。[1]

新经济政策实施 20 年的结果表明马来人的经济利益确实得到了显著提升。马来人在经济收入、股权比例、教育水平等方面均得到较大提升，获益匪浅。马来人同非马来人，尤其是同华人之间的经济发展水平差距明显缩小。在这一过程中非马来人的权益尤其是经济利益遭到了打击，但是他们通过不断地抗争也维护了自己的权利，生存空间并没有得到过分挤压，所以尽管他们在新经济政策实行过程中对种种族群不平等政策有诸多不满，但大体上能够接受。正如马来西亚当地华人所说："反观马国的非巫统，新经济政策虽然对他们造成一些负面的影响，但是能够换得政局的稳定、种族的和谐，也是他们乐意接受的原因。况且他们在各领域仍取得不俗的成就。"[2] 新经济政策"基本上改变了殖民时代遗留下来的族群间不合理的财产分配状态和族群分工制度，从而消除了族群冲突的重要社会历史根源"。[3]

新经济政策在实行 20 年之后，马来人与华人之间的经济差距明显缩小。以保护马来人利益为主的新经济政策在实行的过程中存在的弊端不仅引起非马来人的反对，也引起了马来人的反对。在这种情况下，政府对新经济政策进行调整。接下来，马来西亚政府先后出台了

---

① 贺圣达：《战后东南亚历史发展》，云南大学出版社 1995 年版，第 137 页。
② 利亮时：《探讨五一三事件对华文教育所造成的影响》，马来西亚《人文杂志》2002 年第 15 期。
③ 廖小健：《世纪之交的马来西亚》，世界知识出版社 2002 年版，第 227 页。

国家发展政策和国家宏愿政策，对新经济政策的弊端进行纠正和调整，更加注重经济增长与利益分配的均衡发展，更加注重经济的公平性，一定程度上保证了非马来人的利益。

从马来西亚族际政治整合的实践可以看出，马来西亚至独立后一直致力于协调族群间的利益，尤其是经济利益的不平衡发展，可以说这是马来西亚族际政治整合取得成功的一个重要因素。当然，马来西亚政府对各族群利益的协调并没有一劳永逸地解决各族群间的利益差异和矛盾，只是在历史发展的各个阶段达到了一个各方暂时可以承受的利益平衡点。马来西亚的族际政治整合政策远非公正和公平，其族际关系也远非和谐。正如一位马来西亚的学者所说："大马族群关系的脆弱，实在不容有半毫的闪失，如果有人蓄意达到某种目的，只需星星之火，就可以摧毁数十年的独立果实了。"①

马来西亚族际政治整合的实践表明，对于族群高度异质的国家来说，在各族群间达成利益的平衡非常重要。马来西亚建国以来，族群间不断进行利益博弈，博弈方式主要是以非暴力方式进行：代表不同族群的执政党之间的讨价还价，反对党对政府族群政策的批评，社团的诉求，非马来人的抗争。族群政治、政党政治和选举政治是博弈的最佳手段，巫统坚持马来人特权以争取马来人选票，但非马来人选票也十分重要，这使得巫统要竭力争取非马来人的支持，就不能过分损害非马来人的利益，经常调整对非马来人的政策。不断的利益博弈使马来西亚族际关系处于动态平衡中，非马来人的选票及其抗争，使得由马来人主导的政府需经常调整族群政策，达到某种平衡，其过程一般是争论、示威、集会、选举、解决、平衡。平衡的目标是族群和谐共存、国家稳定繁荣。

（二）经济发展与族际政治整合

经济发展对国家的政治稳定、族际关系和谐具有基础性作用。一般来说，一国经济越是发达，其国内公民就越容易形成信任和宽容的

---

① ［马］郑良树：《马来西亚华文教育发展史》（第四册），吉隆坡：马来西亚华校教师会总会 2003 年版，第 349 页。

政治品质，从而有利于政治稳定、族际关系的和谐。可以说，对多民族国家来说，加快经济发展、创造经济绩效是族际政治整合取得成功的物质基础。马来西亚族际政治整合的实践就是一个鲜活的例证。

马来西亚政府的族际政治整合具有突出的实用主义特点。长期以来，马来西亚政府把经济发展作为族际政治整合政策设计的出发点之一。可以说，马来西亚经济发展是马来西亚族际政治整合取得成功的关键因素。在马来西亚政府发展取向的推动下，马来西亚经济发展取得了令人瞩目的成效。马来西亚经济年均增长率不断攀升。马来西亚在20世纪70年代以出口导向战略取代进口替代战略，促进了经济的快速发展，到90年代已经跻身于新兴工业化国家行列，成了"亚洲四小虎"之一，而且是发展最快的一只"小虎"。1990—1997年马来西亚经济增长率高达8.6%。1997年亚洲金融危机重创了马来西亚经济，马来西亚政府积极采取应对措施，慢慢走出困境，经济有所恢复。

总体上看，独立后马来西亚经济无论是发展速度，还是发展规模都取得了显著增长。经济的总体发展使马来人获益匪浅，无论是马来人还是非马来人都能从国家的经济发展中获益，人民的生活水平得到了提高。

马来西亚经济发展的成就不仅表现在经济的总体发展上，更重要的是各族群间经济的均衡发展。独立初期，马来西亚各族群经济发展不平衡，总体上看，华人在经济上占优势。独立后华人经济在橡胶业、锡矿业、制造业、建筑业、商业、金融业继续发展，就业率和创业率都较高，生活水平普遍高于其他族群。1969年马来西亚贫困人口中，马来人占74%，华人占17%，印度人占8%，有65%的马来人家庭处于贫困线以下，华人中只有26%的家庭处于贫困线以下，印度人家庭是39%。[①]

为了调整族群间经济发展的不平衡，马来西亚政府采取了新经济

---

① 陈晓律等：《马来西亚——多元文化中的民主与权威》，四川人民出版社2000年版，第289页。

政策，有效提升了马来人的经济发展水平。1990 年马来人贫困率下降到 23.8%，2004 年下降到 8.3%。马来人家庭收入与华人和印度人家庭收入的差距也有所缩小。1990 年马来人家庭收入为 940 林吉特，2004 年上升到 2711 林吉特。马来人占有公司股权也有所上升，1970 年马来人股权仅占 2.4%，1990 年上升到 19.3%，1995 年最高，达到 20.6%。[①] 在政府的扶持下，越来越多的马来人脱离农业领域，进入现代经济部门，并涉足商业，许多马来人建立自己的企业。

马来西亚经济政策的制定以改善马来人的经济状况、提高其经济地位为宗旨，尽管存在诸多的弊端和不公，但客观上改善了族群间经济发展的不平衡，促进了国家经济的整体发展。非马来人经济虽然受到打压，但程度有限。马来西亚政府是通过"做大蛋糕"的方式扶植马来人。在经济发展和社会安定的大环境中非马来人获益颇多。华人贫困率从 1990 年的 5.5% 下降到 2004 年的 0.6%，印度人的贫困率从同期的 8.0% 下降到 2.7%。华人家庭收入从 1990 年的 1631 林吉特上升到 2004 年的 4437 林吉特，印度人家庭收入从同期的 1209 林吉特上升到 3443 林吉特。[②]

华人经济尤其是华人大企业集团的发展并没有受到新经济政策太多的影响。据《福布斯》杂志的统计，2010 年马来西亚 10 大富豪中，有 8 位是华商，排名榜首的是郭鹤年，其家族财富高达 120 亿美元。在马来西亚 40 大富豪中有 25 位是华人，总财富高达 382.6 亿美元，约占 40 位大富豪总资产的 75%。2015 年《福布斯》马来西亚富豪排行榜前 10 位富豪中，华人仍占 8 位。[③] 马来西亚经济的发展不仅促进了华人大企业集团的发展，也为普通华人提供了更多的机会。

经济增长在使马来人的经济地位显著提高的同时，客观上也使其他族群得到绝对收益，从而使狭隘的族群主义在很大程度上被淡化。"新一代的马来人对于族群的经济合作经营能够采取更加宽容和开放

---

① 范若兰：《新海丝路上的马来西亚与中国》，世界知识出版社 2017 年版，第 173 页。
② 范若兰：《新海丝路上的马来西亚与中国》，世界知识出版社 2017 年版，第 176 页。
③ 范若兰：《新海丝路上的马来西亚与中国》，世界知识出版社 2017 年版，第 178 页。

的态度，而非马来人也更加倾向于马来西亚的国家认同（而不是族群认同），他们更愿意跨族群交往。"①

总之，马来西亚政府除了努力推动经济的总体发展与提高外，还特别重视缩小族群间经济发展的差距，推进族际政治整合，实现国家的稳定发展。2009 年 4 月接任的马来西亚第六任首相暨巫统主席纳吉也宣称建立"全民马来西亚"，"以民为先"，表示没有族群会被边缘化，"我们必须接触到马来西亚所有地区——所有多元的社区，在宣导国家宣言及朝向追求国家议程的同时，我们绝不遗忘任何一人。我们必须在这一片土地的每一个角落，播下友善及谅解的种子，促使马来西亚全民皆可继续享有丰收繁荣的果实"②。

（三）族际政治整合政策的不断调整

马来西亚政府的族际政治整合具有灵活多样、理性务实的特点。在族际政治整合的过程中，马来西亚政府总体上以马来人优先为价值取向，在政治、经济、社会等层面上推行了一系列优待马来人的政策措施。在具体的实行过程中，马来西亚政府能够根据情势的变化适时地进行调整和改进，增加多元文化主义的因素，缓和族群矛盾，避免族群零和博弈。可以说，马来西亚的族际政治整合是在同化与多元两方面游移以寻求稳定的最佳平衡点。马来人优先的族际政治整合会随不同环境，针对不同情况，分别或同时运用不同政策类型来加减该原则的比重。比如当该政策的实行受到非马来人坚决抵抗，造成整合不易且又可能危及政权稳定时，减少同化比重，增加多元主义的包容政策。

独立初期，以巫统为首的联盟政府虽然秉持马来人优先的基本立场，但这一时期的族际政治整合手段比较具有一定的柔性。联盟内部虽然巫统掌握了政治优势，不断巩固和提升马来人的政治地位，但巫

---

① 孔建勋、李建明：《马来西亚三大族群对经济社会政策不同态度比较》，《东南亚》2008 年第 3 期。

② "Prime Minister's Address on Assuming Office as 6th Prime Minister of Malaysia", by Dato' Sri Mohd Najib Bin Tun Haji Aboul Razak, Perdana Menteri Malaysia. 马来西亚首相署网站，http：//www. pmo. gov. my/doku – Bin menattached/FirstAddress. Pdf, 2009 年 4 月 3 日。

统还没有全面控制国家权力，非马来人政党尚能起到一定的制衡作用。经济领域非马来人能从事自由经济活动，保持经济优势；文化领域联盟政府虽然采用单元文化政策，用马来文化同化非马来人，但也始终承认非马来人文化教育的合法地位。可以说，联盟这一时期族际政治整合政策是在多元主义与马来民族主义之间摇摆。

如果说联盟党执政时期马来西亚族际政治整合是介于多元主义与马来民族主义，"五一三"族群冲突事件发生后，马来西亚政府的族际政治整合基本上倒向了后者。在这一阶段马来西亚政府制定了更加具有刚性、更具有马来民族主义族群霸权色彩的族际政治整合措施。在政治上加强马来人的优势地位，建立了完全由马来人掌控的政治体制。在经济上，实行新经济政策，由国家干预的方式介入经济发展，调整经济在族群间的不均衡发展，提升马来人的经济地位，以降低及消除因经济功能而凸显的族群认同。在文化上，马来西亚政府用马来文化来同化非马来人的文化，为追求国家的统一，政府还提出了一系列改革非马来族群教育的计划和措施。

新经济政策的主要目的就是通过政府的干预，来重新分配马来西亚的经济资源。到1990年，族际政治整合政策实施的结果，不仅使马来人在政治领域而且在国家经济领域取得了支配地位。马来人拥有的资产额比例从1970年的2.4%，上升到1980年的12.5%，1988年达到19.4%，到了1990年，马来人拥有的资产额比例已达到30%。[①]新经济政策的施行有效提高了马来人的经济地位，但是这种整合政策毕竟是依靠国家政权力量的介入，国家运用公权力扭转各族群的经济地位，仅达到提高马来人经济实力的目的，扭转了马来人的经济地位，却没有提升华人的政治地位，印度人也没有从中获益。这种模式在马来西亚日益遭到质疑，非马来人也越来越不满。在这种情况下，马来西亚开始对原来刚性、单一的民族主义政策取向进行调整。国家发展政策和国家宏愿政策相继出台，对非马来人，马来西亚政府改变

---

① 顾长永：《东南亚各国政府与政治：持续与变迁》，台北：台湾商务印书馆2013年版，第83页。

了过去的同化主义形象，以"中庸开明"的姿态来对非马来人的权益，对华人提供了较先前合理公平的对待，加上马哈蒂尔政府所提出的"2020年宏愿"，开始在政经各方面推展小开放。这一时期，政府在以马来优先政策为主轴的同时，淡化同化主义，偏向多元主义色彩，而不急于完全同化。

从实践来看，马来西亚的族际政治整合可以说是介于"同化"及"多元主义"之间。"同化"政策的最终目标，在于希望非马来族群能够遗忘或放弃其原有的文化传统、语言等，转而接受马来族群的优势文化，使社会能够因而出现同质化的现象。但当许多同化政策受到阻碍或因整体环境因素有所变动之时，国家进行相关政策调整，进而转向多元化发展，以有利于进行推动族际政治整合的工作。但总体上说，建立在追求单一化国族的"民族主义"价值取向基础上"同化"式的族际整合是马来西亚族际政治整合的主旋律。

同化式的族际政治整合可以增进社会的内聚力，但是却无法达到社会均质化的程度。族群成分上的均质化，在任何时候任何地方都只能被视为一种理想，而不可能成为一种事实。西欧现代民族国家自其产生之日起，就一直试图通过暴力排斥和教育垄断的手段，实现国民和文化"均质化"。但其失败的经验教训告诉我们，多民族国家在进行族际政治整合时的政策，应该是介于"同化"及"多元主义"之间，进行部分适应整体环境的调整。因为"同化"政策的最终目标，在于希望少数族群能够遗忘或放弃其原有的文化传统、语言等，转而接受多数族群的优势文化，使社会能够因而出现同质化的现象。但当许多同化政策受到阻碍或因整体环境因素有所变动之时，国家可能进行相关政策调整，进而转向多元化发展，以有利于进行推动国家族际政治整合的工作。

（四）适合国情的政治制度

合适的政治制度有利于构建稳定和谐的国内环境，有利于族际政治整合。正如学者江宜桦所言："政治制度的设计对族群政治的意义不仅是衡量国家认同的重要指标，同时也是政治稳定与国家整合的重要关键因素。"[①] 政治不稳定的主要关键因素在于政治参与和政治制度化的差距过大。[②] 马来西亚族际政治整合之所以取得一定程度上的成功就在于制定了符合多元族群社会的制度设计。

马来西亚是一个多元族群国家，其政治体制有着自己鲜明的特色。马来西亚的政治体制具有两面性，既具有威权体制的特性，又有民主体制的弹性。这种特殊的政治体制被学者们称为"准民主"[③]"半民主"[④]"种族威权民主"[⑤]"竞争型威权主义"[⑥]"选举型威权主义"等。

有学者认为该政治体制类型有着下述三方面主要特征：其一，存在一个独大的执政党，反对党受到限制；其二，选举虽然实现一人一票，但受到控制或操纵，其中的公正性不足；其三，权力结构方面，一党独大的执政党与国家难以区分。[⑦] William Case 认为，马来西亚半民主的特征是：（1）在野党对中央政权的挑战受到限制，因此中央政府级的政权交替的可能并不存在；（2）在野党和其他压力团体仅仅是吸收社会的不满、不平情绪的安全阀装置，并不具备挑战政府的势力。[⑧] James Jesudason 认为，马来西亚的政治体制属于国家管制型民主制度，这种民主制度的特征有：（1）可在政治系统

---

① 江宜桦：《自由主义、民族主义与国家认同》，台北：杨智文化事业股份有限公司 1997 年版，第 87 页。

② Samuel P. Huntington, *Political Order in Changing Society*, New Haven：Yale University Press, 1968, p. 79.

③ William Case, "New Uncertainties for an Old Pseudo – Democracy – The Case of Malaysia", *Comparative Politics*, Vol. 1, Oct. , 2004, pp. 83 – 104.

④ Clark D. Neher and Ross Marley, *Democracy and Development in Southeast Asia*, West View Press, 1995, pp. 85 – 101.

⑤ 参阅 [马] 祝家华《艰难的抉择：智慧和勇敢精神的考验——大马政治民主化的展望》，《南洋商报》，1994 年 9 月 15 日。

⑥ Steven Levitsky and Lucan A. Way, Autocracy By Democratic Rules：The Dynamics of Competitive Authoritarianism in the Post – cold War Era, p. 281, Paper Prepared for the Conference, Mapping the Great Zone：Clientelism and the Boundary between Democratic and Democratizing, Columbia University, April 4 – 5, 2003.

⑦ 葛红亮：《巫统的基因缺陷及其政治前途》，《联合早报》，2015 年 6 月 29 日。

⑧ [马] 黄明来：《一党独大：日本和马来西亚政党政治比较研究》，吉隆坡：大将事业出版社 2003 年版，第 87 页。

中，窥见民主制度的要素，比如定期选举、拥有反对政治的自由、复数政党制的存在等；（2）非民主的要素也同样存在，比如内部治安法令、国家机密法令、印刷和出版法等；（3）政治体制的合法性极高，高度的政治打压并不存在；（4）对执政党构成威胁的市民社会的出现受到管制。① 何启良认为："马来西亚政府虽然有威权化倾向，还是保留议会民主的制度，依法进行定期选举。巫统领导人克制建立纯粹马来人政府的诱惑，保留些许空间给非马来人的政治力量，未完全摧毁政治精英沟通与妥协的非正式制度。因此，'五一三'后的马来西亚，其政治体制可以用'半民主'（semi – democracy）来形容。"②

从威权的一面来看，马来西亚政治体制的威权色彩浓烈。在政治上主要表现为建立了高度集权的中央政府。1957 年马来西亚独立后，苏丹特殊地位依旧存在，马来西亚传统社会中充满父权主义的色彩，马来人对苏丹存在"绝对效忠"的心态，传统王室的权力超乎社会之上。马哈蒂尔执政后，开始对苏丹及王室特权不满，提出削减王室特权的宪法修正案，来限制王权。马哈蒂尔通过对王权大幅度的限制，提高了首相对国内政治权力的掌握权。此外，马哈蒂尔还介入司法体系，扩大行政权，限制司法权，通过行政掌控立法来限制司法。也就是说，马来西亚国内行政权逐渐变成一权独大。从中央与地方的关系来看，中央政府采取行政集权方式及高压法令等来对地方政府进行控制。对国内民众而言，马来西亚政府利用其行政权威加上国会多数的优势，配合制定相关法令与策略，加强对市民社会的控制。对马来西亚社会及人民而言，最严重的权利侵害便是经由任意的逮捕与拘留的方式来伤害人民的人身自由权。在这方面，马来西亚政府最经常借助的法令是《国内安全法令》。从 1960 年到 1981 年，在内安法令

---

① ［马］黄明来：《一党独大：日本和马来西亚政党政治比较研究》，吉隆坡：大将事业出版社 2003 年版，第 82 页。

② ［马］何启良：《大马华人政治省思》，吉隆坡：马来西亚华社研究中心 1994 年版，第 51 页。

下被扣留人士达到 3102 人。① 此外，马来西亚政府还通过出台《印刷及出版法令》，加强对新闻媒体的控制。

马来西亚的威权体制虽然在政治上高度集权，威权色彩浓烈，但具有适应现代化要求的新型政权的某些特征，国家领导人坚持经济发展与政治稳定导向，建立社会秩序、稳定政治局面、克服族群危机、创造经济建设和社会发展的环境，有助于国家走上健康的发展道路，在一定时期是积极的、进步的，因而是必要的。正如亨廷顿所说："威权的合理化和权力的集中不仅对于统一是必要的，而且对于进步也是必要的。"②

另外，马来西亚的威权体制并不是权力的高度专制，而是保留了一定的民主形式。比如说，有选举，通过定期选举出政府，政府的任期为五年；所有族群都拥有平等的选举权；保证在野党的合法地位，国会和州议会中都有在野党议员存在，能对执政党进行批评和挑战。马来西亚的民主因威权政权的存在而大打折扣，但毕竟在形式上具有合法性。更关键的是这种制度设计为族群关系提供了缓冲机制，一定程度上缓解了族群矛盾，避免了族群冲突，是马来西亚族际政治整合取得成功的重要因素。这些民主形式为各族群提供了有效的利益诉求渠道，尽管各族群利益不平等，但各族群能通过大选，通过手中的选票表达自己的不满，达到利益的平衡。这种方式也可以约束各政党的极端倾向，不论是执政党还是反对党为了争取其他族群选民的支持，在维护自己族群利益的同时，都不能过分损害其他族群的利益。

总之，马来西亚的政治体制保证了族际政治整合政策的稳定性与连续性，在一定时期内适合马来西亚的国情，使马来西亚保持了经济的高速发展，又实现了社会稳定、族群和谐。但也只能说它在一定时期内适合马来西亚的国情，是一种不得已而为之的过渡形态，是国家从传统社会向现代化社会过渡过程中一个特殊的阶段，具有不成熟性

---

① 李悦肇：《马哈迪时期马来西亚之国家整合（1981—2003）》，博士学位论文，台湾中国文化大学，2004 年，第 176 页。

② ［美］塞缪尔·亨廷顿：《变化社会中的政治秩序》，王冠华等译，生活·读书·新知三联书店 1989 年版，第 87 页。

和过渡性。随着马来西亚现代化和民主转型的发展，这种政治体制必将得到调整。

除了威权与民主并存的政治体制外，族群差异如此明显的马来西亚能够长期保持国家的稳定和族群和平相处，最重要的和最具有特点的机制之一就是马来西亚的政党制度。如前所述，马来西亚的政党制度既不同于一党制、两党制，也不是传统意义上的多党制，而是政党联盟。从最初的华巫印联盟、国民阵线到现在的执政联盟都是典型的联盟党。马来西亚独立以来的族际政治整合实践表明，政党联盟的权力分配和运作机制是维持马来西亚社会稳定和政治稳定的重要一环，对于马来西亚的族际政治整合具有深远影响。对马来西亚特殊的政党政治，本书第四章有较多论述，此处不再赘述。

马来西亚族际政治整合的实践表明，选择合适的政治制度对多民族国家的族际政治整合非常重要。对多民族国家来说，选择适合国情的政治制度关乎族际政治整合的成败。对后发多民族国家来说尤其重要，这些国家大多是在殖民地或半殖民地的基础上开始族际政治整合的。这些国家普遍没有西方国家政治民主的传统，面临着族群众多、文化多元、地方分裂等局面，国内往往保留着地方的传统权力，比如部落制度、宗族制度等，传统的文化和价值观也依然存在。因此，对后发多民族国家来说，应该选择合适的政治制度，并不断加以完善，实现这些制度的统一协调，不断提高制度的适应性和有效性，为多民族国家的族际政治整合提供制度平台。

结　　语

对多民族国家来说，如何应对族群与国家之间的二元张力，进行族际政治整合，是一项重要的任务。不同的国家为此探索了不同的思路和解决方案，然而由于历史与现实诸多因素的影响，各国处理相关问题的成效大不相同。有的国家成功地防止了族群与国家之间的裂痕，提升了族群凝聚力，巩固了现代国家制度、价值体系，使族群与国家关系不断改善；有的国家则矛盾更加突出，现代国家制度、价值体系因为族群间的矛盾冲突而难以真正在全国范围内建立，国家进行族际政治整合的努力终没能取得成效，影响国家的统一和稳定。一些国家甚至发生了解体和重组，导致了国家的最终消亡。

纵观多民族国家族际政治整合的实践，对多民族国家来说，族际政治整合之道绝非坦途，而是充满了困难和挑战。各个族群在利益诉求和价值取向上的差异和多样性，导致在整合的过程中，各族群之间以及族群与国家之间在资源和权力分配上产生诸多分歧和矛盾。而国家对不同族群的态度，以及解决这些矛盾和分歧的方法，直接关系到由国家发动的族际政治整合过程的合法性和有效性，关系到多民族国家的民族团结和政治稳定。因此，在此背景下对典型多民族国家的族际政治整合之道进行研究，探寻其族际政治整合之道，总结其经验，汲取其教训就十分必要。

马来西亚无疑是一个具有典型性的多元族群国家。不可否认，对马来西亚这个族群高度异质性的国家来说，族际政治整合是一项复杂且困难的工程。很少有哪个后发多民族国家能成功制定和执行政策以避免族群间暴力冲突。和很多充斥着族群暴力冲突的后发多民族国家以及具备复杂族群特征的国家相比，马来西亚做出了表率。是什么原因和政策使得马来西亚成功处理了族群关系问题并预先阻止了大规模族群暴动的发生？

本书的初衷主要是探寻马来西亚政府是如何在族群矛盾和冲突交织的情况下进行族际政治整合的。从宏观上说，本书旨在从总体上对马来西亚族际政治整合的发展与演变进行一个系统的梳理和研究。探讨马来西亚族际政治整合面临的族际环境是怎样的，马来西亚政府族际政治整合的目标是什么，马来西亚又采取了怎样的整合手段，不同的族群在互动中或者说相互博弈的过程中达到了什么样的结果。并在前面研究的基础上对马来西亚族际政治整合进行总结，分析其取得成功的原因和经验，探讨其存在的不足，对其未来发展做出展望。

独立后，马来西亚在马来人优先的民族主义价值取向的指导下，开始其族际政治整合政策的实践。从时间纵向发展的角度来看，马来西亚的族际政治整合实践可以分为三个阶段，即独立初期（1957—1969年）、新经济政策时期（1970—1990年）和20世纪90年代至今。在不同阶段，马来西亚采取了不同的族际政治整合措施和手段。通过历届巫统政府的族际政治整合实践，马来西亚从总体上保持了较和谐的族际关系和稳定的国内环境。

马来西亚相对和谐的族群关系、稳定有序的社会发展是同政府的族际政治整合分不开的。总体上说，马来西亚政府根据社会发展的需求，采取了比较有效的整合措施，一定程度上满足了各族群生存发展的基本需求，在族际关系上达到了一个大多数族群能够接受的利益平衡点。但也不能据此认为马来西亚的族际政治整合取得了完全的成功，毕竟马来西亚目前还存在诸多的族群问题：马来人优先以及由此带来的行政偏差和资源分配不公问题；少数弱势族群群体的生存与发展问题等。政府希望通过族际政治整合，消除族群异质性，促进族群完全意义上的和谐共处，乃至把不同族群构建成一个国族即马来西亚民族。要达到这样的目标，马来西亚族际政治整合的实践还有很长的一段路要走。

　　尽管存在着这样那样的问题，亦面临着诸多的困境与挑战，马来西亚族际政治整合仍取得了不少成效。从稳定这一角度来看，很少有像马来西亚这样高异质性多民族国家能保持国家的稳定发展。马来西亚族际政治整合取得成功的原因是多方面的，最基本也是最重要的一点是马来西亚在族际政治整合的过程中在国家利益与族群利益之间探寻并维持了一种平衡。这种平衡是各个族群之间、族群与国家之间各种各样大大小小利益平衡的结果。这个过程也是各个族群之间以及族群与国家之间利益博弈的结果。

　　马来西亚族际政治整合的实践某种程度上也是一个探寻并维持利益平衡点的过程。我们从马来西亚族际政治整合的价值取向来看，其并非单一的马来人优先的民族主义，非马来人的"文化多元主义"取向的制衡作用一直都存在。纵观马来西亚族际政治整合的实践，"五一三"事件是一重要的分水岭。独立前后至"五一三"事件前，马来西亚的族际政治整合介于马来民族主义和文化多元主义之间。"独立以后的几年，在多元主义及马来民族主义之间妥协的政策，无法满足非马来人与马来人的要求。"① "五一三"事件后，马来西亚的族际政治整合价值取向完全被马来民族主义所主导。"五一三"事件之后，尽管马来民族主义始终是马来西亚族际政治整合乐曲的主旋律，但文化多元主义与民族主义的政治角力在政府与民间的博弈持续存在。

　　探寻并维持利益平衡点的过程是一个各方博弈妥协的过程，能否达到各方利益的平衡很大程度上取决于政府的平衡政策与协调能力。纵观马来西亚族际政治整合实践，我们可以看出马来西亚政府族际政治整合政策具有灵活务实的特点。比如独立前夕马来西亚面临着极其尖锐而难以调和的族群利益对立和族群矛盾冲突，在实现独立这个头等政治目标的前提下，为了确保各自族群权益的最大化和确保族群间相安共存，各族群相互妥协、博弈，最后达成了某种"社会契约"，

---

　　① Cheah Boon Kheng, *Malaysia: The Making of a Nation*, Singapore: Institute of Southeast Asian Studies, 2002, p. 90.

契约的实质就是马来人与非马来人妥协交易的结果。再比如，马来西亚政府在族际政治整合的过程中，为了纠正族群间经济发展的不平衡，采取了扶持马来人经济发展的措施，对马来人经济的帮助侧重于做大经济蛋糕以兼顾各族群的经济利益，而不是通过直接剥夺华人利益来扩大马来人的财富。

对多民族国家尤其是后发多民族国家来说，马来西亚的经验值得思索和学习。大多数多民族国家在族际政治整合的过程中采用的是"求同"的价值取向，采取"同化"手段和方式追求国家的"均质化"。然而，历史经验告诉我们这种强制"同化"的族际政治整合不仅以失败而告终，还带来了许多悲剧。也许族群成分、社会文化等的均质化，在任何时候任何地方都只能被视为一种理想，而不可能成为一种事实。在笔者看来，认清这个现实，摆脱"均质化"的迷思对多民族国家来说不仅仅是思想认识问题，更重要的是会影响其族际政治整合道路的选择。选择"同化"和"多元主义"之间的族际政治整合之路，也许符合大多数多民族国家的现实。如何在二者之间根据具体的族际环境进行调整，追求族群与族群之间、族群与国家之间利益的平衡点对大多数多民族国家来说都是考验政府智慧的挑战。

虽然"同化"是马来西亚族际政治整合的主旋律，但马来西亚距离"均质化"差距不止"十万八千里"。诸多的困境与挑战当中，"马来人优先"或者"马来人特权"的价值取向一直饱受诟病。巫统始终没有放弃以马来文化为基础同化和融合其他族群，以创造一个想象的共同体——马来西亚民族。可以说，在马来西亚，由于独立以后占人口多数的马来人控制了政府，政府在某种程度上充当了维护、扩大马来人特权利益工具的角色。

国家到底应不应该成为优势主体族群的利益工具？关于国家在处理族群问题上的角色，有学者曾经将国家分为经理角色（state as manager）及控制者（state as controller）。作为经理角色的国家是居于中立地位处理族群间之竞争，并执行基本规则；作为控制者的国家为优势族群所控制，并运用国家制度性权力，强制其他族群服役，因而族群政策往往反映优势族群的利益。① A. Smith 认为，居强势地位的族群会运用国家机器作为支配的工具，来维持政治秩序，因而这种社会的政治形式和特质，乃是优势族群的独断与支配。优势族群会运用国家权力控制其他族群体，如运用国家制度、法律和政治结构，来维持或强化权力的独占，国家因而变成优势族群的代理人。② P. Brass也认为，国家往往无可避免地被特定的优势族群所掌握，倾向于支持某一族群，并不平等地分配资源，因而造成族群在资源分配上的差异。③纵观全球多民族国家族际政治整合的实践，国家为优势主体族群所掌控的例子比比皆是。通常这些国家会实行支配性的政策，也就是拥有优势控制权的族群为了维持其优势地位、经济利益及心理安全等，会以其权威去支配另一个族群，例如通过公共政策、社会政策或经济政策等手段，达到优势族群的支配目的。这也决定了这些国家族际政治整合的过程往往是在主体族群霸权下进行的，其间不可避免地会有主体族群对弱势族群的征服、压迫和歧视。充满征服、压迫和歧视的族际政治整合注定会带来族群矛盾和族群冲突。非主体族群为了争取族群平等，发起各种民族主义运动来改变不公正的现实秩序，严重的将会影响国家的统一和稳定。

历史的悲剧值得我们反思。应该说国家与族群之间的关系是动态的、辩证的。国家部分地独立于族群，但又和它必然地联系在一起。国家既有其相对自主性，同时也会被特定族群所支配。国家不可能完全独立于优势族群，因而难免成为支配族群的工具，但因国家有其本身利益，且会受到内外环境的影响，所以也不会纯粹成为优势族群的工具。无数例证告诉我们，国家在进行族际政治整合时难免会受到优势族群的影响，但如果国家被优势主体族群所挟持，采取刚性的族群

① J. Rothchild & Olorunsola, eds. , *State Versus Ethnic Claims*：*African Policy Dilemmas*, Colorado：Westview Press, 1983, pp. 2 – 3.

② A. Smith, *The Ethnic Revival*, Cambridge：Cambridge University Press, 1974, pp. 13 – 14.

③ P. Brass, *Ethnicity and Nationalism*：*Theory and Comparison*, New Delhi：Sage, 1991, p. 255.

支配政策，族群冲突和族群矛盾就不可避免。对多民族国家来说，如果能避免被优势族群挟持，避免完全变成他们的利益工具，可能就会避免许多悲剧。在笔者看来，无论如何，多民族国家在制定族际政治整合政策时，理应把国家整体利益作为政策制定与修改的基准。

　　总之，对马来西亚而言，国内多族群的存在及其文化多样性是不争的事实。在未来族际政治整合的过程中，以马来人为首的政府在短时间内也不会放弃马来民族主义的价值取向。马来西亚的族际政治整合跨越族群界限，超越不同族群间的"距离与不信任感"，并建构马来西亚国族，有待全民的努力与时间的考验，可谓是任重而道远。不仅仅是马来西亚，实际上对绝大多数多民族国家来说，族际政治整合的过程都是一个任重而道远的过程。在这个过程中可能存在不足、失误或不公，但希望在未来族际政治整合的道路上，多民族国家都能够找到自己的"康庄大道"，最终实现族群之间的和解与相互包容。

参考文献

一　中文文献

（一）专著、编著、译著

陈鸿瑜：《马来西亚史》，台北：兰台出版社 2012 年版。

陈建樾、周竞红主编：《族际政治在多民族国家的理论与实践》，社会科学文献出版社 2010 年版。

陈晓律：《马来西亚：多元文化中的民主与权威》，四川人民出版社 2000 年版。

陈中和：《马来西亚伊斯兰政党政治：巫统和伊斯兰党之比较》，新纪元学院马来西亚族群研究中心和策略资讯研究中心 2006 年版。

崔贵强：《新马华人国家认同的转向（1945—1959）》，厦门大学出版社 1989 年版。

范磊：《新加坡族群和谐机制：实现多元族群社会的"善治"》，湖南人民出版社 2016 年版。

顾长永：《马来西亚独立五十年》，台北：台湾商务印书馆 2009 年版。

关凯：《族群政治》，中央民族大学出版社 2009 年版。

韩方明：《华人与马来西亚现代化进程》，商务印书馆 2002 年版。

何国忠：《百年回眸：马华社会与政治》，吉隆坡：马来西亚华社研究中心 2005 年版。

何国忠编：《全球化话语下的中国及马来西亚》，马来亚大学中国研究中心 2007 年版。

胡春艳：《抗争与妥协：马来西亚华社对华族母语教育政策制定的影

响》，暨南大学出版社 2012 年版。

黄明来：《一党独大：日本和马来西亚政党政治比较研究》，吉隆坡：
　　大将事业出版社 2003 年版。

孔建勋：《多民族国家的民族政策与族群态度——新加坡、马来西亚
　　和泰国实证研究》，中国社会科学出版社 2010 年版。

李恩涵：《东南亚华人史》，东方出版社 2015 年版。

李文主编：《东南亚：政治变革与社会转型》，中国社会科学出版社
　　2006 年版。

李毅夫、刘泓主编：《世界民族》（第一卷），中国社会科学出版社
　　2013 年版。

廖小健：《战后马来西亚族群关系：华人与马来人关系研究》，暨南
　　大学出版社 2012 年版。

林开忠：《建构中的“华人文化”：族群属性、国家与华教运动》，吉
　　隆坡：马来西亚华社研究中心 1999 年版。

林若雩：《马哈迪主政下的马来西亚：国家与社会关系（1981—
　　2001）》，台北：韦伯文化事业出版社 2001 年版。

林勇：《马来西亚华人与马来人经济地位变化比较研究》，厦门大学
　　出版社 2008 年版。

罗圣荣：《马来西亚的印度人及其历史变迁》，中国社会科学出版社
　　2015 年版。

马来西亚华社研究中心编：《马来西亚经济政策》，吉隆坡暨雪兰莪
　　中华大会堂 1990 年版。

马戎：《族群、民族与国家构建》，社会科学文献出版社 2012 年版。

马戎编：《民族社会学——社会学的族群关系研究》，北京大学出版社
　　2004 年版。

马燕冰、张学刚、骆永昆编：《马来西亚》，社会科学文献出版社
　　2011 年版。

孙和声：《大马“变天”远吗？——两线制与政党轮替的前景》，东
　　方企业出版社 2012 年版。

孙和声、唐南发编：《风云五十年：马来西亚政党政治》，吉隆坡：

燧人氏出版社 2007 年版。

孙振玉：《马来西亚的马来人与华人及其关系研究》，甘肃民族出版社 2008 年版。

王国璋：《马来西亚的族群政党政治（1955—1995）》，台北：唐山出版社 1997 年版。

王建娥：《族际政治：20 世纪的理论与实践》，社会科学文献出版社 2011 年版。

王建娥、陈建樾等：《族际政治与现代民族国家》，社会科学文献出版社 2004 年版。

王剑峰：《族群冲突与治理：基于冷战后国际政治的视角》，社会科学文献出版社 2014 年版。

王希恩：《民族过程与国家》，甘肃人民出版社 1998 年版。

王希恩：《全球化中的民族过程》，社会科学文献出版社 2009 年版。

王希恩主编：《民族过程与中国民族变迁研究》，民族出版社 2011 年版。

文学：《英法在东南亚的殖民模式及影响研究——以马来地区和印度支那地区为例》，对外经济贸易大学出版社 2015 年版。

吴彦华、潘永强编：《未完成的政治转型：马来西亚 2013 年大选评论》，吉隆坡：马来西亚华社研究中心 2013 年版。

谢立中主编：《理解民族关系的新思路：少数民族问题的去政治化》，社会科学文献出版社 2010 年版。

谢诗坚：《马来西亚华人政治思潮演变》，槟城：友达企业有限公司 1984 年版。

严庆：《冲突与整合：民族政治关系模式研究》，社会科学文献出版社 2011 年版。

于春洋：《民族政治发展导论》，社会科学文献出版社 2013 年版。

张会龙：《当代中国族际政治整合结构、过程与发展》，北京大学出版社 2013 年版。

张祖兴：《英国对马来亚政策的演变（1942—1957）》，中国社会科学出版社 2012 年版。

赵海英：《现代化进程中东南亚国家建构研究——基于族际整合视

角》，中国政法大学出版社 2016 年版。

周传斌：《概念与范式——中国民族理论一百年》，民族出版社 2008
　年版。

周大鸣：《多元与共融——族群研究的理论与实践》，商务印书馆
　2011 年版。

周平：《多民族国家的族际政治整合》，中央编译出版社 2012 年版。

周平：《民族政治学》，高等教育出版社 2007 年版。

〔澳〕芭芭拉·沃森·安达娅、〔澳〕伦纳德·安达娅：《马来西亚
　史》，黄秋迪译，中国大百科全书出版社 2010 年版。

〔澳〕约翰·芬斯顿主编：《东南亚政府与政治》，张锡镇译，北京大
　学出版社 2007 年版。

〔比利时〕马可·马尔蒂尼埃罗：《多元文化与民主：公民身份、多
　样性与社会公正》，尹明明、王鸣凤译，社会科学文献出版社 2015
　年版。

〔马〕柯嘉逊：《马来西亚的政治神话》，雪兰莪中华大会堂 1989
　年版。

〔马〕柯嘉逊：《马来西亚民权运动》，吉隆坡：策略咨讯研究中心
　2006 年版。

〔马〕马哈蒂尔：《马来人的困境》，乐钟铃译，香港：皇冠出版公司
　1971 年版。

〔马〕赛·胡先·阿里：《马来人的问题与未来》，莱顺吉译，吉隆
　坡：策略咨讯研究中心 2010 年版。

〔马〕何启良、祝家华、安焕然编：《马来西亚、新加坡：社会变迁
　四十年（1965—2005）》，吉隆坡：南方学院出版社 2006 年版。

〔马〕祝家华、潘永强编：《马来西亚国家与社会的再造》（上、下
　册），新纪元学院、南方学院等联合出版 2007 年版。

〔英〕理查德·温斯泰德：《马来亚史》（上、下册），姚梓良译，商
　务印书馆 1974 年版。

〔英〕米歇尔·E. 布朗、〔法〕苏米特·甘古力主编：《亚太地区的
　政府政策和民族关系》，张红梅译，东方出版社 2005 年版。

（二）期刊类

白萍：《浅谈多民族国家中民族与国家的关系问题》，《黑龙江民族丛刊》2010 年第 3 期。

曹庆锋：《马来西亚民族政策的历史嬗变及其启示》，《西北民族大学学报》（哲学社会科学版）2013 年第 4 期。

曹庆锋、熊坤新：《民族关系维度下的马来西亚治国理念》，《黑龙江民族丛刊》2013 年第 1 期。

常士间：《多民族后发国家现代化进程中的族际政治整合与政治文明建设》，《云南行政学院学报》2010 年第 3 期。

常士间：《和谐理念与族际政治整合》，《政治学研究》2009 年第 4 期。

常士间：《异中求合与和而不同：当代中国与加拿大民族政治观比较》，《云南行政学院学报》2011 年第 6 期。

常士间：《族际政治整合的多维构成分析》，《马克思主义与现实》2010 年第 2 期。

常士间、韩正明：《政党权威与制度建设：当代中国的族际政治整合》，《马克思主义与现实》2011 年第 3 期。

陈纪：《多维互动：族际政治整合机制研究》，《广西民族研究》2007 年第 3 期。

陈君、周济申、王岑会：《多民族发展中国家的发展路径选择——浅析 1970—1990 年马来西亚新经济政策》，《东南亚纵横》2006 年第 11 期。

陈茂荣：《文化民族与政治民族：由民族属性所衍生的话题》，《广西民族研究》2013 年第 1 期。

陈美萍：《大马华人与马来人——族群边界政策化的塑造》，《马来西亚华人研究学刊》2007 年第 10 期。

陈鸥：《马来西亚政党政治现状与展望》，《国际资料信息》2009 年第 6 期。

陈心林：《族群理论及其在我国应用的反思》，《青海民族研究》2010

年第 2 期。

陈烨：《Ethnic group（族群）、Nation（民族）与中国的民族》，《黑
　　龙江民族丛刊》2003 年第 3 期。

陈志明：《华人与马来西亚民族的形成》，《亚洲文化》1987 年第
　　9 期。

陈志明：《族群认同与国家认同：以马来西亚为例》（上），罗左毅
　　译，《广西民族学院学报》（哲学社会科学版）2002 年第 5 期。

陈志明：《族群认同与国家认同：以马来西亚为例》（下），罗左毅
　　译，《广西民族学院学报》（哲学社会科学版）2002 年第 6 期。

储建国、李江：《新加坡人民行动党与马来西亚国阵联盟长期执政的
　　原因及启示》，《深圳大学学报》（人文社会科学版）2017 年第
　　3 期。

丁志刚、董洪乐：《政党、政党制度与现代多民族国家治理》，《思想
　　战线》2013 年第 2 期。

段颖：《马来西亚的多元文化、国家建设与族群政治》，《思想战线》
　　2017 年第 5 期。

方盛举：《马来西亚政党政治浅析》，《思想战线》1998 年第 9 期。

付春：《论民族权利与国家整合》，《广西民族研究》2006 年第 2 期。

耿长娟：《马来西亚政府的改革启示》，《东南亚纵横》2011 年第
　　8 期。

郭继光：《利益集团、制度讲话与马来西亚中等收入陷阱》，《东南亚
　　研究》2012 年第 4 期。

郝亚明：《试论民族概念界定的困境与转向》，《民族研究》2011 年第
　　2 期。

黄云静：《马来西亚现代政治制度的确立——兼论英国殖民统治的遗
　　产问题》，《东南亚研究》2000 年第 1 期。

贾海涛：《审视西方"民族国家"理论》，《暨南学报》（哲学社会科
　　学版）2005 年第 5 期。

蒋炳庆：《"一带一路"战略视域下的马来西亚华人社会探索》，《学
　　术探索》2015 年第 9 期。

蒋炳庆：《多元文化背景下的民族和谐实现——基于马来西亚族群关系观察》，《贵州民族研究》2015 年第 8 期。

李景铭：《民族国家的类型划分》，《民族研究》2004 年第 2 期。

李平：《一党独大下马来西亚多党联盟政治的发展》，《当代亚太》2005 年第 12 期。

李优坤、戴斌武：《解读马来西亚新一届大选结果》，《当代世界》2008 年第 1 期。

廖小健：《进入后马时代的马来西亚政局——论巫统面临的内外挑战》，《东南亚研究》2003 年第 6 期。

廖小健：《马来西亚"513 事件"与"308 政治海啸"的比较——兼论"308 政治海啸"后马来西亚的政治发展》，《东南亚研究》2010 年第 5 期。

廖小健：《马来西亚民族政党联盟的构架与影响》，《世界民族》2007 年第 6 期。

廖小健：《英国战后马来西亚政策的演变及其影响》，《世界历史》2009 年第 3 期。

廖小健：《马来西亚维持族群和谐的经济与教育因素》，《华侨华人历史研究》2009 年第 2 期。

刘永刚：《中国的族际政治整合与中华民族建设》，《广西民族研究》2017 年第 1 期。

罗圣荣：《马来西亚的族群边界与少数族群的认同——以印度人穆斯林为例》，《南洋问题研究》2014 年第 1 期。

罗圣荣：《马来西亚华印社会比较研究》，《南洋问题研究》2012 年第 1 期。

罗杨：《"305 与 505 大选后的马华公会：回顾与展望"讲座综述》，《华侨华人历史研究》2013 年第 4 期。

骆永昆：《马来西亚土著权威组织》，《国际研究参考》2013 年第 2 期。

骆永昆：《马来西亚新总理纳吉布》，《国际资料信息》2009 年第 5 期。

马戎：《关于当前中国民族问题研究的 100 个思考题》，《西北民族研究》2013 年第 2 期。

宁骚：《论民族国家》，《北京大学学报》（哲学社会科学版）1991 年第 6 期。

齐顺利：《马来西亚"伊斯兰国"与民族国家：争论、影响与趋势》，《东南亚研究》2016 年第 6 期。

齐顺利：《马来西亚肯定性行动研究——马来人优先政策的合理性反思》，《云南民族大学学报》（哲学社会科学版）2017 年第 1 期。

齐顺利：《他者的神话与现实——马来民族主义研究》，《国际政治研究》2011 年第 4 期。

齐顺利：《他者的神话与现实——马来民族主义研究》，《国际政治研究》2011 年第 4 期。

齐顺利：《一个民族，两种想象：马来人与华人关于马来西亚民族建构问题争论之述评》，《华侨华人历史研究》2008 年第 3 期。

齐顺利：《政治整合视域下的马来西亚民族建构研究》，《国际论坛》2012 年第 4 期。

石沧金、潘浪：《二战前英属马来亚印度人的政治生活简析》，《世界民族》2010 年第 6 期。

石翔：《"新经济政策"对马来西亚经济的影响》，《东南亚研究》1989 年第 3 期。

宋效峰：《2008 年大选后马来西亚政党政治的走势》，《东南亚研究》2008 年第 5 期。

宋效峰：《历史合力作用下的马来西亚政党制度》，《东南亚研究》2010 年第 3 期。

宋效峰：《马来西亚政党制度的制度化与政治稳定功能》，《东南亚研究》2009 年第 3 期。

宋效峰：《试析马来西亚一党独大制的历史合法性》，《广州社会主义学院学报》2008 年第 1 期。

孙旭东：《马来西亚的议会与选举制度》，《山东人大工作》2006 年第 5 期。

童宁：《族际关系与政治发展：以马来西亚为个案的民族政治学考察》，《经济与社会发展》2007 年第 3 期。

汪波：《民族国家与现代民族的"政治性"、"国民性"》，《贵州民族研究》2003 年第 4 期。

王东明：《关于"民族"与"族群"概念之争的综述》，《广西民族学院学报》（哲学社会科学版）2005 年第 2 期。

王飞飞、彭德远、刘贵博：《马来西亚探索种族和谐途径对我国的启示》，《内蒙古民族大学学报》（社会科学版）2017 年第 4 期。

王建娥：《国家建构和民族建构：内涵、特征及联系——以欧洲国家经验为例》，《西北师大学报》（社会科学版）2010 年第 2 期。

王军：《民族国家的生成与内涵解析》，《黑龙江民族丛刊》2012 年第 6 期。

王希恩：《"现代民族"的特征及形成的一般途径》，《世界民族》2007 年第 2 期。

王志立：《民族主义与国家民族建构》，《马克思主义与现实》2016 年第 5 期。

王子昌：《华人移民与马来西亚的政治发展》，《世界民族》2007 年第 1 期。

王子昌：《集团博弈与公共利益——以马来西亚政治为例的研究》，《东南亚研究》2002 年第 3 期。

王子昌：《政治领导与马来西亚国族"打造"》，《世界民族》2004 年第 1 期。

王宗礼：《多族群社会的国家建构：诉求与挑战》，《马克思主义与现实》2012 年第 4 期。

王宗礼：《国家构建、族际政治整合与公民教育》，《西北师大学报》（社会科学版）2013 年第 6 期。

王宗礼：《国家建构视域中的后发多民族国家政治发展》，《当代世界与社会主义》2013 年第 5 期。

韦红：《20 世纪 90 年代以来马来西亚民族政治的淡化》，《世界民族》2002 年第 1 期。

吴磊、于春洋：《论民族、民族国家与现代民族国家——以中国本土
　　学术话语中的"民族"为中心》，《广西民族研究》2014 年第 4 期。

许利平、骆永昆：《马来西亚的种族政治与和谐社会的构建》，《东南
　　亚研究》2011 年第 3 期。

许梅：《制约马来西亚华人政党政治发展的种族政治因素》，《世界民
　　族》2003 年第 1 期。

严庆：《从民族、国家结构类型看民族问题与民族治理的差异性》，
　　《黑龙江民族丛刊》2009 年第 3 期。

严庆：《民族、民族国家及其建构》，《广西民族研究》2012 年第
　　2 期。

严庆、周涵：《"选择性创伤"对族际关系的影响及其应对》，《黑龙
　　江民族丛刊》2013 年第 2 期。

杨顺清：《多民族国家内民族与国家的关系》，《云南师范大学学报》
　　（哲学社会科学版）2008 年第 4 期。

姚建国：《协调种族利益　确保执政地位——马来西亚巫统的执政理
　　念》，《当代世界》2005 年第 1 期。

叶江：《当代西方的两种民族理论——兼评安东尼·史密斯的民族
　　（nation）理论》，《中国社会科学》2002 年第 1 期。

叶麒麟：《族群政治、民族政治与国家整合——泰国南部动乱问题的
　　解析》，《武汉大学学报》（哲学社会科学版）2013 年第 4 期。

叶笑云：《"碎片化"社会的政治整合——马来西亚的政治文化探
　　析》，《东南亚研究》2006 年第 6 期。

于春洋：《论族际政治理论的基本内容及其当代价值》，《西南民族大
　　学学报》（人文社会科学版）2011 年第 12 期。

于春洋：《论族际政治整合：研究取向与实践模式》，《天府新论》
　　2012 年第 6 期。

于春洋：《外观与内核：论现代民族国家的双重建构》，《中央民族大
　　学学报》（哲学社会科学版）2013 年第 4 期。

于春洋、贺金瑞：《论民族政治学视野中的民族国家》，《贵州民族研
　　究》2012 年第 6 期。

俞云平：《浅论马来西亚华巫族群关系的两面性》，《八桂侨刊》2010
　　年第 1 期。

俞云平：《浅论新经济政策对马华族群关系的影响》，《八桂侨刊》
　　2008 年第 3 期。

俞云平、陈衍德：《从隔阂对抗走向共存共荣——马来西亚马华族群
　　关系的演变》，《厦门大学学报》（哲学社会科学版）2008 年第
　　3 期。

张会龙：《多民族国家族际政治整合的价值分析》，《政治学研究》
　　2013 年第 4 期。

张会龙、杨天强：《论当代中国族际政治整合的基本原则与价值取
　　向》，《湖北行政学院学报》2013 年第 4 期。

张力、常士訚：《国家建构与民族建构：多族群国家政治整合两要
　　务》，《东南学术》2015 年第 6 期。

张榕：《多视角下的马来西亚选举制度》，《云南大学学报》（法学版）
　　2015 年第 4 期。

张榕：《宪政民主化道路上的马来西亚政党制度》，《东南亚纵横》
　　2015 年第 5 期。

张晓明：《马来西亚政局波折不断，执政联盟遭遇巨大挑战》，《当代
　　世界》2008 年第 10 期。

张应龙：《马来西亚国民阵线的组成与华人政党的分化》，《华侨华人
　　历史研究》2002 年第 2 期。

赵春丽、李捷：《从民族国家到公民国家——构建和谐民主的民族关
　　系的新思路》，《中共长春市委党校学报》2007 年第 3 期。

赵海立：《国家认同与族群认同：以马来西亚为例》，《南洋问题研
　　究》2013 年第 3 期。

赵海英：《威权政治建构中的族际整合——以东南亚国家为例》，《河
　　北学刊》2012 年第 4 期。

赵淼：《试论中国族际政治整合模式的转型》，《贵州民族研究》2009
　　年第 2 期。

钟贵峰：《论缅甸民族政策的价值取向》，《赣南师范学院学报》2013

年第 1 期。

周平:《对民族国家的再认识》,《政治学研究》2009 年第 4 期。

周平:《多民族国家的政党与族际政治整合》,《西南民族大学学报》
（人文社会科学版）2011 年第 5 期。

周平:《论多民族国家民族问题的治理》,《晋阳学刊》2013 年第
3 期。

周平:《论族际政治及族际政治研究》,《民族研究》2010 年第 2 期。

周平:《民族国家时代的民族与国家》,《云南民族大学学报》（哲学
社会科学版）2013 年第 5 期。

周平:《民族国家与国族建设》,《政治学研究》2010 年第 3 期。

周平:《中国民族政策价值取向分析》,《当代世界与社会主义》2010
年第 2 期。

周平:《中国族际政治整合模式研究》,《政治学研究》2005 年第
2 期。

朱碧波:《多民族国家族际政治整合研究》,《新疆社会科学》2013 年
第 2 期。

朱碧波:《国族构建：中国如何实现对苏联的"否定性超越"》,《云
南行政学院学报》2012 年第 5 期。

朱碧波:《族际政治整合研究缘起、论域与展望》,《淮南师范学院学
报》2012 年第 1 期。

祝家丰:《马来特权的制定与其影响》,《人文杂志》2001 年 3 月。

庄礼伟:《"阿拉伯之春"之外的马来西亚》,《东南亚研究》2012 年
第 2 期。

庄礼伟:《第 13 届国会选举前夕的马来西亚：选举型权威的终结?》,
《东南亚研究》2013 年第 2 期。

庄礼伟:《多元竞争环境下的马来西亚政治生态》,《东南亚研究》
2011 年第 2 期。

庄礼伟:《社会中的马来西亚国家：意象与实践》,《东南亚研究》
2015 年第 2 期。

左宏愿:《中国现代国家构建中的族际政治整合》,《广西民族研究》

2011 年第 1 期。

［日］原不二夫：《马来西亚华人眼中的"马来西亚民族"》，刘晓民译，《南洋资料译丛》2001 年第 2 期。

［新］任娜：《马来西亚"新经济政策"下的种族与阶级分野》，《东南学术》2003 年第 5 期。

（三）学位论文类

陈今波：《独立以来马来西亚政治发展路径研究——以族际政治为视角》，硕士学位论文，上海交通大学，2011 年。

陈明龙：《马来西亚族际政治整合问题研究》，硕士学位论文，中央民族大学，2015 年。

陈贞荣：《马来西亚"马来之上"之研究》，硕士学位论文，台湾暨南国际大学，2011 年。

范磊：《新加坡族群多层治理结构研究》，博士学位论文，山东大学，2014 年。

胡丽君：《马来西亚的新经济政策与族群关系演变（1957—1990）》，硕士学位论文，华中师范大学，2014 年。

胡珊：《英国对马来亚联邦的设想及结果（1942—1948）》，硕士学位论文，华东师范大学，2011 年。

霍林峰：《马华政党视角下的马华族群关系演变研究（1946—1969）》，硕士学位论文，华中师范大学，2012 年。

孔颂华：《当代马来西亚语言教育政策发展研究》，硕士学位论文，华南师范大学，2007 年。

雷衍华：《权力共享的跨种族政党联盟何以长期存在：马来西亚个案研究》，博士学位论文，北京大学，2008 年。

李悦肇：《马哈迪时期马来西亚之国家整合》，博士学位论文，台湾中国文化大学，2004 年。

梁忠：《马来西亚政府华人政策研究——从东姑·拉赫曼到马哈蒂尔》，博士学位论文，复旦大学，2006 年。

凌海：《马来西亚民主化的特点及其成因》，硕士学位论文，上海师范大学，2015 年。

刘晋飞：《马来西亚政党制度与政治稳定》，硕士学位论文，华东政法大学，2011 年。

娄尚：《1969 年马来西亚"五一三事件"及影响研究》，硕士学位论文，贵族师范大学，2015 年。

卢小平：《共同体的维度——现代国家建构中的族群问题研究》，博士学位论文，中央民族大学，2010 年。

吕峰：《独立前马来亚华人与印度人政治活动及其比较》，硕士学位论文，暨南大学，2015 年。

莫彦华：《马来西亚"一党独大制"研究（1946—1990）》，硕士学位论文，天津师范大学，2013 年。

齐顺利：《马来西亚民族建构的困境研究》，博士学位论文，北京大学，2009 年。

任强：《中国共产党与中国族际政治整合》，硕士学位论文，云南大学，2016 年。

宋效峰：《马来西亚现代化进程中的政治稳定：政党制度的视角》，博士学位论文，山东大学，2009 年。

唐佳佳：《族际政治整合的基础和路径研究》，硕士学位论文，西南政法大学，2016 年。

吴倩：《马来西亚族际政治整合研究》，硕士学位论文，河北师范大学，2016 年。

徐瑞彬：《转型中的发展主义与马来西亚威权政体》，硕士学位论文，上海师范大学，2010 年。

原晶晶：《20 世纪 80 年代以来马来西亚华人公会研究》，博士学位论文，厦门大学，2012 年。

张政东：《马来西亚政党政治民主化动力研究》，硕士学位论文，华东政法大学，2013 年。

赵欣：《马来西亚教育政策改革对华族国家认同的影响——以马来西亚华文教育为例》，硕士学位论文，暨南大学，2010 年。

朱碧波：《苏联族际政治整合模式研究》，博士学位论文，云南大学，

2011 年。

左宏愿：《现代国家构建中的族群冲突与制度调控研究》，博士学位论文，南开大学，2013 年。

二　英文文献（含著作、编著及论文）

Cheah Boon Kheng, *Malaysia：The Making of a Nation*, Singapore：Institute of Southeast Asian Studies, 2002.

Mohamed Mustafa Ishak, *The Politics of Bangsa Malaysia：Nation – building in a Multiethnic Society*, Universiti Utara Malaysia Press, 2014.

Lim Teck Ghee, Alberto Gomes, Azly Rahman, *Multiethnic Malaysia：Past, Present and Future*, Strategic Information and Research Development Centre, 2009.

Lim Kit Siang, *Time Bombs in Malaysia（Problems of Nation – Building in Malaysia）*, Chang Litho Press Sdn Bhd. , 82 & 84 Jalan Templer, Seremban, Negeri Sembilan, 1978.

R. K. Vasil, *Ethnic Politics in Malaysia*, New Delhi：Radiant Publishers, 1980.

N. J. Funston, *Malay Politics in Malaysia：A Study of the United Malays National Organization and Party Islam*, Kuala Lumpur：Heinemann Educational Books（Asia）LTD, 1980.

Amarjit Kaur and Ian Metcalfe, *The Shaping of Malaysia*, Macmillan Press LTD, 1999.

Frederik Holst, *Ethnicization and Identity Construction in Malaysia*, London and New York：Routledge Taylor & Francis Group, 2012.

Maya Khemlani David and James Mclellan, *Ethnic Relations and Nation Building – The Way Forward*, Strategic Information and Research Development Centre, 2010.

Robert W. Hefner, *The Politics of Multiculturalism：Pluralism and Citizenship in Malaysia, Singapore and Indonesia*, Honolulu：University of Hawai'i Press, 2001.

James P. Ongkili, *Nation – building in Malaysia 1946 – 1974*, Oxford University Press, 1985.

Collin E. R. Abraham, *Divide and Rule: The Roots of Race Relations in Malaysia*, Kuala Lumpur: INSAN, 1997.

Thomas Hylland Eriksen, *Ethnicity and Nationalism: Anthropological Perspectives*, London: Pluto Press, 2010.

Ted Robert Gurr and Barbara Harff, *Ethnic Conflict in World Politics*, Colorado: Westview Press, 2004.

Kernial Singh Sandhu, *Indians in Malaya – Some Aspects of Their Immigration and Settlement (1786 – 1957)*, London: Cambridge University Press, 1969.

Gomez, Edmund Terence, *The State of Malaysia: Ethnicity, Equity, and Reform*, Routledge Curzon, 2004.

Ernst Barker, *Principles of Social and Political Theory*, Oxford University Press, 1967.

Willians Raymond, *Key Words: A Vocabulary of Culture and Society*, London: Fontana Press, 1983.

Spencer, P. , Wollman, H. , *Nationalism: A Critical Introduction*, Clinical Science, 2002.

Stanley B, *The Construction of Nationhood: Ethnicity, Religion and Nationalism*, Cambridge University Press, 1997.

Donald R, Snodgrass, *Inequality and Economic Development*, Oxford University Press, 1980.

Anthony Milner, *The Malays*, United Kingdom: A John Wiley & Sons, Ltd. , 2008.

Colin Barlow, *The Natural Rubber Industry: Its Development, Technology and Economy in Malaysia*, Kuala Lumpur, 1978.

John Funston, *Malay Politics in Malaysia: A Study of UMNO and PAS*, Heineman Educational Books Ltd. , 1980.

Lim Chong Yah, *Economic Development of Modern Malaya*, Kuala Lumpur:

Oxford University, 1967.

Albert Lau, *The Malayan Union Controversy*, Oxford University Press, 1991.

Affifin Omar, *Malay Concepts of Democracy and Community: 1945 – 1950*, Kuala Lumpur: Oxford University Press, 1993.

Heng Pek Koon, *Chinese Politics in Malaysia: A History of the Malaysian in Chinese Association*, Singapore: Oxford University Press, 1988.

Anthony S. K. Shome, *Malay Political Leadership*, London: Routledge, 2002.

Leon Comber, *13 May 1969: A Historical Survey of Sino – Malay Relation*, Kuala Lumpur: Heinemann Educational Books (Asia) Ltd. , 1983.

Tan Liok Eo, *The Politics of Education in Malaya (1945 – 1961)*, Kuala Lumpur: Oxford University Press, 1997.

Bellows T J, Crouch H, *Government and Society in Malaysia*, Pacific Affairs, 1988.

Tunku Abdul Rahman Putra, *Look Back: The Early Years of Malaya and Malaysia*, Pustaka Antara, 1977.

Firdaus Haji Abdullah, *Radical Malay Politics: Its Origins and Early Development*, Pelanduk Publications, 1985.

Gordon Means, *Malaysian Politics: The Second Generation*, Oxford University Press, 1991.

Syed Husin Ali, *Ethnic Conflic Relations in Malaysia: Harmony & Conflict*, Strategic Information and Research Development Center, 2008.

后　记

本书是我主持完成的国家哲学社会科学基金青年项目《马来西亚族际政治整合研究》的最终研究成果。博士毕业参加工作的第一年，在学院领导的鼓励下，我申报了 2012 国家社科基金青年项目并获得了立项。项目立项后，完成过程却并非一帆风顺，中间曾因个人怀孕生子而耽搁了研究的进展，停顿了两年多的时间。2018 年我最终克服困难完成了课题并获得了"良好"结项。课题结项后，我在结项成果的基础上修改完成了本书稿。本书稿的完成，于我而言，不仅仅是完成了一项课题任务，也是我参加工作后学术工作的阶段性总结。

本书能够最终完成并得以出版，离不开众多老师、同事、朋友的指导、帮助和支持，本人一直心存感激，在此谨表示由衷的谢意。感谢我的博士授业恩师何平教授，没有何老师在博士学习阶段的谆谆教诲和在课题研究过程中的指引，就难有这份研究成果。感谢云南大学周平教授、李晨阳教授，云南师范大学何跃教授，云南民族大学陈德顺教授在课题开题时提出的宝贵意见。从事研究乃兴趣使然、乐在其中，但写书耗时耗力、绝非易事，能坚持下来离不开学术气场的推动、研究氛围的熏陶。感谢我曾经工作过的政治与公共管理学院所提供的气场和氛围，感谢学院领导和同事们对我的支持与关怀。本书参考了不少著作、论文和各类资料，在此也向相关作者和编者致谢。

在研究的过程中，本人曾访问了马来西亚华社研究中心，该中心致力于收集有关马来西亚政治、经济、文化、教育等资料及资讯并从事这些问题的研究。我与华社研究中心的研究人员进行了座谈，并在该中心购买和复印了一批图书资料，感谢马来西亚华社研究中心何启才博士的热情接待。感谢来自马来西亚的钟良先生的帮助。钟先生经常在中马两国之间往返，受我所托曾从马来西亚吉隆坡书店购买了部分英文图书资料给我。感谢厦门大学国际关系学院金师波博士在资料收集方面提供的帮助。感谢滇西科技师范学院的陈京斌老师在书稿校对修改方面所提供的帮助。

　　感谢中国社会科学出版社在本书的出版工作上的大力支持，感谢高歌责任编辑的辛勤付出，她的高度责任，敬业精神令人钦佩。当然，书稿中所有的谬误和不妥，均由我承担责任。

　　最后，感谢家人的关心、理解和支持，他们的付出和爱，让我内心充满感激，充满奋斗前行的力量。

　　本书有关马来西亚族际政治整合的研究，是我的一点思考，虽然不是很成熟，但也是一个总结。由于本人水平所限，本书不可避免存在不足，特恳请诸位前辈、专家、同行和读者朋友不吝赐教、批评指正。

许红艳
2021 年 10 月 2 日于昆明